复旦外国语言文学论丛

复旦大学外文学院 / 主编

复旦大学出版社

目 录

编 委 会

主　编：卢丽安
副主编：陈　靓
栏目负责人：
　　文学文化：陈　靓
　　语 言 学：沈　园
　　翻　　译：陶友兰
本期编辑：
　　郑梅侠
编委：
　　曲卫国　李　征
　　汪洪章　季佩英
　　姜　宏　姜宝有
　　郑咏滟　高永伟
　　谈　峥　褚孝泉
　　熊学亮　蔡基刚
　　魏育青

语言学

日语格助词「まで」的本质义及多义再研究
　　——基于「Bまで」名词的语义特征 …… 许慈惠　赵　鑫　朴仙灵（1）
在语言的本质中完成结构性转折
　　——纪念保尔·策兰诞辰100周年 ……………………… 吴建广（9）
现代语言学中的系统观：各流派之异同 …………… 刘志平　杨雪燕（16）

文 学

美国犹太中短篇小说研究专栏

栏目语：美国犹太文学研究的新观点与新方法 ………………… 乔国强（22）
论辛格短篇小说中的"家庭"叙事 …………………………… 姜玉琴（23）
他者的面具之下
　　——格特鲁德·斯泰因在《三个女人》中的身份隐藏策略
　　………………………………………………………… 顾晓辉（29）
伯纳德·马拉默德短篇小说中的生存困境与救赎 ……………… 李莉莉（36）
从《当我们谈论安妮·弗兰克时我们谈论什么》中的大屠杀书写
　　看美国文化的犹太化 ………………………………… 高莉敏（41）
大屠杀阴影笼罩下的流散犹太人之悲剧人格
　　——从正统派视角探讨《记住我这件事》 ………………… 李　栋（47）

西方文学

在"后真相"时代重温后现代主义戏剧
　　——汤姆·斯托帕德的《戏谑》中"元传记"的运用 ………… 付英杰（53）
"非洲性"及其在现代非裔美国文学中的拓展 …………………… 骆　洪（61）
永远的"坏孩子"
　　——马克·吐温儿童文学作品中的儿童观研究 …… 徐德荣　李冉冉（69）
《印度之行》中家庭伦理的殖民书写 ………………………… 李长亭（75）
拒绝平庸
　　——狄金森诗歌发表鲜为人知的历程 ………………… 薛玉秀　陈爱敏（80）

T. S. 艾略特仪式化戏剧理论与现代芭蕾 ………………………… 林　辰（ 86）
辛西娅·奥兹克的"米德拉什"历史记忆观
　　——以《大披巾》为例 ………………………………………… 郝慧敏（ 92）
《哈姆莱特》中的植物话语 ……………………………………… 胡　鹏（ 99）
核威慑下的主体性召唤
　　——论《伦敦场地》中"作者身份"的两种维度 …………… 杜兰兰（106）
灵魂之旅与语言重复
　　——克里斯蒂娜·罗塞蒂悟道诗中的神秘主义美学 ………… 易　霞（112）
美国自白诗中的"声音" …………………………………………… 魏　磊（120）
从摆脱他者到超越自我
　　——苏珊·桑塔格《我，及其他》的存在主义女性观解读
　　　　………………………………………………… 刘杏妍　姚君伟（128）
"两种文明的战斗"
　　——《都柏林人》中的种族、宗派和阶级意识 ……………… 于承琳（133）

翻　译

从张炜小说英译看作家资本对文学译介的介入 …… 吴　赟　姜智威（139）
中诗西传第三方译者研究
　　——以小畑薰良英译《李白诗集》为例 ………… 李正栓　程　刚（146）
论王红公汉诗英译的生态诗学建构 ………………… 耿纪永　赵美欧（153）
新批评文论与宇文所安唐诗译介 …………………… 张欲晓　陈　琳（160）
美国传教士吴板桥"《西游记》"英译本底本考辨 ……………… 王文强（166）
言语形态与言语功能之破立
　　——双语转换矛盾解探 ………………………………………… 纪春萍（174）

语言学

日语格助词「まで」的本质义及多义再研究[①]
——基于「Bまで」名词的语义特征

许慈惠[1]　赵　鑫[2]　朴仙灵[3]

(1. 上海外国语大学　2. 上海立信会计金融学院　3. 郑州大学)

摘　要：本研究基于日语格助词本质义理论假设，做了以下工作：1) 考证格助词「まで」抽象上位的本质义为与格助词「から」表示的移动起点之后的整个"离场宽幅矢量+其极限点"两个部分；2) 考证「まで」的多义并非源于先行研究所主张的仅是事物"极限点"一点之典型义的派生，而是本质义在时间义、数量程度义、人程度义、物程度义、事件程度义等具体下位语境语义特征下对应的中层语法概念的具现。

Abstract: Based on the theory of essential meaning of Japanese case marker, the article seeks to make the following arguments: 1) The superordinate essential meaning of Japanese case marker "made" refers to "the entire mobile range of width vector which starts with 'kara' and its limit point"; 2) The polysemy of "made" is not derived from prototype meaning, which is just "limit point of things" argued by previous studies. It is the specific reflection of intermediate syntax concept that the essential meaning corresponds in the specific semantic features of the subcontext such as the time, the degree of quantity, the degree of people, the degree of objects, and the degree of events.

关键词：日语格助词「まで」；本质义；离场宽幅矢量+其极限点；多义

Key Words: Japanese case marker "made"; essential meaning; width vector + its limit point; contextual meaning

一、引言

关于日语虚词格助词(相当于汉语介词)「まで」的语法义，传统语法学视角的研究认为其表动作、事件、状态的到达点、限度、终点或极限(点)(藤井美佐子,1959;寺村秀夫,1991)，或认为表范围或宽幅的极限、限度、终点、上限(杉村泰,2002;田中茂範、松本曜,1997;久野暲,1973;森田良行,1989;日本语记述语法研究会,2009;日本语法学会,2014)，概言之，都只将「まで」聚焦于表示事物的"极限(点)"这一点上。认知语义学视角的研究中比较有代表性的是杉村(2002、2005)和森山新(2008)。杉村(2002: 49—62)指出「まで」有4种用法：1)"移动的终点"，如「マラソンでゴールまで走った。(跑马拉松一直跑到了终点。)[②]」；2)"时间性终点"，如「明日は10時まで寝る。(明天要睡到10点钟。)」；3)"程度的极限点"，如「バーベルを150 kgまで持ち上げられる。(杠铃最重能举到150公斤。)」；4)"极端例子"，如「彼は信頼していた友達まで裏切った。(他甚至背叛了一直很信赖的朋友。)」，并将其中的共性"(某程度的)极限点"视作原型义。杉村[2005(1): 49—62]既认为「まで」的多义具有"极限点"之共性，为原型义，且也承认"极限点"包含中间的路径[接近

[①] 本文系国家社科基金一般项目"本质义理论框架下的日语格助词研究"(17BYY191);上海市Ⅰ类高峰学科(外国语言文学)建设项目(沪教委高[2014]44号)、上海外国语大学第一届导师学术引领立项项目"日语处所义格助词研究"(201601023)的阶段性成果。

[②] 例句译者为作者,下同。

本文提出的"来自离场起始的矢量（以下简称离场宽幅矢量）"，却又始终聚焦于共性"极限点"一点，否认中间路径的离场宽幅矢量本身也是「まで」的共性之一。森山（2008：213—214）认为「まで」有3种用法：1）"动作作用等的着落点"，如「この列車は大阪から東京まで3時間余りで走る（这趟火车从大阪到东京要开3个多小时）」；2）"限度、极限"，如「3人までなら無料です（最多三人可以免费）」；3）"极端事物"，如「彼はラテン語まで知っている（他甚至还会拉丁语）」，也始终只认定"极限点"一点，并将原型义定为"移动的着落点"，进而主张由"空间性移动的着落点"派生出"时间性移动的着落点"。

正如徐盛桓（2008：24）指出的那样，语言研究不是一个直通语言有关的自足系统，而是需要从多方面、多个新的相关的世界观和方法论中汲取学术营养；即便学界已有所谓定论的研究，换一个理论和方法或许会有新的发现。本文坚持日语格助词本质义理论，在批判性继承先行研究成果的基础上，假设「まで」的语法本质义，并通过大量例句加以论证，再讨论多个「まで」名词下属语境中的语法范畴概念义，即多义，主张本质义与多义的对应关系，力图为深化认知语义学视角下的虚词格助词的特性研究尽微薄之力。

二、格助词「まで」的本质义

1. 格助词本质义理论假设

许慈惠等（2006、2017、2018）从认知语法出发，多次提出并不断修正了格助词本质义理论假设（参见图1），通过一次次与典型义理论、核心理论、意象图式、实词性质等不同的对比，强调格助词本质义的存在以及其与多义关系的新视角和新观点，主张格助词作为表示语法功能义之虚词与表事物、动作、行为、变化、性质、状态、处所、时间等的实词不同，只表示"名词+格助词+谓语"句式中的格助词所标记的名词与谓语的语法关系义，即格助词本质义。本质义即该格助词的根本特性，它不依赖于语境，是抽象上位的，因多种不同的语义特征之下属语境的语义特征会具现为多个不同语法范畴概念之多义。

2. 格助词「から」的本质义假设

表示事物移动起点的「から」与「まで」的语义关联性极强，二者在句中常常搭配使用，为此在正式进入「まで」考察之前有必要先对「から」的语法本质义做一概观。许慈惠、朴仙灵（2017：29—39）认为「から」格不仅表事物的移动起点，因其句法语境意味着移动的起点到终点之间必有距离，也即还必定蕴含着事物离开移动起点后不停留于起点/原点，而是继续移动，并主张「から」的语法本质义表示"所接名词为谓语移动起点+为移动继续[即移动主体或客体离开移动起点后直至谓语语义射程终结为止的整个移动过程（发展或变化）留下离场宽幅矢量（即从起点开始移动的空间距离）"。「まで」能和「から」搭配使用的理由也正在于此。

3.「まで」的本质义假设与宽幅矢量的虚实

追根溯源，格助词「まで」本来是由「ま」+「で」两个构词素组成的，「ま」即名词义素的"間"，为有一定宽幅的空间义；「で」原为格助词，表"凭借义"，在此为格助词义素，语义不变，即凭借整个宽幅空间之义，带有明显的词汇语义性（日语记述语法学会，2009：61—63）。因此「まで」既是语义格又是语法格，这一特性直接影响及决定了它的本质义内涵，是该本质义产生的前提和归结的理据。

表示所接名词为谓语移动起点的格助词「から」和表示所接名词为谓语成立点的格助词「に」（许慈惠，2006：7—10）的两端点之间并无语义关联（参见图2），而如果把这端点之间的空间看作一个基底的话，那么，将两者连接起来的正是「まで」。「から」格成分和「まで」格成分共同表示一个有起点、有终点的完整的移动性空间与移动性过程，即离场宽幅矢量。无论「から」在语境中显现与否，「から」和「まで」在语义和句法层面始终对应，离场宽幅矢量二者必定共建共享。所谓矢量（vector），是指一种既有大小又有方向的量，也称向量（新华汉语词典编委会，2013：895），一般在物理学中称作矢量，舍弃实际含义后就抽象为数学中的概念——向量（路见可，1987）。

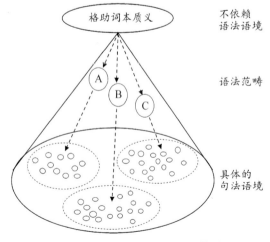

图1 格助词本质义理论假设模型

「から」的离场宽幅矢量是虚线,即离场宽幅矢量起点 a+虚线离场宽幅矢量 b,而「まで」的离场宽幅矢量则是基于其词源语义的实线,即实线离场宽幅矢量 b+其极限点 c,并且这样的离场宽幅矢量也意味着谓语事件具有按时间、空间、顺序、秩序等从起点开始移动地发展,最终达到终点/极限点的移动持续性。

需要强调的是,原本"离场宽幅矢量"包含着"极限点",但因先行研究只关注后者极限点而忽略前者本体,导致问题发生,故本文特意区别对待,以更有利于解决与说明问题。

基于此,相对于「から」本质义表示"「から」名词为谓语起点 a+虚线性发展变化之移动的离场宽幅矢量 b"(参见图 3),「まで」本质义假设为表示"「まで」名词为谓语持续性移动的离场宽幅矢量 b+其极限点 c"(参见图 4)。

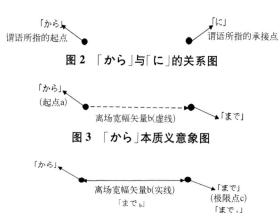

三、「まで」谓语及名词的语义特征及多义

所谓多义,即是抽象上位的语法本质义在多种下属语境的语法范畴概念中的具现。语境赋予本质义鲜活的生命力,不同的「(Aから)Bまで」的名词语境决定了「まで」名词为具体不同的语法范畴多义。如同「まで」本质义只表示「まで」名词与谓语的抽象上位的语法关系义一样,其多义也只表示「まで」名词与谓语的多种下属语境的语法关系义,它们都是只属于「まで」名词的,而不是「まで」自身的。本质义与多义的关系是抽象上位与具体下位的关系,而并非实词那样的原型义与派生的边缘义的关系。下属内部多义的语义分类及数量因人们对语义特征的认知不同而异,见仁见智①,而它并不影响多义与本质义的对应关系,故本节只做本研究所需的大分类。

1.「(Aから)Bまで」谓语的语义特征

「まで」谓语始终具有持续性移动义,与「まで」名词的离场宽幅矢量保持着语义一致性。谓语持续性移动义(简称谓语)基于其语义特征又可细分为两种:一是移动义动词本身的直接持续性移动义(也即显性持续性移动义);一是谓语动词本身为非移动义,但因后接表示动作作用持续义的复合动词后项或补助动词等缘故,整个谓语结构生成为持续性移动义而最终带有持续性移动义的间接持续性移动义(也即隐性持续性移动义)。如(1)「染渡る(染遍)」对应于"直到心底(为止)"的空间离场宽幅矢量,为"绿色中的空气"均衡移动的直接持续性移动义;(2)「150円です(是150日元)」对应于"从这里到横滨(为止)"的空间离场宽幅矢量,为等同属性价值(均值)的持续性移动义,因此也可解释为直接持续性移动义;(3)「うるさい(喧闹)」属性对应于"到深夜(为止)"的时间离场宽幅矢量,具有间接持续性移动义。

(1) 子どものころから、この季節では、木洩れ日、鳥のさえずり、体の芯まで染渡るような緑の中の空気、レンゲ畑のような花の絨毯、春霞の山の稜線を楽しむことができました。
（从小每到这个季节都能享受到透过树叶缝隙的阳光、鸟儿的鸣啭,仿佛能染遍到心底的飘荡在绿色中的空气、紫云英花田就像用花编制而成的绒毯以及春霞中隐约可见的山脊。）
（Yahoo! 2008）

(2) ここから横浜まで150円です。
（从这里到横滨是150日元。）
（国際交流基金,1978:149）

(3) 夜おそくまで電車や自動車の音がうるさくて。

---

① 先行研究对「まで」的语义分类主要如下:范围极限,程度极限,极端(国际交流基金,1978);人和事物的数量,时间,空间(森田,2006);空间,时间,要素(日语语法学会,2014);空间,时间,程度(日语记述语法研究会,2009);移动终点,时间性终点,程度的极限点,极端例子(杉村,2002);空间性移动的归着点,时间性移动的归着点,限度/极限,极端事物(森山,2008)等。

(电车和汽车等的声音一直到深夜都很喧闹。)

(森田,1989:177)

2. 「まで」名词的语义特征及多义

限于篇幅,这里仅列举「まで」名词常见的语义特征。「まで」名词的语义特征为空间义时,为谓语的"空间离场宽幅矢量+其极限点"「まで$_1$」;为时间义时,为谓语的"时间离场宽幅矢量+其极限点"「まで$_2$」;为数量程度义时,为谓语的"数量离场宽幅矢量+其极限点"「まで$_{3-1}$」;为人程度义时,为谓语的"人离场宽幅矢量+其极限点"「まで$_{3-2}$」;为物体程度义时,为谓语的"物体离场宽幅矢量+其极限点"「まで$_{3-3}$」;为事件程度义时,为谓语的"事件离场宽幅矢量+其极限点"「まで$_{3-4}$」。

3. 「まで」本质义与多义的对应关系

「まで」本质义因不同名词和谓语的语境多义主要有以下几种对应。

1)「まで$_1$」

从(4)的空间起点(有时隐性,下同)到终点极限点之间包含了由置于同一认知水平线上的两个以上(简称复数)空间构成的空间离场宽幅矢量+其极限点。本质义对应的是"空间离场宽幅矢量+其极限点"。

(4) 私の家から彼氏さんのところまで電車で三十分かかります。
(从我家到男朋友的地方坐电车要30分钟。)

(Yahoo! 2008)

2)「まで$_2$」

从(5)的时间起点到终点极限点之间包含了由置于同一认知水平线上的复数时间构成的时间离场宽幅矢量+其极限点,本质义对应的是"时间离场宽幅矢量+其极限点"。

(5) 大塚氏によれば、この二つの負債整理方法は、明治末まで北相模地方では広く行われていたという。
(据大塚说,这两种负债整理方法在北相模地区广泛采用到明治末期为止。)

(稲田,1990)

3)「まで$_3$」

①「まで$_{3-1}$」

从(6)的数量起点到终点极限点之间包含了由置于同一认知水平线上的复数数量构成的数量离场宽幅矢量+其极限点。本质义对应的是"数量离场宽幅矢量+其极限点"。

(6) きょう6日(水)の朝は、今シーズン最も多い全国の6割の地点で氷点下まで気温が下がりました。
(今天6日(周三)的早晨全国六成的地区气温降到了零度以下,为本季节最多。)

②「まで$_{3-2}$」

从(7)的人的年龄侧面起点到终点极限点之间包含了由置于同一认知水平线上的复数人构成的离场宽幅矢量。本质义对应的是"复数人离场宽幅矢量+其极限点"。

(7) ほんのり甘酸っぱくてヨーグルト風味に仕上がっています。小さな子供から年配の方まで幅広い年齢層に受け入れられる味だと思った。
(制成了略带酸甜的酸奶风味,相信这味道会受到从小孩到老年人的各年龄层的欢迎。)

(yahoo! 2008)

③「まで$_{3-3}$」

从(8)的物体起点到终点极限点之间包含了并不置于同一认知水平线上的复数物体构成的物体离场宽幅矢量["菜锅、饭锅、被子"作为生活必需品被"变卖"的概率极低,但是却发生了,为极限点。本质义对应的是"物体(离场宽幅矢量+其)极限点"]。

(8) そして生活を求めて、親類や元檀家であった有力檀那衆を頼って、山から続々と下山していく坊が多かった。その路銀には、鍋・釜・布団まで売り払った。
(为了生活,很多和尚靠着亲戚或原来有钱有势的施主们络绎不绝地下山了。为了攒路费甚至把菜锅、饭锅、被子都卖光了。)

(重松,1986)

④「まで$_{3-4}$」

从(9)的事件起点到终点极限点之间包含了置于同一认知水平线上的复数事件构成的事件离场宽幅矢量。本质义对应的是"事件离场宽幅矢量+其极限点"。而(10)则包含了并不置于同一认知水平线上的复数事件构成的事件离场宽幅矢量的极端一点。"吃午饭"作为生存必需,"不吃"的概率极低,但是却发生了,本质义对应的是"事件(离场宽幅矢量+其)极限点"。

(9) 指導官が正常時、異常時に相当する各種の指示命令をあたえて、正常運転から非常状態に対処する応急処置の訓練まで行なう。
[教练下达了对应于正常情况和紧急情况的各种指令,(我们)从正常驾驶到对应紧急情况的应急处置作训练。]

(深田,2003)

(10) 昼食を抜いてまで本代貯めている。
(甚至不吃午饭以积攒书费。)

(日语语法学会,2014)

「まで」本质义与多义的语境语义特征的对应关系如图5。

为进一步考察本质义与多义的对应关系,本文从《现代书面语均衡语料库・中纳言(BCCWJ)》中随机筛选490条「まで」的有效例句,通过MI-score①和T-score②考察各义项名词与谓语的共现倾向。表1列出各语境下它们搭配频次居首位的情况。名词语义特征依次为空间范畴、时间范畴、数量范畴、人范畴、物体范畴、事件范畴等。谓语语义特征均为持续性带来的移动义。从二者的MI-score和T-score检验结果得知,MI-score的值在8.55~9.92之间,均远超3.0③,体现表格中的名词与谓语容易共现、搭配紧密度高。T-score的值整体不如MI-score稳定,在2.23~9.99之间,也都超过了2.0④,这足以说明表1中所列的谓语与名词容易共现。这是因为总词数一定的情况下名词或谓语的出现频次、二者的共现频次对T-score的数值产生重要影响。从T-score与MI-score的值可知,尽管BCCWJ语料库数据数量不多,却也与我们内省的本质义理论假设以及多义与本质义关系的结论完全相符。

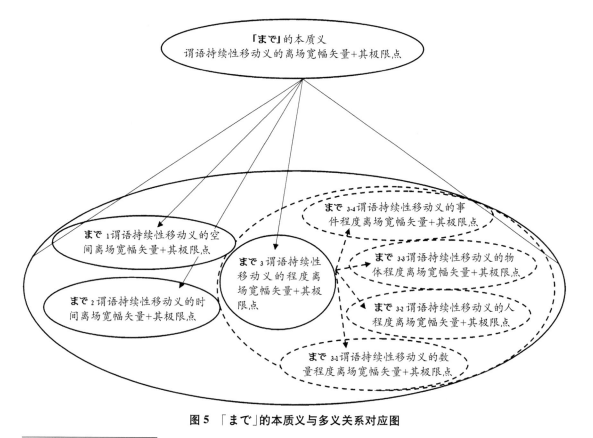

图5 「まで」的本质义与多义关系对应图

---

① MI=log₂(共现的实际频数×语料库总词数/关键词频数×搭配词频数)。MI-Score测量特定两个词之间共现关系的强度,MI值越大,说明两个词的搭配强度越高。
② T=(共现的实际频数-关键词频数×搭配词频数/语料库总词数)/√共现的实际频数。T-Score测量特定两个词之间具有某种共现关系的可信度,T值越大,说明两个词的搭配越具有可信度。
③ 基于语料库的词组搭配研究通常把MI值等于或大于3的词作为显著搭配词(Hunston, 1993),即MI值大于3,其词组搭配强度越高。
④ T值等于或大于2,可认为两个词的搭配关系成立(Hunston, 1993),T值大于2,其词组搭配可信度越高。

表 1 「まで」名词与高频谓语的搭配检验结果

语境语义	名词A的类别	谓语B的类别	A的频次	B的频次	搭配AB的频次	语料库总词数	MI-score	T-score
まで$_1$	空间性名词	移动义动词本身（直接持续性移动义）	157	137	100	153 928	9.48	9.99
まで$_2$	时间性名词	非移动动词+表示动作作用等持续的复合动词后项或补助动词（间接持续性移动义）	225	136	77	153 928	8.60	8.75
まで$_{3-1}$	数量词	移动义动词（直接持续性移动义）	15	137	5	153 928	8.55	2.23
まで$_{3-1}$	数量词	动作义动词（间接持续性移动义）	15	62	5	153 928	9.69	2.23
まで$_{3-2}$	人名词	思考/认知义动词（间接持续性移动义）非移动动词+表动作作用等持续义	18	62	7	153 928	9.92	2.64
まで$_{3-3}$	物性名词	复合动词后项或补助动词（间接持续性移动义）	26	136	9	153 928	8.61	2.99
まで$_{3-4}$	事件名词	动作义动词（间接持续性移动义）	29	62	7	153 928	9.23	2.64

四、「まで」离场宽幅矢量的实化、弱化与虚化

1.「AからBまで」的离场宽幅矢量之实化及特点

当「Aから」为显性时，「まで」的离场宽幅矢量为实化（参见图4），实化的离场宽幅矢量又必定由两个或两个以上的显性的复数事物组成，分为依次并列性复数和依次递进性复数两种。实化的特点是离场宽幅矢量上的复数事物处于同一认知水平线上，相互之间具有相提并论性和平铺直叙性。

1) 依次并列性复数

实化的离场宽幅矢量有时表示依次并列性复数，复数事物之间只有先后顺序而没有程度上的差异，依次达到发展变化愿向的"极限点"。（11）"（商品种类）丰富"表明商品数不止于起点"时装"和终点极限点的"杂货"两个，它们之间必定也都是并列关系。

(11) 渋谷ハルコは、Part 1～3、ZERO GATEの4つにわかれており、アパレル系のショップ多いのが特徴。ファッションから雑貨<u>まで</u>品揃えも豊富なので、お目当ての商品が見つかりそう！

（涩谷购物广场被分为 Part 1～3、ZERO GATE 4个部分，特点是服装类店铺多，从时装到杂货各类商品一应俱全，您一定能找到想要的商品！）

<https://kaumo.jp/topic/>
（accessed 2021-3-10）

2) 依次递进性复数

实化的离场宽幅矢量有时表依次递进性复数，越接近「まで」事理程度越高，"极限点"为事理最高程度。（12）"陶艺"，以"小学生"为起点，"成人"为"极限点"，由此构成依次递进关系。

(12) 小学生から大人<u>まで</u>が対象の陶芸教室。
（对象是从小学生到成人的陶艺教室。）
（日本语语法学会，2014：595—596）

2.「(Aから)Bまで」的离场宽幅矢量之弱化及特点

「Aから」为隐性，句中只出现"极限点"一个概念，离场宽幅矢量不仅隐性地存在，其复数事物还可复原，与实化相同，仍可相提并论地处于同一认知水平线上，这意味着离场宽幅矢量只是被弱化，具有平铺直叙性。（参见图6）（13）虽然只出现"第3户住家"，但可想而知还暗含着并列的、被弱化的离场宽幅矢量"第1户住家、第2户住家"的存在。

图 6 「まで」⇔离场宽幅矢量之弱化

(13) アパートで発生した火事が3軒先の民家<u>まで</u>広がった。

（在公寓发生的火灾一直蔓延到了第 3 户住家。）

（日语记述语法研究会，2009：61—63）

3.「（Aから）Bまで」的离场宽幅矢量之虚化及特点

同为「Aから」隐性，句面只剩下"极限点"，其他复数事物的离场宽幅矢量被压制了下去①，不处于同一认知水平线上，不能相提并论时，意味着被虚化，也就不再是平铺直叙性的了（参见图 7），这也正是虚化与弱化的区别所在。(14)「まで」正是通过只凸显原本微不足道，并不值得记录的"喷嚏"的发生（森田，2006：142），而成就极端事物的"极限点"的。

图 7　「まで」⇔离场宽幅矢量之虚化

(14) 千代子は棒暗記が得意で、そのノオトにしてからが先生のくしゃみまで筆記されていたのである。

（千代子擅长死记硬背，用上了那个笔记本后连老师的喷嚏都记进了笔记本。）

（三島，1954）

综上所述，离场宽幅矢量无论是实化、弱化还是虚化，都必存无疑，且是完全重合的。为显示清晰，我们将实化、虚化两条重合的线拆分为平行线表示。（参见图 8、图 9）

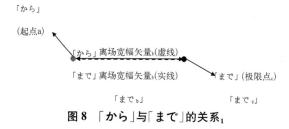

图 8　「から」与「まで」的关系₁

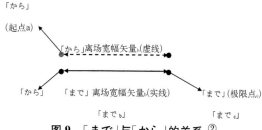

图 9　「まで」与「から」的关系₂②

五、结语

同样是认知语言学的研究方法，理论观点的不同导致结论的不同。本研究表明，「まで」抽象上位的本质义表"「まで」名词为谓语持续性移动的离场宽幅矢量+其极限点"，而不只是"极限点"一点。离场宽幅矢量线上的复数事物，无论在语境中是实化、弱化还是虚化，都始终存在，而实化和弱化的语境下它们之间的关系是并列关系而具有平铺直叙性，虚化的语境下则只凸显了极限点一点而不存在并列关系，不具有平铺直叙性。本研究再次验证了所谓多义只是本质义在下属语境中的具现，本质义与多义的关系是抽象上位与具体下位的关系，而非原型义与派生的边缘义的关系。

既然日语格助词是虚词，那么同一语言内部的虚词乃至同为格助词的不同语言——例如汉语中的介词是否也同样存在本质义，而非典型义？经过 10 年来对多个格助词本质义的考证研究，我们不由得萌生出这样的推测，不仅因为人类生活在同一地球上，生活、思想有很多共性，也因为即便是不同类型的语言，学理上也必定有共性。今后，我们将运用日语格助词本质义理论假设考察汉语介词等，探讨本质义理论假设广泛适用的可能性。

参考文献

[1] Hunston, S. "Professional Conflict: Disagreement in Academic Discourse." *Text and Technology*. Ed.

---

① 国际交流基金(978：149)、日语记述语法学会(2009：62)等认为当「まで」强调突显事物的极限点时为副助词，其标志之一是能与同为副助词的「も(也)」「さえ(甚至)」替换，提示一个概率很低的事例来间接表示事件之大（森田，2006：142），我们认同这一观点。而小柳智一(1999：53)指出「まで」在本质上第一种是副助词，而后才是格助词，对此我们持反对意见。的确，因语境的需要有时离场宽幅矢量会发生弱化、虚化现象，导致其发展为副助词性甚至就是副助词，但是这只是语境带来的结果，不能因此而否定格助词的起源性。就学理而言，「まで」名词为谓语从起点到极限点的"整个离场宽幅矢量+其极限点"的本质义意味着格助词语法在先。

② 「からₐ+からᵦ」为"移动起点 a+虚线性发展变化之移动的离场宽幅矢量ᵦ"。

M. Baker. Amsterdam: John Benjamins, 1993.
[2] 国際交流基金.《教師用日本語教育ハンドブック③文法Ⅰ助詞の諸問題》.東京：凡人社, 1978：149.
[3] 小柳智一.中古のマデ——第一種副助詞——.《国語学》,1999(199)：42—54.
[4] 久野暲.《文法研究》.東京：大修館書店,1973.
[5] 杉村泰.イメージで教える日本語の格助詞.《言語文化研究叢書》,2002(1)：39—55.
[6] 杉村泰.イメージで教える日本語の格助詞と構文.《名古屋大学言語文化論集》,2005(1)：49—62.
[7] 田中茂範.基本語の意味の捉え方——基本動詞におけるコア理論の有効性——.《日本語教育》,2004(121)：3—13.
[8] 田中茂範、松本曜.《日英語比較選書空間と移動の表現》.東京：研究社,1997.
[9] 寺村秀夫.《日本語のシンタクスと意味Ⅲ》.東京：くろしお出版,1991.
[10] 日本語記述文法研究会.《現代日本語文法2》.東京：くろしお出版,2009.
[11] 日本語文法学会.《日本語文法事典》.東京：くろしお出版,2014.
[12] 藤井美佐子.助詞『まで』の考察.《国語国文學會誌》,1959(4)：1—10.
[13] 森田良行.《基礎日本語辞典》.東京：角川書店,1989.
[14] 森田良行.《日本語文法の発想》.東京：ひつじ書房,2006.
[15] 森山新.《認知言語学から見た日本語格助詞の意味構造と習得》.東京：ひつじ書房,2008：213—214.
[16] 路見可.《中国大百科全书》74卷（第一版）数学.北京：中国大百科全书出版社,1987.
[17] 新华汉语词典编委会.《新华汉语词典（最新修订版）》.北京：商务印书国际有限公司,2013：895.
[18] 现代书面语均衡语料库·中纳言（BCCWJ）<https://chunagon.ninjal.ac.jp/auth/login?service=https%3A%2F%2Fchunagon.ninjal.ac.jp%2Fj_spring_cas_security_check>（accessed 2020-6-10）
[19] 徐盛桓.语言学的认知维度——生命整体论与认知语言学研究.《外语学刊》,2008(3)：24.
[20] 许慈惠、朴仙灵.日语格助词カラ的本质义考察——基于格助词本质义理论.《外国语》,2017(40)：29—39.
[21] 许慈惠、蔡妍.日语格助词「で」的本质义与基于句法语境的多义对应——基于BCCWJ语料库的句法语境统计分析.《外语电化教学》,2018(5)：83—90.
[22] 许慈惠.试析格助词「に」的点性本质意义.《日语学习与研究》,2006(4)：7—10.

在语言的本质中完成结构性转折
——纪念保尔·策兰诞辰100周年[①]

吴建广
（同济大学）

摘　要：诗集《呼吸转折》是策兰晚期诗文开启的标志，其中《浸蚀剥净》一诗的重要性表现在它全方位展现了诗集标题中生命的"转折"。转折不仅表现为策兰诗学中心主题的重心转移，更是浸润到诗学的形式，无论是诗文结构、句法结构还是内在互文性等方面都顺应了这一转折。本诗的另一特色是，诗文的诗学句法、语词构造、诗句分行均植根于德意志语言之本质，以至其他语言几乎无法表述如此语态。这也体现了语文诠释学的基本要义——诗学涵义产生于语言与结构的整体形态之中。

Abstract：*Breath-turn* marks the beginning of Celan's later works. The importance of the poem "Etched Away" is comprehensively reflected in the "turn" of life as indicated in the title of the collection. The turn not only lies in the shift in emphasis of the central subject, but also refers to the poetics form, as the texture, the sentence structure and the intertextuality all conform to this turn. Another feature of this poem is that poetics syntax, word formation and enjambement are so rooted in the essence of German that any other language could hardly present such a voice.

关键词：策兰；《浸蚀剥净》；呼吸转折；德语；涵义一体性
Key Words: Paul Celan; "Etched Away" ("Weggebeizt"); *Breath-turn*; German; unity of sense

一、导言

如何理解保尔·策兰（Paul Celan）的诗文是20世纪德语文学中最具挑战性的问题。哲学诠释学家伽达默尔（Hans-Georg Gadamer）对策兰的一组诗进行了逐一解读。他从人类经验之普遍性出发对诗文进行哲学诠释学的解释。在诠释学的具体实践中，伽达默尔拒绝任何"外在知识"，试图作为读者与文本直接发生交流，从单一诗学文本中理解涵义（Sinn）。他认为，"对诗的理解仅仅在于诗本身说了些什么"（Gadamer, 9: 383），文学理论试图用某种方法来提取文本的意义，结果是只有"方法而没有真理"（Gadamer, 2: 355 Fußnote）。

从今天的研究现状看，伽达默尔在其文集第九卷《美学与诗学（第二卷）——诠释学的实施》（*Ästhetik und Poetik II: Hermeneutik im Vollzug*）中，对策兰的诗学评注确实存在"误读"成分，不过，这样的"误读"恰是我们走向理解的阶梯。日耳曼学界对伽达默尔的普遍反对，主要是基于他彻底拒绝借助外在知识——尤其是语文学方法——来解读诗学文本（Firges, 15；Buck, 161）。然而，当今日耳曼学界的意识形态和文学理论的主体构造意识在某种程度上也同样有碍于对策兰诗文的理解，如一味突出德意志第三帝国大屠杀的唯一性特征（Singularität），或以现代文学理论强行解读出策兰诗文中的语言批判、对话性等。诗文《浸蚀剥净》（"Weggebeizt"）便是1945年之后德语文学政治正确意识形态的典型牺牲品。

语文诠释学拒绝如此断章取义、削足适履的意识形态解读方法；诗学文本不能成为政治正确意识形态的采石场。我们坚持开放性的语文诠释学，始终将文本理解为活性的有机整体，强调对诗学文本的整体形态进行谨小慎微的条分缕析，从诗学的语言与结构的整体性中如其所是地展现文本涵义；一

[①] 本文系同济大学"欧洲研究"一流学科建设项目"欧洲思想文化与中欧文明交流互鉴"子项目"策兰诗学研究"资助课题。

旦离开文本整体真实性,方法越"完美",离真理就越远。

二、主题、母题与结构

《浸蚀剥净》一诗全方位展现了《呼吸转折》(Atemwende)诗集标题中的"转折"。转折不仅表现为策兰诗学中心主题的重心转移,还浸淫到诗学的形式。无论是诗文结构、句法结构,还是内在互文等方面都在应合这一转折。这首诗在形式上的特色就是:诗学句法、语词构造、诗行分割都扎根于德意志语言之本质,以至其他语言难以表述如此语态。"今天抒情诗所追求的是淋漓尽致地发挥语词本身的穿透力,拒绝受句法和逻辑规矩的拘束"(Gadamer, 9:452)。恰是策兰诗学语词和句法结构的穿透力摧毁了德语传统诗学歌咏般的流畅与完整。《浸蚀剥净》成于1963年12月(CTA AW, 46—47①),是诗集《呼吸转折》第一组诗的最后一首。现录诗文如下:

　　浸蚀剥净,被
　　你语言的光射之风
　　剥尽的彩色鼓噪,附靠-
　　被经历者的鼓噪——这一百条
　　舌头的伪-
　　诗,非诗。

　　被-
　　旋转而出,
　　通畅
　　这条路,穿过人-
　　形的雪,
　　忏悔者的雪,通往
　　好客的
　　冰川小屋和桌子。

　　深
　　在时间裂口之中,
　　靠近
　　蜂房冰块
　　等待的,呼吸之晶体,

是你的不可辩驳的
证词。

01　Weggebeizt vom
02　Strahlenwind deiner Sprache
03　das bunte Gerede des An-
04　erlebten — das hundert-
05　züngige Mein-
06　gedicht, das Genicht.

07　Aus-
08　gewirbelt,
09　frei
10　der Weg durch den menschen-
11　gestaltigen Schnee,
12　den Büßerschnee, zu
13　den gastlichen
14　Gletscherstuben und -tischen.

15　Tief
16　in der Zeitenschrunde,
17　beim
18　Wabeneis
19　wartet, ein Atemkristall,
20　dein unumstößliches
21　Zeugnis.

(GW 2:31)②

倒装的句法结构印证了《声音》("Stimmen")(GW 1:147—148)③一诗"用手行走"的颠倒诗学。"头朝下行走者,对他而言,天就是他身下的深渊。"(GW 3:195)——策兰曾如此评价毕希纳(Georg Büchner)小说《伦茨》(Lenz)的主人公。"用手行走"也可以理解为诗人用写作的方式回归彼岸:"是时候了,是回归的时候了。"(GW 3:200)这便是句法结构上的转折,也是策兰诗学的悖论——沉沦与升华。

诗行与句子之间的严重不一致破坏了诗句的流畅性。《浸蚀剥净》的断行方式显示了出人意料的独断与强硬,在不同程度上割裂了诗文:1次断在形容词之后(V.13);3次断在介词之后(V.1, 12, 17),2

---

① Paul Celan. *Atemwende*. Werke. Tübinger Ausgabe. Hrsg. von Jürgen Wertheimer. Frankfurt am Main: Suhrkamp, 1999, S. 86-87. 本文以下简称 CTA AW。

② 本文引用的策兰诗文主要出自 Paul Celan. *Gesammelte Werke*. 1-5 Bde., hrsg. von Beda Allemann, Stefan. Frankfurt am Main: Suhrkamp, 1986. 凡引该版诗集均以在文中用括号加卷数和页码(阿拉伯数字)标注,如(GW 2:31)。

③ 《声音》诠释参见吴建广.用德语的帛裂之声作诗——保尔·策兰《声音》诗文之诠释.《同济大学学报(社会科学版)》2012(1):1—14。

次断在独占一行的副词之后(V.9, 15);极端的"词素性换行"①竟出现5次之多,强行将一个语词分割到两个诗行之中,"从音节,甚至从词素上拆解语词"(Bogumil, 139),造成诗学节奏的滞涩。

诗文碎裂的形式结构阻滞了朗读的流畅性,使其不再为歌,不再能歌;同样,诗文的主题结构似乎更欲阻碍理解和诠释。德语学者将此诗和其他诗文形式解释为新的语言,并将主题理解为诗学艺术和语言批判(Bogumil, 141, 146; CH②, 92)。我们则认为,本诗的主题恰是对"呼吸转折"这一诗集标题的诠释,是诗人意欲离弃逸言鼓噪的尘世、自沉冰天雪地的裂隙、在诗学语言中完成出生入死的转折。

造成诗文理解困难的另一原因可能是自然科学——尤其是地理学专业术语的大量使用,再加上化学、物理学、地理学的术语的使用。学者们本来对此一无所知,以为这些语词均为策兰生造,但后续的侦探性研究在罕见的古旧词典和科学专著中发现了这些语词或术语,还在策兰的藏书中找到了他阅读时做的旁注笔记或对这些术语的划线标注。例如,学者在西格蒙德·君特(Siegmund Günther)的《物理地理学》(Physische Geographie)③中找到了诗文中科学术语的来源。

诗文异于学术论文之处在于其情绪表现。当科学术语融入诗学文本时,术语的语词意义会因文本类型与结构的变化而发生相应的变化,语词的内涵与外延、向度与广度会随着语境的脱离而转变,因此在诗学文本语境中进行"涵义一体性"解读才是诗学诠释学的任务。④ 当科学的地理描述转换为诗学的情绪抒发时,术语就转换生成为隐喻、全喻或密码等修辞形式,科学术语的单义性、一维性就转换生成为诗学语词的多义性和多维性。

三、在语言的本质中完成结构性转折

本诗由3个诗节构成,每一诗节就是一个句子。第一、二诗节呈现零碎的句法,第三诗节由于语词"呼吸之晶体"的插入,句法结构的完整性多少受到了损害。第一诗节是一个倒装形态的被动句(被动状态在译文中难以表现),第二分词的动词居于首位,被动式谓语动词的缺省使读者无从知晓这是状态被动态还是过程被动态;本可省略的行为主体占据本应属于语法主语的位置,被动句的语法主语加同位语置于句末,共占4个诗行。以通常的句法结构将此句改写成散文形式就是:这附靠-被经历者的彩色鼓噪——一百条舌头的伪-诗、非诗被你语言的光射之风浸蚀剥净。第二诗节也是被动式,缺省了谓语动词,第二分词同样居于句首,不过在动词之后加上了一个逗号,同时省去了行为主体;两个介词结构/介词补语几乎占5个诗行。可改写为:被-旋转而出,这条穿过人-形的雪和忏悔者的雪,通往好客的冰川小屋和桌子的路通畅。第三诗节将两个介词补语前置(占4个诗行),变为形式的动词,主语最后才出现。奇特的是,在主语之前还插入了一个本该在主语之后的同位语。可改写为:呼吸之晶体,是你的不可辩驳的证词在时间裂口的深处,在靠近蜂房冰块的地方等待。3个诗节表现抒情之我的3个不同状态。第一诗节是对尘世对抗性和抨击性的描述;第二诗节建立在尘世与从尘世转向冰雪餐饮的过程之上;第三诗节是存在的空间,即时间裂隙的深处。第一诗节还在呈现生活世界,第二诗节在背离生活世界转向死亡世界的路上,第三诗节就是死亡世界,这就完成了"转折"。

我们首先遇见化学用语"浸蚀剥净"(beizen)。根据《杜登德语大词典》(Duden — Das große Wörterbuch der deutschen Sprache),古高地德语中,该词有"激动,刺激,撕咬"等义;现代主要是指"化学作用过程,用腐蚀性物质清洗某物,消除什么;蚀刻艺术的手段等"。就如化学物质的强烈侵蚀性,你语言的光射之风浸蚀剥净附靠被经历者的彩色的鼓噪。其中,你的语言与鼓噪构成了敌对性,其对抗性张力在对鼓噪的进一步描述中增加强度;古高地德语的原义增强了这个语词的情绪表征。单数之"你"与复数之"百"也构成由数量转为力量的悬殊,而动词"浸蚀剥净"的位置和化学强度则显示"你"愿望的强烈程度。

---

① 词素性换行(der morphologische Enjambement),详见 Dieter Burdorf. Einführung in die Gedichtanalyse. Stuttgart, Weimar: Metzler, 1997, S. 65。

② Markus May, Peter Gossens, Jürgen Lehmann (Hrsg.). Celan-Handbuch. Stuttgart, Weimar: Metzler, 2008. 以下简称CH。

③ Siegmund Günther. Physische Geographie. Stuttgart, 1895. = Sammlung Göschen 26 (BPC). Zitiert nach Paul Celan. Die Gedichte. Kommentierte Gesamtausgabe. Hrsg. und kommentiert von Barbara Wiedemann. Frankfurt am Main: Suhrkamp, 2005, S. 726f. 以下简称 KG。

④ 鉴于此,我们在翻译这篇诗文时,并非按照术语的意义,而是在文学文本的语境中进行理解性翻译。多义择一的译文必然遗失文本中原有的术语共振意义。

第二格隐喻（genitiv-metapher）赋予语言以光射之风的功能，"光射"与"风"的复合词脱离了物理-光学和气象学语境而转形为诗学的隐喻。在策兰诗中，"光射"总是与阴性的你或她有密切关联："我跟随你眼睛的光射"（GW 1: 75; 另参见 GW 1: 117, 165—166, 182）; 此外，策兰的光射尽管没有犹太宗教色彩，却被赋予了密托斯（Mythos）功能。不过，这既不是伽达默尔说的宇宙之风（Gadamer, 9: 425），也不是诗人直接"用新诗学的标记对抗错误的言说"（CH, 92），而是身陷绝望境况中隐匿的抒情之我企图借助"你的语言"力量来对抗尘世的鼓噪。第三行首先出现了一个侵入词素的换行，即词素性断行。作为半前缀的"an"有"靠近，接近，开始，增加"等含义，因而，经历者所经历的不是真正的经历之物，而是附靠上去的、贴近的经历，或者说是虚假的经历，而不是"不再存在"（Bogumil, 139）。不过文本没有说明这个经历者是人还是物。在破折号之后是"彩色鼓噪"及其同位语"伪诗，非诗"。所谓"伪诗"（Meingedicht）有两层含义：第一，从现代德语的角度去理解就是将第一人称物主代词"我的"（mein）跟"诗"（gedicht）合成一个词"我的诗"; 第二层含义就是巴迪欧（Bertrand Badiou）的解释，即这里的"mein"不是物主代词，而是古高地德语中的"错误，虚假"，原义是"偷梁换柱"，构词方法就如"假誓"（Meineid）。如果没有"戈尔事件"的背景，我们就无法理解第一层含义"我的诗"。1960 年 7 月 29 日，克莱尔·戈尔（Claire Goll）在德国《时代周报》（Zeit）的文学系列栏目"我的诗"（Mein Gedicht）上发表了其丈夫戈尔（Yvan Goll）的一首译诗，附文中还在敲打策兰。策兰诗文中的"我的诗"/"伪诗（誓）"具有一语双关的特征，植根于德语构词法，也是策兰对克莱尔·戈尔剽窃指责的回应。戈尔夫人称：策兰善于悲痛地描述他那悲伤的"传奇"（Legende），说他父母被纳粹杀害。① 策兰因此受到极大的伤害。策兰诗学始终在历史框架中呈现与彼在之母亲的交谈。诗中，她的被害事实是"不可辩驳的证词"; 也只有

诗人母亲的语言才有足够的力量来祛除这各色各样的谗言鼓噪，"你语言的光射之风"中的"你"便是母亲。

半前缀"aus"独占第二诗节第一行，这样的词素性断行赋予这个前缀独立的意义：作为副词，它本身就有"结束"和"走出"的意思，尤其在口语中常有强烈的感情色彩。由前缀"aus"构成的动词多有向外的运动方向之意，还有"去除，删除"的意思。种种含义都浓缩、共振在这只有一个音节的诗行中，是断然离弃和告别第一诗节描述的状态，开始自己的冰雪之旅。"旋转而出"（auswirbeln）是个极其生僻的语词。旋转母题在 1967 年 7 月的一首诗中再次出现："这个高度/将自己旋-/出，比你们更为/猛烈"（GW 2: 241）。下一行出现的"通畅"（frei）也可以理解为自由，诗人"在寻找……呼吸转折"（CTA M②, 123），这个转折就是"从人性中出走"（GW 3: 194），"携带一个忘我的自我走向那个可怕和陌生，再将自己……释放（frei-setzen）"（GW 3: 193）。"释放"就是将自己从现有的关系中解脱出来，这就是策兰诗文的自由向度，从尘世是非转向死亡境地，而"死亡是创造一体与界线的原则，因而它在诗中无时不在"（CTA M, 116）。诗文由此转入冰川境界，完成诗学形式上的转折，即逾越生死界限的一体性。《浸蚀剥净》转折为朝向死亡的向往之路，显示诗学书写的内在互文性转折。

这条向往之路由介词"穿过"与"通往"表述。诗依然还行走在路上。在诗人的草稿（CTA NR③, 54; KG, 687）中，我们发现，诗人将一个语词的音节分开然后合在一起的做法套用了一首古老的德语儿歌，其主题也是餐饮，儿歌就是将"母亲"（Mutter）这个语词拆开然后合并。④ 这一外在互文关联隐秘却无误地将"人"与"母亲"置于诗学结构的同位，这里的人就等同于母亲。内在互文关联中，"形象"同样明确指向母亲："形象的苗条，/一个杏眼般的纤细影子"（GW 1: 110），"再一次形象靠近"（GW 1: 168），"姐妹的形象"（GW 1: 227）。⑤ 值得研究的是，策兰

---

① 详见 Barbara Wiedemann (Hrsg.). *Paul Celan — Die Goll-Affäre: Dokumente zu einer >Infamie<*, zusammengestellt, herausgegeben und kommentiert von Barbara Wiedemann. Frankfurt am Main: Suhrkamp, 2000, S. 251f。

② Paul Celan. *Der Meridian. Endfassung — Entwürfe — Materialien*. Hrsg. von Jürgen Wertheimer. Frankfurt am Main: Suhrkamp, 1999. 以下简称 CTA M。

③ Paul Celan. *Die Niemandsrose. Endfassung — Entwürfe — Materialien*. Hrsg. von Jürgen Wertheimer. Frankfurt am Main: Suhrkamp, 1996. 以下简称 CTA NR。

④ 儿歌德语原文为："Meine Mu, meine Mu, meine Mutter schickt mich her, /ob der Ku, ob der Ku, ob der Kuchen fertig wär? /Wenn er no, wenn er no, wenn er noch nicht fertig wär/Käm ich mo, kam ich mo, käm ich morgen wieder her."下划线为本文作者所加。

⑤ 姐妹形象与母亲的关系，详见：吴建广.不可"诗意栖居"的德意志语言之家.《同济大学学报（社会科学版）》,2010(6): 8—22。

诗中从来没有出现过被德意志人杀害的父亲形象，父亲不在场的诗学事实竟然在西方学术研究中被遗忘。在母亲死于德国人枪口之下后（Chalfen，118—120），策兰写道："现在下雪了，母亲，在乌克兰。"（KG，399）这场雪从此就一直飘散在策兰的诗文空间，自然现象转化为主观情绪的状态，寓意着诗人的个体遭遇和历史的人性灾难。爱恋母亲、失去母亲和思念母亲成为策兰诗学的标记。

诗人因没能救下母亲而心怀内疚，诗文创作则成为补救与忏悔的方式。根据《杜登德语大词典》，"忏悔"在古高地德语中的原意是"改善，重新修好"，主要有两层含义：第一，选用并实践忏悔的方式使自己从罪过中重获（心灵）自由；第二，因为罪过而选择忏悔来惩罚自己。正因为诗人怀有提斯柏（Thisbe）般的内疚之心而忏悔，才有走向"餐饮"之说。穿过母亲的那场雪就是历史经验的当下化，外在经验的内在化，流动经验的固定化，因而也就转化成忏悔者此在的基本状态。"穿过"就是在历史性此在的时间与空间中穿行，越过界限的另一端就是"好客"的餐饮。诗文在此重提诗集第一首诗《你尽可以》（Du darfst）（GW 2：11）中的餐饮主题。后者指出餐饮的食物——雪；而本诗则呈现餐饮的空间与家具的质料——冰川。不过，雪与冰川是两件不同的物体，冰川是终年降雪积聚、自我运动的巨大冰体，是雪的形态的进一步凝固和加剧，是没有生存条件的地方，不能将两者一同理解为死亡景象。诗中只讲餐饮的地点，缺省了招待者和被招待者。在内在互文关联中，我们得知，招待者通常是女性、爱人，被招待者是抒情之我，其主题则是爱情与受难。餐饮图像再次显现隐含的死亡母题。通往餐饮之路是诗人在诗学空间逾越生死"界限"，完成"一体"的终极回归。由此，从第二诗节的动态到第三诗节的静态的转化在句法结构（介词使用）上得以表现。

第三诗节以程度形容词"深"表示静止的所在，其后为两个地点状语"在"与"靠近"。"裂口"不仅是地理学上的术语，描述冰川地带地表的裂缝，也指皮肤上的破裂和伤口，由此引申到心灵的伤口。合成词"时间裂口"与诗文《在蜡炬前》（Vor einer Kerze）（KG，73—74）中"时间的裂口"（第二格隐喻）发生互文关联。"时间裂口"是诗学意义上从现实时间的瞬间脱离，是得以喘息（呼吸）的诗学空间，是痛苦中的慰藉，也是慰藉中的痛苦，是因剧烈疼痛而达到的极度清醒的状态。心灵创伤的严重程度也就表现为对时间的扬弃，因而，"时间的裂口"是"一个时间不再流逝的地方"（Gadamer，9：427）。这个没有时间的诗学空间就是策兰诗的此在，是"艺术之地"（Bogumil，140），"诗就是确确实实地将自己说向死亡者"（CTA M，113）。

介词"靠近"独占一个诗行，且带有介词宾语的定冠词，显示距离上的更接近和描述上的更具体，更为重要的是态度上的亲近；它同时还指在某人那里。① 而这一亲近却因介词结构的断裂（断行）而又变得生分。介词宾语"蜂房冰块"无冠词，另起一行而单独成立。"蜂房冰块"指冰洞深处多孔形状的冰块，其形似蜂房所以名之。诗中的"蜂房冰块"隐喻一个可以居住的空间，其材料不是蜂蜡，而是冰块，是雪和水长期凝结而成的冰体。上一诗节的冰川世界还是一个期待的目的，眼下，期待成为当下现实。"等待"的主体（或主语）是你的"证词"。这里再次出现第二人称的物主代词。与第二诗行一样，这里的"你"是隐匿之"我"的交流对象，凭借"经验话语"②将自己移情到对象"你"的身上，将客体（宾语）转变为主体（主语），希冀"你"能像"我"一样，对"我"的到来同样期盼已久。而母亲的引领在另一首诗中有明确的表述："时间的裂口／母亲语词将我引到此前。"（GW 1：111）这里的等待同样"好客"，等待的对象就是那个"客"，他远离"鼓噪"世界，"穿过人形的雪"和"忏悔者的雪"而抵达。"证词"是具有法律效力的言辞，它是"你"存在的功能。唯有你的证词在等"我"，唯有你的证词才是真，才能给"我"公正，因为它"不可辩驳"。

我们并不能在句法上确定"证词"与"晶体"就是同位语，两者更多是指诗学上的殊途同归，你我一体。晶体凝聚了冰雪世界的一切特征，无论是晶体的形成过程，还是其现有状态都表现寒冷，直指那个痛苦的经验，进而意示那场人性的灾难。"晶体"一词突兀地插入本来完整的句子之中，它以破坏句法结构的方式，插入你与我的共同经验；呼吸凝结而形成诗，"诗从呼吸道上来，是气体的"（CTA M，108）。晶体是指诗本身（Firges，195），呼吸晶体意指母亲语词透过诗人的呼吸（说话）凝结而成的诗文，"我"的诗表述了"你"的证词，因此，"《浸蚀剥净》一诗中开拓的原始空间就是诗人的心灵空间，在此，死去的母亲从远处作为伤口的根源而出现"（Bogumil，145）。

---

① 《杜登》词典中还说 bei 有"接近，松散的接触；居住、生活环境"等义。
② 经验话语（die erlebte Rede）原是叙事作品的叙述手法，详见 Franz K. Stanzel. *Theorie des Erzählens*. Göttingen：Vandenhoeck & Ruprecht, 1991, S. 54f.。

最终,"证词"产生对"鼓噪"的抗拒和抵制作用,"呼吸之晶体就是存在所证明过的'反对词'"(GW 3: 189),反对'这一百条/舌头的伪-/诗,非诗'"(CH, 92)。

诗文在主题上返回第一诗节中的"浸蚀剥净",返回"你的语言"。令人迷惑的是,诗文中的"你"究竟是谁?在第二诗行和第二十诗行两次出现的单数第二人称的物主代词"你",与诗集第一组诗第一首诗《你尽可以》中的"你"发生互文关联,产生呼应关系。而在稍前完成的一首诗中,诗人将你与我合成"我们",并将语言与命运视为一体:"我俩依然拥有的东西,/从语言中,/从命运中。"(GW 2: 64)尽管"你的语言"与抒情之我的诗文有极为密切的关系,但毕竟还是"你的",而不能被直接理解为"我的"。如果我们将组诗,乃至策兰全部诗文视为一个涵义的整体,那么这个"你"就是死去的母亲,而不是可以任意想象的某人。毋庸讳言的是,策兰诗文因其锁闭特征,只有在顾及内外的互文关联和反复的精微阅读中才会逐渐向读者敞开隐含意义。

四、结语

解读和分析策兰的诗文而不依赖其内在和外在的互文性已不再可能,而本文在互文关联的基础之上,对策兰诗文《浸蚀剥净》进行了全面细致的解读和分析,指出本诗在诗集《呼吸转折》中的重要性在于它完成了诗学形式上的转折,以及诗创作的内在互文性转折。同时我们强调诗学诠释学的方法,即诗文本身的语词意象和诗学形式是构成涵义一体性的主要元素。因而也扩展了伽达默尔的哲学诠释学原则,将单篇诗文置于诗人创作的整体文境中进行理解,而不是简单地与单篇诗文发生局限性关系;同时,也不拒绝外在互文关联对理解诗文的有效帮助。问题的关键在于,扩展性解读要始终立足于诗文本身的自明文理,不能在互文关联中走失。

尽管策兰是公认的博学诗人,但是我们拒绝将他的诗文经验普遍化,反对将他的诗文用于1945年之后德语文学的重建任务而将其异化为一种新的意识形态。用"语言批判"的主题来解释《浸蚀剥净》一诗得不到文本的支持。对本诗的释义再次说明,策兰诗文的出发点总是十分具体而非诗学理论的阐述,对此策兰似乎没有兴趣。此外,本文已尝试证明,策兰诗文中的"你"与"我"同样十分具体,而非任何他人、任何读者。尽管读者有权利将自己等同于诗文中的"你"或"我",但是诗学诠释学的目的不仅仅是与一篇诗学作品进行偶然的、单独的交流和对话,而是对诗人的全部创作文境进行持续性和必然性的学术探索,指出诗文的涵义"方向(从哪里来,到哪里去)"(CTA M, 104),即便是对一首诗文进行共时诠释,也要能管窥一斑地呈现诗学的总体构造与历时嬗变。

参考文献

[1] Bogumil, Sieghild. "Das letzte was bleibt. Celans Gedicht Weggebeizt". *Interpretationen — Gedichte von Paul Celan*. Stuttgart: Reclam, 2002. 133-147.

[2] Buck, Theo. *Muttersprache, Mördersprache: Celan-Studien I*. Aachen: Rimbaud, 1993.

[3] Burdorf, Dieter. *Einführung in die Gedichtanalyse*. Stuttgart, Weimar: Metzler, 1997.

[4] —. *Atemwende*. Werke. Tübinger Ausgabe. Hrsg. von Jürgen Wertheimer. Frankfurt am Main: Suhrkamp, 1999.

[5] —. *Der Meridian. Endfassung — Entwürfe — Materialien*. Hrsg. von Jürgen Wertheimer. Frankfurt am Main: Suhrkamp, 1999.

[6] —. *Die Gedichte. Kommentierte Gesamtausgabe*. Hrsg. und kommentiert von Barbara Wiedemann. Frankfurt am Main: Suhrkamp, 2005.

[7] —. *Die Niemandsrose. Endfassung — Entwürfe — Materialien*. Hrsg. von Jürgen Wertheimer. Frankfurt am Main: Suhrkamp, 1996.

[8] —. *Gesammelte Werke*. 1-5 Bde., hrsg. von Beda Allemann, Stefan. Frankfurt am Main: Suhrkamp, 1986.

[9] Chalfen, Israel. *Paul Celan — Eine Biographie seiner Jugend*. Frankfurt am Main: Suhrkamp, 1983.

[10] Firges, Jean. *Den Acheron durchquert ich — Einführung in die Lyrik Paul Celans*. Tübingen: Stauffenburg, 1999.

[11] Gadamer, Hans-Georg. "Sinn und Sinnverhüllung bei Paul Celan". *Gesammelte Werke*. Bd. 9. Tübingen: Mohr, 1993. 452-460.

[12] —. "Text und Interpretation". *Gesammelte Werke*. Bd. 2. Tübingen: Mohr, 1993. 330-360.

[13] —. "Wer bin Ich und wer bist Du?" *Gesammelte Werke*. Bd. 9. Tübingen: Mohr, 1993. 383-451.

[14] May, Markus, Peter Gossens, Jürgen Lehmann (Hrsg.). *Celan-Handbuch*. Stuttgart, Weimar:

Metzler, 2008.

[15] Stanzel, Franz K. *Theorie des Erzählens*. Göttingen: Vandenhoeck & Ruprecht, 1991.

[16] Wiedemann, Barbara (Hrsg.). *Paul Celan — Die Goll-Affäre: Dokumente zu einer >Infanie<*, zusammengestellt, herausgegeben und kommentiert von Barbara Wiedemann. Frankfurt am Main: Suhrkamp, 2000.

[17] 吴建广.不可"诗意栖居"的德意志语言之家.《同济大学学报(社会科学版)》,2010(6):8—22.

[18] ——.用德语的帛裂之声作诗——保尔·策兰《声音》诗文之诠释.《同济大学学报(社会科学版)》,2012(1):1—14.

现代语言学中的系统观：各流派之异同

刘志平　杨雪燕
（复旦大学）

摘　要：系统观是现代语言学的基础。为深入认识语言学研究中的系统观，本文从具体的研究视角出发，考察语言系统的本质属性、层次体系、轴关系以及成分价值4个方面，探究不同语言学流派之间的异同。通过比较可看出，各流派的共同点在于将语言视为一个以价值为核心的系统，并且是一个以轴关系贯穿始终的复杂层次体系，但对系统本质、词汇和语法所属层次、层次间关系和系统中的首要轴关系等问题的认识不同，这主要是因为随着语言学研究目标从描写转向解释，研究重心也从形式转向意义，从组合关系转向聚合关系。

Abstract: Language as a system is generally accepted as the starting point of modern linguistics. With the aim of further understanding the theoretical construct of "system", this paper compares how different linguistic schools view system in terms of the perspectives adopted, the nature of language, its stratificational hierarchy, axial relations and the value of linguistic elements. The comparison reveals that all schools regard language as a value-loaded system, a stratificational hierarchy organized around paradigmatic and syntagmatic relations, but they differ in their views concerning the nature of language system, stratal status of lexis and grammar, stratal relationship, and the primary relation in language. The differences are due to the shift of the research objective of linguistics from description to explanation, which in turn leads to a shift from form to meaning, and from syntagmatic to paradigmatic relationships.

关键词：语言系统；层次；轴关系；价值；意义
Key Words: language system; stratification; axial relations; value; meaning

一、引言

现代语言学重视语言的共时态，因而从系统（而非孤立成分）出发描写语言的运行机制（Saussure, 2001），采用以整体论为基础的语言系统观（鲍贵，2006）。这种系统观的特点在于把语言当作整体来考察语言成分的价值，这一点与语言学史上其他整体性思想不同（姚小平，2018）。语言学界普遍认为，现代语言学的系统观揭示了语言的本质属性（李文新，2012），是语言学研究的出发点（严辰松，1997）和语言学理论的根本组织原则（皮鸿鸣，1994）。为了更好地掌握现代语言学理论，进而提高语言学研究的水准，首先需要深入、全面地认识语言学中的系统观。

学界对语言系统观的研究大致可分为3类。第一类研究阐释共时态下语言系统观的内涵（吕红周，2010；杨忠，2013），重点研究语言的关系系统和价值系统（鲍贵，2006；马壮寰，2007；顾晓波、张延飞，2013）。这类研究通过解读索绪尔语言系统观，深化了对语言要素之间关系和要素价值的认识，并不关注现代语言学在此基础上如何进一步完善语言系统理论。第二类研究分别讨论西方各语言学流派理论如何以"关系"和"价值"为基础进一步认识语言系统（封宗信，2006；刘润清，2017），概述有关系统的主要思想之异同，如比较索绪尔的语言系统思想与系统功能语言学的系统思想（张绍杰，2004；杨雪燕，2006；胡壮麟等，2017）。这类研究以语言系统观为背景，强调各语言学流派理论对语言系统研究的贡献，对语言学理论基础要求较高，对刚入门的学习者来说挑战较大。第三类研究从方法论的角度考察查语言系统观，将语言系统的研究范围、课题、论证过程与研究视角相结合（卢英顺，2008；徐盛桓，2009；石毓智，2018）。这类研究将系统观作为语言研究的前提,旨在为语言系统的研究提供选题和论证方面的指导,并不关注语言学理论体系的构建。上述3类研究围绕"关系"和"价值"这两个关于语言系统的元理论展开,但未明确阐释现代语言学将语言构建为一个怎样的系统这一问题。本文试图从语言系统的研究视角、系统的本质属性、层次体系、轴关系及具体的成分价值等方面回答这一问题。

二、语言系统的研究视角

现代语言学研究不仅要对语言系统进行细致描写,也要对它的运作机制做出充分解释,为此,各语言学流派在研究语言时采用了不同的视角。

首先,在研究语言系统时,现代语言学流派普遍重视共时态,但对于是否应考察语言的历时态这一点上看法不同。20世纪前半叶的结构主义语言学认为,要想了解语言系统的整体运作,只能以语言的共时状态为基础,不能过多关注局部要素的变化(Saussure,2001)。但是对于注重成分功能的语言学流派(如布拉格学派和系统功能语言学)而言,语言系统的共时态和历时态不是绝对对立,而是辩证统一的,共时语言系统只有在历时的视角中才能得到充分解释。这主要有两方面的原因:一是语言的共时静态系统是上一阶段系统变化的结果(Mathesius,1975);二是语言系统并不是固有的,而是在人类发展和社会个体成长过程中逐步形成的"功能性的语言成分聚合群"(彭宣维,2017:10)。只有同时考察语言的共时态和历时态——采用泛时的视角,才能客观、全面地认识语言系统。

其次,现代语言学流派多将语言作为一个自足系统的内部特征,但也有流派从外部系统着手解释语言结构的成因和结构成分的价值。结构主义语言学多将语言视为一个自足的系统(Saussure,2001;Hjelmslev,1961),关注语言系统内部的共时性结构成分和成分之间的组合关系。但也有例外,如布拉格学派在研究结构成分的同时,提出对语言系统运作机制的理解必须放到语言所隶属的系统中去(Mathesius,1975),这是该学派"功能句子观"的理论前提,也是该学派被称为结构功能学派的原因。20世纪后半叶的语言学理论主要从外部解释语言系统的工作机制,如考察社会文化语境对语言结构的影响(Firth,1957;Halliday,1985)和人脑认知结构对语言结构的决定性作用(Langacker,1991;Talmy,2000)。

最后,现代语言学理论也讨论了通过语篇来研究语言系统运作机制的可行性。从共时和内部的视角来看,语言系统存在于集体心智中,具体的语篇是不完整的,不能作为语言研究的对象。这主要是结构主义语言学流派(如布拉格学派和伦敦学派)的观点。但也有例外,如哥本哈根学派认为,通过研究语篇与系统共同的结构关系可以发现语言作为一个形式系统的特点(Hjelmslev,1961)。从泛时和外部功能的视角来看,语言是由概念意义、人际意义和谋篇意义共同构成的意义潜势,是可以供人们选择的资源。语篇是语言使用者根据语境从这种资源中选择的结果,是语言系统使用的实例(Halliday,1978;Halliday,1994)。因此,语篇在本质上与系统一致,可作为研究系统的途径。

三、语言系统的本质

现代语言学从符号学的角度出发将语言视为符号系统,但是各语言学流派在语言是怎样的符号系统这一问题上持不同观点,这主要是因为他们对"符号"属性的认识不同。索绪尔将语言视为"一种表达观念的符号系统"(Saussure,2001:15)。这里所说的符号是 sign,区别于系统功能语言学所指的 semiotic。前者指的是概念和音响形象的结合体,强调符号的心理属性;后者指的是意义(或意义系统),强调符号的社会属性。根据对"符号"的认知不同,可将现代语言学流派的语言系统思想大致分为两种,即任意符号系统观与自然符号系统观。

将语言视为任意符号系统,意味着语言符号的任意性决定了语言是一个自足的系统。这主要是因为符号的能指与所指之间没有必然联系[例如,"玫瑰"的概念在英语中与 r-əʊ-z(rose)这串声音没有内在的关系],要素及其价值只能通过与其他要素之间的差别来确定(Saussure,2001)。因此,无论在研究符号的内部要素时,还是在研究符号之间的关系时,都要从系统这个整体出发。对任意符号系统观而言,语言的能指系统,即符号之间的组合关系和符号在结构中的价值,应被作语言学研究的主要对象;社会文化和地域因素与语言结构无关,可排除在语言系统研究范围之外(Saussure,2001;Hjelmslev,1961;Bloomfield,1933)——这是结构主义语言学流派研究的主旋律。

将语言视为自然符号系统,意味着采用功能主义语言学的视角,从意义而非形式出发描述并解释语言要素之间的关系和要素的价值。与任意符号系统观不同,自然符号系统观将语义与语法之间的关系视为自然的、对应的,这既适用于系统功能语言学,也适用于认知语言学。对前者而言,语言利用自身的词汇、语法资源对要表达的意义进行编码。意义不同会导致词汇、语法选择的不同;同样,不同的词汇语法选择所表达的意义也不同(Halliday,1994)。对后者而言,语义是人类认知系统对客观现实的概念化,语法是对语义内容的结构化和符号化(Langacker,1991;Talmy,2000)。将语言视为自然符号系统,一方面表明研究重点的变化,所研究的不是结构成分有怎样的功能或意义,而是语义是如何表达的;另一方面也表明对语言系统的研究离不开对社会文化因素(语境)和人类认知规律的考察。

虽然上述两种系统观的本质属性不同,但是二者并不是完全对立的,而是具有一些共同点。首先,任意符号系统观和自然符号系统观都承认语言系统的社会性。前者强调语言的社会规约性,即讲话人在使用语言时要遵守其所在语言社区所有成员达成的"契约或集体习惯"(Saussure,2001:14),这种社会规约性"为语言使用者表达思想提供各种资源手段"(张延飞、张绍杰,2014:13)。后者侧重语言受到社会文化语境制约,这一点主要体现在语境决定语义和词汇、语法选择(Halliday,1985;Halliday & Matthiessen,2004),以及原型范畴的理解和隐喻意义的建构是以语境为基础的(Langacker,1997;Kövecses,2015)。其次,二者都关注语言结构成分之间的关系及成分的价值。从结构入手探索语言系统的运作机制是现代语言学理论的出发点,但这并不意味着以语言结构为对象的研究一定是在语言系统观下进行的。例如,以乔姆斯基(Noam Chomsky)为代表的转换生成语言学也对语言结构进行描写和解释,但是该学派将语言的系统性背景化,研究的不是语言结构和结构中成分的价值本身,而是以此揭示人类的认知系统(宁春岩,1996),与语言系统观关联度较低。

四、语言系统的层次体系

无论是任意符号系统观还是自然符号系统观,都将语言系统视为一个多层次体系。但这里所说的不是由系统、要素和符号形成的层次体系(张绍杰,2004),也不是各层内部语言单位之间的结构层次关系,而是由语音、(词汇)语法和语义等子系统构建的层次体系。

语言是由语音、语法和语义等子系统共同构成的整体。现代语言学在对这些子系统进行研究的同时,以它们之间的关系为基础,对其所属层面进行划分,从理论上将语言系统构建为一个多层次体系。但是,各语言学流派在层次划分和层次体系的维度两个方面的观点不同。

首先,现代语言学流派在层次划分上的分歧在于是否明确区分词汇和语法并将其视为两个独立的层次。现代语言学理论普遍认为词汇和语法相互渗透、相互依赖(Saussure,2001;Hjelmslev,1961;Chomsky,1995;Langacker,1991),但是除层次语法和系统功能语言学之外,多数语言学流派未明确讨论并区分二者的层次属性。受哥本哈根学派影响,层次语法在早期将词素层和形素层视为两个独立的层面(Lamb,1966)。之后该理论将二者合并为词汇-语法层,认为人脑认知系统以此对语法中的低阶结构(单词结构)和高阶结构(小句结构)进行加工处理(Lamb,1999)。系统功能语言学在语符学和层次语法的基础上提出,词汇和语法在识解经验方面的功能是互补的,处于同一抽象层次,只是在表达意义的精密度上有差别,词汇被看作"最精密的语法"(Halliday & Matthiessen,2004:44)。

其次,根据对语言系统本质属性的认识,可将各语言学流派对语言层次体系的理解分为"二维"层次体系和"一维"层次体系。为进一步区分任意符号的能指与所指,以达到对语言系统进行形式化描述的要求,哥本哈根学派提出,语言由内容平面和表达平面组成,二者之间是连接关系(connection)。每个平面由其形式和实体组成,两者之间是表现关系(manifestation),即图式和具体使用的关系(叶姆斯列夫,2006)。该学派以这两种关系为基本维度,将语言构建为一个包含语音层、音位层、语法层和语义层4个层面的"二维"层次体系(Hjelmslev,1961)。虽然自然符号系统观也区分语言平面和平面内部的形式与实体,但它所考察的不是形式,而是语义是如何表达的。因此,该系统观以意义之间的体现关系为基本维度(Lamb,1966;Halliday,1992;Lamb,1999),将语言描述为由语义层、词汇-语法层与音系层这3个层面共同构成的"一维"层次体系(Halliday,1992;Lamb,1999)。其中,音系层体现词汇-语法层,词汇-语法层体现语义层。3个层面相互依存、密不可分,都是语言学的研究对象。

需要指出的是,尽管系统功能语言学和层次语法在构建语言系统的层次体系时,都将体现关系作为基本维度,但是它们的观点并不是完全相同的。对于层次语法而言,各层之间的体现关系是单向的,即音系层体现语法层,语法层体现语义层,但是对系统功能语言学而言,这是不准确的。语言层次之间的体现关系是双向的、累积的,可以进一步被定义为元冗余关系(metaredundancy)(Halliday,1987),即语义层由被音系层体现的词汇-语法层体现。

五、语言系统的轴关系

现代语言学在将语言系统构建为一个层次体系的同时，也对语言系统内部的轴关系（syntagmatic and paradigmatic axis）进行了研究。轴关系是层次体系内部的组织秩序，涉及语言成分在组合体（syntagm）和聚合体（paradigm）中的价值，与选择的思想密切相关。虽然各流派都将轴关系作为探索语言学理论、描述和解释语言现象的着手点，但是在研究聚合关系时的侧重点不同，对组合关系本质属性的认识也不同。

首先，现代语言学流派在索绪尔的基础上，将聚合关系视为在同一层次的结构中某一特定位置可以互相替代的单位之间的关系，但是它们关注不同层次上的聚合关系，在聚合体之间的关系这一问题上的看法也不尽相同。哥本哈根学派对音系层和语法层的聚合关系进行研究，如在 pat 这个单词的 p, a, t 3 个位置上，分别存在"p, s, r, t""a, e, i, o …"和"t, n, d, l" 3 个聚合体。伦敦学派将这种聚合体称为"系统"。这些结构语言学流派并不关注各种系统是否相关，也不关注系统之间的异同。系统功能语言学从语义层的聚合关系出发，将语言构建为系统网络，认为系统之间存在共取和析取两种关系，在精密度上也有差异。例如，要表达言语功能（speech function），说话者首先要同时从"话轮""启动角色"和"交换物"这 3 个系统中做出选择，然后从各系统内部更加精密的系统中进行析取，如在"交换物"这个系统中决定所交换的是"信息"还是"物品和服务"。

其次，在组合关系是层次内部选择的结果还是层次之间互动作用的结果这一问题上，现代语言学流派也存在分歧。这主要与它们对语言层次体系的认识有关。结构主义语言学流派，尤其是哥本哈根学派，以形式描写为研究目标，将组合关系视为语言系统中的首要关系，将音系结构和语法结构视为这两层内部选择的结果。这些学派的研究特点是将形式前景化、意义背景化。以意义阐释为目标的功能语言学理论赋予聚合关系以先导性地位，将音系结构和语法结构看作在意义中选择的结果。将意义前景化、形式背景化是系统功能语言和认知语言学组织各自理论的根本原则。如在"The tiger chases the dog."中，结构主义语言学主要描述名词词组和动词词组如何共同构成小句，而系统功能语言学和认知语言学则关注小句所表达的概念内容是如何分别通过[参与者+过程+目标]和[图形+背景]这两种功能结构实现的。

六、语言成分的价值

上述两个小节从理论构建的角度阐述了语言系统的特点，本小节从语言分析的角度，讨论语言系统中成分的价值。现代语言学根据语言成分在组合关系和聚合关系中的价值构建语言系统理论，促进了语言研究中元语言和研究方法（如直接成分分析法和级阶成分分析法）的发展。这对语言学研究有重要意义，因为"语言学唯一的、真正的研究对象，是就语言和为语言而研究的语言"（Saussure，2001：230）。

现代语言学主要通过以下两条路径研究语言成分的价值。第一条路径以语言之间的组合关系为基础，分别考查处于某一位置上的成分的价值和该成分在其所处系统中的价值。对于结构主义语言学各流派而言，处于同一个聚合体中的要素没有固定数目，也没有确定的次序（Saussure，2001），因此只有在一定的结构中才能确定这些要素的价值。例如，对于 pat 这个单词而言，p 的价值首先在于它和 a, t 共同组成 pat 这个有意义的语言单位；其次，p 的价值在于，由它构成的单词 pat 与由"s, r, t"构成的单词 sat, rat, tat 在意义上是不同的。可见，语言成分之间的组合关系被作为语言系统研究的前提和手段。通过考察语音在结构中区分意义的特征，布拉格学派确立了音位的概念，并在此基础上将语音学与音位学区分开来（Trubetzkoy，1969）。美国描写主义语言学以语言的等级结构为基础，对各层的结构进行二分拆解，创立了直接成分分析法（Bloomfield，1933），但是并不关注这些结构成分在表达意义方面的价值。

第二条途径是以意义之间的聚合关系为基础，考察语言结构中各成分的价值，将价值视为意义和形式的统一体。其中，意义是价值的第一属性，结构关系是价值的第二属性。这主要是功能主义语言学的观点。以系统功能语言学为例，功能结构（function structure）和结构功能（structural function）这两个概念分别表明该理论从意义出发研究语言的结构，根据意义和结构关系定义成分的价值。成分的价值不仅由它在结构中的位置决定，还由其所在语义系统决定。例如，"His argument just crumbled."这个小句的（语篇）功能结构为[已知信息+新信息]，His argument 的价值是已知信息，just crumbled 的价值是新信息。新信息的价值是针对已知信息而言的，由小句的语篇语义系统决定。已知信息和新信息是语义概念，表达语言成分在传达信息方面的角色，而不是在表征经验或进行交流方面的角色。因此，语义是构成这两个成分在结构中价值的前提,也是将级阶成分分析法与直接成分分析法区分开来的重要原因。

综上所述,可将现代语言学研究中的系统观归纳如下:

表1 现代语言学研究中的系统观

语言学流派	研究视角			语言系统观								
				系统本质		层次体系				首要轴关系		成分价值研究路径
						词汇和语法的划分		层次维度				
	泛时	外部	语篇	任意	自然	独立	同一	一维	二维	组合	聚合	组合关系	聚合关系
索绪尔语言学				√						√		√	
布拉格学派	√	√											
哥本哈根学派			√	√				√					
伦敦学派		√	√		√								
美国描写语言学				√									
层次语法				√		√			√				
系统功能语言学	√	√	√		√			√			√		√
转换生成语言学		√		√				√		√		√	
认知语言学											√		√

七、结语

本文通过梳理现代语言学研究中的系统思想,明确了语言系统观的内涵。通过对比各语言学流派的系统观,可以看出现代语言学首先从理论上将语言描述为一个以价值为核心的系统、以轴关系贯穿的复杂层次体系;在此基础上建立分析语言结构的方法,深入研究语言系统的运作机制。相关思想集中论述于结构主义语言学和功能主义语言学的理论中。前者从共时、内部和系统的角度出发,将语言视为任意符号系统,根据结构成分的价值研究语言系统的内部秩序;除哥本哈根学派外,不关注语言层次体系的构建和语篇在语言系统研究中的作用。后者从泛时、外部和语篇的角度出发,将语言视为自然符号系统,以意义为基础考查语言结构成分的价值,将语言构建为"一维"层次体系。上述思想不仅表明了结构主义语言学和功能主义语言学之间的渊源关系,也表明随着语言学研究目标从描写转向解释,研究重心也从形式转向意义,从组合关系转向聚合关系。在这个过程中,现代语言学理论将语言体系的各个维度、系统与语篇、词汇与语法纳入一个理论框架,将理论构建与语篇分析有机结合起来。深刻认识到这一点,有助于准确理解和掌握语言系统观内涵,从本质上理解现代语言学各流派理论。

参考文献

[1] Bloomfield, L. *Language*. New York: Henry Holt, 1933.

[2] Chomsky, N. *The Minimalist Program*. Cambridge: MIT Press, 1995.

[3] Firth, J. R. *Papers in Linguistics 1934–1951*. Oxford: Oxford University Press, 1957.

[4] Halliday, M. A. K. & Hasan, R. *Language, Context, and Text: Aspects of Language in a Social-Semiotic Perspective*. Geelong: Deakin University Press, 1985.

[5] Halliday, M. A. K. "Language and the Order of Nature." *On Language and Linguistics*. Vol. 3 of *Collected Works of M. A. K*. Ed. J. Webster. Beijing: Peking University Press, 1987. 116–137.

[6] Halliday, M. A. K. "How Do You Mean?" *Advances in Systemic Linguistics: Recent Theory and Practice*. Eds. M. Davis & L. Ravelli.

[7] Halliday, M. A. K. *An Introduction to Functional Grammar* (2nd edition). London: Edward Arnold, 1994.

[8] Halliday, M. A. K & Matthiessen, C. M. I. M. *An Introduction to Functional Grammar* (3rd edition). New York: Edward Arnold, 2004.

[9] Hjelmslev, L. T. *Prolegomena to a Theory of Language* (2nd edition). Madison: University of Wisconsin Press, 1961.

[10] Kövecses, Z. *Where Metaphors Come from — Reconsidering Context in Metaphor*. Oxford: Oxford University Press, 2015.

[11] Lamb, S. *Outline of Stratificational Grammar*. Georgetown: Georgetown University Press, 1966.

[12] Lamb, S. *Pathways of the Brain: The Neurocognitive Basis of Language*. Amsterdam: John Benjamins, 1999.

[13] Langacker, R. W. *Descriptive Application*. Vol. 2 of *Foundations of Cognitive Grammar*. Stanford: Stanford University Press, 1991.

[14] Langacker, R. W. "The Contextual Basis of Cognitive Semantics." *Language and Conceptualization*. Eds. J. Nuyts & E. Pederson. Cambridge: Cambridge University Press, 1997. 229-252.

[15] Mathesius, V. *A Functional Analysis of Present Day English on a General Linguistic Basis*. The Hague: Mouton, 1975.

[16] Saussure, F. D. *Course in General Linguistics*. Beijing: Foreign Language Teaching and Research Press, 2001.

[17] Talmy, L. *Toward a Cognitive Semantics*. Vol. 1 of *Concepts Structuring Systems*. Cambridge: MIT Press, 2000.

[18] Trubetzkoy, N. S. *Principles of Phonology*. Los Angeles: University of California Press, 1969.

[19] 鲍贵.从局部到整体的抽象:索绪尔的语言符号论.《外语学刊》,2006(4):18—21.

[20] 胡壮麟、朱永生、张德禄、李战子.《系统功能语言学概论(第三版)》.北京:北京大学出版社,2017.

[21] 李文新.索绪尔的语言本体论刍议.《外语学刊》,2012(2):6—9.

[22] 刘润清.《西方语言学流派(修订版)》.北京:外语教学与研究出版社,2017.

[23] 卢英顺.语言研究的系统观.《语言研究集刊》,2008:195—213.

[24] 吕红周.索绪尔的语言系统观研究.《外语学刊》,2010(4):57—60.

[25] 马壮寰.索绪尔"语言系统"的多层含义.《中国外语》,2006(5):18—21.

[26] 宁春岩.简述美国当代理论语言学的特征即研究方法.《国外语言学》,1996(1):7—18.

[27] 彭宣维.系统功能语言学的学理及发展走向.《中国外语》,2017(1):10—14.

[28] 皮鸿鸣.索绪尔语言学的根本原则.《武汉大学学报(哲学社会科学版)》,1994(4):82—89.

[29] 石毓智.语言研究的系统观.《解放军外国语学院学报》,2018(4):39—41.

[30] 徐盛桓.语言研究的复杂整体视角——对语言研究的方法论启示.《外语与外语教学》,2009(3):1—3,19.

[31] 杨雪燕.认识韩礼德的"语言建筑".《语言学研究》,2006(4):58—68.

[32] 姚小平.《西方语言学史:从苏格拉底到乔姆斯基》.北京:外语教学与研究出版社,2018.

[33] 叶姆斯列夫.语言图式和语言运用.《叶姆斯列夫语符学文集》.程琪龙译.长沙:湖南教育出版社,2006.191—195.

[34] 张绍杰.《语言符号任意性研究:索绪尔语言哲学思想探索》.上海:上海外语教育出版社,2004.

[35] 张延飞、张绍杰.再论索绪尔的语言本体论——与李文新先生商榷.《外语学刊》,2014(1):9—13.

文学·美国犹太中短篇小说研究专栏

栏目语

美国犹太文学研究的新观点与新方法

乔国强

　　以苦难、流散、同化、身份以及"大屠杀"等为主要话题的美国犹太文学是美国文学也是世界文学的一个重要构成部分。中国学术界对美国犹太文学的关注开始于20世纪70年代末。1978年辛格（I. B. Singer）赢得了诺贝尔文学奖。1979年梅绍武和冯亦代两位先生便在《读书》杂志上介绍了辛格和其小说的创作状况，开启了中国的美国犹太文学研究的大幕。经过几代学者40余年的辛勤耕耘，美国犹太文学研究取得了丰硕的成果：从早期针对某个作家、某部作品的简单评介，到此后进入到作家、作品的专题研究，再到对美国犹太文学整体研究、把美国犹太文学置放于整个美国文学乃至于世界文化的冲撞中予以辨识与讨论，美国犹太文学研究不但完成了从"无"到"有"的拓荒历程，而且还登上了一个又一个台阶。时至今日，美国犹太文学研究已发展成了国内族裔文学研究中的一支劲旅，呈现出勃勃生机；大量研究成果涌现，勾勒出一条不断向上攀爬的美丽曲线。更为可喜的是，近年来出现的一些新的理论和方法，都能在美国犹太文学研究这一领域中找到踪迹。这说明美国犹太文学研究并没有僵化或故步自封，而是能把新的问题、新的研究方法以及新的知识及时地融入，使之能站在时代的前沿，让美国犹太文学研究继续发扬光大。

　　这一辑中所收录的5篇文章是有关美国犹太文学最新研究成果的一次集中展示。姜玉琴的《论辛格短篇小说中的"家庭"叙事》是一篇饶有兴味的学术论文。她从辛格一系列具有代表性的短篇小说入手分析了辛格小说中的"家庭"与犹太人圣典《塔木德》（Talmud）倡导的家庭观的互为悖逆特性，论证了辛格对其民族传统既皈依又叛逆的复杂创作心态。这篇论文研究视角独特，观点新颖，文中所提出的"独居式"家庭模式、"子孙后代的缺席"以及"家庭"在辛格短篇小说中代表一种"衰败"和"死亡"等话题都是学界第一次提出来的新话题，是辛格小说研究领域中的一次突破。顾晓辉的《格特鲁德·斯泰因〈三个女人〉中的身份隐藏策略与他者之思》一文，以斯泰因（Gertrude Stein）的小说《三个女人》（Three Lives）为例，分析了斯泰因如何把自己的犹太身份、女同性恋身份以及流放者身份投射到作品中的3个女人的身上，即探讨的是作家隐秘的内心世界与其笔下人物之间的互为依托之关系。这篇文章解读深刻，分析细腻，提出了一些新的观点和感悟。李莉莉的《伯纳德·马拉默德短篇小说中的生存困境与救赎》是一篇对马拉默德（Bernard Malamud）短篇小说的主题进行深入解读之作。该文文风稳健，论述严密。高莉敏的《从〈当我们谈论安妮·弗兰克时我们谈论什么〉中的大屠杀书写看美国文化的犹太化》与李栋的《大屠杀阴影笼罩下的流散犹太人之悲剧人格——从正统派视角探讨〈记住我这件事〉》是两篇针对作品中有关犹太"大屠杀"事件展开讨论的论文。前者从人物身份混杂的角度提出了一个美国文化的犹太化问题。这是个较为新颖的研究视角，可能会成为21世纪美国犹太文学研究的一个新话题；后者从文本分析入手，详细探讨了贝娄（Saul Bellow）小说《记住我这件事》（Something to Remember Me By）中的"流散"背景与"死亡主题"之间的密切关系。

论辛格短篇小说中的"家庭"叙事

姜玉琴
（上海外国语大学）

摘　要：犹太民族是一个"家庭"观念至上的民族，所以辛格短篇小说的叙事模式基本都是围绕"家庭"这一坐标点构建起来的。然而，辛格笔下的"家庭"导向的是分裂、凋零、衰败和死亡，与《塔木德》强调和弘扬的团结、祥和的家庭精神不是一回事。辛格小说中的这一背离其民族精神传统的叙事特征值得研究者们进行研究。

Abstract: Family for the Jewish nation is of supreme importance. As a Jewish writer, I. B. Singer constructs his narrative mode of stories around this hinge point of family. However, the family in Singer's short stories tends to be split, withered, declined and dead, which is contrary to the family spirit of peace and harmony emphasized and carried forward in *Talmud*. It is worthwhile to study this narrative feature in Singer's short stories, which deviates from his Jewish tradition.

关键词：辛格；家庭；独居；鳏夫；寡妇
Key Words: I. B. Singer; family; solitude; widower; widow

一、引言

在绝大多数作家笔下，"家庭"往往是一个令人寄托无限遐想与希望的象征载体。所以，作家们即便在小说中涉及"家庭"中的诸种矛盾与不幸时，一般也都是针对特定场景中的特定人和特定事，并不妨碍人们对"家庭"这个构成单位本身的信任。然而，辛格（I. B. Singer）笔下的"家庭"则指向了另一种意义。这个符号意义下的"家庭"通常会呈现出如下特点：1）一般都是笼统、写意的，不对"家庭"中的具体生活和具体人物展开认真的勾画与描写；2）"家庭"的构成基本是以类型化的方式诠释的。最典型的两大诠释模式是"寡妇型"家庭和"鳏夫型"家庭；第三类是"断子绝孙型"家庭，在这类家庭中夫妻两人均健在，但这种"家庭"不是面临着生不出子孙后代的困窘，就是生出来很快又夭折了，即便孩子侥幸长大成人，他们往往也生活在遥远的地方，与原生家庭构不成一种亲情关系。

总之，"家庭"在辛格的视阈里不是幸福的港湾、人生的归宿，而是一架通往凋零、衰败和死亡的桥梁，与有犹太人护卫之称的《塔木德》（*Talmud*）中所强调的犹太人家庭"充满幸福，充满了祥和的气氛"（胡宝林、春之霖，440）之说法相悖逆。

二、鳏夫、寡妇与独居：一种典型"家庭"模式

辛格不看好婚姻与家庭，否则他不会在小说中对其尽情嘲弄与解构。问题的复杂性又在于，婚姻与家庭在其眼中尽管千疮百孔，令人躲避不及，但他又不是一位不婚主义的倡导者。这在其小说中表现为，作品中的主人公绝大多数都是已婚、有家庭的人；拒绝走入婚姻殿堂的独身者所占比例并不多。

辛格小说中表现出的这种矛盾性，并不是因为其不敢反抗世俗陈规而不得不让笔下的主人公走入其所厌倦的婚姻与家庭，而是因为他原本就出生于一个波兰犹太拉比世家，父亲是位虔诚的笃信犹太哈西德教的犹太拉比，甚至"是一个把犹太性视为其生活中最为根本的东西的人"（乔国强，3）。自小生活于这样一个家庭氛围中，加之"家庭"观念历来又是犹太人的一个根本性观念，这双重的因素决定了辛格尽管对婚姻和家庭不感兴趣，可作为犹太人的后裔又难以挣脱出其羁绊。他曾借人物之口袒露过

心迹:"结婚和死亡是你不得不做的两件事。"(辛格,175)①把结婚之大事与不可避免的死亡并列在一起说明在辛格看来,结婚,即组建家庭,是社会人逃脱不掉的一种宿命。

辛格对婚姻和家庭这一"不得不如此"的认识,注定了他在面对这件人生大事时心中虽有着强烈的抗拒意识,行动上却又是顺从的。辛格这种不情愿又不僭越的矛盾心态在其短篇小说创作中留下了异常明显的痕迹:为了平衡和解决这一冲突心态,辛格塑造了一系列看似悲凉实则任性的"独居"式家庭,并在此基础上形成了其所特有的创作模式。

顾名思义,"独居"式家庭就是由一个人所构成的家庭。② 但是辛格小说中的"一个人"并非是指那种从未结过婚的"一个人",而是主要指那些结过婚——有的主人公还不止一次——可老天不作美,每次又都"因故"——或者一方死亡或双方离异,或者某人离家出走——告终。反正原本两个人的家庭,过着过着就变成了一个人,最后主人公不得不选择单身生活,进入以鳏夫或寡妇为代表的"独居"模式。

辛格小说中的绝大多数"家庭"都是以此种模式开启的。《夕阳情》(*Old Love*)中的男主人公哈里·本蒂纳就是这样一位鳏夫式的"独居"人物。年轻时,他依仗岳父的关系在建筑业赚了大钱,其名下拥有无数的房产、股票和债券等。按道理,这样一位事业有成的富裕男人理应拥有一个繁花似锦的家庭,尤其是他的成功还与妻子的辅佐密不可分。然而,小说中的本蒂纳却是以孤零零的方式存在的。这当然不是他忘恩负义,而是因为妻子不幸去世。之后他又结过两次婚,这两任妻子也都先后去世。无奈之下,有钱又有业的他只好独自一人住在美国好莱坞附近一所面朝大海的豪华公寓里,过着孤独而又悠闲的"鳏夫"生活。

与本蒂纳形成呼应的是小说中的女主人公也是一位独居者。这位被称为埃瑟尔·布鲁克里斯夫人的女一号在小说中是作为本蒂纳新搬来的邻居而存在的。毫无疑问,这位年过半百,与本蒂纳一样名下也拥有不少房产、股票和债券的女人应该是一位结过婚的女人,否则其名字后面不会冠上"夫人"之称谓。事实上她是一位"寡妇"。至于她是如何成为寡妇的,辛格在小说中并无半句交代。他对本蒂纳家

庭生活的处理也如出一辙,即除了对其首任妻子的死因交代了一句"罗萨莉 30 岁时死于癌症,离开了他和两个年幼的孩子"(65)外,对其他两任妻子的死因以及他与她们的关系都不置一词。这种情节上的省略或跳跃说明,对辛格而言,布鲁克里斯夫人的丈夫、本蒂纳的妻子们到底因何而"去"并不重要,重要的是,在辛格小说的构架中这两个"家庭"中的"另一半"必须要"去",只有这样,才能让主人公完成从丈夫到鳏夫、从妻子到寡妇的身份转换,进而顺利地过渡到辛格所特有的"独居式"的家庭模式中来。

有关这一点在其另一篇小说《那里是有点什么》(*Something is There*)中表现得更为淋漓尽致。小说中,这个家族中的两代人都是独居者。小说中的主要人物是居住在贝契伏镇上的尼切米亚拉比。他的父亲在 3 年前因胃癌去世,留下了长有乳腺癌的母亲。也就是说,父母这一代人是以母亲"独居"的方式存在的。尼切米亚拉比本人是结过婚的,但其妻子在生孩子的时候不知为何竟然与孩子一并死去。就这样,一个原本可以美满、幸福的家庭破碎了,剩下了尼切米亚拉比一人。尼切米亚拉比还有一个弟弟和一个妹妹,他们也与哥哥一样,都成立了各自的家庭。然而,由于弟弟西摩查·戴维曾受过良好的教育,不堪忍受传统犹太教的束缚,毅然抛开了故土与妻子,独自一人去华沙闯荡。随着他的离家出走,在贝契伏镇和华沙又多出了两个婚内不得不"独居"的家庭。尼切米亚拉比的妹妹新德·谢瓦奇也是结了婚的人,可是婚后不久,其丈夫就因精神异常而回到了父母身边,她成为了一个"被遗弃的妻子"(118)。她也想与不能正常生活的丈夫离婚,但法律又不允许,只好变成一个有丈夫但又不能同居的"独居者"。

在小说中,不但主要人物一律是独居者,就连次要人物,如那个在华沙借宿给尼切米亚拉比的"煤贩子",竟然也是个死去妻子的独居者。按照正常的写作思路,辛格应该花费一些细节和语言,向读者讲述一下这些独居者之所以变成独居者的故事,毕竟在现实生活中,像鳏夫、寡妇这类的家庭比例要远远低于正常的家庭。但事实却如前文所说,辛格恰恰在这方面最没有话要说。这一与众不同的创作手法表明辛格的创作本意并不是要表现一方的离世给"家庭"所带来的悲剧,他更想揭示的是作为"家庭"的遗

---

① 本文所引该小说的汉译本均采用万紫等译的《傻瓜吉姆佩尔》(北京:人民文学出版社,2006 年)。后文出自同一著作的引文,将随文标出引文出处页码,不再另注。

② 不是说辛格小说中没有老单身汉和老单身女子的人物形象,而是说数量少,不典型。另外,辛格笔下的老单身汉和老处女往往也不是完全不与异性交往的,他们也有情感上的纠葛,只是没结婚而已。

留者,其实在辛格的思想框架中,就是指摆脱了"家庭"束缚、重获自由的"那个人"的生存现状和精神状态。

总之,辛格笔下的犹太"家庭"千姿百态,但百变不离其宗地是其笔下的"家庭"基本都是一种不是缺少丈夫就是缺少妻子的"独居"式家庭。从某种意义上说,这是辛格短篇小说中最为典型的"家庭"构成模式。

三、"家庭"的意义:乱情、混乱与纷争

辛格为何执着于展现和塑造这类残缺的"独居"家庭,甚至不惜把其当成一种典型的家庭模式?主要原因大致有两个:一是如前文所说,辛格内心是排斥婚姻与家庭的,但其头脑中又有一个理念——人只要活在这个世上就不得不结婚。如何排遣这两种针锋相对又势均力敌的冲突就成为辛格创作中的一个难题。权衡之下,他想出了个折中的策略:先让主人公结婚,即让其先拥有一个合法的家庭,之后再通过"家庭"变故的环节把构建起来的"家庭"解构掉,以此让不合辛格理念的"独居"变得合法化,从而满足既要拥有婚姻与家庭又能逃避婚姻和家庭的目的。

除此之外,还有一个更为根本的原因,那就是辛格从根本上就不信任婚姻与家庭。所以,他笔下"家庭"中的诸种"不幸"通常不是某件事的不幸,而是"家庭"生活本身的不幸。换句话说,作为作家的辛格是从根本上否定"家庭"存在的价值和意义的。有关这一点可从他塑造的家庭人物关系中看出:在辛格小说中,家庭中的人物和人物之间的关系都是尽可能地删繁就简,几乎没有三代同堂的家庭模式,甚至连正常的两代同堂都很少。相反,他会经常写到孤儿,而且其成名作《傻瓜吉姆佩尔》(*Gimpel the Fool*)就是一篇表现"孤儿"生活的小说。

小说主人公吉姆佩尔一出场,其身份就是一个无牵无挂的"孤儿":他先是父母双亡,后又是抚养他长大成人的外祖父去世。这样的苦命人在一般作家的笔下通常会着力表现其孤苦、自卑、自怜和凄惨的一面,但是在辛格的笔下,这个"孤儿"的身上非但没有这些负面的特质,相反其身上总是闪烁着异样纯净、仁慈的光芒。正如他经常说的一句话,"一个人要干点什么?肩膀是上帝造的,负担也是上帝给的"(7)。显然,这位被小镇中的人嘲笑为"傻瓜"的人非但不傻,且还是位有信仰、有追求,总想用自己的"肩膀"为人类承担点什么的"巨人"。正因为他怀抱这种情怀,面对小镇中的人对他的又一次愚弄,即把那个众人皆知的既是寡妇又是离异者、同时还与无数男人保持着情人关系、另外还带着一个私生子的女人埃尔卡介绍给他做妻子时,他的第一个反应是"我永远不会娶那个婊子"。但是当他意识到这些人是坚决要把这件事当成他的"笑柄"同时也是埃尔卡的"笑柄"时,他内心想到的是通过结婚这件事或许会把埃尔卡引渡到正路上来:"结了婚,丈夫就是主人;如果这样对她来说是很好的话,那么在我也是愉快的。"(3)出于救赎埃尔卡的考虑,吉姆佩尔最终决定娶埃尔卡为妻。就这样,吉姆佩尔从一名孤儿变成了一个有"家庭"的男人。

小说至此可以有两种写法:埃尔卡婚后幡然醒悟或者继续执迷不悟。前者导向的是夫妻相亲相爱,家庭和谐幸福。然而,爱与幸福从来不是辛格赋予"家庭"的含义,所以他不可能让小说沿着这个方向发展,而是让埃尔卡继续沿着乱情的轨迹走:她肯嫁给吉姆佩尔并非是因为爱他,完全是出于在面包房干活的吉姆佩尔能把店里的面包、杏仁饼、葡萄干、蛋糕等带回来给她吃的考虑。因此,婚后的埃尔卡为了便于与其他男人继续鬼混,规定吉姆佩尔平时必须要住在面包房里,只有周五的晚上才可回家睡觉。但就这么一个晚上埃尔卡也总以种种借口,拒绝让吉姆佩尔靠近她。吉姆佩尔稍有异议,埃尔卡就会以离婚相威胁。

有了家庭的吉姆佩尔与没有家庭一样,依然过着不是鳏夫的鳏夫生活。同样,有了家庭的埃尔卡也与没有家庭一样,仍然过着独身时的放荡生活。显然,这只是一个名义上的家庭。然而就是这样一个并无实质性意义的"家庭",也在辛格笔下给毁掉了:与吉姆佩尔生活了20年并且生下与吉姆佩尔无关的6个孩子的埃尔卡终因乳房长有肿瘤而离世。在小说的最后,吉姆佩尔最终连这样一个不伦不类的家庭也失去了。绕了一圈,吉姆佩尔人生的最大变化就是从原本的"孤儿"变成了现在的"鳏夫"。

显然,辛格通过吉姆佩尔这番长达20余年的家庭经历暗喻所谓的"家庭"就是一种混乱和虚无。无论如何努力,哪怕是像吉姆佩尔这样一位具有上帝般仁慈心的人——做着名义上的丈夫、名义上的父亲,也仍然拯救不了"家庭"走向灭亡的命运。

"家庭"的灭亡在辛格小说中从来都不是悲伤的事,相反它是主人公脱离家庭羁绊、重归自由的一条途径。所以,他笔下的男主人公丧妻后,绝大多数人都不愿续弦。如尼切米亚拉比的妻子死后,面对人们的介绍,他一律以"我考虑考虑"(118)委婉拒绝。本蒂纳独自一人住在面朝大海的房子里,他有孤独、

寂寞之感，但这种感觉主要来自自己的日渐衰老和以往的那些人生经历，而"家庭"之事早已不在他的考虑范围，正如他说，"像他这样的人，注定要独自活着，独自死去"（64）。

辛格这样安排本蒂纳的后半生并非有意地节外生枝，相反符合他创作的一贯逻辑，即一个人只有与"家庭"脱钩了才能回归生活的正途。吉姆佩尔就是这样，在埃尔卡死后，终于下定决心走出其所居住的弗拉姆波儿小镇，"去见见世面"（15）。

总之，"家庭"就是一场男女主人公陷入其中的纠缠、混乱和纷争。因此说，在辛格的小说中，有家庭人的精神状态往往会比没有家庭人的精神状态更为凄惨：无家庭的人是孤独的，有家庭的人则更为孤独。《崇拜者》（The Admirer）中的主人公伊丽莎白有丈夫和孩子，看上去家庭生活异常圆满和幸福。殊不知家中的孩子并不是她的，而是丈夫与其前妻所生；她与丈夫的关系也有名无实。两人都结婚好几年了，她却仍是处女之身。她指责丈夫精神抑郁，性情古怪，不让孩子上学读书；她的丈夫又四处宣扬她患有精神病，总是想着法儿折磨别人。

伊丽莎白不但现在家庭的生活混乱不堪，就是原生家庭也如出一辙：她的父亲是位退休的律师，但早已抛弃了她与她的母亲，正与另外一个女人在瑞士同居；她的母亲也不清白。小说中虽没有罗列出具体的不清白事项，但从其女儿痛骂她是为了一点钱就可以与80岁的强盗睡觉的"婊子"看，这位母亲的私生活也充满着混乱。

在辛格的眼中，"家庭"的色调就是一种悲剧的色调。所以即便是那些家庭结构单纯、夫妻恩爱的一般也会以悲剧收尾。《短暂的礼拜五》（Short Friday）是辛格短篇小说中并不太多见的一种夫妻相爱、琴瑟和鸣的类型，可以说是辛格小说中甚少出现的一个美好家庭的样板，可就是这样的一对好夫妻，却在安息日的晚上因煤气中毒而双双死去。

通过上述分析发现，在辛格短篇小说中幸福的家庭——包括正常的家庭——少之又少，即便有，也是短暂与不完整的。从某种意义上说，辛格从未在他的短篇小说中描写过真正其乐融融的家庭场景，所呈现出来的基本都是家庭中的碎片：除了男的丧妻，女的丧夫外，孩子不是丧父就是丧母，要不就是兄弟隔阂、姊妹猜忌，等等。

四、家庭的断裂："子孙后代"的缺席

辛格对家庭的厌倦与悲观也表现在对子孙后代这一类人物形象的塑造与描写上。犹太民族一直都是一个崇尚多子多孙的民族。特别是德国纳粹对其灭绝种族式的屠杀更是促使他们把民族存活下去的希望寄托在种族的繁衍上。正如他们的圣典《塔木德》中所说，"上帝夺取了我们的一切，剩下的只有我们"（胡宝林、春之霖，410）。从这个角度说，对犹太人而言，繁衍子孙后代是一项神圣的使命。

身为犹太人的辛格对这一教诲似乎并不以为然。他在其作品中不但不讴歌犹太人这种为了种族存在而生生不息的繁衍精神，相反在其创作框架中，子孙后代从来都是稀稀拉拉、半遮半掩、若有若无的，他们甚至都很少作为一名家庭成员参与正常的家庭生活。①

这当然不是说辛格从不写到子孙后代，而是说子孙后代在其小说中基本都是处于浮光掠影的状态：他们几乎都没有自己的成长故事，甚至连面貌、年龄、姓名和性别在很多时候都是模糊的。他们生活在一个个家庭中，但这一个个家庭中的好与坏都与他们无关。他们只是这些家庭的陪衬者，而且绝大多数都是不幸而尴尬事件的陪衬。与其说他们是作为家庭中有血有肉的子孙后代出现的，还不如说是作为破裂家庭道具的摆设更为合适。这个"破裂家庭的道具"在小说中通常会有以下几种"摆设"形式。

第一种摆设形式是，夫妻双方都在，家庭生活运转得也正常，但却因丈夫或妻子一方的原因，或者没有什么原因，就是生不出一男半女来。前文中提到的《短暂的礼拜五》中的那对男女主人公是辛格小说中非常罕见的一对恩爱夫妻。丈夫施穆尔·莱贝尔是一名裁缝，虽然生来笨手笨脚，手艺不够精湛，但是他的每一针每一线都异常严肃与认真。除了在干活上从不溜奸耍滑外，他还天天认真诵经，严格按照犹太律法和教规来生活与说话。他的妻子苏雪生性聪明、长相美丽、精明干练，充当着丈夫的好帮手。多年来，两人一直过着相敬如宾的日子，无论从哪方面讲，都是一对完完全全符合犹太教要求的好夫妻。就连在生孩子这件事上，他们也完全信奉上帝。例如在一次同房时，丈夫说他们这次很有可能会得到一个男孩，妻子苏雪笑问："难道是女孩子你就不欢

---

① 《旅游巴士》中的14岁男孩马克是一位罕见的被辛格推到故事前台的人物形象，即几乎是由他贯穿起故事的始终。但是这个人物在故事中并不是以孩子的身份出现的，相反是他已故父亲魂魄的化身，以至于同车的游客赛琳娜·维尔霍夫夫人怀疑男孩与其母亲并非是母子，而是见不得人的那种关系。从某种意义上说，这个孩子是其死去父亲，或者说替父亲继续奴役母亲的象征。有关这个问题将会另文论述。

迎?"丈夫的回答是:"凡属上帝所赐,我都欢迎。"(312)就是这样一个真心信奉上帝、和谐而美好的家庭,到死也没有得到上帝的恩赐。

《月与疯狂》(Moon and Madness)中的波兰乡绅让·马勒基伯爵也大致属于这种情形。他虽然仁慈过度,以至于好恶不分,给村子里的老百姓带来了一些灾难,但总体说来他生性不坏,家中拥有无数的土地和奴隶,在沙皇还没有宣布解放农奴的时候,他就率先废除了家中的农奴制,把土地分给了奴隶,使奴隶变成了主人。他家中的地无人耕种了,他便亲自下地干活,甘愿养活妻子家中一大群不爱干活的大舅子、小姨子以及他们的众多孩子们。他的名言是:"人都要随心所欲。我喜欢揽事,那就扛着;他们喜欢晃悠,那就闲着。"(200)就是这样一位身强体壮、心胸开阔的乡绅与妻子也没有自己的子嗣。

规范而恩爱的家庭断子绝孙,没有正常婚姻或者说混乱家庭中的夫妻也生不出孩子。小说《姊妹记》(A Tale of Two Sisters)就是这样的一篇代表作。该小说主要讲述了一对亲姊妹道拉、伊塔与一个名叫里昂·巴德勒的犹太作家在战争逃亡路上所发生的一段荒诞的婚恋故事:姐姐伊塔在被德国纳粹抓住送往"集中营"的途中,跳车逃脱了,流落到了异国他乡——俄国。远在波兰的妹妹道拉决定要把据说已经疯了的姐姐找回来。就在去俄国的途中,她碰上了为躲避兵役正准备前往巴勒斯坦的巴德勒。两人一见面,巴德勒就被道拉那乌黑的头发、大理石般的美丽肌肤以及柔弱而温柔的神情所深深吸引。他决定放弃去巴勒斯坦,陪着道拉一起把其姐姐找回来。

小说到这里还是正常的,两个未婚男女一见钟情,私订终身。不正常的是他们两人在找到了姐姐伊塔之后所发生的一系列事情:经过一番艰难险阻,他们终于找到了正与一个犹太老鞋匠生活在一起的姐姐伊塔。所幸这时的伊塔精神已无大碍,姐妹俩终于拥抱在一起。3 人在返回家乡的途中,巴德勒与道拉在途经德国时登记结婚了,即他们两人在这时就已结成了正式夫妻。但不知为何,等他们一路颠簸到达法国后,巴德勒又与伊塔发展成了情人关系。等他们 3 人在法国的一个阁楼里安顿下来时已经是一夫两妻的关系了。姐妹俩的情谊虽然深厚,但具体到男女关系上也互相吃醋和嫉妒。为了能把巴德勒牢牢控制在自己这边,姐妹俩都迫不及待地想为他生出一个孩子来。奇怪的是,这一男两女虽然都处于青壮年时期,可就是谁也生不出个一男半女,以至于巴德勒都对她们的生育能力产生了怀疑:"我怀疑道拉和伊塔谁也没能力生孩子。这种女人就像

骡子一样。"(167)

第二种摆设形式是,家庭中有孩子,但是孩子的来路不正,即属于母亲与外面的人偷情、滥情所生,如《傻瓜吉姆佩尔》中的 6 个孩子都是埃尔卡与外面的男人鬼混所生。《月与疯狂》中的那个总是祸害村民、最后被村民打死的坏蛋沃切克就是其母亲与一名吉卜赛流浪汉偷情后生下的私生子。

第三种摆设情形是,在正常的婚姻中,夫妻双方生出了孩子,有时往往还不止一个,但这类的孩子通常都是短命的,不是在童年时夭折了,就是在青壮年时因病去世。前者如《泰贝利和魔鬼》(Taibele and Her Demon),后者以《夕阳情》《外公与孙子》(Grandfather and Grandson)等为代表。《泰贝利和魔鬼》中的女主人公泰贝利是一位长相娇小、面颊上有着两个酒窝的犹太女子。她与丈夫前后一共生下了一男两女三个孩子。不幸的是,这些孩子在童年时都因病而死。自此以后,她就再也生不出孩子来,祈祷、求符念咒、吃偏方都无济于事。不能再生育的她终于遭到了丈夫的抛弃。

《夕阳情》中的本蒂纳在其第一次婚姻中也曾有过一男一女两个孩子。儿子比尔是一名外科医生,但在 46 岁时因心脏病发作而去世;女儿希尔维娅在 30 岁那年与她母亲一样死于癌症。在《外公与外孙》中,莫狄卡·梅尼的妻子皮儿·泰姆生一共生了 6 个孩子,不可谓不多子。然而 5 个孩子都早早地死去,最后只剩下了一个女儿。就是这个仅存的女儿也在婚后不久因病撒手人寰。

当然,在一些小说中也有没有死亡的孩子,或者说没有完全死干净。这类侥幸活下来并长大成人的孩子在小说中常常是生活在远方,与主人公并无亲密的关系。譬如《夕阳情》中的女主人公并非孤苦伶仃,她也有一个名叫西尔维亚的女儿,但这个女儿并不与她生活在一起,而是"她自己一个人住在不列颠哥伦比亚的帐篷里"(70)。同样,小说中的男主人本蒂纳的儿子死了,庆幸的是,这个儿子在死之前还给他留下了两个孙子。但就这一对宝贵的孙子,非但不与本蒂纳住在同一个国家,且关系还颇为疏远。

辛格动辄选择让其笔下的孩子不是死去,就是远离或杳无音信,这并非是一种偶发现象,而是代表着两层意蕴:首先,与不愿结婚又不得不结婚一样,辛格通过"死孩子"或"远离孩子"的方式实现其对不愿传宗接代又不得不传宗接代的一种反抗。其次,也是最重要的,辛格对犹太民族始终怀有一股既皈依又叛逆的复杂情绪。辛格对其民族无疑充满着感情,这从其创作中完全可以看出来——他作品中的主人公永远是犹太人,而且无论游走在哪个国家、哪

个城市,这些犹太人的身上永远散发着一股浓得化不开的犹太性,但与此同时,辛格对其民族自身的劣根性——譬如群体内部的欺侮、堕落与压榨等——又有着清醒的认识。正如乔国强所指出的那样,"辛格从发表第一部短篇小说起就采取悲观态度来看待并批判自己的同胞和犹太宗教文化,并非是一时的冲动或偶然为之,而是经过长期思考的理性选择"(乔国强,24)。这种"理性选择"的结果就是犹太民族千百年来所遭遇到的不幸,既是异族迫害的结果,也是民族内部的一些"内斗"所致。辛格借一个个千疮百孔的犹太家庭来隐喻犹太民族不要盲目地为延续种族而延续种族,而应该好好地反思一下自己。

五、结语

辛格不愧是一位杰出的犹太作家,他继承了犹太民族自古以来就格外重视"家庭"的传统。但是他的这种重视并非是简单地认同与无条件的歌咏,而是处处显露出质疑和批判的锋芒。这充分说明辛格对其民族除了挚爱之外,还多出一份哀其不幸、怒其不争的怨气。总之,如果想真正理解辛格对其所属的犹太民族的复杂感情,必须要首先理解其笔下那一个个看似不同、实则相同的"家庭"。

参考文献

[1] 胡宝林、春之霖编译.《左手羊皮卷右手塔木德》.北京:中国华侨出版社,2010.
[2] 乔国强.《辛格研究》.上海:上海外语教育出版社,2008.
[3] 辛格.《傻瓜吉姆佩尔》.万紫等译.北京:人民文学出版社,2006.

他者的面具之下
——格特鲁德·斯泰因在《三个女人》中的身份隐藏策略①

顾晓辉

(江苏师范大学)

摘　要：在《三个女人》中，格特鲁德·斯泰因从阶层、种族、性别等多重维度描写了各种"他者"，探讨了19世纪末20世纪初美国社会中的诸多问题，表达了对被压迫和被歧视群体的关注与同情。更重要的是，在这些他者的面具之下，她采用了身份隐藏策略，将对自身的犹太身份、女同性恋身份和移民身份的思考投射到角色身上，从中探寻自我在社会和文化中的地位，并以创造性的写作手法挑战父权制的二元结构，为边缘化的他者发声与言说。

Abstract: By depicting various kinds of the Other in the stories of *Three Lives*, Gertrude Stein takes efforts to make judgements on social, ethnic and sexual issues in her time and shows her concern and sympathy for the oppressed and the abused. More importantly, under the masks of the Other, she uses the identity hiding strategy and disguises the dimensions of self-exploration by projecting personal implications of her Jewishness, homosexuality and immigration experience on the characters in this work. Her innovative writing style is an endeavor to translate her literary education into a new kind of writing, by which she could challenge the binary structure of patriarchy and speak for the marginalized Other.

关键词：格特鲁德·斯泰因；《三个女人》；他者；身份隐藏策略
Key Words: Gertrude Stein; *Three Lives*; the Other; identity hiding strategy

一、引言

作为20世纪最著名的离散犹太作家之一，格特鲁德·斯泰因(Gertrude Stein, 1874—1946)一生著作颇丰。《三个女人》(*Three Lives: Stories of the Good Anna, Melanctha, and the Gentle Lena*, 1909)是她出版的第一部短篇小说集，也是首次引起人们关注的作品。这部小说集围绕3个社会底层女性的悲剧遭遇展开，具有高度写实性。3个故事"彼此关联，相互交织"(Farber, 463)，叠加构建出整体的意义。斯泰因以多重视角呈现了美国移民、黑人、女性等边缘群体的生活，塑造了形形色色的他者形象，对他们的不幸和痛苦给予深切同情。小说题目本身便提醒读者对比和比较这3位女性的生活(three lives)。如斯泰因在创作笔记上所写，读者立刻能抓住书中"关于生存的自然主义的内在逻辑(naturalist inner logic of existence)"，会突然理解"一个微不足道的生命如何被命运决定，如何从生到死"(转引自Giesenkirchen, 126)。更重要的是，通过隐藏于这些他者面具之下，斯泰因以独具风格的写作方式在小说中投射了对自己作为犹太人、女同性恋者、移民等多维他者身份的思考，探讨了"阶层、族群、移民、性别、性和宗教等问题"(DeKoven, 1983: ix)，试图寻找和确立自己的文化归属与身份认同。

二、犹太身份的隐性书写

《三个女人》中描写黑人社区的《梅兰克莎》("Melanctha")一直是评论界关注的焦点。在斯泰因笔下，梅兰克莎这位黑人女性被塑造成一个矛盾、复杂的多面体。理查德·赖特(Richard Wright, 1908—

---

① 本文是作者主持的教育部人文社会科学研究一般项目"艾米莉·迪金森与英美文学传统"(17YJA752004)的阶段性研究成果。

1960）称之为"第一次以较长篇幅严肃描写黑人生活的作品"（转引自Cohen, 119）。维奇坦在小说序言中高度评价它是"美国文学漫长道路上一块真正的里程碑"（斯泰因，1997：vi）。但也有相反的声音称斯泰因仍对黑人进行了原型化描写。（Jung, 140）还有人强调斯泰因将种族偏见隐于其独特的风格下，使读者和评论界都忽视了这一点。（同上, 139）

诸多争议使人不得不深思身为犹太人的斯泰因为何转而描写另一个种族的生活。结合其创作背景可以看出，这部作品部分源自斯泰因作为医学院实习生在非裔贫民窟接生的经历。其中描写的许多场景是她目睹的黑人生活，那对她触动很大。比如小说中一笔带过萝丝生子及婴儿夭亡的过程，轻描淡写地批判了当时贫民窟生活条件的恶劣："总之，这个娃娃死了，萝丝和萨姆都非常难过，不过，这种事情在桥头镇的黑人社会中时有发生，他们谁都不会长久地把这种事情挂在心上。"（斯泰因，1997：189）斯泰因对黑人的遭遇也持同情态度。通过一个黑人火车侍者的故事，她揭示了当时美国南方种族主义者对黑人的暴行：白人称他"该死的黑鬼"，还拒绝把坐车的钱交给他。侍者让他下车后，这个白人便想杀了他。而且"所有的白人都发誓说，如果他一旦再到那儿，他们准要杀死他"（同上, 84）。从这些描述可以看出，根深蒂固的种族观念使黑人仍没有得到真正的解放，白人对他们的种族歧视往往诉诸暴力，给他们的身体和心灵造成了巨大伤害。

更重要的是，梅兰克莎的种族和性别设定与斯泰因本人犹太女同性恋者的身份有着深层代入关系。与犹太人一样，黑人也是白人基督教社会中长期遭受迫害的他者。《梅兰克莎》不仅是关于黑人的文本，也是斯泰因对自身犹太性的隐性思考。她将对犹太身份的认知掩藏在黑人角色的面具之下，将自己投射到梅兰克莎身上。文中的主人公大都是黑白混血儿（mulatto）。19世纪有些人把犹太人和肤色较浅的黑白混血儿混为一谈，称从"肤色、厚嘴唇、卷曲的黑头发"来看，"犹太人与美国黑白混血儿最为相似"（转引自Jung, 149）。20世纪初欧洲的伪医学"基于生物性的联系和相似性把黑人、犹太人和同性恋三者联结成'差异'（difference）的三位一体"（同上, 139）。犹太人被看作"白皮肤的黑人"，"在种族等级制中与黑白混血儿是对等的"（同上, 149）。在1904年的一封信中斯泰因描述了对自己肖像画的反应："它看起来挺像我，我觉得也挺像一个黑人。"（转引自WineApple, 235）在发表早于《三个女人》的小说《证讫》（Q. E. D.）里，她如此描写犹太女性梅布尔（Mabel）："她有着一张淡黄棕色的脸，两颊和额头瘦削，嘴唇肥厚"（Stein, 1972：55），而且她的脸既有"犹太人的相貌"也有"热带地区的特点"（55）。"热带地区的特点"指的无疑是黑人的长相特点。《梅兰克莎》里斯泰因仍采用了"淡黄棕色"面容的意象。梅兰克莎是一个"淡黄肤色、优雅的、有才智的标致的黑人"（斯泰因，1997：72），她的混血母亲也具有这种肤色。一再重复的"淡黄皮肤"一词呼应了《证讫》中梅布尔的犹太人形象，从外貌上将黑人和犹太人等同起来。

由上可见，斯泰因在创作中对犹太性的描写多是影射性的，读者需像解码一样对之层层破解。这是因为20世纪初大洋两岸反犹主义高涨，欧洲统治政权为转移社会矛盾，把犹太人当成替罪羊，在反犹浪潮中推波助澜。而在美国，大批犹太移民的迁入也使基督教白人主流社会担忧和恐惧自身地位受到威胁。斯泰因大学时代遇到许多具有反犹思想的教授，有人直接称无法忍受她"典型的犹太长相"（Farland, 117）。后来她移居文化风气相对自由的巴黎，当时法国的反犹主义几乎等同于民族主义。（Jung, 145）这些都使得斯泰因避而不谈自己的犹太身份。在《梅兰克莎》中，通过描述女主人公对身份的迷惑与追寻，斯泰因也暗示了自己作为犹太人的边缘化身份和随之而生的焦虑。梅兰克莎一直都在游荡（wander），这种"游荡"被赋予了深刻的象征意义。一方面，她的生活方式与杰夫（Jeff Cambell）形成鲜明对比：作为一个受过良好教育的混血儿，杰夫内化了白人价值观念，"希望看到有色人种生活规律，努力工作"，这些正是白人清教思想的体现。（Cohen, 119）梅兰克莎则截然不同，她按照自己内心想法去生活，用直觉感受世界，拒绝接受社会给黑人种族设定的所谓"正常"生活而选择了游荡。无论肉体还是精神，她总是游离在规则之外，沉浸在自己的世界和思想中。她想寻求世间的"学问"，为了得到关于世界的知识在社会规范外部及边缘游走。但她觉得"要使自己想要的和实际所有的获得一致并不那么容易"，因此总是"内心充满纷繁的幻灭"（斯泰因，1997：74）。她"忧郁""痛苦""充满绝望"，却"从来既不哭诉，也不显得不快活"（同上, 78），只是默默忍受。梅兰克莎的追寻、游荡和忍耐对应着圣经中"流浪的犹太人"（wandering Jew）形象：因嘲弄被驱赶往十字架去的耶稣而受到诅咒，在尘世永远游荡，直到基督再临；个人史如同整个犹太民族四处迁徙、永世流浪、遭受苦难的历史，更代表了犹太人精神上的放逐。"《梅兰克莎》表明斯泰因早年便将犹太人的问题以一种复杂的方式投射在黑人身上"（Will, 443），她不是以社会对种族行为的期望为准则，而是借用其他种族,以一种面具下的伪装重新编码和书写对种族的认知。可以说,正是通过对其他种族和弱势群体的描写,斯泰因把犹太种族的创伤投射到另一个被压迫的民族身上,把自己的犹太身份替代为一种相对身份,避开了固定的类属,以此来反思种族、等级等问题。

另一方面,对斯泰因来说,她与众不同的实验手法也如一种游离于正统规则之外的"游荡"。在《三个女人》中,斯泰因体现了与过去主流文学传统决裂的意愿,创造出一种复杂而简约的文风,以重复和循环的形式造就了"童谣般的吟唱"(Giesenkirchen, 126)。"重复"的写作手法是她最早也是最有力的艺术发现。从某种意义上说,"重复"符合了18世纪"哈西德主义"(Hasidism)的观点:"重述和聆听有关犹太人的故事即为宣扬和奉行犹太教的思想"(乔国强,74)。也带有"不易察觉的美国犹太人土语风格"(丹妮尔,78)。在违背白人主流社会常规的写作范式中,她潜移默化地表露了自己的身份,摆脱了社会的种族偏见,以其超越时代、独一无二的风格成为现代主义文学的先行者。

三、女同性恋身份的特殊编码

作为一个犹太女同性恋者,《三个女人》不仅是斯泰因对自己种族身份的隐匿肯定,也是对其性别和性倾向的潜在描写。她"将种族主义和性别歧视从深层进行了联结,这种联结建立在她采用的重复结构和异性恋的基础之上"(Doyle, 263)。小说中描绘了3幅在男权社会中被忽视和自我忽视的女性肖像。这些女性性格不同,也遭受了不同磨难,但最终都陷于同样的凄惨命运,在家庭、婚姻和爱情上得不到关心与满足,被忽视或抛弃,孤独地死去。斯泰因以看似冷漠的记录方式,将这些女性的死一言蔽之,如同提及一些微不足道的偶然事件。这些悲凉的生与死形成了强烈张力,传递出她压抑的愤怒和对戕害女性的社会文化的批判。她在小说卷首引用法国诗人拉福格(Jules Laforgue)的诗句"我是个不幸的人,可这并不/是我之过,也不是命运之舛"作为题词表明了态度:这些女性是父权社会中千万女性的缩影,她们的悲剧命运是女性的普遍命运。她们的早逝也表明这是一种性别创伤,是男权文化加诸她们身体和思想上的伤害。斯泰因也把身为女性的边缘化身份投射到她们身上。在医学院求学期间,她饱受性别歧视,许多人不相信女性会有抽象思维和科学研究的能力。弃医从文后,她醉心艺术和创作,但其独树一帜的创新手法触及了男性的文学传统标准,被白人男性精英主导的主流文学圈排斥。现代主义代表人物之一的艾略特(T. S. Eliot)对斯泰因的作品不屑一顾,称"没有提升,没有乐趣,没有吸引力……如果这是未来(的艺术),那么这种未来极其可能是野蛮人的未来"(转引自 Bavaro, 189)。他的看法在当时的评论界很具代表性。无论性别、种族还是文学创作,斯泰因都属于非主流。她生前大部分作品不是被出版商拒绝、从未面世就是只能自费出版。直至20世纪后半期后现代主义文学兴起,伴随着女权运动和同性恋运动,她才被纳入文学经典之中,确立其文学地位和影响力。

女性情谊是《三个女人》中另一重要的契合点。安娜"生活中唯一的浪漫是与兰特曼夫人的交往"(斯泰因,1997: 30)。她将辛苦劳作的积蓄全部奉献给后者,不求回报。梅兰克莎虽与男性交往过,但她与同性间的情感也被含蓄地描写出来。她曾非常欣赏琼,"她学会了爱琼,并深深地爱着她""坐在她脚边,听她讲故事,感受她的魄力和影响力量"(同上,88)。她对萝丝也有超乎友谊的感情,尽心竭力照顾她。安娜与兰特曼夫人的关系和梅兰克莎与萝丝的关系在故事结构上形成了一种平行对应。但这些同性情感描写触及了当时的社会禁忌。西方历史上对同性恋的恐惧与反犹主义具有一种"共振相互作用"(Jung, 150),两者都被看作罪恶或疾病,违反了基督教教义,都受到仇视与压制。20世纪初同性恋仍为保守的基督教社会不容,被认为违反了异性恋的资产阶级家庭规范。斯泰因曾在《证讫》中大胆披露了自己早年的同性恋经历。主人公阿黛尔可以看作她的化身。她一面遵从清教主义的道德规范和传统女性思想,但另一面也受真实的生理欲望和激情驱使,希望追求真正的情感体验。海伦第一次与她有身体接触时,阿黛尔感到羞愧,认为这是违反道德的:"我的本能总是与任何沉迷于激情的感受背道而驰。我想那是由于美国加尔文教的影响控制了我的自然秉性。"(Stein, 1972: 103)中产阶级社会伦理观念与她的同性恋倾向间产生了不可避免的冲突。同样,在《好安娜》("Good Anna")中,安娜内化了父权制社会异性恋准则,不仅抑制自己的情感,也干扰其他女孩的感情生活,在道德上对她们提出严苛要求,甚至对家里的狗亦如此:"好安娜对于犬的节操和服从的习惯怀有崇高的理想",它们"全都受到严格的管教,决不允许彼此有什么邪恶的行径"(斯泰因,1997: 4)。外界的压制和内心的压抑导致她情感的无法满足和自我厌恶,只能全身心投入工作,成为一个兢兢业业的女佣。最后她甚至把性看成可怕的东西,使自己变成一个"无性别的形象"(asexual figure)

(Fahy, 25)。《好安娜》中的"好"字带有强烈讽刺意味。安娜徒劳地想成为社会承认的行为端正的"好人",但对文化习俗的接受和对真实自我的压抑正是她悲剧的根源。梅兰克莎虽追求自由,但依然渴望结婚这一世俗意义上的归宿。她对"合法地位"的渴望体现了同性恋者的共同心声。在她们身上,斯泰因展示了"20世纪初社会对女性的限制及其与恐同症(homophobia)之间的交互作用"(同上,30),表明文化偏见和异性恋思维模式对女性同性恋者的伤害。

为了被主流社会接受,斯泰因也采取了一些策略掩盖其同性恋身份。在《梅兰克莎》中,她打破了异性恋与同性恋的二分法,将自己分裂成两个自我,同时化身为男性角色"杰夫"和女性角色"梅兰克莎"。她在创作笔记中表明,塑造梅兰克莎这一人物时"她也描写了她看到的自我,虽然她同时宣称更理性更自制的杰夫身上投射了自己的影子"(Ruddick, 33)。两者犹如一体两面:杰夫是她在"威廉·詹姆斯(William James)实用主义哲学滤镜下的自我",体现了她身上隐藏的男子气的一面(同上,13);梅兰克莎则代表她作为女性神秘莫测的另一面,是她所认识到的自己的身份——男性社会中被边缘化的他者。两个人物在感知世界的模式上彼此对立,这种对立让他们彼此吸引却又关系紧张。梅兰克莎具有"用非常规方式感受的能力"(斯泰因,1997:195),总是寻找"真正经验带来的关于人间的学问"(87),而杰夫实际、理性,"想努力工作,而不只是找乐子"(116),不愿打破成规和现状。两人看似性格完全相反,但实际代表了复杂人性中彼此交织冲突的多面:理性与情感,思考与感受,现实与飘忽,保守与革新。斯泰因采用并置方式,不停用"and"一词联结各种感觉和感受,它们同时发生,不停撕扯和冲击人的大脑中原有的认知。在这一过程中,她似乎更赞同梅兰克莎遵循内心感受、寻求新的刺激和知识,挑战杰夫所代表的理性和中产阶级价值观念的做法。梅兰克莎批评杰夫"你不能真正弄清楚你内心深处的东西。你一直在追求的,就是谈论做个好人,考虑人们怎样过好日子,……总是使自己不惹上麻烦"(103)。她声称:"我并不很欣赏这种做法……你肯定非常胆小,不敢真正弄清你内心深处的东西。"(103)在梅兰克莎的影响下,杰夫成长了。他从梅兰克莎那里得到了一种"新的感觉",打开了一个"真实世界"的大门,对他来说"就如一种新的宗教"(131, 158)。他开始质疑自己并发生改变。杰夫这

一角色也代表了斯泰因本人的精神成长,标志着她走出了早期的情感抑制和道德束缚,开始正视自己的性倾向,勇于承认自己的真实感受。

斯泰因把同性恋体验用异性恋形式编码和伪装的做法也体现了魏宁格(Otto Weininger, 1880—1903)《性与性格》(*Sex and Character*)一书对她的影响。魏宁格认为,一般女人没有能力获得完整人格和男人拥有的天赋,但女同性恋者就可以完成类似男人的自我超越。(转引自金莉,58)通过创设一体两面的男女主人公形象,斯泰因赋予自身一种动态的双重身份:她既是"男性",又是"女性",既有父权制"以种类、二分法、角色、停滞和因果关系的方式认识世界"的方式,也表达了一种女性主义认识论——"以含混、多元、过程的、延续的……复杂关系的方式领悟世界"①。正是通过这种多元表现方式,斯泰因颠覆了父权制异性恋社会的认知和表达范式,创立了自己特有的句法和语义模式。如狄金森(Emily Dickinson, 1830—1886)一样,她用形式的创新打破语言陈规,建立一种"新的女性身份",走向她所触发的现代主义。(Ruddick, X)

四、移民身份的潜在认同

《三个女人》中,研究者往往把注意力集中于具有现代主义色彩的《梅兰克莎》,而忽视其余两篇传统意义上的"现实主义"小说。然而值得深思的是,知识分子阶层的斯泰因为何描写处于社会底层的贫困移民女仆?她们与作者对身份的探寻有何关联?这两个故事虽情节有所呼应,但更重要的是它们都以欧洲移民为主角。19世纪末欧洲社会进入发展停滞期,而美国依托"西进运动"进入高速成长期。大批失业或生活不如意的欧洲人漂洋过海去美国寻找机会。这些离乡背井的移民艰苦谋生,安娜和莉娜正是他们的真实写照。斯泰因家庭也是德裔移民中的一员。不仅如此,她自幼生活便是游牧式的:跟随父母从澳洲到欧洲,再到美国。不断迁徙的经历培养了她的国际视角,使她能够从文化夹缝中审视移民问题和文化冲突。她在作品里不仅投射了对移民身份的思考,更深入探讨了民族、国家、文化等问题。而选用外国女性移民作为故事的主角,利用她们"对她蕴含着某种跳脱传统词语、伦理和礼节准则的自由"(丹妮尔,14)的多重边缘地位,使她可以摆脱固有的思维模式,远离中心权威,在边缘地带想象和探

---

① 凯瑟琳·R.斯蒂普森,http://www.doc88.com/p-703899387565.html。

索,成为他者的代言人。

美国虽是移民国家,但19世纪末大量涌入的新移民却不受欢迎,在社会中被排斥和边缘化。在许多人看来,他们身上保留的本民族语言和文化烙印给美国社会带来了混乱。亨利·詹姆斯(Henry James,1843—1916)曾在布林莫尔学院(Bryn Mawr)毕业典礼上称"移民正在破坏美国语言,将它变成一种纯粹的、用不连贯的元音发出的、口齿不清的噪音",几乎与动物的叫声没有区别(James,6)。在斯泰因的孩提时代,"围绕移民仆人对主流美国家庭之影响的争论非常激烈"(丹妮尔,14)。《好安娜》中,安娜一直说带有德国口音的英语,"她那不自然的声音、闪闪发光的眼睛和她那古怪刺耳的德国英语叫人们先是害怕,接着又感到羞惭"(斯泰因,1997:5)。《温柔的莉娜》里描写的各国移民都保留着自己的生活习性:爱尔兰人"轻松,无忧无虑,好斗",喜欢"泥污遍布、破破烂烂、充满炭烟味的肮脏的小屋"(225),德国人"肮脏吝啬""邋遢,散漫,衣服恶臭""整日干活"却从不花钱(226)。在美国人眼里,这些都让人难以忍受。小说中莉娜的美国表姐看到"这些德国亲戚,……真是又丑又脏,就像那些比她们更低贱的意大利人或者黑人工人一样。……所有的女人都穿得那么可笑,全都由于劳动而显得粗糙不堪,与众不同"(207)。她们觉得"这些人并不比黑人好多少,来自德国那个肮脏讨厌的地方,过着猪一样的生活"(210)。这些看法代表了当时的美国人对外来者的典型态度。移民几乎等同于地位低下的黑人,大多数人只能住在简陋的贫民窟,从事着仆佣、手工业等底层的工作,在新的国家中被歧视和孤立,挣扎彷徨,成为文化夹缝中的边缘人、无所归附的他者。美国政府虽声称美国欢迎所有怀揣美国梦之人,但在实际操作中对移民设有诸多限制,1924年甚至颁发了《移民法案》(The Immigration Act),大量消减移民数量,目的是防止移民污染"纯洁"的美国公众(Warren,23)。在一次纽约时报(New York Times)的访谈中斯泰因批判了这些做法:"我不同意目前美国严格的移民法律。我们需要新鲜血液的刺激……如果我们完全把移民关在门外,我们将停滞不前。"(转引自 Warren,23)在她看来,美国是移民的美国,移民带来的多元文化给这个国家带来了无限的生机和活力。

在这些漂泊的移民体验中,斯泰因也倾注了自己在双重文化冲击中寻求自我身份归属和认同的思考。终其一生,斯泰因都在反思作为美国人的意义。对她而言,"美国总是由它的边缘居民定义的:外侨、移民和叛逆者"(丹妮尔,7)。"她在《三个女人》和后来的《美国人的形成》里所采用的移民的声音,使其'种族局外人'的形象一再得到强化"(同上,77)。但斯泰因眼中"美国人的身份比其他任何种族或文化认同更为重要"(同上,94)。与《三个女人》同时期创作的小说《美国人的形成》(The Making of Americans: Being a History of a Family's Progress)中她凸显了一种碎片化的身份,这种身份来自移民的经历及其美国化之后的结果。在美国化过程中,移民们经历了一种"断裂感",一种"主体性的分割"。而"'形成'一词本身以及书中采用被动语态来描述转变的过程表明斯泰因将美国身份看成一种赠予,一种建构"(Wagers,30)。小说中所言的"我为了自己和陌生人而写"(Stein,1995:289)表明斯泰因将自己视为移民中的一员。她声称:"我听,我爱,我写。……他们生活着,我看到了,我听到了。"(291)她书写移民生活,并强调美国人正是由众多移民构成,美国历史正是由几代移民的生活构成:"它慢慢来自每个人每天做的事。各种各样的人和事,……交杂在一起。"(116)"我们只需要认识到我们的父母是谁,记住我们的祖父母,认识我们自己,那我们的历史就是完整的"(3)。在书写中她塑造出一种活跃的、在持续不断的过程中形成的美国人的"集体身份"(Wagers,30),而这种民族身份的建立是一个"积极的,多维的,各种力量合成作用的过程"(23)。正如《三个女人》中描写的形形色色的移民和文化一样,美国是各国移民群体混合而成的合众国。移民们为之做出巨大贡献,他们在新世界中努力奋斗,挣扎求生。没有移民也就没有所谓的美国。

但斯泰因看重的不是传统意义上的国家认同。对她而言,美国作为移民国家,犹如一个"交叉路口",人们自由地进出来去,追求自己的幸福。她在一首诗中写道:"美国是什么?/不是被高墙或大洋环绕起来的国家。/简言之,美国不是被围起来的国家。"(转引自 Jouve,110)事实上,她笔下的人物都处于不断移动的状态,这些不安定的人物恰恰打造了一种"美国身份"(同上,110)。因此,在斯泰因眼中,身份是动态变化的,而非固定不变的。她自己作为一个不断迁徙的移民和流放者,在作品中打破了空间的限制,"展开了一幅边界模糊、人口不断流动的地图"(同上,101)。在这一过程中,她也建构和确立了自己的多重身份。考林(Francoise Collin)称,斯泰因所采用的特殊语言表达方式及其中传递的意义,正是她的移民身份造成的,她不仅是移民美国的德裔犹太人,也是侨居法国的美国流放者。"斯泰因的写作在两种语言和文化的夹缝中偏离了中心,成为她所创造的'第三种语言',……使她对规则'陌生化'"（转引自 Perloff，253）。因此，她的移民身份与文学创新彼此呼应。越界使她割裂了与以往传统、知识、习俗、文学惯例等的联系，感到一种前所未有的自由和解放。正如克里斯蒂娃（Julia Kristeva）所言，主体不需要固定的身份认同，保持变化的主体才有可能不断更新和创造，而这种创造"不是复制父权制的叙述，而是使被压抑的符号动力释放，通过美学和知性的升华，即书写与创作，将被压抑的记忆重新透过语言而得以释放"①。

五、结语

在作品中，斯泰因体现了一种"民主思想和女性主义的美学观——提倡'废除所有形式的等级制以及统治与被统治'"（DeKoven，1983：16—17）。她在阶级、种族、性属和女性自我意识构建等方面都有着可贵的突破。《三个女人》使我们看到了斯泰因对多维他者的关注，看到了20世纪初阶层、种族、性别等问题彼此重叠，相互影响，在其中也隐含着她对自己身份的探讨。犹太人身份、同性恋性别特质和移民/流亡者境遇使她具有了多重边缘化特征。即使她身处文化中心，也仍受到父权制文化传统的排挤。通过身份隐藏策略，她颠覆了自己的边缘特质，利用书中的人物为同样处于社会边缘的群体发声。当现代主义的曙光初现之时，她抓住了这一天启式的谕言，以超越时代的创作形式脱离原有的知识体系、摆脱社会控制，证明了女性比男性拥有更多可能。通过艺术上的创新，她骄傲地宣称自己是现代文学的缔造者："英国文学创造了19世纪，美国文学创造了20世纪，而我创造了20世纪的美国文学。"（转引自DeKoven，1998：332）这一点在今时今日已经得到了公认。

参考文献

[1] Bavaro, Vincenzo. "Coming Home: Rethinking Migration and Queerness in Monique Truong's *The Book of Salt.*" *Queerdom*. Ed. by Mario Corona and Donatella Izzo. Bergamo: Bergamo UP, 2009. 171-191.

[2] Cohen, Milton A. "Black Brutes and Mulatto Saints: The Racial Hierarchy of Stein's 'Melanctha'." *Black American Literature Forum*, 18: 3(1984): 119-121.

[3] DeKoven, Marianne. *A Different Language: Gertrude Stein's Experimental Writing*. Madison: University of Wisconsin Press, 1983.

[4] —. "'Excellent Not a Hull House': Gertrude Stein, Jane Addams, and Feminist-Modernist Political Culture." *Twentieth-Century Literary Criticism*, 76(1998): 321-350.

[5] Doyle, Laura. "The Flat, the Round, and Gertrude Stein: Race and the Shape of Modern (ist) History." *Modernism/Modernity*, 7: 2(2000): 249-271.

[6] Fahy, Thomas. "Iteration as a Form of Narrative Control in Gertrude Stein's 'The Good Anna.'" *Style*, 34: 1(2000): 25-35.

[7] Farber, Lawren. "Fading: A Way. Gertrude Stein's Sources for Three Lives." *Journal of Modern Literature*, 5(1976): 463-480.

[8] Farland, Maria. "Gertrude Stein's Brain Work." *American Literature*, 76: 1(2004): 117-148.

[9] Giesenkirchen, Michaela. "Adding Up William and Henry: The Psychodynamic Geomerty of Q. E. D." *American Literary Realism*, 43: 2(2011): 112-132.

[10] James, Henry. *The Question of Our Speech*; *The Lesson of Balzac: Two Lectures*. Boston: Houghton Mifflin, 1905.

[11] Jouve, Emeline. "Geography and Plays: Spaces in Gertrude Stein's Early Plays (1913-1919)." *South Atlantic Review*, 76: 4(2014): 101-116.

[12] Jung, Yeonsik, "Why Is Melanctha Black? Gertrude Stein, Physiognomy, and the Jewish Question." *Canadian Review of American Studies*, 49: 2(2019): 139-159.

[13] Perloff, Marjorie. "'Living in the Same Place': The Old Mononationalism and the New Comparative Literature." *World Literature Today*, 69: 2(1995): 249-279.

[14] Ruddick, Lisa. *Reading Gertrude Stein: Body, Text, Gnosis*. Cornell University Press, 2018.

[15] Stein, Gertrude. *The Making of Americans: Being a History of a Family's Progress. 1925*. Normal, IL: Dalkey Archive Press, 1995.

[16] —. *Fernhurst, Q. E. D. and Other Early Writings*.

---

① 转引自刘纪蕙，https://m.sohu.com/a/128363355_559362.

New York: Liveright, 1972.

[17] Wagers, Kelley. "Gertrude Stein's 'Historical Living'." *Journal of Modern Literature*, 31: 3 (2008): 22-43.

[18] Warren, Lansing. "Gertrude Stein Views Life and Politics." *New York Times*, 6 May 1934: 23.

[19] Will, Barbara. "Gertrude Stein and Zionism." *Modern Fiction Studies*, 51: 2(2005): 437-455.

[20] Wineapple, Brenda. *Sister and Brother: Gertrude and Leo Stein*. New York: Putnam's Sons, 1996.

[21] 格特鲁德·斯泰因.《三个女人》.曹庸、孙予译.上海：上海译文出版社,1997.

[22] 金莉.《20世纪美国女性小说研究》.北京：北京大学出版社,2010.

[23] 凯瑟琳·R.斯蒂普森.格特鲁德·斯泰因的躯体语法.周瓒译.<http://www.doc88.com/p-703899387565.html.>（accessed 2002-04-03）

[24] 刘纪蕙.文化主体的"贱斥"——论克里斯蒂娃的语言中分裂主体与文化恐惧结构.<https://m.sohu.com/a/128363355_559362>（accessed 2017-03-09）

[25] 露西·丹妮尔.《格特鲁德·斯泰因评传》.王虹、马竞松译.桂林：漓江出版社,2015.

[26] 乔国强.《美国犹太文学》.北京：商务印书馆,2008.

伯纳德·马拉默德短篇小说中的生存困境与救赎

李莉莉

(哈尔滨师范大学)

摘 要：马拉默德在一系列短篇小说中表达了对美国犹太移民和人类整体生存困境的关注，以及对摆脱困境实现救赎的途径的思考。本文通过对马拉默德多篇短篇小说的生存困境与救赎途径这一主题的解读与分析，指出他的短篇小说侧重犹太移民贫困物质生活中的忍耐坚守，探讨他们精神困境中对梦想的追寻，并从人类整体生存境遇的角度出发对不同民族交往中的相互救赎进行反思。此外，马拉默德短篇小说中的人物对生活和未来始终充满乐观和信心。

Abstract: In his short fiction Malamud expresses his concern for the survival dilemma of the Jewish Americans and the human beings as a whole. He also shows consideration for the ways of getting out of the dilemma to achieve salvation. This paper intends to explain the theme of the survival dilemma and the ways to achieve salvation in Malamud's short fiction. It argues that his short fiction focuses on the endurance and persistence of the Jewish immigrants in poverty, discusses their pursuit of dreams in spiritual predicament, and reflects on the mutual salvation of different races from the perspective of living condition of human beings. Furthermore, the characters in his short fiction always have an optimistic attitude and a strong belief in life and in the future.

关键词：伯纳德·马拉默德；短篇小说；生存困境；救赎
Key Words: Bernard Malamud; short fiction; the survival dilemma; salvation

一、引言

伯纳德·马拉默德（Bernard Malamud, 1914—1986）是20世纪美国著名的犹太作家，与辛格（Isaac Singer）、贝娄（Saul Bellow）和罗斯（Philip Roth）一起被誉为"支撑美国犹太文学这座殿堂的4根主要支柱"（乔国强，441）。马拉默德在创作上取得了举世瞩目的成就，长篇小说《基辅怨》（*The Fixer*）让他获得了国家图书奖和普利策文学奖，奠定了其在美国文坛的地位。与长篇小说相比，马拉默德的短篇小说更能展现其创作思想和艺术技巧。事实上，短篇小说创作几乎贯穿了马拉默德写作生涯的始终。他本人更是凭借短篇小说集《魔桶》（*The Magic Barrel*）首次获得国家图书奖，正式步入美国伟大作家的行列。马拉默德被认为是"当代短篇小说大师，是可以和契诃夫和巴别尔相提并论的小说家"（引自马拉默德，代译序2），是20世纪"最优秀的短篇小说家之一"（同上）。

马拉默德不仅受到犹太文化的影响，还被美国文化所熏陶。他在创作中以犹太民族的生存状况为立足点，思考犹太人生存境遇中的痛苦和艰辛，同时还超出犹太民族的局限，深刻地反思了人类面临的生存问题。马拉默德曾经指出："我象征性地运用犹太人来指代人类悲剧性的生存经历。我竭尽全力把犹太人当作普通人。"（Abramson, 147）马拉默德以普世的生存境遇为切入点，把犹太民族的命运和人类社会普遍的生存问题融合在一起，被称为"人道主义的代言人"。他作品中的人物，不论是犹太人、美国白人、黑人，还是其他民族，都在恶劣的生存境遇中坚忍地生活着、成长着。马拉默德削弱个体间的差异和不同，强调他们的共性，展现了现代社会人类在生存境遇中的徘徊挣扎、寻求救赎、谋求共同发展的生存历程。

二、贫困物质生活中的忍耐坚守

20世纪初成千上万的东欧犹太移民来到美国，

他们语言不通,脱离原来的习惯传统,对美国的生活方式和节奏茫然失措,陷入困境之中。大多数犹太移民没有经济基础,生活在拥挤、破旧、肮脏的地区,缺少生存技能,只能经营杂货店、修鞋店、裁缝店,或者成为小商贩走街串巷,或者从事工厂里最低级的工作,生活艰难困苦。马拉默德擅长描写美国犹太移民的真实生活。他曾经指出自己以犹太移民作为写作主题是因为"……熟悉他们。犹太人让我感到轻松舒适。犹太人对伦理的兴趣总是能激励我。……犹太人历史是极好的戏剧素材"(Solotaroff, 149)。马拉默德在短篇小说中描写现实生活中的犹太移民,他们在恶劣的生存环境中艰辛地生活,但他们并没有退缩,而是坚强地面对,坚守犹太伦理,凭借坚忍的性格和毫不畏惧的精神顽强地生存下来。

短篇小说《杂货店》中的主人公萨姆和妻子艾达就是美国犹太移民的代表。他们经营小杂货店19年,每天从早上起来一直干到深夜,工作时间长达18个小时。即使这样辛勤劳作,生意却仍然不景气,收入微薄,勉强谋生,支付完房租、煤气和电费,甚至没有钱进货。而且,一家现代化食品超市在附近开张营业,萨姆的小杂货店没有丝毫的竞争力。尽管他想尽办法——把橱窗擦得一尘不染,延长营业时间——但客源还是不断流失,收入锐减,小杂货店也面临倒闭。艾达对这样的生活境遇牢骚满腹,抱怨店铺生意冷清,不满丈夫无能,指责他不能像别人那样靠投资赚得利润。两人常常因为生活重压和家庭琐事而激烈争吵。马拉默德这样描述两人吵架的场面:"艾达这时很不解地看着他;接着她的嘴唇开始扭曲变形,脸上的肉也开始向上堆积,有点像滴水怪兽的脸,身子也因抽泣而一颤一颤,热泪也止不住地流了下来。"(马拉默德, 17)除了在经济上陷入困境之外,萨姆还承受了身体上的痛苦。他因为辛苦劳作累得浑身是病,而躺在卧室床上休息时又因为忘记关煤气险些煤气中毒,多亏邻居发现及时救起他。萨姆这些犹太移民的生活充满艰辛和无奈。

马拉默德的短篇小说创作很大程度受到早期家庭生活的影响。马拉默德的父母20世纪初从俄国移民到美国,他对美国犹太移民的生存境遇有切肤的直接体验。这些经历成为马拉默德短篇小说表现的主题。正如他本人所指出的,"人们认知这个世界时,会早早地受家庭生活的影响。不论取得多大的成功或者有多幸福,早期的生活经历都无法摆脱,会一直伴随着"(Solotaroff, 3)。马拉默德的另一篇短篇小说《账单》也展现了美国犹太移民贫困的生存境遇。主人公犹太人潘内萨夫妇用全部积蓄盘下了一个杂货店维持生计,但生意惨淡。公寓看门人威利出于同情,总去店里买一些小东西。潘内萨先生待人宽容、允许赊账。威利于是开始赊购各种商品,有时明明身上有钱还赊账。终于有一天,当潘内萨询问威利什么时候还账时,他发现自己已经没有能力偿还欠下的债。威利夫妇不再去杂货店购物,处处躲着潘内萨夫妇。最终,当威利拿着典当大衣换来的10美元去找潘内萨时,却发现他因为没钱治病已经去世,潘内萨太太也搬走了。潘内萨和威利两家经济困窘,生活经历让令人同情。马拉默德通过简短的叙述就刻画出犹太移民困苦甚至绝望的生存处境。

马拉默德在短篇小说中还展现了犹太人本性中忍耐坚守的品质,让人们在悲苦的生活中看到救赎的希望,从而赋予其更深刻的意义。马拉默德指出:"生存经历剥夺人的一些东西能够让人意识到最需要的是什么,从而进入内心世界。"(Solotaroff, 31) 马拉默德认为经历过生存困境的洗礼,人性格中的缺陷能够得到修复,思维变得更全面,思想变得更深刻,也会开阔视野,迅速成长起来,摆脱困境的希望也就增大了。《杂货店》中的萨姆保持自律意识和真实、善良、美好的本性:他诚实做生意,从不缺斤短两欺诈顾客;在寒冷的天气里清理人行道上的积雪,让人们走路更顺畅。他虽然没有让全家人过上衣食无忧的生活,但是勤恳努力、起早贪黑赚钱养家糊口。一家人尽管生活贫困,但夫妻俩仍然同甘共苦。小说的最后艾达不再焦虑暴躁,不再抱怨,开始对丈夫有了更多的理解。夫妻间的误会消除了,他们相互关心、相互扶持,寻求改善生活、实现救赎的途径。《账单》中潘内萨的内心也充满仁爱和坚忍,他认为任何事情都是信用问题,如果是真正的人,就应该相信别人,而别人也要信任你。威利的内心也是善良的,他为了让潘内萨赚点钱而放弃去超市买更便宜的商品,同时为了早日还上欠款拼命干活赚钱。威利在工作上也更加尽职尽责,把整栋楼打扫得干干净净,对所有住户有求必应。马拉默德小说中的犹太移民"在受限制的生存环境中发挥道德力量,虽然物质生活清贫,但内心世界却变得强大"(Solotaroff, 30)。

马拉默德的父母和他本人都是在贫困生活中坚守忍耐的楷模。马拉默德曾经说过:"我的父母善良、温和、诚实,让我受益颇多。……他们坚持自己的价值观。尽管生活不富裕,在经济不景气时更贫困,但我从未听到过他们有拜金的言论。"(Stern, 12)贫困的生活没有磨灭犹太移民诚实忠厚、慷慨大方、乐于助人的品质。他们默默承受生活的重担,坚韧忍耐，努力改善生活。马拉默德深受父母的影响，他没有被童年时期的贫穷困苦和青年时期的磨难坎坷击垮，始终不放弃对文学创作的追求。马拉默德为了维持生计曾经在华盛顿做过公务员，负责处理统计报表。他工作勤奋，3 个月后就升职加薪，同时还废寝忘食地进行写作（Davis, 50）。马拉默德在工作和写作上都非常努力，有着坚忍不拔的信念，最终不仅过上了富足的物质生活，还取得了写作事业的成功。马拉默德把自己的人生观和价值观演绎在小说中的人物身上，结合历史和现实的生存困境、个体和群体的生存体验，把历史、现实和文学创作紧密联系在一起。他通过创作萨姆和潘内萨这样的文学形象，指出犹太人要勇敢地面对生存困境，而忍耐坚守是摆脱困境最直接有效的办法。

三、精神危机中对梦想的执着追求

美国的社会生活对犹太移民来说是一个新的起点，他们虽然开始一无所有，大多是底层劳动者，但他们把美国看作能够得到机遇的应许之地，是远离过去的桎梏、实现梦想的新领地。美国犹太人工作勤奋，生活节俭，再加上智慧的头脑，不久便积攒了足够的资金，物质生活和经济地位大为改善。但是物质生活的改善并没有相应地提升精神生活，犹太人陷入精神危机之中。而在精神危机中寻找自我价值实现梦想也成为马拉默德这些犹太作家作品的主线。马拉默德作品的主人公在"追求梦想"的驱动下，进入探索自我价值的历程中，在困境和挫折中他对梦想的理解发生了转变，最后会承担责任实现自我价值（Tanner, 129）。

短篇小说《魔桶》的主人公利奥拥有自己的梦想，想要成为一名神职人员，但他实现梦想的过程也磨难重重。利奥生活在寂寞焦虑之中：他专门从事犹太律法研究 6 年，没有朋友，没有伴侣，父母住得离他很远，也没有其他社会联系。为了能得到教众们的信任，他决定先寻找一位理想的伴侣结婚。利奥看到专业媒人萨尔兹曼的广告，觉得在他的帮助下可以找到中意的姑娘。利奥的择偶经历充满曲折艰辛。萨尔兹曼建议利奥先考虑未来伴侣的人生观和价值观，这样结婚以后利奥可以专心于事业，不必为家庭琐事烦心。他说："先看门第，再看陪嫁，以及其他承诺，最后才是看照片呢，拉比。"（马拉默德, 69）利奥却认为现实条件非常重要，坚持要找年轻漂亮的女孩，要求对方身体和精神上无比完美。萨尔兹曼把可以选择的姑娘的照片放在一个箱子里，就像"魔桶"一样，但他推荐的女孩都有某种利奥无法容忍的缺点和瑕疵。这些女孩都无法达到利奥的择偶标准。他非常茫然，不知道自己想选择什么样的人，也不知道什么样的女孩适合自己。实际上，这时的利奥需要"精神层面的新鲜养料，才能摆脱内心深处的痛苦，远离过去的心理阴影，获得救赎"（Adler, 218）。他需要理性的引导才能在追寻的过程中把握住自己，通过自身的努力实现梦想。

利奥通过寻找新娘的过程开始与他人有了接触，完成了自我救赎。利奥与中学教师莉莉见了面，对自己的本性有了全新的认识。莉莉问他是怎么笃信上帝的，他回答说自己只是对律法感兴趣，并不是一个虔诚的信徒。莉莉继续追根刨底地问他是什么时候迷恋上帝的，他气急败坏地说皈依上帝并不是因为自己爱他，而是因为并不爱他。利奥这一真实想法的流露使他恍然大悟："原来他除了父母之外，从未爱过任何人，或者是相反的情况，因为他不爱人类，也不可能全力地去爱上帝。"（马拉默德, 78）利奥明白了自己陷入情感危机是因为没有真正地爱过任何人，没人关心他，他也不关注别人，无法真正地了解上帝和犹太教。挑选合适新娘的过程让他知道了自己的真实需求，那就是付出尘世中对别人的爱，寻求精神上对上帝的爱。利奥被"魔桶"中萨尔兹曼女儿斯特拉的照片吸引住了。"她是真正地生活过，或想要真正地生活——甚至不仅是想要，可能还悔恨过去的生活，曾经遭受过种种痛苦……她在开启一个新的天地，这里有各种希望，她自己的天地。她正是他所企盼和向往的"（马拉默德, 81）。利奥看出斯特拉眼中时光消磨的印记，她的真实经历让他对磨难有了更深刻的认识。他不再单纯地学习犹太律法，而是认识到应该通过世俗的爱把犹太律法提倡的精神付诸实践，最终他选择了斯特拉。利奥开始时是埋头学习、研究犹太律法的书呆子，生活在孤独苦闷之中，而斯特拉成为适合他的伴侣。如果利奥能够爱斯特拉那样的女孩，那么他就可以爱任何人，进入充满爱与关怀的世界，懂得爱的本质，因而对"人与上帝"的关系和犹太教信仰有真正的理解，成为合格的神职人员。利奥实现了自己的梦想，精神上不再迷失，生活也更有意义。

马拉默德在短篇小说《头七年》中还塑造了在精神困境中毫不畏惧、勇于追求自己梦想的犹太女性人物形象。米里亚姆是鞋店店主费尔德的女儿，父亲总干涉她的私事。她想自立，中学毕业后宁愿找个工作而放弃上大学的机会。费尔德费尽心思安排米里亚姆和有学问的大学生麦克斯约会，期望女儿能够和他恋爱结婚，将来过上更舒适的日子。但麦克斯是物质至上的人，没有精神追求，缺少对人生的深刻体验,无法理解米里亚姆的梦想和精神世界。米里亚姆在与麦克斯见过两次面之后,就不想再与他交往下去。她有自己的想法和选择,她不喜欢功利庸俗的麦克斯,却与鞋店的伙计索贝尔擦出了爱情的火花。按照世俗的标准,索贝尔不是很好的结婚对象:他已经30多岁,相貌不佳,无家无业,没有任何前途。但他经历过坎坷和磨难,珍惜生活,懂得做人之道,而且他非常喜欢读书,认为读书可以增长知识。他在书中写了大量的评注,还把书借给米里亚姆。她"从14岁就开始读,一页页地读着上面已神圣化的评注,好像上面刻的都是上帝的话"(马拉默德,28)。他们一起读书,在精神上有着共同追求。米里亚姆既潜移默化地继承了犹太文化传统中坚忍不拔的品质,又接受美国文化价值观中的独立自主思想,注重个体价值和精神追求,"是马拉默德短篇小说中最具独立思想意识的犹太女性"(Sio-Castinerira,11)。她没有服从父亲的安排,嫁给生活条件更好、更有前途的麦克斯,而是坚信爱情是婚姻的基础,追求自己的幸福,成为有主见、思想独立、敢于追求梦想的新一代犹太人的代表。

短篇小说《魔桶》和《头七年》延续了生存困境的主题,同时又进一步说明追求梦想对于摆脱精神困境所具有的重要意义。追求梦想的利奥和米里亚姆不是模式化的简单的"傻瓜式人物",也不是愤世嫉俗的惹人怜悯的"小丑式人物",而是注重"精神的自我追寻"(Ochshorn,8)。他们在精神追寻中"与无情的社会力量进行抗争""展示个体的坚定信心""重塑了人类的形象"(Hershinow,1)。利奥和米里亚姆的经历告诉我们,人们可以通过对梦想的不懈追求实现精神世界的自我救赎。

四、民族交往中的相互救赎

随着年龄的增长和阅历的丰富,马拉默德看待问题的视角也有所拓宽,他的短篇小说不再局限于探讨犹太人的生存体验和精神历程,而是开始关注人类共同生存境遇中不同民族人群的关系问题。马拉默德客观地分析不同民族人群之间的摩擦和冲突,指出人类只有相互理解、彼此宽容、和平共处才能走出生存困境、持续发展。从这个角度来看,马拉默德的作品关注人类社会面临的问题,探究"构建完美世界的潜在力量"(Alter,2—3)。马拉默德以不同民族人群之间的关系为契机描写人类生存境遇的普遍意义。"人人都是犹太人"的观点也表明所有民族都以不同方式展现各自的生存价值和意义。

短篇小说《天使莱文》展现犹太人与黑人在共同生存境遇中如何实现和谐相处。马拉默德在小说中以魔幻现实主义的写作手法讲述了犹太人马尼斯彻维兹被黑人天使莱文拯救的传奇故事。马尼斯彻维兹是一个犹太裁缝,由于辛苦劳作患上了腰痛病。他的妻子芬妮做些洗洗缝缝的活儿,因为过度劳累患上了不治之症。马尼斯彻维兹向上帝祈祷救赎。一个名叫莱文的黑人来到他家,自称是来解救他一家的天使。马尼斯彻维兹因为莱文是黑人而怀疑他。莱文只好离开,前往哈莱姆黑人居住区。之后,马尼斯彻维兹的家境每况愈下,芬妮的病情也急剧恶化,他不得不去哈莱姆寻找莱文。马拉默德在小说中描写了犹太人对黑人的戒心与猜疑。一方面,马尼斯彻维兹对哈莱姆黑人的生活方式持批评态度,他眼中的莱文在哈莱姆的生活很落魄:礼帽污迹斑斑,西装非常破旧,鞋子和裤脚上尽是泥点,脸上的胡茬子颜色像甘草一样;而且,莱文总是在酒吧、妓院、夜总会这些地方闲逛。他还看到莱文与黑人女子跳舞,认为莱文对女性的性暗示过于着迷。莱文还经常宿醉,原本很体面的脸上总是现出一副醉醺醺的样子。另一方面,黑人也不欢迎马尼斯彻维兹这个闯入的犹太人,他在哈莱姆常常面对愤怒的黑人。他们对他说"走开,白佬""出去,犹太狗"(马拉默德,106)。黑人与犹太人的关系是复杂的,"这两个民族彼此不敢相信对方——犹太人因为感觉自己必须在美国社会规则的指引下向上爬得更高,他们所关注的是自己的身份问题而不是与其他少数民族间关系的处理问题;而黑人在主流社会中所处的地位使他们不敢相信任何人"(埃利奥特,355)。犹太人和黑人都有自己的社会团体和独特的价值观,他们都非常努力以确保能够拥有一定的社会地位,但相互间的误会和疏离使得他们的关系注定会出现矛盾,变得紧张。

马尼斯彻维兹通过哈莱姆之行改善了与莱文的关系,实现了相互救赎。马尼斯彻维兹开始重新思考自己对黑人的看法,觉得莱文可能真是上帝派来解救自己的使者。他认识到要友好地对待黑人朋友、要更多地理解他们、要包容他们与自己的不同。马尼斯彻维兹向莱文表达了自己的忏悔,接受了他上帝使者的身份。芬妮最终完全康复。小说的结尾他回到家说:"太棒了,芬妮""相信我,到处都有犹太人"(马拉默德,108)。马尼斯彻维兹在黑人天使莱文的帮助下从磨难中解脱,而莱文自身的存在和价值也因为马尼斯彻维兹的接纳和认可得到实现。马拉默德在小说中不是简单地反映社会,而是"通过其创作的小说来改善美国犹太人与美国黑人之间的关系"(林太、张毛毛,255)。马尼斯彻维兹和莱文具有自身独特的性格特征,这是他们所属民族文化特征的集中反映,代表民族共性。在表现犹太人和黑人的关系时,马拉默德强调犹太人应该放弃对黑人的质疑,黑人也应该摒弃反犹主义行径,他们需要齐心协力处理在美国社会面对的问题,这样才能在生存境遇中相互救赎、和谐相处、共同发展。

马拉默德的短篇小说《我之死》还探讨了其他民族人群在生存困境中的相互救赎。小裁缝店老板犹太人马库斯雇用了两个员工——熨烫工波兰人乔西普和裁缝西西里人艾米利欧。两个人都有出色的工作能力,很好地完成了本职工作,同时两个人还有着相似的生活境遇:乔西普的妻子和孩子仍然在波兰生活,已经14年没见过面,他还收到了妻子患病的家信;艾米利欧生活孤单寂寞,妻子反复离家出走,有5次之多。但是他们相互猜忌、彼此嫉恨,常常争吵咒骂,严重地影响生意。马库斯总是像父亲一样语重心长地劝解他们、安慰他们:"我们自己不能再互相伤害了……答应我,你们今后别再打架了。"(马拉默德,42)他们哭着答应了,恢复表面的和平状态,维持暂时的平静。但空气里还是弥漫着火药味,他们的争斗在冲突中甚至达到你死我活的程度。实际上,两个人都在对方身上看到自己的影子,彼此之间的关系应该是互补的,但由于缺乏对对方的谅解和宽容,以致双方都受到损伤。马拉默德以小说的形式阐释不同民族之间的关系,公平正直地指出不同民族的人们在应对相互间的矛盾时不能持偏激的态度,不能被自己的文化历史蒙蔽,而应对自己与对方都采取客观的态度,厚待自己与他者。表面上,小说表明波兰人和西西里人之间的冲突是两个民族之间矛盾的激化导致的,实际上马拉默德通过他们的碰撞和摩擦指出双方应该各退一步,达成妥协。马拉默德曾经指出,文学作品的创作目的就是"防止人类文明自我毁灭""让我们洞察生活的意义"(Alter,114—115)。不同民族彼此之间确实存在差异,在相处时必然产生矛盾和冲突。只有采取宽容友善的态度,通过沟通消除偏见、实现优势互补,才能构建和谐发展的生存环境。

五、结语

马拉默德的短篇小说创作时间跨度较大。在梳理他短篇小说创作概貌的基础上可以发现生存困境和救赎途径是一个连贯的主题,从而可以挖掘他作品的价值所在。通过分析马拉默德多篇短篇小说的这一主题可以得出以下结论:马拉默德在短篇小说中不仅侧重犹太移民的贫困物质生活状况,关注他们的精神困境,还从人类整体生存境遇的角度出发对不同民族的关系进行反思,超越了自身作为犹太作家的视野局限;而且,马拉默德更强调生存困境中的救赎途径,他短篇小说中的人物对生活和未来持有乐观的态度,不但没有在困境中陷入绝望的深渊,而且积极寻求摆脱困境、实现救赎的途径。

参考文献

[1] Abramson, Edward A. "Bernard Malamud and the Jews: An Ambiguous Relationship." *The Yearbook of English Studies*, 24 (1994): 146-156.

[2] Adler, Brian. *Akedah and Community in "The Magic Barrel."* New Haven: Yale University Press, 1987.

[3] Alter, Iska. *The Good Man's Dilemma: Social Criticism in the Fiction of Bernard Malamud*. New York: AMS Press, Inc., 1981.

[4] Davis, Philip. *Bernard Malamud: A Writer's Life*. New York: Oxford University Press, 2007.

[5] Hershinow, Sheldon J. *Bernard Malamud*. New York: Frederick Ungar Publishing Co., 1980.

[6] Ochshorn, Kathleen G. *The Heart's Essential Landscape: Bernard Malamud's Hero*. New York: Peter Lang Publishing, 1990.

[7] Sio-Castineira, Begona. *In Search of Jewish Post-immigrant Identity*. New York: Peter Lang Publishing Inc., 1998.

[8] Solotaroff, Robert. *Bernard Malamud: A Study of the Short Fiction*. Boston: G. K. Hall, 1989.

[9] Stern, Daniel. "The Writer at Work." *Talking Horse: Bernard Malamud on Life and Work*. Eds. Alan Cheuse and Nicholas Delbanco. New York: Columbia University Press, 1996. 10-25.

[10] Tanner, Tony. "A New Life." *Bernard Malamud*. Ed. Harold Bloom. New York: Chelsea House Publishers, 1986. 129-151.

[11] 埃利奥,特埃默里.《哥伦比亚美国文学史》.朱伯通等译.北京:外语教学与研究出版社,1994.

[12] 马拉默德,伯纳德.《马拉默德短篇小说集》.吕俊、侯向群译.南京:译林出版社,2001.

[13] 乔国强.《美国犹太文学》.北京:商务印书馆,2008.

[14] 林太、张毛毛.《犹太人与世界文化》.上海:上海三联书店,1993.

从《当我们谈论安妮·弗兰克时我们谈论什么》中的大屠杀书写看美国文化的犹太化

高莉敏
（上海立信会计金融学院）

摘　要：在《当我们谈论安妮·弗兰克时我们谈论什么》中，英格兰德以大屠杀事件为切入口，从犹太人的受迫害意识对美国人的身份认知和文化认同的影响、人物混杂身份所代表的犹太文化对美国文化格局的改变及生死游戏给美国人提供的道德教训3个方面探讨了美国文化的犹太化问题。他把大屠杀的特殊性与其普世化意义结合起来，融入美国主流话语体系中，强调犹太文化对美国社会和大众的影响。这既体现了他作为当代美国犹太作家的文化自信，也为当代美国犹太人的身份建构和犹太性塑造提供了参考。

Abstract：In *What We Talk About When We Talk About Anne Frank*, Englander explores Judaization of American culture from the perspective of Holocaust writing, which involves the influence of Jews' consciousness of victimization on Americans' identity cognition and cultural identification; a change of the existing American cultural pattern from the part of Jewish cultural resources suggested by characters' hybridized identities; and moral lessons and spiritual perception offered by Holocaust in the life-death game. He incorporates the particularity and universality of Holocaust into American mainstream discourse system, and emphasizes Jewish history and culture's impact on American society and people, which reflects his cultural confidence as a contemporary American Jewish writer and sets up a new paradigm for contemporary Jews' identity construction and Jewishness shaping.

关键词：英格兰德；《当我们谈论安妮·弗兰克时我们谈论什么》；大屠杀；美国文化的犹太化

Key Words：Englander; *What We Talk About When We Talk About Anne Frank*; Holocaust; Judaization of American culture

一、引言

美国犹太作家对大屠杀的态度经历了从20世纪50、60年代的避谈，到80年代的关注，再到90年代之后聚焦的过程，这意味着不同时代的美国犹太作家对大屠杀事件有不同的解读。在20世纪50、60年代，美国犹太作家关注战后美国犹太人的生活现状。在他们看来，这比大屠杀事件本身更具现实意义。第二代美国犹太作家作为大屠杀幸存者的后代，往往把大屠杀看成代际创伤的象征，在作品中通过间接和隐晦的方式呈现这一历史事件。以英格兰德（Nathan Englander，1970— ）为代表的当代美国犹太作家从小在美国的社会环境中长大，他们倾向于借大屠杀事件追寻犹太文化与宗教传统，并以此来透视美国社会中的问题。在《当我们谈论安妮·弗兰克时我们谈论什么》(*What We Talk About When We Talk About Anne Frank*, 2012)中，英格兰德以大屠杀事件为切入口，从犹太人的受迫害意识对美国人的身份认知和文化认同的影响、人物混杂身份所代表的犹太文化对美国文化格局的改变及生死游戏给美国人提供的道德教训和对美国人精神理念的浸染3

---

① 本文系上海市哲社规划课题"当代美国犹太文学中美国文化的犹太化研究"（2020BWY013）的阶段性成果。

个方面探讨了美国文化的犹太化问题。他把大屠杀的特殊性与其普世化意义结合起来,融入美国主流话语体系中,强调犹太历史、文化对美国社会和大众的影响。作者借大屠杀的美国犹太化书写表明当我们谈论安妮·弗兰克(*Anne Frank*,1929—1945)①时,我们不仅谈论大屠杀的美国化问题,还有美国文化的犹太化问题。

二、犹太人的受迫害意识与美国社会认同

在小说中,英格兰德通过把故事发生的地点设置在储藏室里,复刻了《安妮日记》中的后屋,借此指出犹太人受迫害意识产生的历史根源。作者对储藏室的描述是:它与厕所、车库连在一起,"如果你把这些都封在一起——比如在书房门口建一堵墙,没人会知道有人在这里面,猜都猜不到"(英格兰德,31—32)。② 普通的储藏室经过主人公黛比的精心设计,变成了大屠杀的秘密藏身地。这一空间意象的转换与《安妮日记》中的后屋形成了呼应。在安妮的故事里,后屋作为安妮一家的藏身处位于安妮爸爸公司的办公楼里,卧室、厕所一应俱全。虽然他们的藏匿处有窗户,但是为了不被人发现,他们用图钉把布片钉在窗户上,使后屋形成了一个封闭的空间。英格兰德在小说中通过还原安妮的藏身处唤起了读者的大屠杀记忆。安妮一家在封闭的空间里不仅要忍受食物短缺和病痛的折磨,还要经受精神折磨——怕被敌人发现的恐惧感与苟活于世的负罪感纠缠在一起,冲击他们的心理,使其受迫害意识油然而生。英格兰德通过在储藏室中设计与安妮·弗兰克有关的空间活动使人物重历安妮的受迫害体验,借此指出犹太人的受迫害经历来自反犹势力的暴行,正是纳粹的暴力统治造成了犹太人的苦难。不仅如此,大屠杀的精神创伤还延续到当代,即使"到了20世纪90年代,美国犹太人还坚持认为与异族通婚相比,反犹主义对犹太民族的持续发展威胁更大"(Shapiro,94)。犹太人对反犹主义的恐惧可见一斑,也说明反犹势力给犹太人造成了巨大的心理阴影,使他们产生了一种根深蒂固的受迫害意识。这种受迫害意识逐渐发展成犹太人心理机制的一部分,世代相传。

储藏室的空间意象不仅呼应了《安妮日记》中的后屋,其原型还可以追溯到犹太历史文化中的鱼腹。作者借此指出犹太人受迫害意识产生的另一源头——上帝的背叛。巴什拉(Gaston Bachelard)认为对家宅的描述不能只停留在面貌和舒适因素的分析上,而应该达到其原初的特性,也就是认同感产生的地方(Bachelard,2)。言下之意,只有寻找到最初的壳才能了解空间的属性与意义。小说中的储藏室作为一个封闭的空间,在犹太历史文化中的原型是《旧约圣经》(*The Old Testament*)中《约拿书》(*Jonah*)里的鱼腹。《约拿书》里的主人公约拿违背耶和华的差遣,遭遇海难。耶和华安排一条大鱼吞下他。约拿在鱼腹中祈祷三天三夜获得救赎。表面上看这是一个通过祈祷获得拯救的故事,但是值得注意的是约拿的故事和所有其他先知书里的故事不同,因为约拿并非被要求去向他自己的人民发言,而是向犹太人的敌人发言。约拿对整件事情表达了愤怒之情。正如奥斯特(Paul Auster)所说,"这是爱国之怒。为什么要宽恕以色列的敌人呢?"(Auster,179)犹太人蒙受苦难,上帝却宽恕了犹太人的敌人,拯救约拿的鱼腹蒙上了一层受迫害色彩,承载了犹太人对耶和华的愤怒和质疑。在小说中,英格兰德借储藏室的空间意象再现了犹太历史文化中封闭空间的原型——鱼腹,并将鱼腹中犹太人对上帝的抗议映射到储藏室中,借此暗示在大屠杀期间犹太人的受迫害意识不仅来自反犹势力的暴行,还有上帝的背叛,表达了犹太人对自己作为上帝的选民和现实中的受害者身份这一矛盾的质疑。

英格兰德借助储藏室的空间意象揭示出犹太人受迫害意识产生的历史根源,说明受迫害经验是犹太历史文化的一部分,源远流长。这一极具犹太特色的主观意识伴随着美国大众对大屠杀话语的关注,逐渐对他们的身份认知和文化认同产生了巨大影响。朱迪思·赫尔曼(Judith Herman)认为精神创伤是传染性的,是创伤性反向移情作用(Herman,131)的结果。针对大屠杀事件,创伤性反向移情作用包含了与犹太人亲密接触的美国人对他们和对创伤事件本身所产生的情感反应。在小说中,黛比作为一名世俗犹太人,执着于大屠杀话题,甚至还为此把储藏室建成秘密藏身地以防历史重演。作为丈夫的"我"③虽然觉得这

---

① 安妮·弗兰克是《安妮日记》(*The Diary of Anne Frank*,1947)中的主人公。这部小说因为用"甜蜜"叙事将犹太问题美国化,被认为是大屠杀美国化的里程碑式小说(Flanzbaum,1)。
② 本文所引该小说的汉译本均采用李天奇译:《当我们谈论安妮·弗兰克时我们谈论什么》(上海:上海文艺出版社,2014)。后文出自同一著作的引文,将随文标出引文出处页码,不再另注。
③ 在小说中,叙述者"我"虽然是一名犹太人,但是已经高度同化,不仅帮助妻子脱离了犹太教会,还在游戏中扮演非犹太人、基督徒的角色,用他自己的话说,"别人也看不出来"(35)。

件事很重要,但是认为妻子对这个话题已经执着到了"不健康的程度"(8),是"一种[……]病"(33)。"我"对大屠杀叙事表现出一种排斥的情绪,这种排斥不是无动于衷、不敏感的表现,而是大屠杀影响过剩的反应(Rosenberg, 125)。言下之意,小说中的妻子利用创伤性反向移情作用左右了丈夫对大屠杀的态度,只是这种影响占据了生活的核心位置,使"我"产生一种排斥感。作者以这种极端的例子说明大屠杀的影响已经渗透到美国人的日常生活中,成为他们生活的一部分。在此基础上,作者通过在后来的安妮·弗兰克游戏中设计"我"主动参与大屠杀的思想实验,把自己置于受害者处境的情节表明美国人对犹太人的受害者身份和大屠杀创伤的认同。这就解释了为什么随着美国社会对大屠杀关注度的持续升高,美国文化中出现了各种各样的受害者身份认同现象。美国人不再把美国想象成传统意义上的一个共同体,而是将其划分为许多小的不同实体,如黑人、女权主义者、同性恋者、犹太人等团体;他们也不再强调"全美国人",而是注重每个团体的独特性(诺维克,188)并分享他们的共有认同——受害者认同,把自己当成被现代生活压迫的受害者,认为受迫害经验是其独特身份的核心。特别是在基督教核心教义"苦难即美德"的影响下,犹太人的受迫害经验更能引起美国人的共鸣。正如明茨(Alan Mintz)所说,大屠杀和犹太人的苦难已经融入美国人的头脑中(Mintz, 23),占据记忆的核心位置,这是美国文化发展和社会变迁中的一个惊人变化。言下之意,犹太人利用自己的受迫害意识实现了犹太文化对美国社会的渗透和影响,改变了美国人的文化认同。

三、身份混杂与文化融合

在小说中,英格兰德通过戏仿卡佛(Raymond Carver, 1938—1988)的代表作《当我们谈论爱情时我们谈论什么》(*What We Talk About When We Talk About Love*, 1981),以流行的极简主义风格塑造单一的矛盾型人物类型,凸显当代美国人和犹太人的混杂身份。比如,马克既信奉哈西德教,穿黑西装、黑鞋子,留长胡子,也和妻子一起上 Facebook、吸食大麻、喝威士忌;黛比既执着于大屠杀叙事、穿过膝长裙,又吸食大麻、喝酒;"我"既认为自己能扮演好一名美国人的角色(35),又认同大屠杀历史,认为这是"非常严肃的一件事"(33)。英格兰德通过描写人物矛盾的行为举止和自我认知暗示出他们身上的双重气质——美国性与犹太性。两种气质交融在一起,构筑了他们的混杂身份。在当代美国社会,一方面,

犹太人可以是一名美国人,同时又是一位女性、同性恋者、动物权利保护者等,他们的身份融合宗教、种族、性别、文化等因素于一体,表现出多重维度和后现代属性,如小说中的黛比集美国人、犹太人、女性、吸食大麻者等多重身份于一身。另一方面,美国人也不愿提及自己的"全美国"身份,反而认同以种族、族群、性别或性取向为基础的身份,如叙述者"我"对大屠杀受害者身份的认同。英格兰德以文学创作对接社会现实,通过单一的矛盾型人物塑造模式烘托极简的叙事风格,表现当代美国人和犹太人的混杂身份,指出当代美国社会中犹太人身份的美国化和美国人身份的犹太化趋势。

身份的混杂意味着文化的融合。在小说中,犹太身份与美国身份之间界限的消失代表了两种文化的双向互动。一方面,犹太人上 Facebook 网站、用 Skype 软件,抽大麻、喝酒,这是犹太文化美国化的标志;另一方面,以犹太女子中学、住棚节和逾越节等犹太传统节日为标志的犹太元素在美国社会广为人知和流行,这体现了犹太文化资源对美国社会的影响。因此,英格兰德说纽约是"两个世界交叉的边缘"(7),意指美国社会与犹太文化的互动关系,或者说是两种文明融合的现状。出现这种现象的原因一方面是美国社会信奉民主、自由的思想,包容以犹太女子学校和犹太传统节日为标志的犹太文化;另一方面是因为犹太人用多元主义和自由主义的政治哲学融合美国的自由意志、个体主义,致力于社会正义、维护少数人的权利,诸如支持黑人民权运动、女权运动、同性恋权利运动等。英格兰德敏锐地捕捉到美国社会中犹太文化与美国文化融合的趋势,发掘出犹太多元主义和自由主义思想与美国民主、自由观念的共通之处,将它们接合在文本里。正如菲什曼(Barack Fishman)所说,这种接合意味着两种观念的调和,是美国自由主义价值观——诸如自由选择、普遍主义、个体主义和多元主义——与犹太身份认同的融合(Fishman, 1),而不是指同化或者征服关系(Fishman, 190)。这表明美国文化和犹太文明在保持各自特色的基础上共通、互补,形成一种新的共同文化。这种共同文化的出现标志着犹太文化已经整合进美国主导的话语体系中,改变了美国的文化格局。

在犹太文化与美国文化融合的背后,大屠杀扮演了重要角色。在小说中,作者通过直观地描写"我"对以色列犹太夫妻态度的改变——从开始时的厌恶,到"有了点好感"(3),再到"越来越喜欢"(7),再到"真的开始喜欢"(12),最后到一起跳舞(30)——隐喻了美国人对犹太人的认同与接受,以

及犹太人对美国人的影响与改变，指涉了两种文化的融合。特别是这种影响和改变发生在马克讲述了一个关于大屠杀幸存者的故事后，"我"的反应是："好故事，耶利。[……]耶鲁哈姆，[……]这故事大有寓意。"(12)"我"一改开始时不会叫马克以色列名字的坚决态度，不仅喊出了他的以色列名字耶鲁哈姆，而且借用了他妻子对其耶利的叫法，尽显与马克的亲密关系。作者用这种简单的称谓的变化来说明大屠杀事件在美国社会接纳犹太人的过程中起到的重要作用，突出了犹太历史、文化对美国社会和大众的影响。英格兰德借此说明所谓的大屠杀美国化不是一个单向度的运动——仅指大屠杀历史的去犹太化，也包含了美国文化的犹太化(Krijnen, 99)，是美国社会和犹太文化双向互动的过程。鉴于此，当代美国犹太人的身份不能从单一的宗教或种族维度进行解读，它是多元文化融合的结果，是美国文化与犹太文化双向互动的标志。

四、生死游戏与道德教训

大屠杀对人类道德、理性、伦理体系的破坏和毁灭，以及由此产生的经验教训对当今世界文化与人类思想意识产生了巨大影响。在小说中，英格兰德采用与这一悲剧性历史事件风格完全相反的游戏叙事来探讨大屠杀中最严肃、深沉的主题——伦理道德与理性利益之间的悖论，利用游戏的娱乐性与大屠杀的严肃性之间的强烈冲突增加小说的叙事张力，表现大屠杀给美国人提供的道德教训与参考。

在小说中，为了重现大屠杀的历史，英格兰德借空间转换实现了虚拟场景与真实历史的实时共生。他首先安排两对夫妻在后院的雨中跳舞狂欢，以此来隐喻历史上犹太人被隔离和边缘化前的情景。伴随大雨骤停，两对夫妻从后院进入储藏室，也就进入了隔离和集中的阶段。作者通过从地上到地下的空间转换再现真实历史的场景，影射了德国纳粹通过隔离和集中的方式有效地把犹太人从公众视野中抹去、使他们不再与其他群体交汇、最终从日常生活的情境中消失的现实。在隔绝的空间里，为了让小说中的人物重历大屠杀的生死体验，英格兰德安排他们玩安妮·弗兰克游戏①，借此营造出虚拟的沉浸式的游戏世界，投射了历史上犹太人被迫加入生死游戏的现实。

鲍曼(Zygmunt Bauman)说人类行为中发现的任何道德本能都是社会的产物，一旦社会功能失调，道德本能就会分崩离析(Bauman, 6)。在大屠杀事件中，犹太人被集体隔离并被迫加入生死游戏，这意味着社会功能发生紊乱，预示了人类行为的道德本能即将崩溃、瓦解。在小说中，英格兰德借劳伦与马克之间的游戏说明了这一点。在马克与劳伦的生死游戏中，劳伦不相信自己的丈夫会在面对纳粹时牺牲自己、保全他人，因为在隔离的状态下，犹太人的世界里只有纳粹权力唯一一个他者。作为理性的存在者，增加逃生的机会是理性行动的目标，也是衡量的标准。当犹太人的所有价值缩减成继续活下去，我们就不难理解小说中马克的抉择和劳伦的怀疑了。正是人类自我保全的本性使劳伦"不相信丈夫会把她藏起来"(37)。作者借此揭示了人的本性在遭遇生死抉择时暴露出来的不足与脆弱，并由此引出了大屠杀中的一个本质问题——道德与理性的悖论。在普通的日常生活中，利益与道德之间也有冲突，但是很少会出现不可调和的情况。而在大屠杀的特殊场景下，道德与理性之间产生了不可调和的矛盾：道德义务被牢牢地压制在理性的个人利益之下，自我保全的本能造成了道德麻木和冷漠。特别是小说中英格兰德把马克塑造成哈西德派教徒，使宗教伦理和理性利益之间的矛盾更具冲突性和戏剧化。在这场游戏中，马克逐步产生了与角色相同的理性认知，站在了道德的对立面上。生存的本能把他从不道德的折磨和罪恶感中解脱了出来，使他对妻子的毁灭无动于衷。当他发现妻子觉察到这个秘密时，他不停地问："我怎么不会？我难道不会把你们都藏起来吗？就算这是有关生死的大问题——就算这样做有可能救了你，他们却因此而杀了我？难道我不会吗？"(37)丈夫以不停的反问掩饰自己的真实想法和虚伪本质，妻子则以"抽回了手"(37)作为回应。至此，英格兰德通过人物与游戏之间的高度交互性表现了人物在体验游戏后发生的变化，借此展现了道德在理性面前的崩塌、瓦解，并表达了对作为现代社会根基的理性思考的嘲讽——这种理性湮灭了人性、剥夺了人道，把人性的丑恶暴露无遗。不仅如此，作者还揭露了在生死面前夫妻之间相互怀疑、不信任的扭曲关系，以及朋友之间的背叛，说明大屠杀对伦理道德的践踏。普兰克(Karl A. Plank)在分析这部小说时认为，劳伦与马克的游戏验证了"大屠杀给人类带来的耻辱和痛苦"(Plank, 147)。这种耻辱和痛苦指向的正是大屠杀给人类造成的精神灾难。

---

① 这个游戏的内容是假设发生第二次犹太人大屠杀，谁会冒着生命危险，冒着全家人和周围所有人的生命危险把你藏起来。

英格兰德通过追问"接下来该怎么做？做了以后又会怎样？"(37)暗示出这种精神灾难涉及了道德、伦理和理性等多个维度，它不只是个体问题，更是一个群体、社会和文明问题。

在小说中，作者通过安排"我"扮演一名非犹太人——基督教徒的角色(35)，并作为旁观者参与马克与妻子的生死游戏，来指代犹太大屠杀事件给美国人的思想意识造成的影响。马克的选择不仅违背了犹太教教义，也颠覆了基督教的仁爱观和西方的人文主义思想。正如小说中所说，"我们就那么站着，我们4个人困在那间储藏室里，不敢把门打开，不敢把锁在里面的东西放出去"(37)。锁在里面的是人性的丑恶、信仰的崩溃和道德的破产。这场生与死的游戏颠覆了犹太人的价值观，也给美国社会提供了教训：作为暴行和压迫的核心象征，大屠杀教导美国人诸如种族歧视、限制移民、憎恶同性恋、发动越南战争、核军备竞赛之类的罪恶，呈现了各种道德乱象和社会混乱的公共仪式。它通过展现传统美国价值观的对立面成了美国的道德示例和指南，告诫美国大众切莫让理性利益战胜伦理道德。一切以自身利益为前提、践踏道德体系的行为都将引发更大的灾难。只有以德行为导向坚持文化与社会的多元发展，才能保证民主与自由的实现，避免极权主义出现。诺维克(Peter Novick)认为在大屠杀占据了美国文化的中心地位之后，它就成了当代意识的一个象征(诺维克，160)。言下之意，大屠杀的道德教训已经内化成美国人的主观意识，影响了他们的价值观和精神理念。

如果说大屠杀给美国社会和大众提供了一个包含警告的教训，那么同时它也提供了一个包含希望的道德参考。与马克和劳伦的生死游戏形成对比的是"我"与黛比的游戏。黛比相信"我"会冒着生命危险去救她和儿子，而不是自我保全。另外，"我"和黛比相信我们的一些基督徒朋友会冒着生命危险把我们藏起来，表现出高尚的自我牺牲精神。英格兰德借此表明无论处于多么极端的环境下，总会有人选择道德义务高于自我保全，这意味着道德的选择取决于有人性的人，而不是地域、种族、宗教、文化或其他因素，这与小说中黛比"相信在残酷环境下展现的人性"(12)的观点一致。保持人性不仅是个体主体建构的基础，也是对他人的一种职责。基于人性的道德体系由此跨越种族和宗教的边界，延伸到社会的架构下，社会进程就此起步。这一点对于美国社会建立犹太人与非犹太人的命运共同体意义重大。英格兰德借此指明了当代美国犹太人走出大屠杀灾难的途径，即建立以人性为基础的犹太人与非犹太人命运共同体，并在此基础上跨越族裔差异、重构犹太人与非犹太人的道德体系。这既表达了作者对当代美国社会中犹太人生存现状的关注和忧思，也传达了他的人文主义思想与关怀。

五、结语

评论家们认为当代美国犹太作家的大屠杀书写通常从适宜美国社会理解的角度出发，传达出美国大众喜闻乐见的信条和理念，淡化甚至忽略了犹太民族遭受的苦难和迫害。简而言之，当代美国犹太作家被贴上了大屠杀书写美国化的标签(Flanzbaum，4)。英格兰德敏锐地意识到这一问题。在小说中，他站在一名美国犹太人的立场上，既展现了大屠杀的特殊性——给犹太人造成的心理创伤、道德沦丧和人与人关系的扭曲，又表现了其普世化意义——它提供的关于政治、种族、责任、道德和人性等教训，建立了大屠杀书写的美国犹太化范式。他借此表明当代美国犹太作家大屠杀书写的立场与意图：在美国文化的框架下重新释义大屠杀事件，阐述犹太历史、文化对美国人的身份认知和文化认同的影响，对美国文化格局的改变，以及对美国大众主观意识的浸染，挖掘美国文化的犹太化表现。这既体现了当代美国犹太作家的文化自信，也为当代美国犹太人的身份建构和犹太性塑造提供了新的范式。

参考文献

［1］Fishman，Sylvia Barack. *Jewish Life and American Culture*. Albany：State University of New York Press，1999.

［2］Flanzbaum，Hilene. "Introduction：The Americanization of the Holocaust." *The Americanization of the Holocaust*. Ed. Hilene Flanzbaum. Baltimore and London：The Johns Hopkins University Press，1999. 1-17.

［3］Krijnen，Joost. *Holocaust Impiety in Jewish American Literature: Memory，Identity，(Post-) Postmodernism*. Leiden and Boston：Brill Rodopi，2016.

［4］Mintz，Alan. *Popular Culture and the Shaping of Holocaust Memory in America*. Seattle and London：University of Washington Press，2001.

［5］Plank，Karl A. "Decentering the Holocaust：What Bezmozgis and Englander Are Talking

About." *Religion & Literature*, 48.2 (Summer 2016): 133-153.

[6] Rosenberg, Roberta. "Jewish 'Diasporic Humor' and Contemporary Jewish-American Identity." *Shofar: An Interdisciplinary Journal of Jewish Studies*, 33.3 (Spring 2015): 110-138.

[7] Shapiro, Edward S. *We Are Many: Reflections on American Jewish History and Identity*. New York: Syracuse University Press, 2005.

[8] 保罗·奥斯特.《孤独及其所创造的》.btr 译.杭州:浙江文艺出版社,2009.

[9] 彼得·诺维克.《大屠杀与集体记忆》.王志华译.南京:译林出版社,2019.

[10] 加斯东·巴什拉.《空间的诗学》.张逸婧译.上海:上海译文出版社,2013.

[11] 内森·英格兰德.《当我们谈论安妮·弗兰克时我们谈论什么》.李天奇译.上海:上海文艺出版社,2014.

[12] 齐格蒙·鲍曼.《现代性与大屠杀》.杨渝东、史建华译.南京:译林出版社,2011.

[13] 朱迪斯·赫尔曼.《创伤与复原》.施宏达、陈文琪译.北京:机械工业出版社,2015.

大屠杀阴影笼罩下的流散犹太人之悲剧人格
——从正统派视角探讨《记住我这件事》

李 栋
（华东政法大学）

摘 要：在短篇小说《记住我这件事》中，索尔·贝娄巧借一名17岁犹太少年的荒诞经历，暗示、探讨了"流散"背景下的"大屠杀"主题，并对犹太人"流散"中的典型人格特质与犹太"大屠杀"之间的关系进行了深入阐释。作者在本作品中通过聚焦这位犹太少年的典型行事风格，生动展示、剖析了正统派的精神理念给犹太人个性所带来的灾难性的影响，揭示了犹太人在遭遇欺凌和不公时的懦弱心态和被动反应。贝娄在这部小说中认为，犹太大屠杀的发生除了纳粹之残暴和灭绝人性外，犹太人自身也存在问题，他们逆来顺受的软弱个性实际上为大屠杀推波助澜。作为一名严肃的作家，贝娄旨在警醒犹太人，让他们认识到这种形成于大流散时代的悲剧性的民族性格，同时阐明自己的犹太派别立场。

Abstract: In Saul Bellow's short fiction *Something to Remember Me By*, the writer enlists a 17-year-old Jewish boy's absurd experience to allude to and discuss the subject of the Holocaust in the context of Diaspora, elaborating on the subtle connection between the typical personality of Jewish people and the occurring of the Holocaust. By focusing on the young Jew's typical behavior, Bellow vividly displays the disastrous impact of Orthodox ideas upon the collective personality of Jewish people, revealing Jewish weakness and cowardice as they encountered persecution. In this fiction, what Bellow holds is self-evident, the occurring of Holocaust could be attributed, in part, to the weak personality of Jewish people, besides the Nazi atrocity and barbarousness. As a serious writer, Bellow intends to warn Jewish people, arouse their attention to the tragic character of their compatriots in Diaspora and declare his stance on Judaic sects.

关键词：大流散；正统派；犹太大屠杀；典型人格特质；被动
Key Words: Diaspora; Orthodoxy; the Holocaust; typical personality; passivity

一、引言

《记住我这件事》（*Something to Remember Me By*）是贝娄（Saul Bellow）创作于1990年的一部短篇小说。该小说以一名17岁犹太少年的离奇经历为中心线索，向读者展示了这个少年在异教徒（gentile）社会的一段荒诞遭遇。更为关键的是，作者借犹太少年在这段行程中的经历和感受，展现了他对处于"流散"状态的犹太人命运的重大关切：对该文本进行深入发掘后不难发现，贝娄在小说中关注了犹太人的"流散"，并重点探究了犹太人在"流散"状态下在精神、气质与思维、行动等方面呈现出的典型人格特质，以及由此而来的种种问题。此外，作者还进一步探究了"死亡主题"，影射了二战期间使600万欧洲犹太人命丧黄泉的"犹太大屠杀"，并在暗中凸显了"流散"犹太人的软弱个性和"大屠杀"之间的内在关联。

在小说的开篇，贝娄交代了一个重要的时间点：故事发生在1933年二月的某一天。为了着重强调这个时间点，对"二月"这个时间名词贝娄在小说开头很短的篇幅内连续提及了3次，希望以此引起读者的注意。这看似平常的时间点其实在此大有深意，但叙述者并没有平铺直叙地指出该时间点的潜在意义，而只是貌似随意地说道："故事发生在（1933年）2月，这我刚才已经交代过了，具体是2月的哪一天对你而言其实无关紧要。"（Bellow, 749）但隔了几段后，在描述自己在学校的一日安排时，叙述者提到了自己参加了学校的辩论队，而当天辩论的题目是"冯·兴登堡提名希特勒组建新政府①"。贝娄由此明确了这个时间点的意义：故事发生的时候，希特勒刚刚成为德国总理，而这个事件对于当时流散于欧洲的犹太人而言，是一个将会对他们的个人命运产生灾难性影响的重大政治事件。极具远见卓识的犹太复国主义领袖、第一任以色列总理本-古里安在希特勒就任德国总理后如此评论道："这种毁灭和破坏性的力量并不会仅仅局限于一个国家。"（Segev, 230）本-古里安站在历史的高度，指出了流散犹太人（特别是欧洲犹太人）因希特勒上台将要面对难以逃脱的命运——犹太大屠杀。

因此，该时间点在整部小说中具有至关重要的意义，是将小说中"典型人格特质"和"犹太大屠杀"两大主题连接起来的纽带，是整部小说的关键要点，是洞悉作者真实创作意图的窗口。通过明确该时间点，贝娄一方面暗示了小说中蕴含的"大屠杀"主题；另一方面，作者以该时间点为背景，在该小说中展现了流散犹太人的典型人格特质。两大主题通过该时间点相交相融，进而隐秘地揭示了贝娄的创作动机和主题思想，阐明了两大主题间的深层关联。

二、小说中的"流散"隐喻和犹太教正统派内涵

小说的主人公——17 岁的犹太少年路易（Louie）正在读高中。学业之外，他还在一家花店打零工，为客户送花。这天，结束一天的课业后，他来到了花店，开始了他的"旅程"。从花店老板贝伦斯（Behrens）那里领受任务开始，他或是乘坐有轨电车或是徒步，一路前行，先后到达买花客户家、姐夫飞利浦（Philip）的牙医诊所、妓女的住处、街边的药房、地下小酒馆、醉汉的住处，然后又踏上归家之旅，最终返回家中。这一路不停不歇的征程饱含着象征意义，就如同第二圣殿被毁后，犹太人或是被迫或是自愿开启的"流散"之路。一路走来，他离"家"越来越远，就如同犹太人流散各地，距离心中的圣地耶路撒冷越来越远一样；亦如同 1948 年以色列建国后，犹太人结束流散、最终返回故土。这离家、返家的过程正是犹太人开始和结束流散的生动写照。

比上述象征性的"流散"之路更为关键的是，贝娄着重凸显和刻画了这名犹太少年在这"流散旅程"当中的心路历程。这是一段不同寻常且艰难异常的苦难之旅。在此行程中，路易遇见了形形色色的人，经历了迥然不同的事，看到了不同的生活场景；他被人奚落、被怀疑、被侮辱、被欺骗。在妓女的住处，他被妓女设套陷害，最终连身上的衣服都被悉数骗走；在街边的药房，药房老板对他的困境无动于衷，对他的求助置若罔闻；在地下酒馆，酒馆老板无视少年的处境，反而羞辱他、取笑他，还强迫他去送一名醉汉回家，而对少年本人的想法根本不闻不问；在少年想要求助于自己姐夫的时候，姐夫却偏偏找寻不到。贝娄用少年行程当中遭遇的困境传神地暗示了流散犹太人悲苦而无奈的生活际遇。一路上，他饱尝人世辛酸、体味世道艰难，这正是流散犹太人在流散之路上无依无靠、命运多舛的生活经历的再现。

此外，他所经历的冷漠和敌视、无助与痛苦、阴谋和欺骗使得他的这段行程似乎不同寻常，自然也会使读者读来心中有五味杂陈之感。因为少年在旅程中的漂泊不定、倍受侮辱、无助无奈会让读者特别是犹太读者产生强烈共鸣，会使他们联想到犹太人在大流散中的切身经历，并重温那段远离故土、无依无靠、在各种逆境和危难中艰难挣扎的痛苦历程。贝娄在该小说中将犹太人的这段经历放在这名犹太少年身上进行总结和浓缩、提纯和放大，通过这种具体、形象的方式，对这位犹太少年的行程赋予了犹太大流散的悲壮氛围和意蕴精神。

需要指出的是，贝娄对这名犹太少年的某些行为特质的描述应当引起充分注意。首先，路易是一个嗜书如命的人，因为他"虽然不喜欢学习，却是个不折不扣的书呆子"（750）。他不仅爱读书，还爱买书："我把手头所有的钱都用在了汉莫斯马克书店的书上了。"（750）对于路易的嗜书，贝娄在小说中安排了几个很有意思的细节加以佐证：在送花的途中，路易随身携带一部书稿以便阅读，虽然这部书"连封皮都没有了，只是被几块粘胶和装订线连着凑在一起"（751）。他只要有机会随时随地都会读书。在送花的路上、在公交车上，甚至在送花后还没有离开客户的楼梯间时，他就迫不及待地从"羊皮袄的口袋中"（753）掏出那本残缺不全的书如饥似渴地进行阅读。后来，他中了一名妓女的圈套，丢失了自己所有的衣物、细软，但他最感惋惜的却不是自己丢了衣服、失了金钱，而是丢了那本书："……我丢失了身上所有的东西，包括我收到的 5 美元的购花款、母亲去年给我买的羊皮袄，还有那本书，确切地说，那只是一本

---

① 冯·兴登堡（Von Hindenburg）1925 年当选魏玛共和国总统，1933 年 1 月 30 日，他任命希特勒为政府总理。

书的残缺不全的一部分,连书名、作者都无从知晓,但这或许是我最大的损失。"(760)这些细节都充分表明路易对书的痴迷。

事实上,对犹太教经典文本的推崇和对书的热爱是正统派犹太人的显著特色,对男性而言尤其如此。欧文·豪就曾指出:"(对犹太正统派而言)一个男人的声望、权威和地位在很大程度上取决于他的学识。"(Howe, 6)因此,这促成了他们的嗜书如命,也说明了贝娄的用意——他或希望将这名少年刻画为正统派犹太人。

其次,贝娄提到,路易是个守规矩的人,无论在学校、家庭还是社会,都是如此。他在学校时,从不惹麻烦,因为"虽然我很讨厌做功课,但我却很守规矩"(750)。在与一名赤身裸体的女性同处一室时,他没有越雷池半步;虽然他心中也是想入非非、各种煎熬,但最终在主客观因素的共同作用下,仍然守住了底线。他对规矩的尊崇、对道德的敬畏让读者看到了一个遵规守纪的少年形象:年纪虽小,却克己守礼,尊崇规则。恪守律法、严守规矩是正统派犹太人最鲜明的特色。针对这一群体,美国正统派犹太大会主席亨利就给出了如下权威定义:"(正统派是)严格遵守(犹太教的)各种法则和规定的犹太人。"(Eleff, 97)据此,这位少年的行为无疑暗中契合了正统派的精神特质。

再次,在描述路易与其女友斯蒂芬妮(Stephanie)的关系时,贝娄专门提到:"对斯蒂芬妮而言,有时候我过于严肃了。"(758)他对规矩的尊崇有时使他行为刻板、思维僵化,因而展现出严肃而缺少变通的一面。通过作者之描述,这位犹太少年的鲜活形象呼之欲出。他就是这么一位守规矩、认死理、爱读书却行为刻板、举止严肃的人。这些个性特点都指向同一个犹太人群体——正统派犹太人。

此外,贝娄在小说中也拐弯抹角般地提及了路易的正统派背景。比如,他专门提到:"在家中,在自家的屋檐下,我们有古老的法则;而在外面,我们都经历着社会的现实。"(764)"古老的法则"无疑指犹太律法,而对律法的遵从、奉行无疑是正统派犹太人的显著特色。

实际上,真实生活中的贝娄对犹太教正统派及其精神理念绝不陌生。贝娄成长于一个传统色彩颇为浓厚的犹太家庭。他的父亲亚伯拉罕早年接受了严格的宗教教育,先后就读于"犹太儿童宗教学校(cheder)"和"叶施瓦(Yeshiva 犹太经学院)"(Leader, 22),有一定的犹太宗教学养,而且他"很为自己具有的《塔木德》知识而沾沾自喜"(同上,23)。贝娄的传记作家里德专门提到,虽然受过系统的犹太宗教教育,"亚伯拉罕算不上典型的正统派",而"他的妻子(也就是贝娄的母亲)却是个十足的正统派教徒"(同上,25)。不难想象,在这样的家庭氛围中成长的贝娄对正统派犹太人的思维、理念及行为方式必然非常熟悉,在他的作品中出现正统派形象也就十分自然。

三、小说体现的大流散中犹太人被动、软弱的典型人格特质

小说中,贝娄通过这名犹太少年提出并探讨了他在通篇小说中重点关注的问题——大流散背景下犹太人的典型形象问题。自罗马人焚毁第二圣殿后,犹太人开始逃离故土,流散各地。在近2000年的流散中,犹太人特别是东欧犹太人逐渐形成了一种普遍且典型的人格特质:他们信仰虔诚、重视对犹太教经典文本的学习研究,却不关注世事,整日沉浸于内心的宗教狂热中;他们普遍外形虚弱、阴柔、苍白,在面对外族欺凌、迫害和屠杀时,常常表现得胆小、顺从、被动。贝娄在小说中通过对犹太少年路易的刻画和描写十分传神地展现了流散犹太人这种典型的人格特质。

小说中,路易偶遇一名妓女。在两人的交往中,读者会明显感觉到路易被动、顺从而卑微;而妓女则主动、强势、咄咄逼人。这位犹太少年亦步亦趋地陷入了妓女的圈套之中,不能自拔。

两人见面才不久,妓女就开始对路易发号施令:"……把大衣披在我肩膀上……这个女人让我扶着她下楼",路易则一概服从。此外,他还在妓女的要求下送她回家,而在途中,路易唯一的疑问就是:"我不知道我们已经走了多远,我们还要继续走多远。"(756)可见,他只知道被动地跟着走,如同一只小绵羊,毫无想法,只晓得服从和跟随。这个身处陌生环境、面对陌生人的少年没有起码的警惕,只是一味顺从,他软弱、被动的人格特质由此展现无遗,而贝娄刻意展现其人格特质的用意也确定无疑。为了进一步凸显路易的人格特质,贝娄还在此插入一段他的内心独白:

> 当时,我只是亦步亦趋地跟在这名风采照人、性感迷人的女孩身后。我猜不出我要被引领到何处,也猜不出还要走多远,也不晓得她还会做出什么让我大吃一惊的事,也不知道这件事会有什么后果。(757)

可见,路易在此过程中,内心亦有怀疑、不安和恐惧,但他却没有将其表达出来,而是依然由着自己的性子继续顺从地走下去。由此,这名犹太少年性

格中的被动和虚弱被生动而传神地展现出来：这就是他的人格特质——被动、顺从、随时被人牵着鼻子走，且习惯于这种状态，不愿改变。

此外，贝娄还巧妙布置，在小说中插入了一个重要情节——犹太少年身上的"女性衣服"——以此来吸引读者注意到他身上那种阴柔、顺从的特质。在落入妓女圈套、丢失浑身上下的衣物后，路易不得不到处找寻衣物以遮体御寒。最终，他在房间衣橱的顶部饰板附近找到了一件"女性衣服"（760）。于是，无奈之下，他只好穿着这件衣服开始了自己的救赎之旅。实际上，贝娄在此的情节安排，或者更确切地说，这件"女性衣服"具有很强的暗示性效果，并起到一种强烈的隐喻作用。"女性衣服"给路易阴柔、顺从的性格贴上了一个具有强烈外部感官特性的明显标签，使读者能够轻易地对号入座：这名犹太少年的阴柔、顺从并非自己在阅读期间产生的错觉，而是一种真实的存在，这个外部的标签使路易这种内在的气质表面化、具体化、形象化，更容易让读者接受和理解。

无独有偶，之后与地下酒庄的希腊酒保打交道时，路易同样展现出了他被动而顺从的典型人格特质。这名希腊酒保要求路易送一名醉汉回家。路易虽然自己当时尚衣不遮体，但他依然顺服地接受了这项任务，而在内心深处，他对酒保的安排也是颇有微词：

> 当时我就想到，如果让这个大块头（希腊酒保）背上这名醉汉，估计他不费吹灰之力，他背醉汉回到家估计比我搀扶着醉汉走到酒馆的一角所需的时间还要短。（766）

显然，路易认为这个强壮的希腊酒保更适合送醉汉回家。但这也只不过是其内心的想法而已，他没敢说出来，照他的性格，他也不会说出来。最终，路易还是遵照这名酒保的安排去送醉汉回家了。

这种被动①、顺从的人格特质是贝娄在该小说中希望凸显的，也是小说的一条关键脉络。此外，这种卑微的人格特质并非个例，而是在流散犹太人群体中体现出来的具有普遍意义的典型人格特质。贝娄笔下的这名爱读书、守规矩、行为刻板的犹太少年身上不仅有浓重的正统派理念的烙印，还有被动、虚弱和阴柔的典型人格特质，而这两方面密切相关，在犹太"流散"的大背景下相互作用：正统派因为强调对各类律法和规定的绝对遵守奉行而形成了极为关注现成律法和成文经典的倾向，因此，他们爱读书、守规矩，逐渐养成了这种被动而顺从的人格特质；而这种独特的人格特质又反过来进一步印证和加强了正统派理念的核心和精髓，两者间互为因果，相互影响。

四、小说中所反映的"死亡主题"背后的"犹太大屠杀"

如前所述，贝娄通过反复提及故事发生的背景时间——1933年2月——为小说定下了基调。作者通过该背景时间和小说中频繁出现的"死亡主题"这两种因素的叠加，共同指向了本小说的另一大关键主题——二战中的"犹太大屠杀"。

在小说中，"死亡"阴影贯穿、无处不在。在小说的开篇，叙述者交代了一个重要背景，其母亲在故事发生时正濒临死亡。这是文本中的一条关键线索，穿插于其他情节当中，既是主线，亦是其他情节发展的背景和依托。更重要的是，在此过程中，贝娄不仅聚焦"死亡"，他似乎还在有意凸显那种明知死亡将近却又无可奈何的焦灼、不安和恐惧的心态。这种心态就暗中契合了希特勒上台后流散在欧洲各地特别是身处德国的犹太人的恐惧心理——他们明知希特勒的上台意味着欧洲犹太人的灾难和死亡，但对此却又无能为力，只能在焦灼的心态下等待着灾难和死亡的降临。毫无疑问，这是贝娄精心安排的一条情节主线，在明暗之间凸显了文本中的"犹太大屠杀"主题。

小说的多处场景围绕"死亡"展开。比如，路易上学途中，在他走近公园时就目睹了一桩看似稀松平常的"小事"：

> 我来到公园旁边的大道时，有两个手中拿着步枪的小个子男人从门口冲出来。他们原地打着转，举枪朝空中瞄准，而后朝附近屋顶的几只鸽子开枪射击。几只鸽子被击中，直挺挺地跌落在地。两名男子随即捡拾起几具鸽子软绵绵的尸体跑回家中去了。（750）

这实际是发生在主人公眼皮底下的一桩"血案"，它使得路易竟然在上学的路上直面"死亡"。虽然他口口声声表示"这件事和我没有任何关系，我提

---

① 事实上，《塔木德》中的相关论述被认为是正统派犹太理念抑或是哈瑞迪理念倡导被动、顺从态度的重要原因。《塔木德》中提到了上帝对流散犹太人的两条禁令：1）犹太人不可以主动发起进攻或者使用武力来重新获取圣地；2）流散犹太人不可以反抗或反叛其他民族。犹太人要等待上帝的帮助或救赎，而不可以自己解决处理问题。传统上，这被认为是流散犹太人行为被动、顺从的重要原因，也是正统派的一支——哈瑞迪犹太人的重要信条。（Segev, 29）

到这件事只不过是因为这件事情发生了而已"(750),但是贝娄的用意还是不言而喻,特别是当他提到"我绕开那摊血迹走到公园去了"(750)。在此,贝娄使用了"尸体""血迹"等词。这种视觉上的冲击和震撼并没有因为死亡的只是几只鸽子而有些许减少。贝娄在暗示,那种剥夺生命的残酷和无情,即便对几只微不足道的鸽子而言尚且如此,更何况对大屠杀中遇难的600万有血有肉的犹太人而言呢。

此外,在送花时,路易在客户的家中竟然发现自己毫无预兆地又一次遇见了"死亡"。这次死者是一个年龄比他大不了多少的女孩。贝娄如此描述路易当时所见的场景:

> 长长的走廊中到处是人(来女孩家吊唁慰问的人),但餐厅中却空无一人。一架棺材摆在其中,里面躺着的是一个死去的女孩……我从未想到,自己会在此看到一具棺材。(752)

显然,路易没有料到,自己会与死亡如此近距离地接触,他会在全无防备中再一次与死亡相遇。这不仅反映了生命之无常,更告诉这名犹太少年一个道理:对流散中的犹太人而言,死亡实在是司空见惯,正如对犹太大屠杀中惨遭杀害的犹太人一样,遭受迫害、遇见死亡再正常不过。这里无疑还回应了贝娄在本小说中对犹太民族深度的关切——对于流散中的犹太人而言,遇见死亡只是犹太人生命中的常态。

纵观这篇小说,贝娄其实是借小说中无处不在的"死亡"来暗指和影射使600万欧洲犹太人惨遭杀戮的二战中的"犹太大屠杀"。这就和作者在开篇时所点明的故事发生的时间背景——希特勒上台——遥相呼应。更为重要的是,贝娄通过重点描述流散犹太人的人格特质以及大屠杀主题来暗中凸显这两者之间的内在关联。他在该小说中认为两者间存在因果关系。正如宋立宏教授所言,"(流散犹太人)心甘情愿受异族统治,就算屡遭欺凌,也一直逆来顺受,最终像温顺的羔羊一般任由纳粹屠杀"(5)。无独有偶,美国著名犹太学者、美国犹太人大会(American Jewish Congress)前主席亚瑟·赫兹伯格(Arthur Hertzberg)拉比也在其专著中指出:"绝大多数欧洲犹太人在大屠杀中行为被动、坐以待毙……流散犹太人的历史境遇就是如此,他们在遇见危机和困局时,保持低调,(希望)通过藏匿等手段得以幸存……"(Hertzberg,146—147)贝娄在该作品中的观点不言而喻:如果从犹太人自身找寻原因,犹太人这种典型的人格特质是纳粹肆无忌惮屠杀犹太人的重要原因之一;犹太人的软弱使得纳粹刽子手有恃无恐。从这个意义上来讲,贝娄在这部小说中认为,犹太大屠杀和流散犹太人典型人格特质间存在密切关联,其软弱个性实际上促进了大屠杀的发生。贝娄借此严厉批判了正统派理念的荒谬并为欧洲流散犹太人的悲剧命运深感痛惜。

五、结语

通过上述分析不难发现,贝娄在小说中希望表达的思想逻辑严谨而又环环相扣:犹太人的典型人格特质是小说的出发点和立足点,并由此将正统派理念和大屠杀主题巧妙关联起来。可以这样说,在贝娄看来,正统派的理念导致了流散犹太人个性上的被动和顺从;而这种"人格特质"又与"大屠杀"的发生密切相关。"人格特质"和"大屠杀"本是小说中两大平行主线,但贝娄巧妙布置,通过点明希特勒上台等重大历史事件,使两条平行主线相交,从而揭示了贝娄在小说中的重大主题——流散犹太人的人格缺陷与犹太大屠杀间的深层关联。

贝娄笔下的这位犹太少年生活在美国中西部大都市芝加哥,是乔国强教授在其专著中定义的典型的城市"畸零人"(349)形象,是一位正处于流散当中的犹太人。作家通过描写他在"流散"中的独特经历,希望读者能从中认识到流散状态下犹太人的真实的生活际遇,特别是犹太人的典型性格与大屠杀间的显著关联。从民族情感而言,流散中犹太人的遭遇当然值得同情,但亦值得思考,历史、宗教及政治等方面的因素固然是流散犹太人悲惨境遇的重要原因,而犹太人的典型人格特质及由此构成的鲜明民族性格,亦是促成犹太人悲惨命运、导致大屠杀发生的一个要素。以色列著名历史学家丹尼尔·戈迪斯(Daniel Gordis)在概括犹太复国主义者对大流散中犹太人自身存在的问题描述道:

> 欧洲犹太人在历史上不断受攻击,长期被边缘化,欧洲当然要受谴责,但犹太人自己也有责任,他们不应该甘愿充当受害者。不管生活在哪里,他们总以为那里是自己的家,直到东道国驱逐或谋杀他们。1290年英国驱逐犹太人,1492年西班牙驱逐犹太人,然后就是席卷欧洲的反犹主义暴力活动。更让犹太复国主义者难以接受的是,在整个过程中,犹太人一直被动、软弱、充满恐惧,他们不曾尝试保护自己,不曾争取历史的主动权,而是挤在一块儿继续研读古老而神圣的经文。(4—5)

由此可见,以色列学者对流散犹太人的人格特质有深入思考。在这位学者看来,客观因素固然重要，但流散欧洲犹太人自身所存在的问题亦不容忽视。此外，如上文提到的，"挤在一块继续研读古老而神圣的经文"，这正是正统派犹太人的典型写照：他们不问世事、不屑俗物，唯一关心关注的就是犹太教古老的经文和神圣的律法。可以这样说，流散当中欧洲犹太人的被动、软弱的形象与正统派犹太人的思维方式和行为特质密切相关；他们软弱、被动的立场在贝娄看来正是正统派理念所造成的。贝娄借此对正统派犹太人及他们所彰显的理念和思想进行批判，从而表达自己的犹太派别立场。

贝娄在此通过一个犹太少年的具体经历影射了流散犹太人在人格特质方面存在的重大缺陷。在他看来，这种消极、被动、软弱的民族性格是二战中600万欧洲流散犹太人惨遭杀害的一大原因，因而亟待改变。贝娄在此希望传递的信息具体而明确：针对犹太人而言，无论是依然处于流散状态还是已然返回故土，如果要改变自身境遇，就必须彻底改变这种根深蒂固的典型人格特质。

参考文献

[1] Bellow, Saul. "Something to Remember Me By." *Jewish American Literature: A Norton Anthology*. Eds. Jules Chametzky, John Felstiner, Hilene Flanzbaum and Kathryn Hellerstein. New York: W·W·Norton & Company, 2001. 749-770.

[2] Eleff, Zev. *Modern Orthodox Judaism: A Documentary History*. Lincoln: University of Nebraska Press, 2016.

[3] Hertzberg, Arthur. *A Jew in America: My Life and a People's Struggle for Identity*. New York: HarperCollins, 2002.

[4] Howe, Irving. *World of Our Fathers: The Journey of the East European Jews to America and the Life They Found and Made*. New York, NY: Bantam Books, 1980.

[5] Leader, Zachary. *The Life of Saul Bellow: To Fame and Fortune, 1915 – 1964*. New York: Vintage Books, 2016.

[6] Segev, Tom. *A State at Any Cost: The Life of David Ben-Gurion*. New York: Farrar, Straus and Girous, 2019.

[7] 丹尼尔·戈迪斯.《以色列：一个民族的重生》.王戎译,杭州：浙江人民出版社,2018.

[8] 乔国强.《贝娄学术史研究》.南京：译林出版社,2014.

[9] 宋立宏."什么构成犹太国的犹太性."中译本序.《以色列：一个民族的重生》.杭州：浙江人民出版社,2018.1—9.

文学·西方文学

在"后真相"时代重温后现代主义戏剧
——汤姆·斯托帕德的《戏谑》中"元传记"的运用[①]

付英杰
（上海音乐学院）

摘 要：近两年英国剧作家汤姆·斯托帕德于1974年创作的后现代主义戏剧《戏谑》被重新搬上百老汇的舞台，不仅票房表现惊人，更是在学术界引发了广泛的关注。本论文试图将这部作品的后现代主义元素放置在当下由"后真相"所主导的流行文化里进行新的解读。剧中对于历史人物生平史料的"元传记"化处理凸显了后现代主义在"放浪形骸"的外表下对于历史、事实、真相严谨而理性的审视，与"后真相"语境下的历史观形成鲜明的对比。

Abstract: In recent years, Tom Stoppard's postmodern play *Travesties* has been revived successfully. This paper intends to re-evaluate postmodernism in the context of contemporary popular culture dominated by the notion of "post-truth". In particular, the play's use of "meta-biography" exemplifies postmodernist historiography. Beneath Stoppard's frivolity and oddity is extensive research on history and sober thinking on conceptions of fact, history and truth, leading to a striking contrast against the discourse of post-truth.

关键词：后真相；后现代主义；元传记
Key Words: post-truth; postmodernism; meta-biography

The 1974 Tony Award winning play *Travesties*[②] of Tom Stoppard has been successfully revived[③] recently, testifying that the nature of his work can be described as "[defending] the purpose of art as an activity that can grant a sliver of immortality" (Zarin)[④]. In academia, this revival has triggered a new or the so-called up-to-date interpretation of the play.[⑤] Regardless of the diverse methodologies applied by scholars, "postmodernism" and "history" are the key words that no academic attempt at exploring the playwright and his works can avoid. This holds especially true in the case of *Travesties*. Dealing with the lives of three historical figures — James Joyce, Vladimir Lenin and Tristan Tzara — in a parodic way,

---

① 上海市浦江人才计划资助（编号：18PJC106）.
② *Travesties* was written in 1974 and won the 1976 Tony Award for Best Play.
③ A new "Revival", directed by Patrick Marber, was performed at the Menier Chocolate Factory from September to November 2016. It broke box office records at the Menier Chocolate Factory, becoming the first play in the company's history to sell out ahead of its first preview. In February 2017 the play, and company, were shifted to the Apollo Theatre in London, where the run continued until April 2017. Patrick Marber's Revival moved to Broadway in Spring 2018, with Tom Hollander reprising his role as Henry Carr and Peter McDonald reprising his as James Joyce. *Travesties* opened on 24 April 2018 at the Roundabout Theatre Company's American Airlines Theatre in New York. "The Revival", directed by Patrick Marber, originated in London in 2016, opened on Broadway, at the American Airlines Theatre, on April 24, 2018.
④ Zarin, Cynthia. "Tom Stoppard's *Travesties* Comes to Broadway". *The New Yorker*. 23 April. 2018. Web. 1 March. 2019.
⑤ For example, Zekiye Er's study on Stoppard's works, which applies the perspective of new historicism, yielded very interesting results.

Travesties is a typical Stoppard's play which enacts a paradigm shift from a theatre of representation to a theatre of presentation and which displays a postmodernist tendency to question the nature of "reality" (as well as the very reality of literary expression). Hence it is a representative work not only of Stoppard's art but also of postmodernist theatre in general.

Nowadays, "postmodernism" may seem a rather old-fashioned term and the observation that "the high tide of postmodernism is gone" (Shang, 5) is not uncommon; but it does not necessarily mean that postmodernism is out of date in terms of the way we make sense of essential conceptions such as "truth", "reason", "history", and so on. No era is ever truly finished and every culture is defined by interlayering of different and often competing perspectives. As far as the residue of this cultural trend is concerned, Biwu Shang suggests that the "after-life" of postmodernism "can be found in intermedial and transmedial art forms [...] or in forms that spill over from one media platform to another". Thus scholars of postmodernism are required to be equipped with "cross-disciplinary" knowledge (Shang, 5). Shang's suggestion serves as a useful starting point for my reassessment of *Travesties*. This paper is not so much a thorough examination of the play per se as an attempt to explicate perspectives of cultural studies and to re-evaluate the mode of biodrama through a postmodernist lens.

Recognizably, we are living in a society that has experienced the advent of the era of "post-truth". The term "post-truth" rocketed to public attention when *Oxford Dictionaries* named it 2016's word of the year. This was in the aftermath of the Brexit vote and the US presidential election, both of which were political events marked by "obfuscation of facts, abandonment of evidential standards in reasoning and outright lying" (Mambrol, 1). Defined by *Oxford Dictionaries* as "relating to or denoting circumstances in which objective facts are less influential in shaping public opinion than appeals to emotion and personal belief", "post-truth" underlines two aspects of our "reality": first, truth has been eclipsed and is irrelevant; second, feelings sometimes matter more than facts.① The reality the term denotes is not unfamiliar and has deep roots in contemporary popular culture (especially celebrity culture). Philosopher Harry Frankfurt in the opening sentence of his delightful and yet rigorously insightful book *On Bullshit* directly points out that "one of the salient features of our culture is that there is so much bullshit" (1); what Frankfurt regards as the essence of bullshit is not necessarily a lie but rather a lack of concern for truth or "indifference to how things really are" (Frankfurt, 10). The public's indifference is underscored and amplified by "post-truth" and thus renders the term a catch-all phrase that captures our *zeitgeist*.

For literary (or artistic) expression, the "irrelevance of fact" is, to a certain degree, reminiscent of postmodernist deconstructive attitude towards facts and reality, and this problematic link may easily reduce postmodernism to post-truth. But that is not the case; post-truth is by no means "a fusion" via which "left-wing relativist and postmodernist attacks on the idea of truth from decades ago have [...] been co-opted by right-wing political operatives" (Mambrol, 3). Instead of being synonyms, *post-truth* and *postmodernism* are completely different, if not diametrically opposite, conceptions in terms of how facts are dealt with, how reality is conceived and, above all, how we make sense of the world we are living in.

Unlike "post-truth" which is under fierce attack from scholars and commentators alike, postmodernism is a movement broadly engaging avant-garde artists, writers and practitioners from various backgrounds in critical thinking. Postmodernism cannot be fully comprehended without comparing it with modernism. Brian McHale once made an important distinction between modernism and postmodernism by describing them as "epistemological" and "ontological" respectively (qtd., in Connor, 65). Thus, to move from modernism to postmodernism is to move "from world-witnessing" (epistemology) to "world-making" or "world-navigation" (ontology) (Connor, 66). In that sense, what postmodernism, marked by epistemological uncertainty, strives to do is to deconstruct what is claimed to be real or authorial, and such deconstruction

---

① See Mambrol 2-5.

often results in distrust of the ideas of totality, synthesis or binary opposition, ultimately lead to the death of authority.

In the meantime, however, postmodernism continues to be a highly contentious label which its practitioners try to distance themselves from. Writers generally resent being deemed postmodernists, probably because "the loss of referent" characteristic of postmodernism indicates that "there is nothing for irony or parody to brace itself against and the result is monotonous" (Gregson, 15). The paradoxical relationship is brilliantly explicated in Michael Vanden Heuvel's description of Stoppard's art:

 A. Tom Stoppard is a postmodernist; and
 B. Tom Stoppard refutes postmodernism.
 These two things are one. (Heuvel, 213)

Notwithstanding his reputation as a cutting-edge playwright or dramatist addressing contemporary and relevant themes, Stoppard distinguishes himself from other postmodernists by his persistent interest in and frequent employment of history (or historical lives). Among all the dramas he has written, merely five full-length stage plays are actually set in the present.① The majority of his plays are set wholly or at least partly in the past, qualifying him for the title "historical playwright" (Innes, 223).② Stoppard explains his conspicuous bias towards the historical as: "people don't realize that one part of writing a play is finding something for people to talk about. If you are writing about a historical episode, or two characters in *Hamlet*, you have a structure for free" (Stoppard, qtd., in Zarin). Stoppard's statement explains the perennial popularity of biographies (or life-writing): on the one hand, the public's voyeuristic interest in lives of great people (especially artistic-figures from the Romantic era) gets legitimized in the form of a biography and on the other hand, historical lives "[imply] a certain amount of guaranteed presuppositions shared by the audience and the author alike" and "guarantee the potential for a colorful plot-line" (Huber and Middeke, 133-135). Assuming the enthusiasm about life-writing is an English "disease",③ Stoppard has lifted the "disease" onto a meta level by amalgamating postmodern stylistics (such as self-reflexivity, parody, pastiche)④ with biographical structures — a hallmark of Stoppard's dramatic art.

Travesties represents a further advance in Stoppard's attempt to integrate the play of ideas with high comedy (or farce). Set in a historical setting, *Travesties* deals with three distinguished historical figures who unwittingly spent some time together in Zurich in 1917: James Joyce, engaged in creating *Ulysses*; Lenin, on the verge of revolutionary success in Russia; and the Dadaist Tristan Tzara who revolted against all artistic establishments. The narrative is expounded by Henry Carr, a low-level English consular official with a fragile memory, who erroneously remembers himself as having been British Consul in Zurich during the First World War. It is worth noting that the character of Carr, for all its willful imagination and egocentric distortion of historical facts, indeed existed in history and allows it to be viewed as based on historical truth. Carr's real-life relationship with James Joyce is well documented in Richard Ellmann's 1959 biography *James Joyce*, which sparked Stoppard's imagination.⑤ In 1917, Joyce, as a business manager, was planning a production of Oscar Wilde's *The Importance of Being Earnest* in Zurich. Henry Carr, then a consular official,

---

 ① These are *Night and Day*, *Jumpers*, *Hapgood*, *The Real Thing*, and *Enter a Free Man*.
 ② Innes, Christopher. "Allegories from the Past: Stoppard's Uses of History". *Modern Drama*. Vol. 49. Number 2. Summer 2006. 223-237.
 ③ Samuel Taylor Coleridge warned of the moral danger of biography: "in the present age (emphatically the age of personality!) there are more than ordinary motives for withholding all encouragement from this mania of busying ourselves with the names of others, which is still more alarming as a symptom, than it is troublesome as a disease." (qtd. in Huber 459)
 ④ Postmodern techniques include *self-reflexivity* (an author's deliberate reflection of his ideology or life), *irony* (the recognition of a reality different from appearance), *parody* (a composition imitating another, usually serious, piece, which is generally designed to cast a work, event or person in a ridiculous light), *pastiche* (literary imitation in which a writer imitates the style or technique of some recognized writer or work, or the literary patchworks formed by piecing together extracts from various works by one or several authors), *intertextuality* (a text's implicit or explicit relation with other texts) (see Er 233).
 ⑤ See Bareham 162.

was invited to play the role of Algernon Moncrieff in the play. Although the production was a success and Carr played the role well, their relationship ended up in legal proceedings against each other: Carr sought reimbursement for the cost of clothing he made for the play; Joyce in turn sued Carr for slander as the latter called him "cad" and "swindler" and demanded money for the tickets that Carr had sold.① In the end, Joyce took the writer's revenge and immortalized Carr as Private Carr in the "Circe" chapter of *Ulysses*. Constituting the nucleus of the plot of *Travesties*, the event is explicitly alluded to in Carr's monologue: "Memories of James Joyce. James Joyce As I Knew Him. The James Joyce I Knew. Through the Courts with James Joyce." (*Travesties*, 22)

As the title of the play suggests, Stoppard does not treat the characters as historic; rather, he makes travesties of them, who were never in Zurich at exactly the same time.② The playwright is conscious about reminding or warning us of unreliability of Carr's hazy recollections. Presented in two distinct guises — in the present time, as an old man fancifully recalling his past, and as his imagined younger self reliving that past in the year of 1917 — Carr the pseudo-biographer conveniently allows multiple voices and perspectives on history, art and revolution in a way that "[relieves] Stoppard of any concerns for fidelity to history" (Fleming, 103). In fact, Stoppard had even thought of calling the play *Prism*③ so as to indicate that the history was represented "prismatically" through "the triangular prism of Joyce-Tzara-and-Lenin", distorted by Carr's imagination and through "Stoppard's own multifaceted parody" (Whitaker, 114). With regard to historical accuracy of the play, Stoppard admits that:

> *Travesties* is a work of fiction which makes use, and misuse, of history. Scenes which are self-evidently documentary mingle with others which are just as evidently fantastical [...] real people and imaginary people are brought together without ceremony; and events which took place months, and even years apart are presented as synchronous

(qtd., in Bareham, 162).

Serving as a "wickedly imaginative evocation" (Innes, 230) of Hayden White's significantly influential book *Metahistory: The Historical Imagination in Nineteenth-Century Europe* (1973), *Travesties* directly addresses the postmodern tendency to reconstruct the past in bits rather than on a linear and progressive scale. The concept of history as a unified and consistent record has broken down and is being replaced by pluralistic and competing "histories".④ Accordingly, the notion that history and fiction are distinct disciplines, which prevailed in the nineteenth century, is also challenged in the discourse of postmodernism:

> Most contemporary thinkers do not concur in the conventional historian's assumption that art and science are essentially different ways of comprehending the world. It now seems fairly clear that the nineteenth-century belief in the radical dissimilarity of art to science was a consequence of a misunderstanding fostered by the romantic artist's fear of science and the positivistic scientist's ignorance of art. (White qtd., in Middeke 2)

Since "the binary opposition between fiction and fact is no longer relevant", it is narrativity that link history and fiction, for both genres entail narrative conventions such as "selection, organization, diegesis, anecdotes, temporal pacing, and emplotment" (Hutcheon, 111-113). Moreover, both history and fiction are deemed "signifying systems" or "ideological constructions" (Hutcheon, 112) that mediate between external world and our subjective understanding of the world. Instead of striving to seek historical truth, history — from a postmodernist perspective — becomes artificial, constantly changing and ultimately, "a dream in the mind of humanity, forever striving [...] towards perfection" (Hutcheon, 111).

The structural parallels between history (fact) and fiction do not suggest that fact and fiction are indistinguishable or that historiography can be abandoned

---

① See Ellmann 439-441.
② In reality, Stoppard has intermingled and compressed four years of events into a few weeks for convenience.
③ See Fleming 106.
④ Terminology first employed by Hayden White.

altogether. Confronted with the crisis of historical representation, Frederic Jameson put forward that:

> [t]he most intelligent "solution" to such a crisis does not consist in abandoning historiography altogether, as an impossible aim and an ideological category all at once, but rather [...] in reorganizing its traditional procedures on a different level. [...] [Old]-fashioned narrative or "realistic" historiography becomes problematic, the historian should reformulate her vocation — not any longer to produce some vivid representation of history "as it really happened," but rather to produce the *concept* of history. (Hutcheon 112)

The postmodern bio-drama *Travesties* corresponds to Jameson's experiments with historiographic metatheatre. In the field of life-writing, new skepticism about the writing of history manifests itself as the indeterminacy of biographical knowledge, which is somehow solved by use of fictional devices; fictional biography — identified as "literary quest for the other person" (Schabert, 21) — emerges as an important complement to other varieties of biography. Robert Grave, writer of fictional biography of the Roman emperor Claudius I, *Claudius*,① demonstrates that fiction can be equally important as historical information in reconstruction of past lives: "if I feel convinced that something very different happened, yet cannot prove it, a suggested restoration in fictional form is tempting" (qtd. in Schabert, 62). Fiction, alongside literary imagination, can enable the biographer to understand the subject from inside; "to react with him", "to think like him", "to experience in his manner", "to think him", and show "how man, without being God, has access to the full reality of his fellow man" (Schabert, 30). But to fictionalize is by no means to invent; on the contrary, a fictional biographer has to saturate himself with his documents so that "he may cut himself free from their bondage without cutting himself free from their truth" (Schabert, 60). Stoppard's surface frivolity with his characters is in fact built upon tremendous research on history, and *Travesties* is written after the playwright spent much time reading historical materials and actual literary texts such as Ellmann's biography of Joyce (as mentioned previously), the *Memories* of Lenin written by his wife Nadya, Richter's book *Dada, Art and Anti-Art*, Motherwell's *The Dada Painters and Poets*, not to mention extensive extracts or quotations from Joyce's *Ulysses*, Shakespeare's "Sonnet 18" and *Hamlet*, and of course Oscar Wilde's *The Importance of Being Earnest*. No wonder the audience is often strongly recommended to do some "homework" before seeing the play.②

Focusing on the revisionist potential of fictional biography, Huber and Middeke point out that the essence of the mode lies on "meta-biography" or "meta-history" (142) rather than straightforward biographical contents. Truth and falsehood may not be the right terms to discuss the genre; it is the very act of blurring the boundary between fact and fiction and the consequent "fictional deviations from the factual accounts of the lives" (Middeke, 3) that are essentially relevant and symbolic. Stoppard integrates metafictional self-consciousness into postmodern bio-drama in order to question the efficacy of historical narratives: in *Travesties*, historical figures are not only fictionalized but also parodied; history is not restored but subverted. Amalgamating stylistic devices such as pastiche, limericks, puns, songs, cross-conversations, misunderstandings, mistaken identities, word-play, etc.,③ *Travesties* identifies itself with high comedy from the outset. The play starts out with a hilarious scene which makes the audience feel that they are watching scenes from "madhouse" with Joyce dictating the last part of *Ulysses* to Cecily,④ Tzara making his poetry and Lenin speaking to his wife in Russian. Everything here seems nonsensical; the three historical figures are ridiculed as "chief actors in a baroque farce,

---

① As a most representative work of fictional biography, the book is written under the disguise as a secret autobiography of Claudius.
② See Scheck.
③ Stoppard's attempt to create a minor anthology of styles-of-play (styles-of-language) is reminiscent of the "Oxen in the Sun" chapter of *Ulysses*, a chapter that provides a compressed history of English language.
④ Which can only be recognized by the audience.

likely at any moment to lapse into songs and dance" (Bigsby, 208).

It is style (especially intertextual parody) that makes the chaos coherent in the play. *Travesties* is highly intertextual and heavily hinges on pre-texts. The play as a whole is an apparent pastiche of Oscar Wilde's play *The Importance of Being Earnest*.① Structural parallels between the two plays are easily recognizable, as the *Travesties*' characters take on identities of Wilde's at the very beginning:

Algernon Moncrieff:	Henry Carr
John Worthing:	Tristan Tzara
Lane:	Bennett
Aunt Augusta (Lady Bracknell):	
	James Joyce
Gwendolen Fairfax:	Gwendolen Carr
Cecily Cardew:	Cecily Carruthers

The correspondence between the two sets of characters is also, in one way or another, grounded in history. For example, the connection between Joyce and Aunt Augusta is based on the historical fact that Joyce was actually mis-registered at birth as "James Augusta" (in error for Augustine).② Carr's playing the role of Algernon Moncrieff was documented in Ellmann's book as mentioned previously in the section on Carr' real-life relationship with Joyce. Confusing his own fictional narratives with those of *The Importance of Being Earnest*, Carr the narrator restructures history by appropriating dialogues and characters directly from Wilde's play; as a "play-within-a-monologue", Wilde's play serves to "provide a steadily identifiable but essentially bogus focus, unifying the otherwise disparate strands of Stoppard's complicated subject and creating a narrative thrust that Carr alone cannot offer" (Brassell, 140).

For all its playfulness, *Travesties* in effect deals with serious problems such as the relationship between art, politics and life, or to put it in Stoppard's own words, "*Travesties* asks whether an artist has to justify himself in political terms at all" (qtd., in Bareham, 163). Stoppard brings together opposite extremes of the debate via the personas of Joyce, Lenin and Tzara: Joyce represents the ultimate freedom and priority of art (with whom the playwright himself sympathized a great deal)③; contrary to Joyce's view, Lenin believes that the only justification for art lies in its political utility; and mediating between them is Tristan Tzara. Stoppard presents their different stances as small yet smart narratives powerfully and rationally contradicting one another. The audience may find themselves constantly agreeing with each of the opposite ideologies at once, creating a sense of illusiveness or confusion typical of postmodernism.

Stoppard uses stylistic devices to propound his own stance. Compared to other characters in the play, Lenin is a single exception in the sense that he is not incorporated into the Wilde pastiche and is scarcely travestied. The second Act of *Travesties* primarily focuses on Lenin and his views on art and politics. The play's depiction of Lenin (in terms of biographical details) is basically grounded in history: "When [Lenin and his wife] moved from Berne to Zurich in 1916 (there was a better library in Zurich) they lived first in a shabby boarding house, among whose inmates were a prostitute and a criminal" (qtd. in Brassell, 155). In Carr's recollections, Lenin worked on one of his major works, *Imperialism, the Highest Stage of Capitalism* in the city's library. This work was in fact completed in 1916 and not in 1917. The fact that Lenin and Nadya moved to the "shabby boarding house" located at 14, Spiegelgasse is also deliberately accentuated by Carr, when he manages to establish a link between Lenin and Tzara, as the latter often visited the Meierei Bar at 1. Spiegelgasse. ④

> Now here's a thing: two revolutions formed in the same street. Face to face in Spielgelgasse! Street of Revolution! A sketch. (*Travesties*, 24)

Furthermore, the ambivalence of Lenin's attitude

---

① Stoppard inserts his characters into the framework of Wilde's *The Importance of Being Earnest*, which is analogous to Joyce's placement of his characters within the structure of Homer's *Odyssey*.
② See Brassell 139.
③ Stoppard notes that he includes Joyce "mainly because I didn't want Tzara and the Dadaists to carry the artistic banner in the play, and Joyce was an artist with whom I sympathize a great deal". (see Weiner)
④ See Brassell 155.

towards art and politics is also explicitly elucidated in the section:

> I don't know of anything greater than [Beethoven's] "Appassionata". Amazing, superhuman music. It always makes me feel, perhaps naively, it makes me feel proud of the miracles that human beings can perform. But I can't listen to music often. It affects my nerves, makes me want to say nice stupid things and pat the heads of those people who while living in this vile hell can create such beauty. Nowadays we can't pat heads or we'll get our hands bitten off. We've got to hit heads, hit them without mercy, though ideally we're against doing violence to people ... One's duty is infernally hard. (*Travesties*, 62)

Lenin's view on art and politics is hardly travestied in the play. Virtually all dialogues uttered by Lenin and his wife Nadya came from historical writings and some of Lenin's statements echoed his 1905 essay on the need for art and literature to be aligned with the party's line of thinking.① The distinct sense of historical realism with which Lenin is characterized is apparently at odds with the theme of "travesty". The hilarious and farcical mood predominant in the first Act ceases abruptly in the Lenin section which is basically a monotonous documentary.

The difference in treatment of the three major characters reveals the essence of Stoppard's art, namely, surface frivolity masking the seriousness of the purpose (in the context of post-truth, however, the reverse is more often the case). It is characteristic of postmodernist theatre's "double-strategy — an artistic way of having one's cake and eating it too" (Höfele, 83); as Linda Hutcheon in her monograph *A Poetics of Postmodernism* notes, postmodernism is a "contradictory cultural enterprise, one that is heavily implicated in that which it seeks to contest" (106). In postmodernist biodrama (or historical plays), specifically, the effect of playfulness (historical figures being ridiculed) triggered by stylistic devices not only decorates but also contrasts strikingly with its serious questioning of the irretrievable past, of the boundary between fact and fiction, and of any act of writing history. To parody is not to destroy the past, but to "enshrine the past and to question it" (Hutcheon, 126). Instead of dismissing history, Stoppard in *Travesties* exhibits a postmodernist desire to close the gap between present and past, resulting in a revisited past which is subverted and installed at the same time, through intertextual parody.

Having experienced intellectual, cultural and political turmoil in his lifetime, Stoppard has always maintained a sober mind, insight, and integrity as an artist. In our age of post-truth when feelings prevail over facts, however, the media encourages tears over odd and uncharacteristic injustice and discourages thoughts on truth as a whole. Although there can be no final understanding of either history or its representation, Stoppard and his postmodern biodrama provides alternative and competing versions of "reality" or "history", fundamentally and sufficiently shaking up the audience to explore the hidden biases that are constantly at work in the act of reconstructing history (as well as historical lives). To conclude with Brenton's comment in a haiku:

> Writers understand
> Hate cannot amplify truth
> Contradiction can (qtd. in Zeifman, 142)

参考文献

[1] Bareham, Tony. "Stoppard's Comments: Interview with Nancy Shields Hardin." *Tom Stoppard, Rosencrantz and Guildenstern are Dead, Jumpers, Travesties: A Casebook*. Ed. Tony Bareham. London: Macmillan, 1990. 161-163.

[2] Bigsby, C. W. E. "Seeking a Balance between Art and History." *Tom Stoppard, Rosencrantz and Guildenstern are Dead, Jumpers, Travesties: A Casebook*. Ed. Tony Bareham. London: Macmillan, 1990. 206-210.

[3] Brassell, Tim. *Tom Stoppard: An Assessment*. London: Macmillan, 1985.

[4] Connor, Steven. "Postmodernism and Literature." *The Cambridge Companion to Postmodernism*. Ed. Steven Connor. Cambridge: Cambridge UP, 2005. 62-79.

[5] Ellmann, Richard. *James Joyce*. New York:

---

① See Fleming 118.

Oxford UP, 1959.

[6] Er, Zekiye. "Stoppard, New Historicism, and Estrangement in Travesties." *New Theatre Quarterly*, 21.3 (2005), 230-240.

[7] Fleming, John. *Stoppard's Theatre: Finding Order amid Chaos*. Austin, Tex: U of Texas P, 2001.

[8] Frankfurt, Harry G. *On Bullshit*. Princeton University Press, 2005.

[9] Gregson, Ian. *Postmodern Literature*. New York: Oxford UP, 2004.

[10] Heuvel, Michael V. "'Is Postmodernism?': Stoppard among/against the Postmoderns." *The Cambridge Companion to Postmodernism*. Ed. Steven Connor. Cambridge: Cambridge UP, 2005. 213-228.

[11] Höfele, Andreas. "The Writer on Stage: Some Contemporary British Plays about Authors." *British Drama in the 1980s: New Perspectives*. Ed. Bernhard Reitz and Hubert Zapf (= anglistik & englischunterricht 41). Heidelberg: Winter, 1990. 79-91.

[12] Hutcheon, Linda. *A Poetics of Postmodernism: History, Theory, Fiction*. New York: Routledge, 2004.

[13] Huber, Werner, and Martin Middeke. "Biography in Contemporary Drama." *Drama and Reality*. Contemporary drama in English 3. Ed. Bernhard Reitz. Trier: wvt, 1995. 133-143.

[14] Huber, Werner. "Tom Stoppard and the English Disease." *Anglistentag*. Ed. Fritz-Wilhelm Neumann. Trier: wvt, Wiss, 1999. 457-465.

[15] Innes, Christopher. "The End of History- and After: The Politics of Drama Today." *Drama and Reality*. Contemporary drama in English 3. Ed. Bernhard Reitz. Trier: wvt, 1995. 17-27.

[16] Mambrol, Nasrullah. "Post-truth". *Literary Theory and Criticism*, 12 Oct. 2018, https://literariness.org/2018/10/12/post-truth/. Accessed 1 March 2019.

[17] Middeke, Martin. "Introduction: Life-Writing, Historical Consciousness, and Postmodernism". *Biofictions: The Rewriting of Romantic Lives in Contemporary Fiction and Drama*. Ed. Werner Huber and Martin Middeke. New York: Camden, 1999. 1-25.

[18] Schabert, Ina. *In Quest of the Other Person: Fiction as Biography*. Tuebingen: Francke, 1990.

[19] Scheck, Frank. "'Travesties': Theatre Review." *The Hollywood Reporter*; 24 Apr. 2018, https://www.hollywoodreporter.com/review/travesties-theater-1104956. Accessed 1 March 2019.

[20] Shang, Biwu. "Postmodernist Poetics and Narratology: A Review of Article about McHale's Scholarship." *CLCWEB: Comparative Literature and Culture*, 16.3(2014).

[21] Smith, Kyle. "Mom & Dada." *The New Criterion*, June 2018. 41-44.

[22] Stoppard, Tom. *Travesties*. London: Faber and Faber, 1982.

[23] Tom Stoppard, in Bernard Weiner, "A Puzzling 'Traditional' Stoppard." *San Fransisco Chronicle*, 29(1977): 40.

[24] Tom Stoppard, in Mel Gussow, "Conversations with Stoppard." London: Nick Hern Books, 1995. 4.

[25] Whitaker, Thomas R. *Tom Stoppard*. London: Macmillan, 1983.

[26] White, Hayden V. *Metahistory: The Historical Imagination in Nineteenth-Century Europe*. Johns Hopkins University Press, 1973.

[27] Zarin, Cynthia. "Tom Stoppard's *Travesties* Comes to Broadway". *The New Yorker*, 23 April. 2018. Web. 1 March. 2019.

[28] Zeifman, Hersh. "Making History: The Plays of Howard Brenton." *British and Irish Drama since 1960*. Ed. James Acheson. Basingstoke: Macmillan, 1993. 13-212.

"非洲性"及其在现代非裔美国文学中的拓展[①]

骆 洪

（云南大学）

摘 要："非洲性"即非洲共享的文化特性,不仅涉及非洲大陆所共享的文化传统和人们表现出来的非洲意识,还指向传播至世界各地的非洲文化及其特性的总和,包括物质文化和精神文化。"非洲性"是非裔美国文学中的永恒主题。现代非裔美国作家在继承和弘扬祖源地文化传统的同时,结合新的社会语境和非裔美国人的历史经历,再造、重写"非洲性",丰富了其中的内涵,彰显了"非洲性"的多重维度和复杂性。

Abstract: "Africanity" generally means the cultural traits shared in Africa. "Africanity" not only involves the cultural traditions shared in the African Continent and the sense of Africa by its people but also refers to the totality of African cultural components, material and spiritual, which has been disseminated to other parts of the world. "Africanity" remains the constant theme in African American literature. Modern African American writers, exploiting the historical experiences of African American people, rewrite or even reinvent "Africanity" in the new social context while carrying forward the ancestral traditions. Their writings have enriched the connotations of "Africanity", shedding light on the multiple dimensions and complexity of the concept.

关键词："非洲性"；现代非裔美国文学；抗争；超越；赋权

Key Words: "Africanity"; modern African American literature; struggle; transcendence; empowerment

一、关于"非洲性"

"非洲性"的概念因玛奎（Jacques Maquet）所著的《非洲性：传统与现代》（*Africanité traditionelle et moderne*, Paris, 1967）[②]一书而备受关注。玛奎的《非洲性》一书是其著作《非洲的文明》[③]（*Les Civilisations Noires*, 1962）的延续。玛奎在这两本书中"强调的核心观点是,非洲虽然语言不同、地方文化相异,但却是一个文化整体"（Ayaga, 1973: 94）。玛奎将"非洲性"定义为"非洲向外部世界呈现的独特的文化面貌"（同上, 94）,但他的"非洲"实际上指的是"撒哈拉以南的非洲"（同上, 95）,涉及该区域的生产方式、生活方式、习俗、宗教、宇宙观、世界观等层面。不同学者对"非洲性"进行过一些描写和论述,有的反映在对《非洲性》一书的评论中,有的见于非洲研究的文章或著作中。

就玛奎的《非洲性》的书评而言,海伊（Margaret Hay）谈到,"如玛奎的著作《非洲性：传统与现代》的标题所示,'非洲性'（Africanity）代表着非洲的文化统一,也是非洲文化特性（Africanness）。非洲性是一种学术上的说法,社会科学家说非洲性,就像诗人或哲学家谈黑人性（negritude）一样。非洲文化的同一性,不是玛奎说的那样是因种族而产生的结果,而是环境的产物"（Hay, 1973: 664）。按照海伊的说法,"非洲性"主要应该是非洲自然环境和社会环境的产

[①] 本文系 2013 年国家社科基金重大招标项目"《美国非裔文学史》翻译与研究"（13&ZD127）、2017 年度云南省哲学社会科学规划项目"非裔美国小说中的隐含作者形象与美国黑人的身份认同研究"（YB2017068）及 2019 年云南大学"一带一路"研究一般项目"'一带一路'背景下的非洲文化研究：现代美国文学中的非洲性在场"（YDYL2019YB03）的阶段性成果。

[②] 该书原为法文版,后由琼·瑞菲尔德（Joan Rayfield）译成英文（*Africanity: The Cultural Unity of Black Africa*）(1972) 出版。

[③] 该书原为法文版,也是琼·瑞菲尔德译成英文（*Civilizations of Black Africa*）(1972) 出版的。

物,并非非洲人本身就具有的属性。从此意义上来说,玛奎似乎在力图还原"非洲性"的"本真",因而排除外来文化的影响因素。但他的观点未免过于保守,甚至显得狭隘。他似乎忽略了文化和身份的动态性,没有将"非洲性"置于社会发展和文化变迁的语境中来审视。布朗特(Ben G. Blount)(1974)指出,玛奎声称非洲实际上具有文化的统一性,人们可以通过他定义的或者说他称之为"非洲性"的这个概念来了解这个文化上的统一体。玛奎认为,"非洲性"与黑人性相似但在目标上有所区别,黑人性强调的是对曾经被异化了的文化特性的肯定,而"非洲性"虽然强调文化个性的概念,同时也将其置入共有、共享的经历之中,但重点放在其源头和内容而不是形成过程(Blount, 1974:117)。由此看来,玛奎的"非洲性"注重非洲文化本身之特性,而不是受到外来文化影响而形成的"黑人性"。奥滕伯格(Simon Ottenberg)认为,玛奎强调"非洲性"赋予了非洲生活和文化独特的特性,但其"非洲性"实际上指的是非洲撒哈拉沙漠以南的地区(sub-Saharan Africa)的文化统一性(Ottenberg, 1973:84)。奥滕伯格也提及了玛奎关于"非洲性"与黑人性的区别,即黑人性是"加勒比和讲法语的非洲知识分子提出来的,指一种对白人殖民世界的反应,一种作为黑人和非洲人的意识"(Ottenberg, 1973:84)。但应注意的是,玛奎主要指的是撒哈拉以南的非洲的文化同一性,而他的"非洲"所指意义不够完整。同时,如果说黑人性是针对白人殖民者的反应,那么"非洲性"又何尝不是针对外界,尤其是与非洲以外的社会相比较而提出的。实际上,"非洲性"这一概念的产生主要还是源于非洲裔或非洲裔对白人的殖民主义和种族主义进行的反拨和对抗。当然,这一概念的提出与继承非洲传统、弘扬非洲文化有着重要的关联。

其他学者在自己的研究中也涉及"非洲性"的概念。林德福斯(Bernth Lindfors)认为,"'非洲性'指两种地理上相邻但哲学上完全不同的文化观所结成"(Lindfors, 1970:6)的共生联盟,而这两者不同的文化即人们所熟知的黑人性和阿拉伯文化(Arabism)(同上,6)。从这个意义上讲,"非洲性"包含了北非阿拉伯文化区和撒哈拉以南的非洲两大区域的文化特性,而"非洲性""正朝着两者共生的方向迈进"(同上,6)。塞内加尔著名政治家、作家、总统桑戈尔(Léopold Sédar Senghor)和阿尔及利亚总统布迈丁(Houari Boumediene)都"强调阿拉伯-柏柏尔人(Arab-Berber)和尼格罗-非洲(Negro-African)的共同遗产和共同命运"(同上,6)。从此意义上来说,"非洲性"还应包括非洲北部区域的文化特性。斯科利尼瓦桑(Padma Scrinivasan)评论道:"尽管非洲大陆上散布着成千上万的社会群体,但他们之间的语言和生活方式有着很大的相似性。在数百种艺术风格和世界观中,人们可以认识到一种非洲性的存在。非洲各民族可能没有意识到这一点,但他们肯定拥有一个共同的传统。这个共同的传统在各个部落中通过自我认定的方式得以实现。"(Scrinivasan, 1988:423)由此看来,"非洲性"是非洲人拥有的共同传统,是其身份认同的基础。斯科利尼瓦桑从非洲人的精神世界来探寻"非洲性"的本质内涵,并强调"非洲性是一种感知生活的方式;是思考、感觉和行动的方式"(同上,423)。斯科利尼瓦桑的文章突出了非洲性的本质特征,强调非洲的文化传统、思维特性、行动方式和非洲人的身份认同取向。奥沃莫耶拉(Oyekan Owomoyela)认为,"非洲性""强调或者代表的不是基因和肤色而是暗指某一特定的方式,一种通过训练或经历而形成的方式。人们通过这种方式彼此关联,去认识环境、认识宇宙"(Owomoyela, 1994:82)。换言之,"非洲性"即非洲人认识世界的方式,是非洲人的生活经验和后天训练的结果。"非洲性"更多的是后天形成的,是非洲人用以认识世界的方式,而不是表面上某些自然的生理属性所展现的特征(同上,82)。奥沃莫耶拉反复强调人们的主观意识与"非洲性"的重要关系。

马兹瑞(Ali A. Mazrui)(2002)从地理空间、时间和文化等维度重新定义"非洲性"的意义,强调将"非洲性"视为一种思想观念(idea)而不是问题的起源(point of origin)(亚马逊图书简介)。马兹瑞虽然以"非洲性"作为其书名的关键词,但探讨的多是非洲历史文化、非洲对欧洲殖民主义和种族主义的反抗、非洲与阿拉伯文化的交融等。书中只有6个地方提到"非洲性"这一概念,并没有给这个概念下具体定义。反而该书的编辑寄语总结了马兹瑞使用这一概念的基本内涵:"它涉及一种宇宙观、一种认识世界的方式,尤其是那个打破了知识和地理疆界的世界"(vii)。这里强调的仍然是世界观、认识论的问题。

国内研究一般不谈"非洲性",所论及的基本上是"非洲个性"(African Personality)或"黑人性"。"非洲个性"指"一种在以往历史年代里由非洲人自己创造并且为全体非洲人共有的历史遗产、民族精神、文化个性。这一非洲个性可以从文化上把整个非洲大陆及分布在世界上的所有非洲人联合在一起,为非洲的解放自由而共同斗争"(刘鸿武,2002:90)。"黑人性"是讲法语的非洲前殖民地的民主主义思想家们常用的概念,与英语中的"非洲个性"大同小异,"都是指对非洲文化传统与精神价值的个体阐释或界定"(同上,90)。也有以"非洲性"为关键词的文章发表,但为数不多,也没有对此概念进行定义。

综合不同学者的观点并考虑到非洲文化与世界文化的关联与互动,可以得出关于"非洲性"的定义。"非洲性"主要指的是非洲(撒哈拉以南的"非洲"和非洲北部阿拉伯文化区)所共享的文化特性,而且其内涵较为丰富,主要包括非洲人认识自我、认识世界的方式和行为表现,是后天习得的宇宙观、宗教观、价值观以及体现这些精神世界内涵的生产方式、生活方式和社会实践方式,表现为人们的非洲性意识;"非洲性"不仅是非洲大陆所共享的,而且还是传播至世界各地的非洲文化及其特性的总和,包含物质文化和精神文化。

二、"非洲性"在现代非裔美国文学中的拓展

"非洲性"源于非洲大陆,随着非洲人而走向世界。尤其自大西洋奴隶贸易以来,被贩卖到美洲的非洲奴隶将祖源地的文化带到了美洲。在北美,黑人——主要是南方的奴隶——通过口传的方式将故土的宇宙观、宗教观、价值观以及体现其思想的习俗沿袭下来,世代相传。到了18世纪,不少黑人学会了读书和写作,便通过诗歌等文学形式记载其宗教思想和价值观。19世纪60年代后,随着《解放黑人奴隶宣言》(1863)的发布,越来越多的美国黑人有机会学习知识和文化。随后涌现出许多优秀的作家,创作了大量书写"非洲性"的文学作品,推动了"非洲性"在北美的传播。现代非裔美国文学中蕴含着丰富的非洲文化特性描写,也是非洲文化在美洲的延伸,再现了非裔美国人认识自我、认识世界的方式及行为表现,是"非洲性"在场的具体体现。然而,这些描写并非简单复制非洲传统文化,也不是单纯的"非洲性"再现。作家们借助非洲传统文化中的民俗、神话传说、民间故事和宗教活动,在作品中赋予了"非洲性"新的内涵,使之具有新的社会文化意义,其视野更为宽泛,主题更加深刻,更具有世界性。

非裔美国文学中拓展了的"非洲性"书写含有对多元文化的思考,重新审视了世界文化之中的本民族传统文化。休斯(Langston Hughes)的《黑人谈河》("The Negro Speaks of River",1921)一诗,借助河流之永恒的象征意象,抒发非裔美国人对非洲故土的怀念之情,同时融入了多元文化的因素。河流具有"永恒"和"养育"的意象,诗中提到的密西西比河(养育了美国人和美国黑人的生命之河)富有明显的象征意味,而"这种象征意味,因同时提到世界上的其他大河,如幼发拉底河、刚果河和尼罗河,而得到加强……因为这些河流……与自由的或受奴役的非洲人紧密相连"(Abarry,1990:393)。诗中对永恒的河流的描绘蕴含着非洲宗教中关于"灵性的崇高力量之美"(同上,393)的思想,但这种力量不仅来自非洲的河流,也来自美国和世界其他地方的大河。诗中河流的意象寓意深刻,黑人对传统文化之爱上升为对世界文化之爱,黑人的故乡之情上升为对世界文明之景仰,传统黑人文化在与世界文化的交融过程中得以升华。艾里森(Ralph Ellison)的《看不见的人》(Invisible Man,1952)中含有丰富的黑人传统文化描写,涉及布鲁斯音乐、传统食品、宗教习俗等,而这些描写均指向现代非裔美国人寻找文化身份的艰辛历程。无名主人公努力从黑人传统文化之中寻找精神营养,建构自我,这是"非洲性"对美国黑人产生重要影响的具体体现。主人公在自我探寻的过程中逐渐走向成熟,他突然意识到黑人的命运与其他种族的发展紧密相连,黑人的自我实现与其他种族的共同进步同样重要。小说中有一个小小的片段,着意描述了一幅描绘种族团结的宣传画以及人们的积极反应:

> 这是一张富有象征意味的宣传画,上面出现一群英雄人物:一对美国印第安人夫妇,代表被剥夺了的过去;一位金发碧眼的兄弟(穿着工装裤)和一位领头的爱尔兰姊妹,代表被剥夺了的现在;还有托德·克利夫顿兄弟和一对白人夫妇(光有克利夫顿和一位姑娘大家认为不妥);他们周围有一群不同种族的孩子,代表未来。

(艾里森,1998:356—357)

这个片段在整部小说中并不起眼,隐藏在黑人自我探寻的宏大叙事之中,但可谓一个伏笔,预示"非洲性"的弘扬与多元文化认同之间的关系,也反映了20世纪中期非裔美国人对美国社会中种族团结的憧憬。

现代非裔美国文学借助对"非洲性"的书写,暗含对女性的关注、对父权制的挑战、对黑人社区文化的多维思考。传统的非洲文化中有不少关于"黑人会飞"(flying African)的神话传说,这些故事同样反映在非裔美国文学作品之中,但却有了新的内涵意义,从种族的意义上讲,表现出黑人的抗争意识;而从性别的角度看,表现了黑人女性的赋权思想,并凸显了黑人女性在传统文化传承中的主导作用。在北美,流散的非洲裔有着共享的文化遗产。美国非裔作家将源自非洲的口传文学融汇到现代文学写作

中，一方面体现出对西方白人主流文化曲解黑人传统文化的反拨，另一方面则表达了黑人追求自由、实现超越的愿望。非洲的口传文学中，广为流传的是"非洲人会飞"的神话或者故事，主要指黑人在极度残酷的困境中能够利用神赐的力量"飞走"，摆脱桎梏回到自由的家乡或者去到自由的地方。"黑人会飞"的神话传说即是广泛流传在非裔美国人中间的故事，与其祖源地非洲有着密切的关联。其中，有的故事源自西非中部东尼日利亚伊博人（Igbos）(Wilentz, 1989: 23)："只有不愿做奴隶而且没有吃过盐的人才能够使用神赐的力量飞回非洲。"（同上, 22）

非裔美国作家笔下的"黑人会飞"的传说通常具有两种隐喻内涵，涉及男性和女性两个层面。男性作家笔下"黑人会飞"的故事既是"一种超越的象征"，也是一种"集体反抗的象征"（同上, 21），反映了美国黑人力图摆脱奴役和种族压迫、返回家园或者奔向自由之地、实现自我的精神追求。例如，艾里森的短篇故事"飞回家"（*Flying Home*）中的"飞翔"体现美国黑人的反抗意识，也是一种超越的象征。故事讲述黑人飞行员托德（Todd）因飞机失事受伤、获救的经历。托德的勇敢和执着实际上就是对白人种族主义的反抗。同时，黑人内部也有些人深受白人种族主义的负面影响，产生了自我憎恨的倾向。托德也曾带有这种倾向，不愿意认同于黑人，所以当时更希望救他的是白人。后来，托德在与救命恩人老黑人杰斐逊一家的相处中，渐渐回忆起各种往事，开始思考自己的身份和归属。最后，托德明白了身份的意义，超越了原来那个偏狭、固执的自我，回归了自己的文化，找到了心灵的归属。此外，"飞回家"的故事并非只是获救后的托德重返驻地，其实，这里的"家"并不是某个具体的地方，而是一种隐喻，象征着一个能够找到自我、建构自己身份（Mintz, 1977: 67）的精神家园。托德最后明白并接受自己的文化身份，他"飞回"了自己的归宿之地。该故事具有超越与反抗的象征（Wilentz, 1989: 24）。

非裔美国女作家笔下"黑人会飞"的故事反映的不仅仅只是"超越、反抗"，更重要的是，这些故事还凸显了黑人女性作为传统文化的传承者所起到的重要作用（同上, 28）。在莫里森（Toni Morrison）、沃克（Alice Walker）和马歇尔（Paule Marshall）等女性作家的笔下，很多故事都是女性长辈们讲述的。美国非裔女性是口头传统的重要承载者，扮演着文化传承的重要角色。关于"黑人会飞"的传说虽然表达的都是追求自由和超越，但在新的社会环境下，这些故事被赋予了新的内涵。例如，莫里森的《所罗门之歌》（*Song of Solomon*, 1977）中，奶人的曾祖父会飞。海地裔美国小说家丹提卡特（Edwidge Danticat）笔下的盖伊（Guy）也想飞，但需借助于热气球。这些"黑人会飞"的故事同时引出了对黑人女性问题的思考，带有强烈的女性主义思想。

《所罗门之歌》中，主人公奶人（Milkman）于20世纪60年代到美国南方寻根。当他发现他的曾祖父所罗门（Solomon）飞回非洲获得自由之时，欣喜若狂，激动地向女朋友甜甜（Sweet）喊道："他会飞！你听到我说话了吗？我的曾祖父会飞！天哪！……他不需要飞机……他自己能飞！"（Morrison, 2004: 529）甜甜却问道："他去哪儿了？""他把谁给留下了？"（同上, 529）奶人说："大家！他把所有人都留在地上，他像只黑鹰一样继续航行。"（同上, 530）奶人此时还没有意识到黑人男性祖先只顾自己的狭隘和自私。留在后面的人，尤其是女人和孩子，只能用其他方式继续挣扎与抗争。尽管这样，留下的黑人女性表现出来一种坚忍不拔的顽强意志，养家活口、传承文化，在恶劣的环境中努力向前。奶人最终对黑人的飞行有了新的认识：飞行其实也可以是"不飞"。姨妈"普拉提（Pilate）（'飞行员'的谐音）可以飞但'绝不需要离开地面'"（Chen, 2011: 48）。普拉提表现出黑人母性的伟大力量；"她养育子女，放声歌唱，讲述着黑人的故事，维系着黑人家庭的文化活力……维系着家族的传统和价值观，这是另一种超越。这就是她飞行的魔力所在"（Chen, 2011: 48）。《所罗门之歌》的飞行也超越了黑人传统故事的一般意义，凸显了美国黑人女性的伟大之处和其作为文化传承者的重要作用。

丹提卡特的短篇小说集《想听故事吗？想听！》（*Krik? Krak!* ①, 1995）讲的是那些逃离海地到巴哈马或美国避难的人的故事。海上的旅程充满危险、异常艰辛。故事反映出流散的非洲裔力图超越困境的愿望。"丹提卡特的故事再造、融合和重写了黑色大西洋的民间故事与传说，并对20世纪文学中的故事进行了改造，建构出一个富有想象力的话语空间"（Chen, 2011: 36）。尤其值得注意的是，小说借助民间传说的"飞翔"主题，表现出女性主义的思考，对父权制思想提出了挑战。故事主人公之一盖伊（Guy）与妻子莉莉（Lili）的对话揭示了黑人在种族压迫之

---

① 这是黑人"问答式"口传习俗的沿袭。在海地，如果有人要讲故事，他们会说"Krik?"（"想听故事吗？"）；如果听众想听这个故事，他们就回答"Krak!"（"想听！"）。

外受到的性别歧视。

>"请不要生我的气,"他说,他的声音几乎像男孩的声音一样紧张。
>"如果你坐着那个气球飞走,你会带上我和儿子吗?"
>"我只想知道,当你做梦的时候,我和孩子——我们总是在你的梦里。"
>他把头靠在她的肩膀上,慢慢地睡着了。
>　　　　　　　　(Danticat, *Krik? Krak!* 1995: 43)

莉莉问盖伊,是否她和儿子也是其飞翔梦想的一部分,盖伊没有回答,径自睡去。后来,盖伊的妻子老了,自杀了,"因为她的丈夫从飞行的气球上跳下来(死了),她,(关心的)儿子长大后也离开她去迈阿密了"(同上,1995:53—54)。丹提卡特的小说进一步发展了飞翔的主题。黑人"会飞"或者渴望能"飞"的故事似乎遗忘了女性,其中的人物对话揭示了性别差异以及黑人内部女性面临的不平等待遇,表达了作者对女性的关注和黑人女性争取平等权益的愿望。故事中这些女性的结局,其实更是新的社会现实的写照,是当代非裔美国女作家们对传统文化的反思是其借助"非洲性"的要素所表达的其对女性的关怀。

宗教作为"非洲性"的重要内容不断出现在非裔美国文学作品中。非洲宗教传到美洲之后,便在不同的黑人区迅速传播。首先,宗教是黑人的精神寄托。其次,传统宗教中的巫术与医药的关联使其成为黑人社区的重要活动。但在非裔美国文学中,宗教的力量不都是为了治病或者维护关系,更重要的是作为生存和抗争的精神支柱。

赫斯顿(Zora Neale Hurston)创作的小说与其对非洲传统文化的研究是分不开的。《她们眼望上苍》(*Their Eyes Were Watching God*,1937)中对女性意识的着意刻画可以追溯到赫斯顿探寻传统宗教的经历。她曾在《美国的伏都教》("Hoodoo in America")一文中记录了学习巫术的经历。

>塞缪尔(Samuel)在开始任何重要的事情之前,总是将蛇皮包裹在身上。他的母亲是一名伏都教神职人员,他的外祖母也是。塞缪尔说,他远古的祖先从"岩石"(非洲)那里带来了这种力量,他的祖先曾住在圣多明哥,后来才来到新奥尔良地区。是塞缪尔教给我有关请愿和回应的仪式,该仪式与玛丽·里沃(Marie Leveau)的名字有关,并习惯上归因于她。
>　　　　　　　　(Hurston, 1931: 357)

赫斯顿去找塞缪尔·汤姆森医师学伏都巫术,最重要的是一种文化体验。"即使她并不相信这些仪式所传达的精神意义(就像她不相信基督教仪式那样),她也会认为这些仪式有价值……其价值在于非洲人的后裔可以对他们的精神生活进行控制。对赫斯顿来说,一个更重要的因素可能是伏都教能够赋予女性修行者力量……赫斯顿的文学作品,如《她们眼望上苍》,以及其中普遍存在的对父权制观念的挑战,加强了伏都教对女性赋权的意义"(Cameron, 2016:242—243)。《她们眼望上苍》中,女主人公珍妮(Janie)的第一任丈夫洛根(Logan)由于拥有一定的物质财富基础,使得珍妮成为其附属品。第二任丈夫乔迪(Jody)有着强烈的控制欲,试图将珍妮局限在以他为中心的狭小圈子内。乔迪不希望珍妮有自己的声音,也不愿意珍妮过多地与他手下的人接触。他只是把珍妮当花瓶一样供着,做个"名副其实"的镇长夫人,并不希望珍妮有更多的"自由"。第三任丈夫茶点(Tea Cake)虽然尊重珍妮,与之谈话、平等相处,但后来在飓风肆虐大沃土(the muck)之后也变得有些狂妄自负。面对自然灾害,茶点的内心备受打击。他被疯狗咬了而发狂便是一种隐喻,幻想征服一切的渴望通过"发疯"表现出来,他此时也似乎抑制不了对珍妮的"攻击"。珍妮无奈之下,出于自我保护而将之击杀。珍妮追求自我、反抗男权的愿望和行动无疑反映出作者深受伏都教对女性赋权的影响。赫斯顿将伏都教赋予女性修行者的力量改写为现代社会中黑人女性反抗男权、追求自我的力量,是对"非洲性"的积极拓展和升华。

非洲传统的宗教接触到新的环境后发生了一些变化,出现了转型,融入了非裔美国人的社会环境,取而代之的是无形的、民间的、隐形的信仰形式,并逐渐成为非裔美国人日常生活中的重要组成部分。文学作品中,这些日常的宗教活动同时也暗含着社会政治意义,尤其是性别政治意义。内勒(Gloria Naylor)的小说《戴妈妈》(*Mama Day*, 1985)所讲述的故事涉及了西方、非洲人和非裔美国人的宗教和文化,里面有不少关于神灵的描写。故事发生的地点是纽约市和一个与世隔绝的神秘海岛——柳树泉(Willow Springs)。主要人物有米兰达("戴妈妈")、戴妈妈的外孙侄女奥菲莉娅("可可")和邻居鲁比大妈等。戴妈妈一家是(伏都教)巫女萨菲拉·韦德的后代。据说,非洲女奴萨菲拉懂得魔法,会施魔咒,会治病。《戴妈妈》中的象征直接指向神灵,将个体、黑人社区和神灵联系在一起。小说中的"魔法驱邪"(Conjure)"指迷信、魔术、咒语、毒药、祝福得以发挥作用的行动、仪式和魔咒;诅咒是非裔美国人社区中保留的一种非洲传统习俗,已经与基督教(和其他文化表现形式)融合在一起,它借助某些神秘的力量,颠覆了(西方、男性)主导文化的霸权"(Coleman, 2002:125—126)。内勒的《戴妈妈》以描述非洲传统宗教的方式赋予作品以现代意义,质疑、挑战了西方话语中的文化霸权思想。

现代非裔美国文学中对"非洲性"的书写常常涉及黑人社区。社区是非洲传统社会的一个重要组成部分,也是非裔美国人的社会生活共同体。"在非洲社会的社区里,人们互相帮助,为他人提供粮食、医药或者住所……群体大于个体……群体关心个人,个人尊重群体并回报群体所在的社区"(Higgins, 2001: xii)。莫里森的小说均含有对黑人社区的描写,而且这些社区都具有关爱和帮助的特点,尤其是经历了痛苦的黑人的庇护所。其小说《秀拉》(Sula, 1973)中的社区是一个维护传统的地方,它对社区成员负有责任,而且对有需要的人甚至迷途者均能给予应有的关心照顾。不过,"莫里森的社区和她的角色一样,从来都不是单一维度的。它们反映了真实的生活和真实的人"(同上,89)。从《秀拉》的描写可以看到,莫里森的社区"不比生活小,也不比生活大,而是和生活一样复杂。所以,同样的一个社区,伊娃·匹斯(Eva Peace)需要帮助时,社区就帮助她,汉娜·匹斯(Hannah Peace)生活放荡,社区就憎恨她,而苏拉·匹斯(Sula Peace)只是想要追求自我,社区就鄙视她"(同上,89)。更重要的是,莫里森并没有在该作品中简单地承袭非洲的传统文化,而是在深入挖掘非洲传统习俗并结合美国黑人的经历之后,呈现给读者一个更加丰满但同时也更加复杂、充满矛盾的现代黑人社区。它既是一个强调相互关爱、相互依存的共同体,也是一个特别包容的场所;既继承了传统的美德也能容忍罪恶和堕落,似乎是一个正邪共存之地。伊娃为了赔偿金而冒险自残,汉娜水性杨花,而秀拉违背常规伦理、离经叛道且"不知悔改"。这一切,黑人社区似乎都能接受,人们并没有采取行动制止。黑人社区对自然中的"恶"与人性的"恶"一并接受、包容。人们面对自然灾害的到来,

> 虽称之为邪恶之日,但反应却较为奇特,恐惧之余便是接受,简直就是欢迎。他们认为,这种恶必须避免,当然也须采取预防措施,保护自己免受它的伤害。但他们任由恶滋生蔓延,自生自灭,从未寻找任何方式去改变它,消灭它或防止它再次发生。这也是他们对人的态度。
> (Morrison, 1973:89—90)

《秀拉》中描写的黑人社区,尤其是社区的人的思想观念,似乎与传统的非洲黑人社区有些差异。莫里森指出:"黑人社区就是一个被社会遗弃的社区。黑人就是被社会遗弃的人……一个社区里的社会弃儿正好可以用来检验这个社区的道德心……梅德林镇支持所有人,即使对一个与众不同的女人来说也是如此。"(Taylor-Guthrie, 1994:168)《秀拉》向人们呈现了美国黑人的世界观和宇宙观与众不同之处,"黑人……认为恶在宇宙中有其自然的位置;人们的愿望不是根除恶,而是保护自己免受其害,他们或许还能巧妙地使用恶,但他们从未想过要根除恶。他们认为恶只是生活的另一面……恶不是敌对力量;它只是不同的力量"(同上,168)。明白这一点,就可以理解《秀拉》中社区发生的种种事情和人们的反应。社区的人利用恶,利用秀拉,利用秀拉的"恶行"以保证社区的"和谐"。所以,秀拉死后,"仿佛恶随她而去,但灾难却接踵而至……人们的警惕之心、关爱之心抛到九霄云外……社区开始了解体"(王守仁、吴新云,2004:69—70)。"恶"不在了,"恶"在宇宙中失去了其自然的位置,平衡便被打破,美好的东西也就随之而去,这便是美国黑人社区的宇宙观和价值观的具体体现。由此可见,在非裔美国人的生活环境中,传统非洲社会的黑人社区呈现出新的特征,而秀拉的故事正好折射出黑人社区文化的多维性和复杂性。莫里森笔下的社区拓展了传统意义上黑人社区的概念及其社会功能,融入了对现代社会的思考,显得更加丰满和完整。

三、结语

非裔美国文学作家以文化本源为基础进行创作,汲取丰富的传统文化资源,推出了优秀的文学作品,影响深远,意义重大。作为非洲人的后裔,非裔美国文学作家们在作品中描写非洲、凸显"非洲性",强化黑人民族文化之根,在多元文化并存的美国社会中努力实现自我,强调对传统文化的认同,这是非裔美国文学的重要特征。现代非裔美国文学创作离不开社会政治的影响,争取平等的社会诉求以不同形式书写在文学作品之中。同时,非裔美国文学作家除了从政治角度看非洲以外,更是从文化的角度去审视非洲。非洲经常成为一种"心灵景观"(Kamali, 2016:2)存在于文学作品中,成为非裔美国人身份认同的重要基础。然而,作家们并非简单承袭或重复非洲传统习俗和宗教思想。"非洲性"是作家创作的源泉,但作家们对"非洲性"的理解和再现与新的社会历史环境是分不开的。作为流散族裔,现代非裔美国作家在其作品中融入了对祖源地非洲和居住地美国的思考,重新审视传统文化与社

会现实的关系,更加深刻地再现传统文化,对种族之根进行全方位的挖掘,较好地展现了文化发展的立体景观。同时,作品中含有大量关于女性权益的思考,以传说中的故事展现对女性的关注,带有强烈的现代女性主义思想。

非裔美国作家以新的视角对"非洲性"进行书写,既是对祖源地文化的传承,也是对祖先文化的弘扬与拓展,是将传统文化与自身经历相融合的创新之举,是在对"非洲性"作了全面深刻认识之后所发出的自我之声,是其身份认同的另类书写。

参考文献

[1] Abarry, Abu. "The African-American Legacy in American Literature." *Journal of Black Studies*, Vol. 20, No. 4, The African Literary Imagination (Jun., 1990): 379-398.

[2] Ayaga, Odeyo Owiti. "*Africanity: The Cultural Unity of Black Africa* by Jacques Maquet and Joan Rayfield." *Africa Today*, 20.2 (1973): 94-96.

[3] Blount, Ben G. "*Africanity: The Cultural Unity of Black Africa* by Jacques Maquet and Joan R. Rayfield." *Research in African Literatures*, 5.1 (Spring, 1974): 117-119.

[4] Cameron, Christopher. "Zora Neale Hurston, Free thought, and African American Religion." *Journal of African Religions*, 4.2 (2016): 236-244.

[5] Coleman, Monica A. "THE WORK OF YOUR OWN HANDS: Doing Black Women's Hair as Religious Language in Gloria Naylor's *Mama Day*." *Soundings: An Interdisciplinary Journal*, 85.1/2 (Spring/Summer 2002): 121-139.

[6] Chen, Wilson C. "Figures of Flight and Entrapment in Edwidge Danticat's *Krik? Krak!*". *Rocky Mountain Review*, 65.1 (2011): 36-55.

[7] Danticat, Edwidge. *Krik? Krak!*. New York: Soho Press Inc, 1995.

[8] Hay, Margaret. "*Civilizations of Black Africa* by Jacques Maquet; *Africanity: The Cultural Unity of Black Africa* by Jacques Maquet." *The International Journal of African Historical Studies*, 6.4 (1973): 662-665.

[9] Higgins, Therese E. *Religiosity, Cosmology and Folklore: The African Influence in the Novels of Toni Morrison*. New York: Routledge, Taylor & Francis Group, 2001.

[10] Hurston, Zora Neale. "Hoodoo in America," *Journal of American Folklore*, 44. 174 (October-December 1931): 357-358, 390.

[11] Kamali, Leila. *The Cultural Memory of Africa in African American and Black British Fiction, 1970-2000*. New York: Nature America Inc., 2016.

[12] Lindfors, Bernth. "Anti-Negritude in Algiers." *Africa Today*, 17.1 (1970): 5-7.

[13] Mazrui, Ali A. *Africanity Redefined: Collected Essays of Ali A. Mazrui* (Volume I). Ed. Laremont, Ricardo Rene et al. New Jersey: Africa World Press, 2002.

[14] Morrison, Toni. *Song of Solomon*. New York: Vintage, 2004.

[15] Morrison, Toni. *Sula*. New York: Vintage, 1973.

[16] Mintz, Mary Wyche. "*Flying Home* by Ralph Ellison." *The English Journal*, 66.3 (1977): 67-68.

[17] Nobles, Wade W. *Africanity and the Black Family: The Development of a Theoretical Model* (PDF Version). A Black Family Institute Publication, Oakland, California, 1985.

[18] Owomoyela, Oyekan. "With Friends like These: A Critique of Pervasive Anti-Africanisms in Current African Studies Epistemology and Methodology." *African Studies Review*, 37.3 (1994): 77-101.

[19] Owomoyela, Oyekan. *The African Difference: Discourses on Africanity and the Relativity of Cultures* (Studies in African and African-American Culture, Vol. 10). Johannesbur: Witwatersrand University Press, 1996.

[20] Ottenberg, Simon. Africanity: "*The Cultural Unity of Black Africa* by Jacques Maquet and Joan Rayfield." *African Arts*, 6.2 (1973): 84-85.

[21] Scrinivasan, Padma. "Ideology, Identity and Africanity." *The Indian Journal of Political Science*, 49.3 (1988): 418-442.

[22] Taylor-Guthrie, Danille K. ed. *Conversations with Toni Morrison*. Jackson: University Press of Mississippi, 1994.

[23] Wilentz, Gay. "If You Surrender to the Air:

Folk Legends of Flight and Resistance in African American Literature." *MELUS*, *Folklore and Orature*, 16.1（Spring, 1989 – Spring, 1990）: 21-32.

[24] Zora Hurston, "Hoodoo in America." *Journal of American Folklore*, 44.174（October – December 1931）: 357-358, 390.

[25] 艾里森,拉尔夫.《无形人》.任绍曾等译.南京: 译林出版社,1998.

[26] 刘鸿武."非洲个性"或"黑人性"——20 世纪非洲复兴统一的神话与现实.《思想战线》,2002（4）: 88—92.

[27] 王守仁、吴新云.《性别·种族·文化: 托妮·莫里森的小说创作》.北京: 北京大学出版社, 2004.

网络资源

< https://www.amazon.com/Africanity-Redefined-Collected-Classic-Authors-dp-086543994X/dp/086543994X/ref=mt_paperback?_encoding=UTF8&me=&qid=1581512382>（accessed 2020-2-12）

<https://www.mamalisa.com/blog/krik-krak-in-haiti/>（accessed 2020-2-5）

永远的"坏孩子"
——马克·吐温儿童文学作品中的儿童观研究①

徐德荣　李冉冉
（中国海洋大学）

摘　要：作为闻名世界的文学大师，马克·吐温在其儿童文学作品中塑造了一批以哈克贝利·费恩和汤姆·索亚为代表的"坏孩子"形象。本文采用文学伦理学批评视角，通过分析马克·吐温儿童文学作品中"坏孩子"的角色，探讨马克·吐温的儿童观及其"坏孩子"角色蕴含的独特教育意义。本文认为，马克·吐温作品中的"坏孩子"在面临伦理冲突时通过伦理选择实现道德成长，体现出作者超越时代的独特的儿童观，具有前瞻性、革命性和解放性，不仅推动了当时美国甚至世界的儿童观的演进，对于当代中国儿童文学的发展也颇具借鉴意义。

Abstract: As a world-renowned writer, Mark Twain created a group of "bad children" in his works of children's fiction, represented by Huckleberry Finn and Tom Sawyer. From the perspective of Literary Ethical Criticism, this paper aims at analyzing the ethical choices made by these "bad children" and further exploring Mark Twain's view of children and the unique educational significance these "bad children" bear. This paper holds that the ethical choices made by "bad children" in the face of ethical conflicts reflect the author's unique view of children, which is forward-looking, revolutionary and emancipatory. It not only promotes the evolution of the outlook on children worldwide, but also provides inspirations for the development of contemporary Chinese children's literature.

关键词：马克·吐温；文学伦理学批评；伦理冲突；"坏孩子"
Key Words: Mark Twain; literary ethical criticism; ethical conflict; "bad children"

一、引言

马克·吐温（Mark Twain, 1835—1910）是美国批判现实主义文学奠基人，世界著名小说家。他一生创作了诸多文学作品，其中不乏被奉为经典之作的《汤姆·索亚历险记》（*The Adventures of Tom Sawyer*）、《哈克贝利·费恩历险记》（*The Adventures of Huckleberry Finn*）等儿童文学作品。尽管《哈克贝利·费恩历险记》等文学作品颇受关注，但其作为儿童文学所展现的经典特质仍有待深入探究。儿童与成人完全不同，儿童身上具有其特有的心理、感觉和情感（朱自强，2009：11）。因此，以儿童为目标读者的儿童文学也有别于普通的文学作品，是不同于普通文学作品的独特存在。儿童文学作品的质地差别本质上源于儿童观的不同。儿童观作为一种哲学观念，是成年人对儿童心灵、儿童世界的认识和评价。儿童观决定着儿童文学作家的创作姿态，是儿童文学的原点（同上，11—12）。因此，对儿童文学作家儿童观的研究对于揭示其文学作品的特质具有重要意义。有鉴于此，本文将马克·吐温《汤姆·索亚历险记》《哈克贝利·费恩历险记》等作品作为主要研究对象，重点探讨这些作品所体现的儿童观及其意义。

马克·吐温的儿童文学作品多着墨于19世纪美国南部地区儿童与黑奴发展的真实现状。当时的美国社会蓄奴制尚未废除，清教思想影响根深蒂固，儿童活泼自由的天性遭到压抑，被迫服从于教会学校的条条框框；黑奴及其子女生活在鞭笞和压迫之下，

---

① 本文系教育部重大课题攻关项目"中国儿童文学跨学科拓展研究"（19JZD036）和教育部人文社科项目"外国儿童文学汉译史重大问题研究"（17YJC740031）的阶段性成果。

人权得不到保证。以哈克贝利·费恩和汤姆·索亚为代表的"坏孩子"们在这样的社会背景之下，经历着人性与社会道德的伦理冲突，在伦理冲突中挑战道德枷锁，在伦理选择中最终实现个人成长。他们离经叛道、不守规矩，但却善良勇敢、正义真实，被不少少年儿童视为榜样。这些"坏孩子"们的伦理选择体现了作者怎样的儿童观？其儿童观有何意义？它对于中国当代儿童观与儿童文学观的建设有何借鉴？基于此，本文以文学伦理学批评为视角，试图通过对马克·吐温儿童文学作品中"坏孩子"角色在伦理冲突中做出的伦理选择进行分析，进一步探索马克·吐温的儿童观及其"坏孩子"角色所承担的独特教诲意义。

二、马克·吐温儿童文学作品中的"坏孩子"

首先，在分析吐温儿童文学作品中"坏孩子"所做的伦理选择之前，有必要对"坏"进行清晰的界定。毋庸讳言，好、坏的界定是一个主观性极强的判断。文学伦理学批评认为："文学是特定历史阶段伦理观念和道德生活的独特表达形式，文学在本质上是伦理的艺术……不同历史时期的文学有其固定的属于特定历史的伦理环境和伦理语境，对文学的理解必须让文学回归属于它的伦理环境和伦理语境。"（聂珍钊，2014：13—14）因此，为了尽量规避判断的主观随意性，对特定文学文本中"坏"这一特质的界定应当回到作品创作的时代历史背景中进行探讨。

马克·吐温经典的儿童小说《汤姆·索亚历险记》以及《哈克贝利·费恩历险记》均创作于19世纪后期，以美国南部密西西比河沿岸的真实社会情况作为创作背景。在《汤姆·索亚历险记》的自序中，马克·吐温说道："书中的很多冒险故事是真实发生过的。"（Twain，2016：1）19世纪，保守落后的思想仍残留在美利坚大地。在这个国家200多年的历史中，儿童观的发展亦历经曲折，困难重重，其中最大、最持久的负面影响来自4个方面：清教传统、奴隶制、种族歧视和性别歧视（徐德荣、江建利，2012：18）。受清教徒原罪思想以及奴隶制、种族隔离制度的影响，19世纪美国的主流儿童观中仍存在着对儿童认知上的巨大偏见：儿童被认为是不够完美的半成品，是需要被道德化和规范化的"小大人"。尽管18世纪以后，"儿童是与成人完全不同的人"这一认识已渐渐成为现代社会的共识……但是，不少儿童研究仍存在着将儿童当作走在成人"发展"途中的"未成熟"生命形态的倾向（朱自强，2015：25）。因此，在这种儿童观指导下的儿童文学作品更多地强调以成人世界为规范的道德标准，而忽视儿童自身的内在诉求。19世纪，美国流行着一种严肃的、道德化的小说，这些小说中通常有两种孩子，他们分别被贴上了"好"和"坏"的标签。"好孩子"总是有好的结局，他们的创造者极力劝读者按照他们的样子去思考和做事；他们的陪衬者都是些"坏孩子"，这些"坏孩子"无一例外地没有好下场，被用来警告读者不要陷入类似的困境（王迪生，1987：5）。在这些高度道德化的儿童文学作品中，儿童被要求遵守成人世界中的道德规则，作为模范榜样的"好孩子"是成人社会道德规范的化身，成了成人世界的附庸。

在这样的社会背景下，马克·吐温笔下那些生动、自然的孩子的确与当时价值观所颂扬的"好孩子"形象背道而驰，然而他们的"坏"却绝非道德的败坏。在《汤姆·索亚历险记》中，汤姆·索亚（Tom Sawyer）调皮捣蛋、逃学贪玩，令抚养他的姨妈伤透了脑筋，也令管教他的老师束手无策。而在《哈克贝利·费恩历险记》中，哈克贝利·费恩（Huckleberry Finn）常常做出被时人视为离经叛道的事情：抽烟、离家出走、与黑人做朋友……尽管这些"坏孩子"角色在小说中往往以叛逆的形象出现，但他们展现出的行为实则是对小说背景下成人社会加诸儿童的规则的颠覆，他们的"坏"反而衬托出他们真实的自我和善良的天性。在小说中，汤姆·索亚把甲壳虫带到教堂，看似毁掉了礼拜庄严肃穆的氛围，却给枯燥压抑的礼拜带去了欢乐和轻松；哈克贝利·费恩则在自己的冒险中逐渐认清自我，选择与主流社会的规则相对抗，解救黑人朋友吉姆，帮助他获得自由。

由此可见，在马克·吐温的儿童文学作品中，"坏"具有独特的道德教诲价值，它作为一种对主流道德价值观的对抗，具有一种激进的特性。儿童是独特文化的拥有者（朱自强，2015：28），是具有独特精神品质的独立存在。汤姆·索亚和哈克贝利·费恩对规则和约束的藐视正是儿童自然状态下本性的流露，而当这种独特精神特质的外在表现与当时社会环境所遵守的道德评判标准格格不入时，这些孩子便被冠上了"坏"的标签。由此可见，"坏"在小说中只是一个具有时代特性的道德评判标准，它的定义和特质随着时代的发展而不断改变。马克·吐温就是推动这个道德评判标准改变的"操控师"。通过这些"坏孩子"的"坏"，作者也在实现其打破旧道德、创造新道德的目的。汤姆的调皮捣蛋是对教会权威、陈腐规则的挑战，而哈克则是用"坏"对种族歧视发起了冲击。在《激进的儿童文学》（*Radical Children's Literature*）一书中，作者雷诺兹（Kimberley

Reynolds)将儿童文学中鼓励读者从新的角度来看待思想、问题和对象的倾向定义为"激进性"(2007：1)。由此可见,"坏孩子"们的"坏"也具有"激进"的特性。

基于以上讨论,本文所探讨的"坏孩子"之"坏"实则是一种在当时社会背景下激进的道德行为,是与当时社会所推崇的儿童道德约束的对立,而"坏孩子"则是遵守此类道德约束的"好孩子"的对立。接下来,本文将以马克·吐温儿童文学作品中汤姆·索亚、哈克贝利·费恩等儿童形象为代表,深入探讨其背后的儿童观与道德教诲的实质。

三、马克·吐温儿童文学作品中的伦理冲突与选择

在儿童文学作品中,伦理冲突是儿童最常面对的考验,而这其中,善恶之间的伦理较量是最为鲜明的存在,是揭示儿童人性价值判断最有力的证据。文学伦理学批评认为"伦理选择是文学作品的核心构成,文学作品中只要有人物存在,就必然面临伦理选择的问题。在文学作品中,只要是选择,必然是两个或者两个以上的选择……而伦理问题是伦理冲突的诱因,也是伦理选择的前提"(聂珍钊,2014：266—267)。在马克·吐温的儿童文学世界中,善恶之间的伦理冲突是"坏"孩子们成长过程中必经的一环。善恶是人类伦理学的基础(同上,36),在伦理道德中具有重要的作用。在《汤姆·索亚历险记》的第十一章中,汤姆和哈克晚上偷偷溜出去玩,不想却目睹了一场凶杀案,亲眼看到了杀人过程的两人最先流露出的是害怕和恐惧,他们默默回家,相互约定什么也不说。面对凶杀案,两人本能地想要逃避自己所见。逃避是人面对恐惧最本能、最自然的反应。在文学伦理学批评中,人的身上同时具有兽性因子与人性因子。兽性因子是先天的,是人与生俱来的,因此兽性因子也是人的本能。人性因子即人的伦理意识,其表现形式为理性意识(同上,274—275)。在这里,兽性因子即人的本能支配着这两个"坏孩子"的行为,他们最初在恐惧的支配下选择什么都不说,但随着凶杀案的曝光,当无辜的人被冤枉成凶手时,知道真凶是谁的汤姆和哈克渐渐开始感到良心不安。此时,两个"坏孩子"身上的理性意识逐渐凸显。说出实话还是保守秘密以求自保？理性的思维与恐惧的本能开始在他们心中产生冲突,小说对这种心理挣扎描写得精妙生动。面临伦理困境的汤姆不仅晚上睡不好觉,而且白天也常常惴惴不安,表现反常。在这些痛苦的日子里,汤姆每一两天都会瞅住机会,跑到装了铁格栅的牢房小窗前,偷偷塞给"杀人犯"一些力所能及的小小"慰问品"(吐温,2015：78)。但这些都无法缓解汤姆的焦虑与不安——直到汤姆和哈克在法庭审判前去看望"凶手","凶手"向他们的真诚剖白与感激使得汤姆真正意识到了自己的怯懦。此刻人性因子战胜了兽性因子,在挽救他人与自私自保的冲突之中,汤姆选择了前者。于是,在庭审当天汤姆鼓起勇气站了出来,指认了真正的凶手。

而在小说《哈克贝利·费恩历险记》中,作者也设置了诸多善恶之间的伦理冲突来考验"坏孩子"们的人性,其中最鲜明的体现便是哈克内心数次对于是否揭发吉姆的纠结。在冒险前期,哈克一方面受到当时蓄奴制背景下人们对黑奴普遍认知的影响,认为吉姆对自由的向往是错误的,他应当告发吉姆；而另一方面,面对吉姆对他充分的信任,哈克出于良心即人性的不安又不忍告发吉姆。告发还是不告发？哈克陷入了伦理的两难困境之中。小说对哈克的心理冲突有着生动的刻画,在善与恶的道德冲突之下,尽管哈克前期选择遵从社会道德打算告发吉姆,但在与逮捕黑奴人的攀谈过程中,哈克对告发吉姆、进而吉姆将失去自由的结果感到恐慌和不安,此刻人性因子主导的良知逐渐占据上风,最终哈克选择了放弃告发吉姆。如果哈克前期面临的伦理选择还只是告发与不告发吉姆这样的小困境,后期哈克面临的则是是否用实际行动对抗整个社会道德规范的大难题。随着困境的不断升级,在人性因子与兽性因子的不断冲突下,哈克在伦理困境中不断认清自我,并对当时社会中的固有制度提出质疑与挑战,最终在人性因子的支配下选择对抗黑奴制度,营救吉姆,还给他真正的自由。而这个伦理选择也被称作"哈克内心世界中进步力量与反动影响之间的一场'滑铁卢大战'(李肇星,1979：112)",体现了哈克思想上的进步与成长。

伦理选择揭示了人物道德成长的过程,向读者揭示,并非人人生来皆良善,但却可以选择正义善良。在善与恶、人性与兽性因子构筑的伦理冲突之中,马克·吐温的"坏孩子"们最先展露出来的总是他们作为人的本能特质,他们并非一开始就是正义的"模范"儿童,而是心中充满怯懦、逃避现实的"坏孩子",这也是"坏孩子"们在善恶伦理冲突中最鲜明的特质。在冲突之中,"坏孩子"们经历心理上的纠结、挣扎,最终在人性因子的引领下选择对固有的思维与制度发起挑战。这在少年儿童成长的过程具有深刻的意义。一方面,人们可以意识到儿童身上兽性因子的存在,儿童并非天生完美,自然状态下儿童各种情绪的流露是真实且正常的。另一方面,人们可以

看到，儿童的成长并非一蹴而就，也并非教条机械的教育可以实现。在冒险中主动地探索，在思想冲突中自主地进行选择，儿童可以在观察和体验中逐步认识社会，认清自我，实现人性意识的觉醒和自我的成长。马克·吐温儿童文学作品中的伦理冲突极具现实意义，它不仅为儿童提供了心理上的认同与安慰，也进一步帮助人们加深了对儿童的了解与认知。

马克·吐温儿童文学作品中另一鲜明的伦理冲突是基于伦理身份下儿童与成人权威的冲突。人的身份是一个人在社会中存在的标识，人需要承担身份所赋予的责任与义务……伦理选择是从伦理上解决人的身份问题，不仅要从本质上把人同兽区别开来，而且还需要从责任、义务和道德等价值方面对人的身份进行确认（聂珍钊，2014：263）。在美国19世纪的社会伦理环境中，儿童与成人的伦理身份要求儿童必须遵守、接受来自成人社会的道德约束与管教，也因此儿童的自由发展需求与成人的管教约束之间产生了不可避免的冲突。在《汤姆·索亚历险记》中，主日学校的校长在演讲中要求孩子们："坐得端正，姿态优美，在一两分钟内，集中注意力，好生听着……"（吐温，2015：28）。而在马克·吐温的儿童文学作品中，面对成人世界的压迫与束缚，"坏孩子"们总是能在伦理身份的冲突中依靠自己"坏"的天性进行反抗。在《哈克贝利·费恩历险记》中，哈克的父亲为了证明与哈克的抚养关系以索要哈克的财产，强行将哈克锁在小屋中。哈克的父亲动不动打骂他，将他打得浑身是伤。在当时的伦理环境中，伦理身份中父与子的角色身份要求儿子无条件顺从父亲，而父亲则天然地对儿子有管教的权利。哈克的父亲甚至对哈克说："我要给你点儿更好的——我要赏你一顿牛皮鞭子。"（吐温，2017：25）此处的伦理冲突缘于建立在不平等权利之上的伦理道德要求，听从父亲，哈克会遍体鳞伤，不听从父亲，他可能就要过上不稳定的流浪生活。当哈克意识到自己无法再忍受父亲的打骂时，他本能地决定反抗这种束缚：他表面上顺应着父亲，背地里悄悄谋划，巧妙地设计了自己被杀的现场，逃脱了父亲的掌控，开启了自己自由的冒险生活。

面对成人权威与儿童伦理身份的冲突，"坏孩子"们对反抗的选择是自然的，而这种自然的选择是基于儿童呼唤自由的天性。马克·吐温在其儿童文学作品中为以汤姆·索亚、哈克贝利·费恩为代表的"坏孩子"们设置了特定的伦理环境，使他们能够释放自己作为儿童渴求自由的天性，自然地展示自己"坏"的特质，选择反抗道德的约束。当然，马克·吐温的"坏孩子"们绝不是没有原则地对成人世界的一切进行反抗。小说当中不乏汤姆·索亚与波莉姨妈（Aunt Polly）的温馨时刻、哈克与华森小姐（Miss Watson）的和平时间。哈克认可华森小姐对自己的关心，汤姆则深切地敬爱着自己的姨妈。汤姆与哈克反抗的是教会学校教条的约束，是成人对儿童的虐待暴打，是阻碍儿童身心成长发展的元素。这体现了吐温对当时约束儿童天性发展的伦理道德的思考，而在这类冲突中赋予儿童反抗的勇气、智慧与力量则体现了吐温希望解放与发展那个时代儿童群体的美好希冀。

四、马克·吐温的独特儿童观及其意义

在马克·吐温的儿童文学作品中，以汤姆·索亚、哈克贝利·费恩为代表的"坏孩子"们在冒险中经历着不同的伦理冲突，在伦理冲突中进行不同的选择，在伦理选择中体现出与众不同的特质，这一切都体现了马克·吐温源于其所处时代又超越时代的独特儿童观。

首先，马克·吐温表现出对儿童真实成长状态与心理的深刻理解与尊重。在马克·吐温的笔下，儿童绝非生来就具备完美的道德意识，他们是真实但不完美的个体，其正义善良是在一次次冲突与成长中自我选择的结果。"坏孩子"们在伦理冲突中暴露出来的首先是他们作为人的本能反应：恐惧、害怕、担忧……这种天然的情绪流露自然而真实，体现出吐温对儿童深刻的了解、对儿童真实状态的尊重。吐温非常重视对儿童真实心理的刻画与描写。有学者曾评论道："吐温先生自己正是用心去了解儿童的，因而十分熟悉儿童的心灵，深刻地理解儿童的心理，能够准确地把握儿童心理的基本形态。"（克冰：1991：15）在吐温生动的心理描写之下，"坏孩子"们展现出作为儿童最真实的一面，也展现出作为人最真实的一面。但在伦理冲突之中，在理性意识的考量下，在面对和了解人性的成长过程中，这些"坏孩子"最终选择站在善良与理性的一面。人性是伦理选择的结果；人性不是人的生物性特征，而是人的伦理特征，因此人性不是与生俱来的，而是后天形成的，是教诲的结果（聂珍钊，2014：272）。由此可见，害怕等真实情绪是伦理冲突中必要的思考过程，只有在这些情绪中进一步探索，在真实的状态与道德的碰撞中找寻人性，儿童才能实现真正的成长。尊重儿童真实的成长状态是马克·吐温儿童观的一大显著特质，体现出马克·吐温时刻以儿童为本位的儿童观。实际上，马克·吐温从来都是站在儿童的角度去思考的。在他的自传中，他记录了自己童年

的记忆、童年的游戏,以及他自始至终保持的儿童的本真:"我一直觉得很奇怪妈妈为什么那么不喜欢蜘蛛。"(吐温,2007:12)也正是由于吐温时刻站在儿童的角度去观察、描摹真实的儿童状态,其儿童文学作品才让能让许多儿童读者产生强烈的认同感,其创作出的"坏孩子"角色才能够如此深入人心。

此外,马克·吐温表现出对儿童能力与力量的信任与推崇。在马克·吐温的儿童文学作品中,作者除了展示出儿童面对成人权威、道德规范所展现的真实状态,也赋予了儿童反抗成人权威的勇气与能力。吐温认为儿童具备自我解救的能力与力量。在他的儿童文学作品中,儿童是挑战规则、改变规则的主体。汤姆·索亚挑战主日学校的规则,带着小伙伴离开家去冒险;哈克贝利·费恩则伪造自己的死亡以逃脱父亲的束缚,帮助黑人吉姆对抗奴隶制度,争取自由⋯⋯这些无不展示着"坏孩子"们身上蕴藏的巨大正义力量。他们在一个个伦理选择中展现出真实的斗争状态,用"坏"的特质自然地选择抗争。马克·吐温用自己的笔触向人们展示了这种被成人社会道德规范所认定的"坏",其实是儿童真实自然的状态。而通过这种激进的"坏",儿童在伦理冲突中逐渐认清自我并坚定地站在旧道德的对立面,争取新道德,"坏"也演化为儿童自我觉醒、反抗社会道德标准的标志,成了儿童追求自我的力量。儿童从来不是柔弱的,不是成人阴影下无所作为的弱小存在,而是站在阳光下勇于追求自我、打破束缚的"坏孩子"。这是马克·吐温儿童观的另一鲜明特质,也体现了马克·吐温以儿童为本位的人文关怀。

如上所述,对儿童成长状态与心理的深刻理解和对儿童能力与力量的信任与推崇体现出马克·吐温尊重儿童、解放儿童的儿童观,其儿童观具有鲜明的儿童本位特质,这在当时的美国社会环境中具有超越时代的前瞻性、革命性和解放性。正如前文所述,19世纪后期的美国,社会贫富差距不断加大,尽管南北战争已经结束,但蓄奴制问题依然存在,社会矛盾日趋尖锐。伦理环境又称伦理语境,它是文学作品存在的历史空间⋯⋯文学伦理学批评要求在特定的伦理环境中分析和批评文学作品,对文学作品本身进行客观的伦理阐释,而不是进行抽象或者主观的道德评价(聂珍钊,2014:256)。在当时的伦理环境中,儿童始终没有被人们正确认识。人们普遍将儿童视为"不完全的有机体",成年是生命的重要阶段,而童年只是准备期。这种将儿童看成"未完成品"的观点,是以成人状态为最高状态,以成人为本位的"童年"概念(朱自强,2015:26)。在这样的伦理环境下,吐温的儿童观以及在这种儿童观指导下所创作的儿童文学作品是对成人本位儿童观的强烈冲击,开辟了儿童文学发展的新方向和新天地。吐温将自己的儿童观渗透到儿童角色的生动刻画以及儿童心理的深入描写之中,通过"坏孩子"们在伦理冲突中的选择凸显成长,向19世纪的人们展示了真实的儿童心理和儿童应有的发展现状。这挑战了当时的伦理环境下人们对儿童的认知,使得成人重新审视儿童,重新定义对儿童的判断标准:儿童不是成人的附庸,是具有独立思维的自由个体。正如朱自强所说,马克·吐温笔下的哈克,这个在蓄奴制时代里,只听凭自然、健康的本能而行动的少年,正是人类真正道德的化身(2006:57)。他们不是天真软弱的,而是颇具变革社会的力量。他们可以反抗权威,甚至打破成人无法打破的道德枷锁,具备比成人更强大的精神力量。

马克·吐温的儿童观历经了百年的时间考验,在这种儿童观指导下塑造的儿童角色至今依然是少年儿童的榜样。道德榜样是文学作品中供效仿的道德形象⋯⋯在伦理选择中不断进行道德完善,因而能够给人以启示(聂珍钊,2014:248)。马克·吐温的"坏孩子"们是在不同的伦理冲突与伦理选择中成长起来的。面对成长过程中的伦理选择,马克·吐温的"坏孩子"们不断发展自我,通过一次次刺激的冒险完成对自我的道德教诲,发现人性、定义人性,最终做出正确的选择。在阅读中,少年儿童可以通过吐温的"怀孩子"重新审视自己的行为,在"坏孩子"们的身上寻找认同与启迪。在"坏孩子"们的引领下,读者可以在一次次伦理冲突与选择中与他们共同经历成长,探寻人性的真谛,找寻独立的、真实的自我,实现自我的发展。

有什么样的"儿童观"就有什么样的儿童命运、地位、待遇,也就有什么样的儿童文学艺术精神与美学品性(王泉根,2017:59)。对于当前的中国儿童文学来说,马克·吐温儿童本位的儿童观颇具借鉴意义。20世纪八九十年代以来的改革开放、与时俱进的时代精神,东西文化的八面来风,深刻影响着我们的儿童观与儿童文学观。人文精神在儿童文学中日渐彰显,以儿童为本位,尊重儿童的价值、维护儿童的权利、提升儿童的素质、实现儿童健康成长的人生目的正在成为我们这个时代儿童文学的价值尺度与美学旗帜(王泉根,2003:72)。然而陈晖指出,进入21世纪"教育"主题仍然牢固地植入中国儿童文学的各个领域,儿童文学创作对"童年消逝"与"童年异化"等主题的刻画欠缺,儿童文学创作的立场、角度与方式依然需要革新(2013:124—127)。在这样的现实下,马克·吐温儿童文学作品中展露出的以儿童为本位、尊重儿童、理解儿童的儿童观为当代中国儿童观与儿童文学的发展需求、发展趋势提供了灵感来源,对于儿童文学创作者、批评者来说,依然具有借鉴价值。

五、结语

马克·吐温所塑造的"坏孩子"已经成为儿童文学中的经典形象,他们健康、自然、真实,在伦理冲突中勇敢地反抗成人权威,在伦理选择中实现道德的成长,代表了人类进步与发展的力量。"坏孩子"形象体现了马克·吐温儿童本位的儿童观,这种超越时代的儿童观颇具前瞻性与解放性,不仅推动了当时美国甚至世界儿童观的不断前进与发展,时至今日依然启发着世界各地的儿童文学创作者,在发现儿童和解放儿童的路上不断前行。

参考文献

[1] Reynolds, K. *Radical Children's Literature: Future Visions and Aesthetic Transformations in Juvenile Fiction*. New York: Palgrave Macmillan, 2007.
[2] Twain, M. *The Adventures of Tom Sawyer*. 天津: 天津人民出版社, 2016.
[3] 陈晖. 中国当代儿童观与儿童文学观.《文艺争鸣》, 2013(2): 126—129.
[4] 克冰. 马克·吐温——深谙儿童心理的艺术大师.《外国文学研究》, 1991(1): 15—21.
[5] 李肇星. 马克·吐温刻画儿童心理的技巧——读《哈克贝利·费恩历险记》.《外国文学研究》, 1979(4): 111—113.
[6] 马克·吐温著, 姚锦镕译.《汤姆·索亚历险记》. 北京: 商务印书馆, 2015.
[7] 马克·吐温. 张友松译.《哈克贝利·费恩历险记》. 北京: 人民文学出版社, 2017.
[8] 马克·吐温. 谢森译.《马克·吐温传》. 武汉: 长江文艺出版社, 2007.
[9] 聂珍钊.《文学伦理学批评导论》. 北京: 北京大学出版社, 2014.
[10] 王迪生.《汤姆·索亚历险记》简论.《外国文学研究》, 1987(1): 4—9.
[11] 王泉根.《儿童文学的真善美》. 青岛: 青岛出版社, 2017.
[12] 王泉根. 儿童观的转变与20世纪中国儿童文学的三次转型.《湖南人文科技学院学报》, 2003(1): 68—73.
[13] 徐德荣、江建利. 论美国儿童观的历史困窘与现代演进.《译林》(学术版), 2012(4): 18—30.
[14] 朱自强. 新世纪中国儿童文学的困境和出路.《文艺争鸣》, 2006(2): 55—59.
[15] 朱自强.《朱自强学术文集(3): 儿童文学概论》. 南昌: 二十一世纪出版社, 2015.
[16] 朱自强. 儿童文学与儿童观.《中国教师》, 2009(11): 10—12.

《印度之行》中家庭伦理的殖民书写

李长亭

（南阳师范学院）

摘　要：《印度之行》中的家庭叙事对故事情节的展开和人物形象塑造起着很重要的作用。但在对该小说的评述中，人们更多地关注文本中的殖民描写、殖民行为给印度人带来的伤害，以及不同种族间的问题等这些显性因素，对其中的家庭叙事这一隐性因素却鲜有触及或语焉不详。本文结合福斯特的写作背景，从殖民政治对婚姻和家庭的影响这两个层面来揭示英帝国的殖民行为不仅对殖民地民众造成了严重伤害而且对殖民者的家庭生活也带来了消极影响，认为小说关系到比政治更广阔的领域，关系到人类对一个更为稳定的家庭的寻求。作者在小说中通过家庭伦理的殖民书写深刻反映了殖民政治对家庭建构造成的影响。

Abstract：The familial narrative plays an important role in the plot and characters in *A Passage to India*. Most evaluations of it focus on some obvious elements like the effects of colony on Indians and racial discriminations, but few involve the latent familial ethics permeating it. The article, based on the author's social background, reveals the negative influences on colonizers' familial ethics from the perspectives of marriage and family constructions, witnesses that the novel covers the desire for a more steady family far beyond the political concerns. The novel deeply reveals the effects of colonial politics on familial constructions through the expression of familial ethics in colonial context.

关键词：福斯特；《印度之行》；家庭伦理；殖民书写

Key Words：E. M. Foster；*A Passage to India*；familial ethics；colonial narrative

一、引言

E. M. 福斯特（E. M. Foster）是英国维多利亚后期的一位著名作家，他的作品"不仅挑战社会风俗小说的艺术性和主题性，还挑战英国式生活和小说所依赖的传统的规矩和道德"（Schwarz, 1995: 118）。福斯特本人声称他的作品都是在"强调人际交往与个人生活的重要性"（Forster, 55）。他认为，在每个人的经历中都存在关键的象征性时刻，这一时刻也可被称为转折点。正如他在《小说面面观》中所说，生命里的象征性时刻促成了生命中的价值，主人公生命的意义就在于揭示它本身。福斯特的小说就是对人物生命里这些重要时刻的联结。福斯特认为，还原家庭关系和人际关系是必要的，这些关系构成了古文化和英国文明史的基础（Schwarz, 2005: 121）。福斯特曾说过："在写这本书时……我的主要目的不是政治的，甚至不是社会性的。"（洛维, 181）这句话常被批评家引用，他们将小说确定为一个文学对象，将其从产生它的社会和政治元素中分离出来。但有评论家认为，在《印度之行》中英印间的关系没有表现为个人行为问题，也不可能在个人层面上得到解决。达斯（G. K. Das）等许多印度批评家都强烈渴望在福斯特作品中找到一个真正同情印度人的英国人形象，从中挖掘出英国人与印度人和谐共处的深刻主题（Das, 23—24）。这些评论几乎全部从殖民角度聚焦英印间的关系和人与人间的"联结"，但鲜有涉及家庭伦理这一话题的评论。其实，笔者认为，从家庭伦理的角度来审视小说中的种族和社会矛盾似乎更能表现出殖民给社会和家庭带来的影

---

① 本文系国家社科基金项目"19世纪末20世纪初英国小说中的家庭伦理叙事研究"（17BWW081）和河南省高校哲学社会科学基础研究重大项目"习近平家风思想视域中的英美文学家庭叙事研究"（2021-JCZD-15）的阶段性成果。

响。有学者指出："体现个人价值观，重视家人之间的关系以及发展人际关系的重要性是 1890—1930 年时期小说的一个重要特征。"（Schwarz, 1995: 135）在《小说面面观》中，福斯特明确表示了对哈代的赞美："哈代的作品就是我的家。"（福斯特，2009: 66）这虽然是在对作品进行评价，但福斯特把作品比作家，这就足见家这一单元在他心目中的位置。论及《印度之行》时，福斯特也曾说："这本书并不真正是关于政治的，虽然它在政治方面的意义迎合了众多读者的兴趣并使之销售一空。这本书关系到比政治更广阔的东西，关系到人类对一个更为持久的家的寻求。"（杨自俭，312）很多学者习惯于从殖民的角度把福斯特所谓的"家"理解为"国家"，认为福斯特是对国家殖民行为的反思。正如福斯特本人所言，这种解读固然符合当时的政治需要，但却"曲解"了他的写作意图，即以殖民政治为载体来探寻家庭的建构过程，从而揭示出殖民政治对家庭建构造成的影响。

二、殖民政治对婚姻的影响

在《印度之行》的婚姻叙事中，殖民政治对朗尼和阿德拉的婚姻关系造成了重大影响。朗尼在印度从事着殖民事业，他的未婚妻阿德拉来印度看望他。她在英国时自认为很了解朗尼，但是她最后还是接受别人的劝告，在决定做朗尼的妻子前亲自去印度看看他，以确定在印度的朗尼和在英国本土时有什么不同。在印度的经历极大地改变了朗尼的性格特征，他变得"骄傲自大，好吹毛求疵，缺乏敏锐的洞察力"（福斯特，2008: 68），比以前更加"冷酷无情"，而且自以为是，听不进别人对他的批评，"他深信他对同伴的评价是正确的，如果真的是他错了，那错误一定无关紧要"（同上, 68）。他常讽刺那些被英国派去管制印度或者其他殖民地的人，因为他们通常被认为是不太优秀或不太聪明、只是由于这样或那样的原因不可能在英国脱颖而出的人。他总是提醒阿德拉，像他这样出类拔萃的人不会犯什么错误。起初她自认为已经对朗尼有了新的认识，所以，"他们已经明确地做出了结婚的决定"（同上, 79）。但后来的变故彻底暴露出殖民政治对婚姻和家庭的影响。莫尔太太得知他们的婚事有了结果，"不免有些担心"（同上, 79）。她的担心表面上似乎有些矛盾——按道理说，朗尼的婚事有了进展，她应该高兴才是，怎么反倒担心起来了？其实这暗示出，她深刻地意识到朗尼的变化以及这些变化对婚姻的影响。当她劝朗尼多跟阿德拉在一起时，朗尼首先想到这会影响到他的事业和名誉。他对母亲说："是的，也许应该那样，但是那样的话，人们就要讲闲话了。"（同上, 49）朗尼的回答很有意思，从情感上讲，女友千里迢迢来看他，他应该表现出足够的热情。所以对母亲的提议，他的下意识反应就是赞同（yes），但又马上意识到殖民政治对他的"凝视"：不能因为个人感情影响了殖民事业和自己的大好前程。因此，他马上意识到了自己的"失态"，旋即对说过的话进行修正，加上了"也许"（perhaps）。但最后他还是屈从于殖民秩序，用上了转折词"但是"（but）。是的——也许——但是（yes — perhaps — but）这一变化反映了朗尼当时的心理变化过程，也折射出了其分裂的自我人格：他失去了自己的个人话语，只能说着言不由衷的他者话语。不过，朗尼则沉浸于自己对印度征服的愉悦之中。"朗尼的声音又一次流露出他的自鸣得意，他来这儿并不是为求得愉快，而是要使这儿太平。既然现在阿德拉已经答应要做他的妻子，那她一定要理解他"（同上, 79）。他认为，阿德拉对他的爱应该表现在对他殖民事业的理解和支持上。所以，他们的婚姻更多地蒙上了殖民的阴影，而阿德拉却对朗尼的这种想法茫然不知。

在参观山洞的过程中，阿德拉出现幻觉，认为阿齐兹试图强奸她。其实，她并没有确凿的证据来指控阿齐兹，她这样做的原因很大程度上是基于她对印度人的"前理解"，也就是朗尼之前给她灌输的概念，即印度人都是坏人，而且他们很可能会欺负英国女人。这种殖民政治的宣传使初来乍到的阿德拉无法辨清是非，在身体和精神都处于混乱的状态下，她无意识之中充当了殖民政治的践行者，向法院指控阿齐兹试图强奸她。有学者认为，小说的核心在于"不能言说的"殖民强奸的比喻，如何控制和抵制殖民强奸的话题贯穿小说始终。"印度只能以一副可能遭强奸的姿态呈现给英国人，阿齐兹同时成为一个强奸犯和被强奸的对象"（Silver, 94）。事实上，造成阿德拉精神混乱的原因除了对山洞环境的不适外，重要的是来自婚姻问题的困扰。她"一边想着这令人厌烦的游览，一边在考虑她的婚姻问题"（福斯特，133）。"正是基于对婚姻的考虑，以及身体方面的幻象，诱使她在山洞中产生自我与非自我间的混乱，她的思绪指向了阿齐兹"（李长亭，167）。她把自己性幻想的伙伴设定为阿齐兹，指控他这样一个热心、正派的印度男人企图强奸她。不过在庭审的关键时刻，阿德拉最终还是越过了那片精神的沼泽地，臻至心智的澄明之境，将自我从他者欲望的折磨中解放出来，坚持主体人格的完整和人性的操守。她冒着被殖民者嘲笑和抛弃的风险及时改正了自己的错误,使阿齐兹得以重获自由。正如伊格尔顿(Terry Eagleton)所言,"在自我的中心存在异己,而自我却令人无情地对其漠不关心,不过,要是没有这种异己,说话或主体性就根本不可能存在。让我们能够看得见的正是盲点,就如同俄狄浦斯只有在眼睛失明后才会明白真相一样"(伊格尔顿,174)。正是有了这次经历,阿德拉清楚地意识到了自己内心异己的存在,也正因为意识到了这个盲点,并像《皇帝的新装》中的小男孩那样勇敢地说出了大家都知道的"秘密",她才游离于殖民政治话语之外,并且失去了与朗尼的婚约。在和菲尔丁的对话中,阿德拉说:"令人烦恼的是真诚把我搞得没有存身之处。"(福斯特,210)这充分暴露了殖民政治的虚伪和反动。从此也可以看出,殖民政治是造成阿德拉和朗尼分手的幕后推手,也是影响家庭团结的始作俑者。

所以,阿德拉的印度之行探索了两个层面的问题:一个是显性层面,即现实中的印度。在这一层面她感受到了印度人的热情,也遭受了印度人文和地理的代表马拉巴山洞给自己的身心带来的困扰和麻烦;另一个层面则是隐性层面,即处于异域环境中的殖民者在殖民政治的濡染中扭曲人性,道德堕落。殖民行为并没有给印度带来文明的进步和生活质量的提高,反而进一步加深了文化矛盾和种族歧视。因此,她探索的结果是:"整个印度之行仿佛是一次浑沌的精神之旅。她不愿拥有带有政治企图的无爱婚姻,故唯有以自身的诚实品质面对生活,面对殖民主义带给她的心理紊乱和生活挫折。"(李长亭,161)她与朗尼的婚约正如她在马拉巴山洞遭遇的情景一样,令她惶惑不安,唯一的解决办法就是逃离现场。因此,她和朗尼对殖民政治和社会伦理的不同态度是造成她们解除婚约的主要原因。

三、殖民政治对家庭关系的影响

殖民政治不仅影响着朗尼和阿德拉间的婚约,而且也对家庭关系,尤其是母子关系造成了很大影响。做法官的朗尼代表着国家机器,肩负着从法律层面监管印度殖民地的重要使命,他的话语里充斥着殖民思维和宣传。在与母亲的交谈中,他言不由衷地说着他者的话语,比如他常常重复特顿市长的口头禅——"当然例外也是常常会有的",也经常学卡伦德少校常说的一句话——"提高他的尊严"(福斯特,27)。这表明,在印度殖民地这个象征秩序里,朗尼已经彻底被殖民政治和殖民语言控制了自己的言行,成为异化的主体,与阿德拉在英国认识的朗尼判若云泥。这也为他和阿德拉的关系破裂奠定了基础。朗尼作为英国殖民者在印度的后起之秀,能够很好地领会和执行帝国的意旨,得到了权威人士的好评。特顿市长在向莫尔太太和阿德拉评价朗尼时说道:"像他这种类型的人正是我们所需要的,他是我们当中的一员。"(同上,20)朗尼告诉母亲莫尔太太:"我们有重任在身。"(同上,50)朗尼力图证实殖民话语权的合理性,认为印度人喜欢被统治。他质问母亲和女友:"难道因为我的行为不受人喜欢,就要我丢掉现有的权力,在这个国家里行善施德吗?"(同上,50)朗尼的殖民话语弥漫着菲勒斯中心主义,他"心目中根本没有印度,充其量只有一个受大英帝国利用的女性化印度"(尹锡南,76)。为了剥夺母亲和女友的话语权,他从性别入手,指责她们的身为女性不懂得什么是工作和政治,对一切都是病态地敏感。与朗尼的观点相反,莫尔太太则认为,英国人在印度应该施仁政。她借用基督教神学话语,认为印度是世界的一部分:"上帝把我们带到世上就是为了使我们愉悦。上帝……就是……爱。"(福斯特,51)但是人们倾向于认为,在世界几大古老宗教中,基督教话语中弥漫着排他性和菲勒斯中心主义。因此,用基督教神学话语来颠覆菲勒斯殖民主流话语显然是不可能的。所以在一定意义上讲,殖民主义者在印度进行的殖民活动就是基督教的现实表征。他们以爱的名义对殖民地进行横征暴敛,施行种族歧视和压迫。难怪莫尔太太自己都感到说服不了自己,更不用说来说服别人了。她认为在儿子面前提起上帝是不明智的,也是没有说服力的。这最终导致莫尔太太的虚无思想,她对世上的一切都失去了兴趣。在对阿齐兹的审判过程中,她明知阿齐兹是冤枉的,却宁肯选择逃避,也不愿为阿齐兹出庭作证。所以她的死亡其实是对其虚无思想的最好诠释,也是对自己矛盾心态的解脱。

当然,朗尼对母亲的选择也起到了决定性作用。在审判阿齐兹之前,朗尼便责怪母亲没有保护好阿德拉,怂恿她出庭控告阿齐兹:"我想你应该出来为自己辩护,我的确是这样想的。"(福斯特,176)虽然莫尔太太没有听从朗尼的话去法庭控告阿齐兹,但她迫于白人的压力,也没有出庭为阿齐兹作证。她自己深陷矛盾的焦虑之中。她曾经检讨自己:"我是个很坏的老太婆,很坏,很坏,简直可恶。"(同上,180)莫尔太太对自己行为的检视表现出她对阿齐兹的同情和对朗尼之流的鄙视。但是她虽知道阿齐兹是冤枉的,却不愿站出来指证,这体现出她内心的纠结和虚伪,当然还有潜意识中的种族优越感。不过我认为更重要的是,面对儿子的软硬兼施,莫尔太太有点进退两难:她不愿影响儿子的伟大事业,但也不愿以莫须有的罪名诬告阿齐兹。其实她选择不出庭作证,就是无形之中帮了儿子的忙,对阿齐兹造成了威胁。因为殖民者掌握着司法的话语权,在没有证人的情况下,可以进行有罪推定。作为法官的朗尼深知母亲出庭作证的重要性,而莫尔太太的回避对她的良心也是一个打击。"她那基督教教徒的仁慈已经消失了,或者说她已经变成了一个冷酷无情的人,这是她对人类不满表现出来的一种正直的愤怒"(同上,175)。有学者指出,莫尔太太只是一名"间歇的同情者,在需要她同情的关键时刻她却做不到。在对阿齐兹的审判中,她未能及时施以援手,说出事情的真相"(Schwarz, 1995: 57)。很明显,朗尼想让母亲独自提前回国正是基于殖民政治的考量,为了殖民事业,他只能牺牲亲情。当阿德拉告诉朗尼,莫尔太太说过"阿齐兹医生绝对不会做那种事"(福斯特,178)这样的话时,朗尼对此极力否认。这除了证明他的虚伪之外,还暗含着他要维护母亲权威的企图,从而体现出母子间的亲情关怀,只不过这种关怀是以牺牲社会公义为代价的。因此,家庭因素在这场诉讼中起到了支配作用。同样,这场关乎殖民政治和种族关系的诉讼直接影响了家庭关系的构建,朗尼和阿德拉因此解除了婚约。莫尔太太在离开印度返回英国的途中完全进入一种迷蒙的精神状态,最后死在船上。这曲折地表现了殖民政治对家庭伦理的影响和对家庭稳定的破坏。这样的结局似乎暗示着殖民政治给英国人带来的不是幸福团圆,而是家破人亡。

莫尔太太对宗教和印度人的态度也是影响其母子关系的一个重要原因。小说给人们留下深刻印象的是用宗教中的"仁爱"(goodwill)来表达人际关系之中的爱,同时也象征着人与人之间关系的不同。莫尔太太初来印度,对于整个英印人这一群体而言,她是一名新成员。在对阿齐兹的印象中,莫尔太太受儿子朗尼的影响,认为阿齐兹"不大可靠,又喜欢打听别人的事情,还很爱慕虚荣"(同上,28)。但是她又觉得朗尼对阿齐兹的评价很显然有失公允:"然而这样来评价他这个人,那是多么荒谬啊!他那心灵的本质就全给抹杀了。"(同上,28)"心灵的本质"其实就是人的仁爱之心。莫尔太太认为,人的内心都是有爱的,人与人之间应该友好相处。这显示出母子间对人的看法是有分歧的,同时也暴露出朗尼为代表的殖民者对被殖民者的傲慢与偏见。莫尔太太把仁爱作为一种被祈求的欲望以突出其重要性:"有友好相处的愿望会使上帝满意……即使有虚弱的诚心也会赢得上帝的祝福。我想人人都会有失败,然而失败的类别有多种多样。仁爱,仁爱,更加仁爱。"(同上,43)莫尔太太对阿齐兹的感情就像一个东方人对他的感情一样。她曾对别人说:"我喜欢阿齐兹,阿齐兹是我真正的朋友。"(同上,81)阿齐兹也称莫尔太太是他"在世界上最好的朋友"(同上,280),"朋友在波斯语中的意思是上帝"(同上,245)。也就是说,宗教和友谊是紧密关联的,这也对应了福斯特的联结观。正如阿齐兹认为的那样,"社会不像朋友,也不像真主,跟朋友或真主伤害了感情,那只是由于不忠诚"(同上,86)。所以不论是基督教还是伊斯兰教都崇尚忠诚和友谊。小说在此之前描写了莫尔太太去清真寺见到阿齐兹的情景:她遵循穆斯林的传统,在清真寺脱下自己的鞋子。莫尔太太和阿齐兹这两个人有一些共同点:丧偶且没有再婚。这次的见面双方都给对方留下了美好的印象,都有超越社会、文化和宗教差异的想法,他们都确信"上帝就在这里"(同上,20)。这样,上帝就在不同种族和宗教之间架起了一座桥梁。莫尔太太与阿齐兹的交流反衬出她与朗尼间的沟通障碍,进一步突出了殖民政治对家庭关系造成的困境。

相比莫尔太太和阿齐兹间的感情,许多英印人通过自负的自我意象暴露出他们的虚伪本质和仁爱精神的匮乏。福斯特在小说中频繁提到他们神一般高高在上的姿态,如莫尔太太与朗尼在对印度人的态度问题上产生了分歧。朗尼认为"印度人喜欢各种各样的神"。莫尔太太回复说:"所以英国人就喜欢扮演各种各样的神。"朗尼最后露出了殖民者的真面目:"……不管我们是不是神,这个国家只能接受我们的裁决。"(同上,41)通过二人间的对话,我们可以看出,莫尔太太试图从宗教层面来理解英帝国对印度的殖民统治,也就是说,她把殖民者的殖民表象视为殖民的实质,从而把能指和所指统一起来;而殖民者代表朗尼则揭示出殖民表象与实质的分离,在温情脉脉的面纱下,藏着一副冷酷的面庞。对殖民政治的不同理解也造成了母子间亲情关系的隔阂,从而导致了家庭危机。

福斯特笔下的印度是一个注定要维护其陌生性的东方土地,而这也正是其区别于西方的标志。诚然,一个地方的精髓就在于它的陌生化特质,但即便如此,莫尔太太也走进了印度人的清真寺,了解到了阿齐兹的婚姻和家庭情况。可惜的是,关键时刻她未能表现出一个基督徒的仁爱之心,而是为了以儿子为代表的殖民统治而牺牲阿齐兹,从而也暴露出西方文明的虚伪和自私。无独有偶,阿齐兹也为菲尔丁开启了一扇走进印度深处的大门——他向菲尔丁展示了他亡妻的照片,这充分显示出他对菲尔丁的坦诚和信任,因为妻子生前一直恪守深闺制度,足不出户，不可能见到外人的。但菲尔丁也只能站在门槛上，印度对他而言仍然是神秘的。所以英国殖民者无论采取什么手段，都不可能真正认识这块土地。即使政治和家庭联姻，他们也无法走进印度人的内心深处，不可能真正成为印度人的朋友。福斯特从人际关系层面来审视大英帝国的殖民统治，他认为殖民政治是干涉私人生活的罪魁祸首。（Gorra，641）小说从家庭层面揭示出殖民政治和殖民行为给社会带来的影响，从而预示了殖民统治必将失败的命运。

四、结语

福斯特说过，这部小说就是要试图寻求人类的"永恒家园"（Bradshaw，191—192）。这里的家园指安放灵魂的精神家园，其实也有物理意义上的家庭之意，尤其是对于那些来到印度的英殖民者而言，他们离开自己的故土，来到一个全然陌生的象征世界，主体与他者之间无论在物质还是意识形态层面都存在着尖锐的矛盾和冲突，主体间的关系也逐渐变得冷漠和陌生，这也势必造成主体人格的分裂和异化。造成这些影响的根本原因就在于英帝国的对外殖民行为。福斯特对此感觉焦虑和不安。他有句名言："如果我必须在背叛祖国与背叛朋友之间作出选择，那么，我希望我有勇气背叛祖国。"（Forster，55）这表明，他对人际关系也就是交往伦理的重视，同时也是对国家殖民行为的失望。英国小说家乔治·奥威尔（George O'well）说："就像美感元素一样，没有一本书能真正免除政治倾向。那种认为艺术与政治不相干的论点本身就是一种政治态度。"（奥威尔，65）美国文论家弗雷德里克·詹姆逊（Frederic Jameson）在《政治无意识》中写道："没有任何东西是与社会与历史无关的，任何事物归根到底都是政治。"（詹姆逊，96）同样，每一个家庭都是社会具体而微的组成部分，也都和政治息息相关。在《印度之行》中，福斯特深刻揭示了殖民政治对家庭和人际关系的影响，充分认识到维护家庭和人际关系的必要性，因为这是"原始文化和英国文明的基础"（Schwarz，2005：119）。19世纪末20世纪初是英国的全球殖民统治土崩瓦解的时期，主体对自我的追求是这一时期英国小说的本质，但小说描述的重点在于追求目标时的绝望，而不是实现这个目标的愿望。这种追求反映了主体自身的不确定性和面对象征秩序时的挫败感，同时也暴露出维护家庭团结稳定的无力感。所以这部小说真实地反映出作者对殖民政治扭曲人性的焦虑和对返归人性真善美的深切呼唤。

参考文献

[1] Bradshaw, David. *The Cambridge Companion to E. M. Forster*. New York：Cambridge University Press，2007.

[2] Das, G. K. *E. M. Forster's India*. New Delhi：Pencraft International，2005.

[3] Forster, E. M. *Two Cheers for Democracy*. London：Mariner Books，1962.

[4] Gorra, Michael. "Rudyard Kipling to Salman Rushdie：Imperialism to Post Colonialism." *The Columbia History of the British Novel*. Ed. John Richetti. Beijing：Foreign Language Teaching and Research Press，2005.

[5] Schwarz, Daniel R. *Reading the Modern British and Irish Novel，1890-1930*. Oxford：Blackwell Publishing，2005.

[6] ——. *The Transformation of the English Novel*. London：Macmillan，1995.

[7] Silver, Brenda. *Periphrasis，Power and Rape in A Passage to India*. New Delhi：Pencraft International，2005.

[8] 奥威尔，乔治.《我为什么写作》.刘沁秋、赵勇译.南京：南京大学出版社，2008.

[9] 福斯特，E. M.《小说面面观》.冯涛译.北京：人民文学出版社，2009.

[10] ——.《印度之行》.杨自俭译.南京：译林出版社，2008.

[11] 李长亭.《英国维多利亚末至爱德华时期殖民主体研究》.郑州：郑州大学出版社，2016.

[12] 洛维，丽莎.东方主义文学批评：E. M.福斯特《印度之行》的接受.《文本·文论——英美文学名著重读》.张中载、赵国新编.北京：外语教学与研究出版社，2004.167—193

[13] 杨自俭：译后记.《印度之行》，E. M.福斯特著，杨自俭译，南京：译林出版社，2008.309—316.

[14] 伊格尔顿，特里.《甜蜜的暴力：悲剧的观念》.方杰、方宸译.南京：南京大学出版社，2007.

[15] 尹锡南：论《印度之行》中的印度——"殖民与后殖民文学中的印度书写"研究系列之一.《南亚研究季刊》，2003（4）：71—77.

[16] 詹姆逊，弗雷德里克.《政治无意识》.王逢振、陈永国译.北京：中国人民大学出版社，2018.

拒 绝 平 庸
——狄金森诗歌发表鲜为人知的历程[①]

薛玉秀[1]　陈爱敏[2]
(1. 盐城工学院；2. 南京师范大学)

摘　要：迄今为止,学界对美国诗人狄金森及其诗歌研究成果已经十分丰硕,但少有学者关注这位诗歌才女生前诗歌发表的艰难历程。本文通过史料考证,认为诗人经历了积极发表、渴望作品得到公众认可从而实现其成为诗人的梦想,到遭受来自家庭、社会、时代的冷遇,转而走向"自我发表"的过程。"自我发表"可以看成诗人拒绝平庸、为女性呐喊、唤醒市侩社会、让艺术永恒的一种策略。

Abstract: So far, the critics on Emily Dickinson and her poetry have been fruitful, but few scholars have ever paid attention to the tortuous course of her poetry publication during her lifetime. Through examining historical materials, this paper is to illustrate how this poetess experienced the whole process from active publication which made her works recognized by the public and her wish of becoming a poetess come true, to cold reception from her family, the society and the times, and eventually toward "Self-Publication". Indeed, "Self-Publication" can be regarded as a strategy for the poetess to refuse mediocrity, to cry for women, to awaken the philistine society and to make art eternal.

关键词：狄金森；诗歌发表；自我发表
Key Words: Dickinson; poem publication; self-publication

一、引言

艾米莉·狄金森(Emily Dickinson, 1830—1886)的诗歌发表历程和她的人生经历一样呈现出明显的阶段性,分为1862年前的渴望发表时期及之后的"隐居"发表(即"自我发表")时期。狄金森发表思维的嬗变体现了诗人不愿其高雅艺术落入"粗俗的出版商之手"(Guthrie, 140)的创作理念,以及对男权文化和维多利亚时代陈规陋俗的极力抗争,更使得狄金森站在文化的制高点通过诗歌发表方式的重新抉择表达其拒绝平庸的精神实质。

狄金森是"自但丁以来西方诗人中体现最多认知的原创性作家"(布鲁姆,236)。诗人一生留有近1 800篇诗稿和1 000多封书信。但她在世时只"被动"发表了7首诗歌,其余诗歌在其死后才被挖掘、整理、结集出版,为世人所熟知。狄金森身处美国印刷业空前发展的时期,缘何生前只发表寥寥几首诗歌？个中原因是多方面的。狄金森坚守个性,拒绝落入俗套,为其一。家人的保守与编辑朋友的无所帮助,为其二。更为甚者,在狄金森的年代,她必须面对社会存在的一种认知倾向：真正的美国文学应体现男性文化的价值(Lauter, 449),否则,再优秀的作品也会被打入冷宫。利奥菲尔霍尔兹(Mary Loeffelholz)在比较狄金森和霍兰德(Josiah Gilbert Holland)诗歌发表的情境时指出,狄金森的诗歌难以问世不能完全归咎于大众审美,主流舆论的引导和作者的女性身份等与此都有关系,(周平,60)可见当时女性在文坛上地位低下是第三个重要原因。由于上述原因,狄金森在"发表"问题上产生了强烈的悖论情结。一方面,诗人渴望与其时的文坛巨匠切磋比试,希望其作品被认可和发表,另一方面,又对名

[①] 本文系江苏省社会科学基金项目"艾米莉·狄金森的悖论诗学研究"(项目编号18WWB001)的阶段性成果。

誉功利表现出超然态度,发出"发表即拍卖灵魂"①(J709/Fr788)的呐喊。诗人不愿为取悦公众而牺牲自己的创作风格,更不屑向主流社会的创作主题和理念卑躬屈膝。她退而选择"自我发表"诗歌的方式以实现其"成为诗人"(L265)的梦想,并以此与世俗社会对女性漠视的态度相抗衡。鉴于此,本文试图循着狄金森诗歌发表的理念变化这条线,从发表思维嬗变、思维嬗变的必然性及其精神实质3方面探讨狄金森诗歌发表的历程。

二、从"渴望发表"到"自我发表"的转向

19世纪中期正是美国经济繁荣、文艺复兴的时期。在外部环境的影响下,才华横溢的狄金森也产生了强烈的发表欲望,渴望将自己的诗作出版并得到公众的接受。

狄金森盛年时期,新兴的美利坚民族迫切需要摆脱殖民文学的桎梏、发展本民族文学。这一时期除爱默生(Ralph Waldo Emerson)、霍桑(Nathaniel Hawthorne)、梭罗(Henry David Thoreau)等知名男性作家外,还涌现出大批女性作家,其作品的影响力绝不亚于同时代的男性作家。例如,沃纳(Susan Warner)的《广阔的世界》(The Wide World,1850)创下销量过百万之繁荣景象;斯托夫人(Harriet Beecher Stowe)的《汤姆叔叔的小屋》(Uncle Tom's Cabin,1852)成为"19世纪美国除《圣经》外最畅销的文学作品"(Castillo,161)。同一时期,写作职业化、商业化已然开始,文学从贵族的玩物变成一件普通的商品,"写作活动如同商品的生产活动,文人作家通过出卖劳动获取报酬,完成商品的交换"(本雅明,7)。美国前期的浪漫主义作家欧文(Washington Irving)和库珀(James Fenimore Cooper)从这种转变中尝到了甜头,因为读者愿意定期购买,他们可以凭借写作谋生。沃纳则是写作商业化受益者的典范,《广阔的世界》面世半年就获得高额回报,她通过写作实现了经济独立。经济的发展使得女性逐步从家庭的小天地中走出去,女性写作成为当时的一种时尚,甚至女性作家"更受欢迎、更具影响力"(Wallace,204)。

于此文学盛世,狄金森自然渴望加入创作行列,展现其文学想象力和艺术创造力。她的言行和亲友的"证词"都显露了她要成为"女诗人"的梦想。福特夫人(狄金森家族的一位熟人)在给《狄金森诗歌》(Poems of Emily Dickinson,1890)的编辑梅布尔(Mabel Loomis Todd)的信中就提到了狄金森渴望成为诗人的愿望:"我认为,尽管她与世隔绝,但她渴望得到诗一般的名望。她后来的隐居生活就是源于这种压抑的、得不到满足的、出人意料的渴望。"(Reynolds,167)狄金森对她的表妹路易莎(Louisa Norcross)也透露出此种愿望:"你和我在餐厅,决定要出类拔萃。立志'伟大'是一件伟大的事。"(哈贝格,342)狄金森和路易莎都知道"伟大的事"是指诗歌创作和发表。值得一提的是,狄金森称之为"伟大的事"来自勃朗宁夫人(Elizabeth Barrett Browning)的启发。勃朗宁夫人以自己的创作证明伟大并非不可向往,女人在文化领域也可以成为巨人。勃朗宁夫人是狄金森崇拜的偶像,她称勃朗宁夫人为"诗歌之王",并把其画像挂在床边。勃朗宁夫人去世1周年时,狄金森至少写了3首诗歌纪念她。(J312/Fr600,《最后的诗歌》;J363/Fr637,《我得感谢她》;J593/Fr627,《我想我被她施了魔法》)。在第593首诗歌中,诗人宣称:"读过那位外国女士"的诗歌,让"我"得以"心灵皈依"和"灵魂净化"。在勃朗宁夫人"魔法"的作用下,狄金森也"神圣疯狂"地醉心于诗歌创作。

狄金森为成为诗人积极行动。她给多位报纸、杂志的编辑写信,希望他们能够帮助她发表诗歌。其中通信最多的是当时的文学界名人兼编辑希金森(Thomas Wentworth Higginson)。她在信中称"自己格局小",对他"肃然起敬"(L261),并"用一种让人钦佩的率真向希金森表达希望他成为她导师的愿望"(金文宁,2)。一个满怀激情的文学青年给当时的文化名人写信,其目的不言而喻是寻找伯乐,希冀自己的才华被发现。

然而,狄金森发表的愿望并未顺利实现。在诸多因素的作用下,狄金森开始转向"自我发表"②。

从1863年开始,狄金森创作带有方向性的转变:

---

① 本文所引诗歌主要参照:Emily Dickinson, The Poems of Emily Dickinson. R. W. Franklin, ed., Cambridge, MA: The Belknap Press of Harvard University Press, 1998. 为方便读者查阅则标明了约翰逊和富兰克林的编号,分别以"J""F"表示;而书信则出自 Emily Dickinson, The Letters of Emily Dickinson, Thomas H. Johnson & Theodora Ward, ed., Cambridge: Harvard University Press, 1979. 文中所引书信采用字母"L"加书信编号的格式。此外,本文所引狄金森诗歌、书信等除了注明译者外,均为笔者自译。

② 本文把1862年希金森给狄金森建议"推迟发表"信的接收时间看作狄金森创作思维嬗变的分水岭,在此之前视为诗人渴望发表时期,在此之后,即为诗歌"自我发表"时期。有学者认为,"自我发表"时期从1858年开始,因为狄金森从那一年开始整理诗歌并把它们编订成册,这可以看成诗人走向"自我发表"之路的开端。

第一人称叙述相对减少，抽象主题的诗歌有所增加；表达极端的、呐喊的感觉消失，取而代之的是一条故事主线，说话人满怀敬意地表述她获得了什么。这在 J883 首诗中可以窥见一斑。狄金森以拉丁格言"艺术长，寿命短"为基调，建构了一种独特的诗歌永恒观：真正的诗歌不但能在创作者去世后活着，而且能如同太阳一样照亮阅读它们的后代。创作方向的转变标志着狄金森青少年时期和成年早期的"挣扎"业已结束，她以一种更成熟、更超然的眼光看待自己和诗歌发表。尽管希金森等好友劝她走出家门，改变其书写风格以顺应主流创作并发表诗作，但诗人不愿改变自己的创作理念。同时，因严重肾疾及父亲、鲍尔斯（Samuel Bowles）和沃兹沃斯（Charles Wadsworth）等亲朋好友的相继去世，她意识到生命的短暂，而诗歌应建立在不朽之上。既然主流认知无法接受其创作风格，狄金森选择将自己的诗歌赠与她精选的一批亲戚、朋友、编辑和地位较高的人，让诗歌成为她与他们沟通和建立亲密关系的桥梁。

狄金森这种拒绝公开出版，私下以诗会友、以诗赠友让自己诗歌流传的方式，可以看作"自我发表"。当然，诗人不只以诗歌赠送及书信夹带来实现"自我发表"，她还将作品按创作时间整理装订成册，完好保存于阁楼之上。史密斯（Martha Nell Smith）是最早提出"自我发表"这一概念的学者。她认为，狄金森在自己的诗文中将"publish"（发表）和"print"（出版）区分开来，说明她是利用写给至少 99 位收信人书信的方式，在小范围内"发表"诗作，尽管并没有正式印刷出版。（周平，57）

狄金森"自我发表"诗歌的方式受到哈贝格（Alfred Habdgger）的首肯。"根据卡伦·丹杜兰德（Karen Dandurand）和乔安妮·都伯森（Joanne Dobson）的研究，19 世纪美国的保守派人士坚持认为最好的作品是私下流传。收到狄金森诗歌的朋友们发现她诗歌非常独特，而且通常会与品味相投的朋友分享"（哈贝格，343）。有趣的是，狄金森的求婚者——洛德（Ottis Phillips Lord）法官也表示了赞许，他认为文学应私下里和朋友切磋，以陶冶情操。（同上，519）

"自我发表"与正式出版不同，这给狄金森带来了更大的施展才华的空间。她的文字不再是被绑定在报刊上的一成不变的呆板文字，标点、分行、韵律等都彰显着她的独特个性。行文自由、"发表"自由，这也许是狄金森希望诗歌被传唱的最佳方式，这一方面符合父亲对得体女人的一贯要求，另一方面也能满足她躲开世俗偏见、逃避编辑对其诗歌大动"手术"以保留原诗风格的主张。因此，"无论是在她的信中，还是在她手稿书或分册的创作中，狄金森都在实践她自己的出版形式"（Leiter, 164）。资料显示，狄金森给希金森寄了 70 首，给鲍尔斯寄了 40 首，给霍兰德夫人（Elizabeth Holland）寄了 31 首，给杰克逊（Helen Hunt Jackson）寄了 11 首，给梅布尔寄了 13 首，给诺克罗斯姐妹寄了 71 首等。狄金森通过这种"自我发表"的形式使得她的文字和思想冲破各种障碍，从阿默斯特小镇走向"永恒"。

三、狄金森诗歌发表思维嬗变的必然性

狄金森从渴望公开发表转变为"自我发表"，这一转变是诸多因素所致。

首先，是她的性格使然。尽管狄金森一再恳请希金森对她的作品动"手术"，但对自己创作才华极度自信的诗人不接受修改。这种自信在她诗歌里有所体现：即使没有受过正规的创作训练，"没有一张海报对我吹捧"，但"仍会像歌剧院，座无虚席"，仍能受到观众"再来一首"的欢呼。（J326/Fr381）这甚至在给希金森的信中也有所映射："水手看不到北极，却知道指南针能做到。"（L265）狄金森认为希金森对她的指导只需要像指南针一样指明方向即可，至于语法、韵律等那是"水手"的事。对狄金森的自信，希金森抱怨她是"表现出对形式公然蔑视，绝不是疏忽大意，也不是因为一时兴起，这是她突出的特点"（同上，404）。

其次，是当时的文学风尚所致。麦克甘（Jerome McGann）指出，19 世纪后期诗歌发表要求诗人必须遵守特定的文本惯例。这些惯例与其说更为正式不如说它们严苛得像数字。（McGann, 40—57）因此，在印刷机统治思想的年代，无论是"高度理性和秩序"还是"富于逻辑的公众话语"（波兹曼，58），狄金森都不具备。她的诗歌毫无规则的词语省略、字母大小写以及破折号的使用有悖于传统的文本规范，与印刷产业所要求的秩序、规律背道而驰。这就不难理解希金森一再强调韵律、标点、语法和标题的准确使用等问题，这些都严格受制于当时的文学风尚。

再次，狄金森家人不支持。狄金森父亲思想保守，他期望女儿"守在家里"，不要"抛头露面"。年轻时他曾化名"单身汉"（Coelebe）在朋友创办的期刊上发表 5 篇文章谈论子女教育问题。他允许女儿读"较好"的小说，学化学知识，因为那对于家务具有实用价值。1850 年 2 月，狄金森在《阿默斯特学生文学杂志》（Amherst Student Literary Magazine）上第一次发表漫画散文《情人节》（"Valentine"）。父亲对其华丽的处女作很不满意，认为女性应该远离公众的关

注。狄金森在给希金森的回信中,也多次提到自己严厉的父亲。她告诉他,父亲给我买了很多书却恳求她"不要读——因为他担心那些书会使大脑混乱"(L261)。他通过"夸大世界的邪恶程度"(Cody, 101—102)使女儿焦虑不安,使她变得幼稚,鼓励她依赖。与父亲一样贬低女性心智的哥哥也如此。在他看到希金森在报刊上评点他妹妹书信的文章时,他认为妹妹绝对是在故作姿态。他甚至引导他的女儿(玛莎·狄金森)远离孤独,他不希望家里再有孤独的诗人。对狄金森给苏珊(Susan Huntington Gilbert Dickinson)的诗作,"他从来就不喜欢,也不愿意听到"(哈贝格,472)。父兄对诗人创作的态度,体现了当时整个社会的保守思想:女性只能操持家务,文学创作是男人的事。

最后,朋友不能施以援手。家人的不支持无疑打击了狄金森诗歌发表的热情,而编辑朋友的无所帮助彻底粉碎了她发表诗歌的梦想。编辑贺兰德是狄金森父亲的老朋友,但他却认为狄金森的诗歌"过于缥缈,不宜发表"。这样的评论让诗人感到尴尬:"也许你在笑话我,也许整个美国在笑话我。"(Johnson,413)1861年和1862年,《斯普林菲尔德共和报》(Springfield Republican)刊发狄金森的诗歌出现了"乱糟糟的"情景,使她大失所望。该报主编鲍尔斯是她的挚友,他们一直保持通信,仅1862年这一年她就给鲍尔斯写了13封信。编辑们对她诗歌的标题、标点符号、大小写以及诗行的改动大大降低了原文的艺术性,"使她的诗句显得相对平庸了"(Farr,3)。编辑的改动无疑熄灭了狄金森对鲍尔斯的幻想。在此之后,她在该报"被动地"发表3首诗歌,然后再也没有发表任何作品。与上述两位编辑相似的是,尽管希金森对狄金森的诗歌大为赞赏,但本着对传统文学标准的固守和遵循,直到诗人去世,希金森也没有帮她发表一首诗歌。

面对种种挫败,诗人义无反顾地转向"自我发表",这既是外部环境所迫,也是狄金森个性使然。为了保留其诗歌独特的风格,为了打破出版界令人窒息的陈规陋习,更为了让优秀的艺术永恒,狄金森不愿妥协,更不愿沉沦,而是走向"自我发表",这既是自然选择,更是必然结果。

四、拒绝平庸——"自我发表",让艺术永恒的策略

狄金森选择"自我发表"诗歌,成功实现了她对诸多悖论的抵制。但这是狄金森发表诗歌的唯一方式吗?哈贝格似乎给出了一个否定的答案:"事实上并不是狄金森拒绝发表,或她的诗歌在她的时代显得'太现代''不正确''太大胆'而不能发表。如果她想发表,找她朋友鲍尔斯帮忙是件十分简单的事情,因为他一向支持女作家。"(哈贝格,343)这就存在一定的矛盾,也是值得我们深思的地方。那么,狄金森选择"自我发表"的方式,其真正寓意是什么?

首先,从精神层面来说,狄金森发表方式的重新抉择不只是抵御社会的偏见,更是拒绝平庸的一种手段、一种策略,以此实现对其诗歌完整性和永恒性的有效保护。唯美主义领军人物王尔德(Oscar Wilde)告诫人们:不要把你的生命献给无知、平庸和低俗,把你的宝贵内在活出来(王尔德,55)。面对发表的种种阻力,狄金森没有因此沉沦变得平庸,而是看破名声、金钱的庸俗,隐忍着"不可测量深浅的"(J777/Fr877)孤独和焦虑,避世不出,埋头创作,进而以自己特有的方式发表诗歌。研究发现,狄金森大部分的诗歌创作于她"自我发表"时期,尤其是1862年到1865年这几年成为她创作最辉煌也是她最多产的时期,几乎近一半的诗歌是在这个时期完成的。1863年,她在《我送走两个落日》这首诗中曾炫耀自己的多产:"我做好了两颗——甚至好几颗星星——/而他一个也没有做好。"(J308/Fr557)可见,阻力并没有摧毁狄金森的创作力,反而愈加激发她创作的勇气和意志,活出"宝贵内在"。不过,对狄金森来说,她更在意诗歌的内在。要保持艺术作品的"不朽",内在的价值才是最重要的。狄金森追求"内在的差别""正是意义所在"(J258/Fr320),亦即意义产生的基础不在于违背天性的出版和发表,而在于内心与精神的统一。因此,她宣称:"灵魂选择自己的伴侣——然后——大门紧闭——即使是神圣的大多数——自此不再出现。"(J303/Fr409)

诚如布鲁姆所言,狄金森是个"独立的思想家"(布鲁姆,226)。她的崇高之处就在于她绝俗弃欲、不甘平庸的思想力量。

其次,从社会意义来说,狄金森诗歌发表思维的嬗变体现了她的创作伦理。狄金森所处的时代,艺术世界已不再是一片纯净的天堂,拜金主义、市侩哲学、实用主义、功利主义等现代观念蔓延到艺术领域,艺术已逐步失去其自身的独立价值和审美标准。写作的商业化、职业化使得许多作家、诗人不再是单纯为艺术而创作,他们开始把写作当作自己在这个竞争日渐激烈的社会上赢取足够生存空间的一种手段。"以爱默生为首的美国19世纪中期浪漫派作家明知大众品位粗鄙,但面对冷酷无情的文学市场,也不得不放下身段,进行自我调节"(Weinauer, 178)。时代变迁带来的现实问题使得狄金森心存焦虑和不

满,更对艺术随波逐流痛心疾首。诗人直接发出"难道——美是一种苦痛"的诘问。(Fr1497/J1457)她在多首诗歌中谈论美的"存在"(J516/Fr654)、美的"定义"(J988/Fr797),并说"谁都不能——把美疏远——/因为美就是无限"(J1474/Fr1515)。对艺术的变味和对一些艺术家为世俗所迷惑而失去方向的行为,她不只是通过诗歌将他们唤醒,还和梭罗、霍桑、梅尔维尔(Herman Melville)、坡(Edgar Allan Poe)等浪漫派作家一起对之予以严厉的抨击。她指出,"出版"如同奴隶买卖,卖出的是作家的思想和灵魂。因此,狄金森以"自我发表"的方式"颠覆一切价值观"(布鲁姆,22),并重新定义价值的内涵,诠释隐藏在其内心深处的价值判断及对艺术美的定位。

最后,狄金森"自我发表"是对当时美国文坛性别歧视的无声抗议。狄金森生活的年代,经济的发展并没有给女性带来社会地位的提高,女性仍为男权社会压制和奴役的对象,成为丧失自我主体的"他者"。女性作家更是被边缘化,其文本被要求遵循男权社会秩序的结构模式,主题被限制于体现男权文化,否则,女性艺术被贬低,作品被贴上"家庭小说""感伤小说"的标签;女性作者被蔑视、被异化、身份被剥夺、形象被诋毁,甚至女性作家被排除在经典之外。像上文提到的斯托夫人、沃纳至少有一个多世纪没有出现在美国文学史上,直到20世纪60年代第二次女权运动,她们才从尘封中被解救出来。

性别歧视对女性作家更大的戕害是其作品难以发表。在男性一权独掌的文学领域,女性作家被迫采取异地出版或者伪装性别的方式出版作品。美国著名"黑人文学传统先驱"惠特利(Phillis Wheatley)的诗集,即便通过了18位波士顿名流的审查和联合签名,美国出版商仍然拒绝出版。最终,她的第一本诗集《关于宗教和道德的各种主题的诗作》(*Poems on Various Subjects, Religious and Moral*, 1773)不得不选择在伦敦出版。狄金森崇拜的两位英国女作家勃朗特(Charlotte Brontë)和艾略特(George Eliot)则是借助隐去性别、使用男性名字的手段出版作品。狄金森从世俗社会对女性作家的偏见和歧视中敏锐地感受到男权社会的霸凌力量,于是,她把对世俗的愤懑埋进诗歌中,以无声的传播方式抗议男权文化对女性作家的漠视。

毋庸置疑,"自我发表"对狄金森诗歌创作和传播发挥了积极的作用,但也有一定的局限性:其一,狄金森盛年隐居,与外界联系大多通过书信。据统计,她共与99人通信,这个数量与她死后人们对其诗歌研究和爱好的人数不可同日而语。其二,狄金森诗歌的受众均为个人,且赠诗的频次不确定,所赠诗歌能否全部保存下来也是一大疑问。研究发现,现今流传下来的仅是一部分,有更多的诗消失在了战争、灾祸、死亡及保存不当中。这意味着狄金森有一定数量的诗歌依然不为世人所知,这也许是狄金森始料未及的一件憾事。

五、结语

对自己的创作才华有着极度迷恋的狄金森不愿意让自己纯洁的"艺术"屈尊于金钱、权力和虚妄的名声。诗人抵制庸俗的出版,抗击社会的不公,用"自我发表"的方式让其诗歌走向高雅的艺术殿堂,以否定的方式实现自我张扬。诗人以发表思维的嬗变践行着父亲向她提供的人生信条:无望获得回报,仍要保持忠诚,伟大就意味着悲剧和孤独(哈贝格,246)。同时,应该看到狄金森的"自我发表"也不失为一种策略,一种拒绝平庸、让艺术永恒的策略。

参考文献

[1] Castillo, S. *American Literature in Context to 1865*. Chichester. UK:Wiley-Blackwell, 2011.

[2] Cody, J. *After the Great Pain: The Inner Life of Emily Dickinson*. Cambridge. MA:The Belknap Press of Harvard University, 1971.

[3] Farr, J. *Emily Dickinson: A Collection of Critical Essays*. Upper Saddle River:Prentice Hall, 1996.

[4] Guthrie, J. R. *Emily Dickinson's Vision: Illness and Identity in Her Poetry*. Florida:University Press of Florida, 1998.

[5] Johnson, T. H. *The Letters of Emily Dickinson*. Ed. Harvard:The Belknap Press of Harvard University, 1957.

[6] Lauter, P. "Race and Gender in the Shaping of the American Literary Canon." *Feminist Studies*, 9(1983):435-463.

[7] Leiter, S. *Critical Companion to Emily Dickinson*. New York:Facts on File, Inc., 2007.

[8] McGann, J. J. "Emily Dickinson's Visible Language." *Emily Dickinson Journal*, 2(1993):40-57.

[9] Rreynolds, D. S. "Emily Dickinson and Popular Culture." *The Cambridge Companion to Emily Dickinson*. Edited by Wendy Martin. New York:

Cambridge University Press, 2002: 167-190.

[10] Wallace, J. D. "Hawthorne and the Scribbling Women Reconsidered." *American Literature*, 2 (1990): 201-222.

[11] Weinauer, E. "Alternative Economies: Authorship and Ownership in Elizabeth Stoddard's 'Collected by a Valetudinarian'". *Studies in American Fiction*, 2(1997): 167-182.

[12] 阿尔佛雷德·哈贝格.《我的战争都埋在书里——艾米莉·狄金森传》.王柏华、曾轶峰、胡秋冉译.北京：北京大学出版社,2013.

[13] 哈罗德·布鲁姆.《西方正典》.江宁康译.南京：译林出版社,2005.

[14] 金文宁.《艾米莉·狄金森诗歌的自我否定研究》.上海：上海大学出版社,2014.

[15] 尼尔·波兹曼.《娱乐至死》.章艳译.桂林：广西师范大学出版社,2009.

[16] 瓦尔特·本雅明.《发达资本主义时代的抒情诗人》.张旭东、魏文生译.北京：生活·读书·新知三联书店,1992.

[17] 王尔德.《道连·葛雷的画像》.荣如德译.上海：上海译文出版社,2011.

[18] 周平.论狄金森书信的"自我发表".《外国文学》,2015(5): 55—63.

T. S. 艾略特仪式化戏剧理论与现代芭蕾①

林 辰
（上海师范大学）

摘 要：现代戏剧的成型并非文学内部驱动的单一结果，而是各艺术门类之间共同作用的结果。现代芭蕾对T. S. 艾略特仪式化戏剧理论之影响便是这一浪潮的缩影。现代芭蕾对艾略特的仪式化戏剧有深刻影响，不仅为其创作提供了框架范式，还促使其戏剧理论得以形成。从历时性上看，艾略特认为，原始仪式和舞蹈是同源的，现代芭蕾是传统仪式的保存形式之一，能够传承人类的原始经验；从共时性上看，现代芭蕾具有仪式的社会性，能充分地展现现代社会的风貌，是现代集体经验的反映物。在对现代芭蕾的反思中，艾略特确立了仪式化戏剧理论，使其成为现代戏剧演变的重要一环。

Abstract: T. S. Eliot's drama theory is deeply influenced by modern ballet. On the one hand, Eliot believes that the original ritual and dance are homologous and that modern ballet is a continuation of the primitive human experiences and can preserve the ritual convention. On the other hand, modern ballet can fully show the specific character of modern society and arouse enthusiastic response of the audience sequentially. Modern ballet provides a successful paradigm for Eliot's ritualized poetic drama writing, and helps to establish the dual nature of his ritualized drama theory in synchronic and diachronic aspects.

关键词：T. S. 艾略特；仪式化戏剧；现代芭蕾

Key Words: T. S. Eliot; ritualized drama; modern ballet

一、引言

19世纪末20世纪初，现代戏剧逐渐成型。作为一门典型的复合型艺术，现代戏剧的成型绝非仅源于文学改革的内在驱动，也深受包括芭蕾、歌剧等其他舞台艺术门类的共同影响。其中，现代芭蕾极大地启发了现代戏剧审美品格与表现手法的革新。本文从现代主义文学旗手T. S. 艾略特对现代芭蕾的吸收和借鉴切入，探究现代芭蕾对其仪式化戏剧理论的影响，试图勾勒现代芭蕾对现代戏剧成型的先导作用。

现代芭蕾兴起于20世纪初，在继承古典芭蕾的基础上，融合了现代舞的表现技法，以佳吉列夫（Serge Diaghilev）所创立的俄罗斯芭蕾舞团（Ballets Russes）为代表。艾略特对现代芭蕾有浓厚兴趣，他曾屡次观看俄罗斯芭蕾舞团的巡演，是芭蕾舞蹈家马西涅（Léonide Massine）的朋友和粉丝②，并多次撰文称赞俄罗斯芭蕾舞团高超的表演技艺和创意③。他的诗歌如《圣那喀索斯之死》（"The Death of Saint Narcissus"）、《圣塞巴斯蒂安的情歌》（"The Love Song of Saint Sebastian"）、《四个四重奏》（"Four Quartets"），戏剧如《力士斯威尼》（"Sweeney Agonistes"），文学评论如《四大伊丽莎白戏剧家》

---

① 本文系国家社会科学基金项目"伊兹拉·庞德诗歌创作与神话研究"（17BWW065）阶段性成果；本研究同时得到上海师范大学社科项目"新媒体时代中国民间诗歌传播研究"（310 - AC7021-20-003004）的资助。
② 列奥尼德·马西林，苏联著名芭蕾舞演员、编舞导演，他创造了世界上第一部交响乐芭蕾，突破了传统芭蕾的边界。1922年，艾略特通过朋友认识了马西林，与之共进晚餐。他曾回忆当天的情形，显露出见到偶像时的欣喜："我非常享受当天的聚会，正如期待的那样，我相当欣赏和喜爱马西林，我希望以后还能再见到他。他正如我心目中的一样，分毫不差。整晚我都很开心，这是一个完美的夜晚。"（Eliot, 2011: 620-621）
③ 如：Eliot, T. S. "A Commentary." *The Criterion*, 9(1924): 5; "Dramatis Personae." *The Criterion*, 3(1923): 305; "London Letter." *The Dial*, LXXI (1921): 214, 等等。

("Four Elizabethan Dramatists")、《关于戏剧的对话》("A Dialogue on Dramatic Poetry")等都受到现代芭蕾艺术不同程度的影响。艾略特认为,在这些影响之中,最重要的莫过于现代芭蕾对现代戏剧转型方向的启示:"两年前,佳吉列夫的芭蕾舞团来到了欧洲,……我们欣喜地观赏了《幽默的淑女》('Good-humoured Ladies')、《奇妙的玩具店》('Boutique Fantasque')、《三角帽》('Three Conered Hat'),这些芭蕾舞表演似乎暗示了戏剧艺术复兴的黎明……如果新型戏剧即将形成的话,芭蕾也许会成为影响其生成的一大重要力量。"(Eliot, 1921: 214)在《关于戏剧诗的谈话》一文中,艾略特再次重申了这一论断,提出现代戏剧的出路和转型是仪式化戏剧,并以现代芭蕾作为范例(Eliot, 1950: 47)。他还践行自己的仪式化戏剧理论,将现代芭蕾作为一个表演因素加入戏剧创作实践,如在《力士斯威尼》的草稿中,艾略特就曾希望在前两幕之间加入一场由鼓声伴奏的芭蕾舞(Jones, 31—51)。

那么,为什么艾略特认为现代芭蕾代表了现代新型戏剧的方向?现代芭蕾与艾略特的仪式化戏剧理论有何种联系?这种联系体现了艾略特戏剧理论什么特色?

二、现代芭蕾与仪式化戏剧的传统性

不破不立,艾略特对现代芭蕾艺术的吸收首先源于他对当时盛行的现实主义戏剧的批判。他认为,现实主义戏剧缺乏仪式传统(convention),展现的只是表面上的真实:"难道我们不应该放弃欺骗自我,而追求更崇高、更宏伟的真实吗?难道我们仅仅满足于表象,而不追寻本质吗?"(Eliot, 1950: 46)艾略特断言,现实主义戏剧将不可避免地衰落:"我相信当今剧场已经到达了改革的转折点,一场运动正在酝酿。"(同上,109)现代芭蕾则与现实主义戏剧截然相反,它能保存现实主义戏剧所缺乏的仪式传统,能引领现代戏剧的前进方向。而现代芭蕾之所以能保留仪式传统主要取决于两大方面:1)其特有的固定形式;2)舞蹈和仪式的同源性。

1. 固定形式:"传统"与"非个人化"

艾略特的"传统"并非指"单个戏剧家或是在同一时段内拥有相同戏剧形式的戏剧家们",也并非指"某一特定创作技法、或是戏剧和诗歌的形式、或是关于生命的某一特定哲学和认识"的传统,而是指"人们对世界在形式和韵律上的反应"(同上,47)。换言之,艾略特认为的"传统"并非是某一个特定艺术技巧或哲学理念,而是人类面对世界时一致性的态度和反应。这与社会学家涂尔干(Émile Durkheim)、哈里森(Jane Ellen Harrison)等人的社会学理论暗合。涂尔干认为,所谓传统,是人类对世界的统一认识,是存在于人类社会的集体表象(collective representations)(Durkheim, 3—25)。哈里森则进一步指出仪式和艺术都是集体表象的反映,二者在词源学上具有相同的词根,在原始社会中常暗示同一行动,在此后的社会演变中才逐渐分离(Harrison, 39)。艾略特化用了涂尔干和哈里森的集体表象理论,将戏剧看作人们以艺术形式表现集体表象的方式。因而他批判现实主义戏剧缺乏特定的集体表象,过于依赖于演员的表演能力和特色,也就是演员的个人性(personality):"很显然,现实主义戏剧越来越依赖演员。……戏剧对现实模仿程度越强,各个演员之间表演的差异性就愈大,这一代与下一代演员之间的差异性也愈大。"(Eliot, 1950: 115)演员之间的差异性反过来也增加了现实主义戏剧之间差异、促进其分离。艾略特认为这并非良性的文学发展状况,也势必导致"传统"的进一步崩塌。

艾略特认为,与现实主义戏剧恰恰相反,现代芭蕾中存在一种相对稳定的内在结构,有助于传统的保留。"这是一种传统性的存在,仅仅存在于芭蕾舞艺术之中"。芭蕾舞中的每个旋转、跳跃和摆动都是历经数代演变的人类经验,伴随着时代的变迁而最终沉淀为某一固定形式,紧紧地和芭蕾舞的"传统"联系在一起。芭蕾舞演员在跳舞时,他(或她)并非是以个人而存在的,而是与历代的众多舞者在同舞。芭蕾舞传统中保留着自原始社会以来的人类经验的积累,芭蕾展现了艾略特一直在追寻的对传统的保留和非个人化倾向。在《四大伊丽莎白戏剧家》中,艾略特写道:

> 俄罗斯芭蕾舞团中每一位伟大的舞者只存活于表演之中,其个人性在舞蹈表演中是不存在的。……在普通的戏剧表演中,演员往往在角色中带入自己的个性,也就是说,在舞台之上和舞台之下,戏剧演员都是切切实实地存在着的。而芭蕾舞则不同,伟大的表演似乎并不由舞者或者编舞者来创造。……芭蕾舞的形制是通过数世纪的沉淀而成就的严密体系。演员所要表演的部分是早已规定好的,其个性化自由发挥的空间极其有限。一个伟大的舞者和普通的表演者之间的差距……就在于非个人化,或者说,某种存在于各个伟大舞者之间的非个人化的力量。(同上,113)

在这段引文中，艾略特首先强调了芭蕾舞中的固定模式及其对维系传统的作用。这种固定模式也就是芭蕾舞中"通过数世纪的沉淀而成就的严密的体系"。"（我）崇尚芭蕾，就是因为它是一系列身体运动高度传统化、象征化、技巧性的系统"（同上，47）。正如艾略特所说，芭蕾是一种拥有悠久历史传统的舞蹈①。最早的芭蕾舞发源于15世纪意大利文艺复兴时期的宫廷，并在欧美流传过程中形成了"法国学派""西切蒂派"等6大流派，但无论是哪一流派，都依赖芭蕾舞的基本动作，如基本舞姿包括阿拉贝斯（arabesque）、阿提秋（attitude）和伊卡特（ecarte）；基本腿部技巧，包括腿部的伸展和画圈；基本跳跃技巧，包括跳跃的幅度和舞姿；基本旋转技巧；击腿技巧；舞步和连接动作；双人舞的扶持和托举技巧等。芭蕾的这些基本动作（元素）就像字母一样成为程式化的基本舞蹈语言。不管芭蕾舞剧的情节如何变化，芭蕾舞演员和编导在排舞和编舞的过程中都必须遵守这从漫长历史演变过程中逐渐形成的"传统"，因而他们就会不自觉地将自己与人类漫长的经验总和相联系，形成艾略特理想中的"非个人化"的效果。1923年，艾略特在《戏剧角色》一文中就称赞著名现代芭蕾舞蹈家马西涅属于未来的舞台，因为他"完全的去人类化、非个人化和抽象"（Eliot，1923：305）。现代芭蕾的固定形式成为连接传统和非个人化的重要原因，"芭蕾所具有的价值在于它使舞者无意识地将自己与固定形式相联系"（Eliot，1950：47）。芭蕾舞之所以能够保留传统，使舞者呈现无意识的非个人化状态，就是因为其具有相对稳定的形式。

这种长期形成的稳定"形式"，对艾略特来说，就是人类原始仪式的某种残存。这种观点受到涂尔干原始仪式理论的影响："我的讨论主要基于涂尔干的《社会学方法的规则》（*The Rules of Sociological Method*）"以及"集体表象"概念（Eliot，2014：106）。所谓"集体表象"，泛指人类社会里支配和包容其他一切概念的精神生活的永恒模式。"集体表象"的真实性来源于它的社会性和普遍性，正是由于"集体表象"的普遍性，它才是真实的。"如果没有充分的理由，它就不可能变得普遍化，也不可能长久地维持下来。如果它不符合事物的性质，就不可能在理智之上扩展"（Durkheim，310—343）。因而涂尔干对集体表象的理解是非个人化（impersonal）和集体化（collective）。艾略特的"非个人化"理论明显受到了"集体表象"理论的影响，是涂尔干集体表象理论的文学变体。在集体表象理论之中，个体能够通过对自我的非个人化而向更具普遍性的真理中心靠拢。同理，在艺术创作之中，作者通过对自我个性的抑制趋向更具普遍性的文学传统。原始仪式借助固定程式成为凝聚社会集体表象的重要工具，即使仪式内部结构逐渐演变和分离，而其固定程式依旧存在于某些艺术形态之中，例如芭蕾舞剧。艾略特认为："芭蕾的内在精神是原始仪式，我们能在现代芭蕾中发现原始的植物神崇拜仪式的残存。除了音乐之外，整部芭蕾舞剧就像是展现原始文化的历史剧（pageant）。"（Eliot，1921：214）这种能够保留传统的稳定形式也成为艾略特理想中的仪式化戏剧应有的内在结构。

2. 舞蹈和仪式的同源性

另外，艾略特还从舞蹈和仪式的同源性角度阐述了现代芭蕾保存仪式传统的可能性。

这一论点的理论基础来自哈里森的"仪式-戏剧"理论。哈里森认为，舞蹈和仪式具有同源性，舞蹈是原始仪式的重要表现手段之一；原始人施行仪式的方法与现代宗教不同，他们并不向神祈祷，而是通过舞蹈将这种诉求表现出来；在原始人看来，"做"在仪式中是极其重要的，他们需要将心中所感应的通过某种形式（多数是舞蹈形式）展现出来；"舞蹈就是仪式中的一种行为手段……如果原始人要祈雨，他们并不是在心中祈祷降雨，而是用舞蹈的形式将这种祈求表演出来……因而这些充满魔术的舞蹈就成为仪式中的一部分"。对现代人来说，舞蹈可能只是一种放松心情的娱乐，但对于原始人类来说，舞蹈则是一种重要的社会活动。哈里森举了墨西哥塔罗胡玛尔人为例。在他们的语言中，"舞蹈"一词"nolavoa"，不仅意为舞蹈，同时也可以意为工作（Harrison，9—34）。舞蹈是原始仪式的表现手段之一，在原始仪式和原始生活中有重要意义。原始仪式不仅是具象征意义的故事系统，同时也需要表现的手段，这一手段往往是舞蹈。在后来的演变过程中，原始仪式中的故事系统逐步形成了戏剧，因而戏剧自然也和舞蹈有着密不可分的联系，二者都是原始人类心理反应的外化表现，具有相似的凝聚社会共同集体表象的作用。换言之，舞蹈和戏剧具有同

---

① "Ballet"一词最初源自希腊语"βαλλίζω"（ballizo），意指"跳舞，跳跃"。后来演变成拉丁语中"Ballo"和"Ballare"，再到意大利语的"Ballo"和法语的"Ballet"。有研究者甚至认为其最早根源能够追溯到古埃及的仪式舞蹈，这与之后谈到的舞蹈和仪式的同源性可相互参照。

源性,二者作用相同,用艾略特的话来说,都是"保留传统"的手段之一。

在此基础上,艾略特吸收了哈里森对于舞蹈、戏剧、仪式三者关系的设想,并突出了现代芭蕾舞蹈的固定形式对保留传统的重要性。对于艾略特来说,保留稳定形式似乎比变革更重要。他认为当今现实主义戏剧缺少的就是对原始仪式传统的保留,而在现代芭蕾严格化、精密化的动作系统中,他找到了可供现代戏剧借鉴的稳定内在结构。但艾略特在强调固定系统的同时也指出其能够接纳变体的特性:"这是一种可以接纳变通的仪式,但你似乎更看重仪式本身,而非其变体。"(Eliot,1950:47)仪式化戏剧应是一种活动着的有机结构,在其固定点之外,还拥有接纳其他变体的能力。那么,新问题又出现了,即在固定结构之上的"变体"指的是什么呢?艾略特曾强调现代芭蕾舞剧对当代生活的展现,这就是基于固定内在结构之上的"变体"。

三、现代芭蕾与仪式化戏剧的当代性

除了现代芭蕾对仪式传统的保留,艾略特认为其为现代戏剧的转向提供了另一个重要借鉴意义,那就是对当代社会的展现。"当代性"是艾略特"传统"观念的重要侧面,艾略特称之为"历史意识"(the historical sense)。"历史意识"不仅包含了过去的过去性,更为重要的是过去的现存性,即作家必须敏锐地认识到自己在文学史中的地位、自己和当代的关系(Eliot,1950:38)。艾略特仪式化戏剧理论的主要目的和立足点始终是当代社会。他认为,现代芭蕾不仅是原始仪式传统的传承,还能够"将现代生活凝练为一种丰富而神奇的表现形式"(Eliot,1921:214),展现现代人类的生存现状。故而,现代芭蕾的"当代性"也是其引领现代戏剧转型的重要原因之一,其表现主要在以下两端:

1. 表演媒介的创新

20世纪初,现代芭蕾极大地革新了表演艺术的范畴,其表演媒介不仅仅是舞蹈,更涵盖了音乐、舞台设计、造型设计、文学等。俄罗斯芭蕾舞团的主办人佳吉列夫认为,当今社会处在一个急速发展的漩涡之中,艺术家的工作是创造一种新的更为包容的艺术形式(Nancy,61—88),而现代芭蕾的独树一帜之处恰恰在于创造了一种包容各表演媒介的综合性艺术门类,"让画家、音乐家、诗人、舞蹈演员能在一个舞台上工作"(Buckle,196)。以俄罗斯芭蕾舞团为例,其参与人都是处在现代艺术最前沿的青年艺术家,包括作曲家斯特拉文斯基、德彪西、谢尔盖耶维奇,艺术家毕加索、马蒂斯,服装设计师巴克斯特和可可·香奈儿等。他们都是各自领域的引领者与先锋,他们的合作使得现代芭蕾得以将多种艺术形式熔为一炉,包括舞台设计、服装道具设计、戏剧、舞蹈、音乐等。这创造了一种"全然不同的道路:完全从编舞中解放出来;形成崭新的艺术形式"(Percival,89),彻底革新了表演舞蹈艺术,极大地影响了音乐创作的进程,其影响一直持续到今天。

现代芭蕾在表演媒介方面的革新启发了艾略特的仪式化戏剧理论。他认为现代芭蕾不仅是人类经验的累积,以固定形式反映了人类传统,更为重要的是,现代芭蕾以一种崭新的表演媒介展现了当代生活,成为现代人类"集体表象"的一个表现形式。艾略特推崇这种表现手法,这与其仪式化戏剧理论是密不可分的。在现代社会,各艺术门类间有清晰的界限,然而回归到原始社会,并不存在所谓的"不同门类"的艺术,艺术是统一的,都是仪式的外射形式。哈里森曾从词源学上解释这一问题,她指出,在古希腊语中仪式和艺术都是"Dromenon",意为"所做的事"(a thing done)。从心理分析学上讲,在人类历史初期,原始人感觉到一个冲动,就将这个冲动实践出来,这就形成了仪式,同时也是艺术(Harrison,24),原始人并不会单一地将这种冲动实践定性为某一艺术门类。因而现代社会的各艺术门类可能享有统一源头,随着社会的演进而日益细分。

针对现代芭蕾表演媒介的综合性,艾略特将其与古典芭蕾作比较,认为古典芭蕾虽然也是极其优秀的艺术作品,也以固定形式保留了仪式传统,但在当代戏剧改革方面,现代芭蕾具有更为重要的启发意义:"我指的当然是刚刚所谈的近代芭蕾;对于更早形式的芭蕾,虽然其拥有伟大的舞蹈家——尼金斯基或帕洛娃——但是,早期芭蕾并没有近代芭蕾的重要性和持久力。"(Eliot,2011:620—621)古典芭蕾与现代芭蕾的重要区别之一便是后者强调融合各表演媒介,形成极具综合性和包容性的艺术门类。艾略特在自己的戏剧创作中也吸取了现代芭蕾综合表演媒介的特色,他在首部戏剧《力士斯威尼》中试图融入各种不同表演媒介,包括爵士音乐[①]、"小剧场"的舞台布景、日本能剧的服装道具等,期望创造

---

① 参见拙作:林辰."爵士戏剧"与神话仪式:T. S.艾略特《力士斯威尼》的仪式化.《英语文学研究》,(4)2020:96—105.

出类似于现代芭蕾舞剧的综合性戏剧。

2. 素材的创新

在背景选材上，现代芭蕾不再桎梏于传统的芭蕾舞剧剧目，而是从更为广泛的海内外故事中选取素材，特别是史前神话或历史久远的民间故事。如俄罗斯芭蕾舞团的经典作品《伊戈尔王子》（*Prince Igor*，1909）改编自著名俄罗斯远古史诗《伊戈尔远征记》，《克利奥帕特拉》（*Cléopâtre*，1909）改编自埃及历史故事，《火鸟》（*The Firebird*，1910）改编自俄罗斯民间故事，《水仙》（*Narcisse*，1911）改编自希腊神话故事，等等。

艾略特认为，现代芭蕾的素材创新是结合当代社会和原始仪式的绝妙尝试，赞赏这种将原始仪式同现代社会相联系的强大胶合力。他曾称赞俄罗斯芭蕾舞团的《火鸟》："背景音乐的精神是现代的，而芭蕾的精神却是原始仪式。在现代芭蕾中我们能发现原始的植物神崇拜仪式的残存。除了音乐之外，整部芭蕾舞剧就像是展现原始文化的历史剧……（斯特拉文斯基）成功地将舞步的节奏转化为汽车喇叭的嘶吼、机器的震动、钢铁的敲击、地铁的轰鸣，乃至于其他现代社会原始而野蛮的声响。"（Eliot，1921：214）俄罗斯芭蕾舞团的作曲家斯特拉文斯基赞同艾略特对自己的解读，他认为艾略特同自己一样，也关注于如何将传统与现代相联系，他将这种通过传统来更新当代的方式称为"乘坐旧船的新旅行"："难道艾略特和我只是尝试去修理旧船吗？……艾略特与我确实似乎寻找某种间断性……一种向前辈诗人和作曲家借鉴的模式，对先前艺术风格的复兴……向残骸致敬。然而，我们只是使用了这些旧传统、旧材料，我们并没有假装发明新的航海器或交通方式。对我来说，一个真正的艺术家要做的就是修理旧船。他只能够用他自己的方式，重新言说那些早已被说过的事情。"（Stravinsky，30）斯特拉夫斯基"修理旧船"的比喻形象地点明了艾略特利用仪式来创作现代戏剧首先是对前辈艺术家固定模式的传承，其次是重新修理传统中的残骸，以一种现代社会的方式重新阐释。斯特拉夫斯基的评价恰好戳中了艾略特仪式化戏剧的内在核心。

现代芭蕾在素材方面的革新，既保留传统，又凸显现代性，启发了艾略特的仪式化戏剧理论。在其戏剧创作中，艾略特也沿用了现代芭蕾用远古故事展现当代社会的素材选择模式。他将自己的首部戏剧作品《力士斯威尼》称作"阿里斯多芬情景剧的碎片"，借用了康福德（Francis Cornford）的古希腊喜剧的仪式起源说中的"阿里斯多芬结构"，尝试用原始仪式的形式讲述当代故事。类似的剧作还包括《家庭团聚》《鸡尾酒会》等。

四、仪式化戏剧理论与现代戏剧转向

1928年在《关于戏剧诗的讨论》中，艾略特曾明确将他的理想戏剧形式定性为"仪式化的戏剧"。他认为当代的戏剧表演中，唯有天主教仪式大弥撒（Mass）可以被称作最完善的戏剧形式，"最完美理想的戏剧，应该寓于大弥撒的仪式之中……戏剧正是从宗教仪式中起源的，因而它的（继续发展）也不能离开仪式的参与"（Eliot，1950：47）。我们需注意，虽然天主教教义和宗教活动在艾略特的人生和文学创作中具有重要意义，但就其仪式化戏剧理论来看，其重点在于"仪式"，而非"天主教"，天主教的"大弥撒仪式"只是艾略特所列举的众多仪式中的一种（也是他认为较为完善的一种），但并不能以此概括整个仪式的概念。仪式化戏剧理论反复出现在艾略特的批评文章之中，如《修辞和诗剧》《关于诗剧的对话》《诗歌的社会功能》《诗的音乐性》《诗与剧》《诗歌的三种声音》等。而从艾略特的戏剧创作来看，艾略特在戏剧内在结构上借鉴了弗雷泽《金枝》中的植物神崇拜仪式，同时吸收了剑桥"仪式-神话"学派对戏剧和仪式关系的相关论述。可以说，艾略特戏剧的仪式化具有文学表现和理论支撑的双重证明，是艾略特戏剧创作和批评的一个显著特点。

现代芭蕾是艾略特仪式化戏剧理论的一个重要来源，启示了艾略特仪式化戏剧理论的产生，从共时性和历时性两方面使其仪式化戏剧理论具有双重性质。从历时性上看，艾略特认为，仪式化戏剧应同现代芭蕾一样，具有某种稳定的结构和程式，使原始仪式的传统得以保留；从共时性上看，这种"面向过去"的目标不仅仅是复活逝去的艺术形式，更重要的目的是"面向当下"，其关注点更在于当今社会。20世纪初，工业化浪潮开始席卷西方世界，艾略特指出当代艺术应拥有真实表现当代工业化生活的能力，"将汽车的喇叭声、机器的轰鸣声、车轮的摩擦声、钢铁的撞击声、地下铁的呼啸声，以及现代生活中这些残暴而原始的绝望噪音都转化为音乐"（Eliot，2014：363—364）。换言之，在现代芭蕾的启示下，他的戏剧理论呈现出了"现代仪式"的先锋性，一方面"面向过去"，回归到戏剧的原始仪式化起源，要求利用固定形式来连接仪式传统；另一方面"面向当下"，利用现代艺术与观众的天然联系，创造一种能准确表现现代社会的新型戏剧形式。

这种追求恰恰是19世纪末20世纪初现代主义戏剧家们的共同追求。艾略特的仪式化戏剧绝非是特例,而是符合20世纪初现代主义革新的大趋势,是现代戏剧流变的一环。1968年,20世纪文化研究的重要奠基人、文化批评家雷蒙德·威廉斯(Raymond Henry Williams)在《现代戏剧演进——从易卜生到贝克特》一书中指出艾略特的戏剧理论及创作在现代戏剧演进中的重要地位。他指出,艾略特的戏剧理论及创作同叶芝一起代表了现代戏剧中的"反自然主义"倾向,与以萧伯纳为代表的"自然主义戏剧"并行,成为现代戏剧演进过程中的两大主流。而从现代芭蕾对艾略特戏剧理论的影响来看,前者直接启发了后者的形成和某些固定性质,反映了现代戏剧演变的重要倾向。

参考文献

[1] Buckle, R. *Diaghilev*. New York: Atheneum, 1979.
[2] Durkheim, É. *The Elementary Forms of Religious Life*. Trans. Carol Cosman. Oxford: Oxford University Press, 2001.
[3] Eliot, T. S. *Apprentice Years 1905-1918*. Vol. 1 of *The Complete Prose of T. S. Eliot: The Critical Edition*. Ed. Ronald Schuchard. London: Faber & Faber, 2014.
[4] —. "Dramatis Personae." *The Criterion*, 3 (1923): 305.
[5] —. "London Letter." *The Dial*, LXXI (1921): 214.
[6] —. *The Letters of T. S. Eliot: Vol I, 1898-1922*. Ed. Eliot, V. London: Faber & Faber, 2011.
[7] —. *Selected Essays*. London: Faber & Faber, 1950.
[8] Harrison, J. *Ancient Art and Ritual*. New York: H. Holt, 1913.
[9] Jones, S. "At the Still Point: T. S. Eliot, Dance, and Modernism." *Dance Research Journal*, 2 (2009): 31-51.
[10] Nancy D. H. "T. S. Eliot and the Dance." *Journal of Modern Literature*, XXI (1997): 61-88.
[11] Percival, J. *The World of Diaghilev*. London: Studio Vista, 1971.
[12] Stravinsky, I. and Craft, R. *Dialogues and a Diary*. New York: Garden City, 1963.

辛西娅·奥兹克的"米德拉什"历史记忆观
——以《大披巾》为例①

郝慧敏
(上海外国语大学 康奈尔大学)

摘 要: 作为历史事实的犹太大屠杀的残酷性与对之记忆的有效性之间似乎无法实现对等。辛西娅·奥兹克借用犹太教律法的"米德拉什"阐释思维对该历史与记忆的罅隙进行了有效弥合,认为历史与记忆之间并非本体与摹仿的对立关系,而是本源与阐释的互动联结。本文以《大披巾》为例,通过对"哈拉哈"与"阿加达"两种米德拉什阐释模式的参照,探讨奥兹克的历史记忆观:记忆的历史性、记忆的想象性、记忆的现时性。这3种记忆方式赋予大屠杀记忆以存在的"合律法性",实现了失语与言说的统一,从而规避了大屠杀记忆所面临的叙述伦理陷阱。

Abstract: It seems that the legitimate memory about the Holocaust can never be equivalent to the Holocaust itself as a ruthless historical fact. Cynthia Ozick bridges this gap through the Midrashic way of Judaic legal interpretation. The relationship between history and memory, for Ozick, is not antithetical between the thing-in-itself and its copies, but interactive between the origin and its interpretations. Taking *The Shawl* as an example, this paper, in light of two interpretive modes of *Midrash*, *Halachah* and *Aggadah*, intends to investigate Ozick's three ways of remembering history: historical, imaginative and present. These three ways of remembrance entitle Holocaust memory to be in conformity with the Jewish laws, and make it possible to create coherence between the unspeakable and the speakable. This, therefore, makes the Holocaust memory detached from the ethical traps for the Holocaust narratives.

关键词:《大披巾》;米德拉什;记忆;历史性;想象性;现时性
Key Words: *The Shawl*; midrash; memory; historical; imaginative; present

一、引言

美国犹太女作家辛西娅·奥兹克(Cynthia Ozick, 1928—)深受民族传统的影响,认为真正的美国犹太文学应该"具备犹太人思维"(Ozick, 1983: 157)。这种思维包括犹太典籍教义、民族历史。二者的糅合成为奥兹克小说创作的鲜明特征。犹太大屠杀是史无前例的民族浩劫,以其为题的文学创作一直饱受争议,大屠杀记忆面临着叙述失语的困境。历史是单一的、普遍的、过去的,而记忆是多元的、特殊的、当下的。犹太大屠杀作为历史事实的残酷性与对之记忆的有效性之间似乎无法实现对等。奥兹克曾坦言:"理论上,我赞成西奥多·阿多诺(Theodor W. Adorn)的断言:奥斯威辛之后,再无诗歌。然而我的写作却一次次触碰大屠杀题材,(因为)我不能不写。"(Ozick, 1988: 284)"铭记过去的使命感"(Friedrich, 93)驱使她直面历史,试图弥合历史与记忆的裂缝,以此证明大屠杀记忆存在的合法性。这种尝试见诸她的文学批评与小说创作中,其根源可溯及犹太民族的"米德拉什"传统。

"米德拉什"(Midrash)一词源自希伯来语 midrāsh,词根 darash,包含两层意思:获得、求取;探索、阐释。美国犹太学者柳斯尼(Jacob Neusner)认为,犹太传统中的"米德拉什"具有以下3层含义:第一,经典阐释的某一具体组成部分,例如对某一节、

---

① 本文获"上海外国语大学导师学术引领计划项目"和国家留学基金委"国家建设高水平大学公派研究生项目"资助。

某几节或某一篇的阐释;第二,经典阐释整合后形成的选集、编著等;第三,对某一文本的阐释过程,包括释义、预言、寓言3种释经方法(Neusner, 9)。本文着眼于第三维度,即作为阐释方法的米德拉什,其中释义是律法本体解读,预言与寓言是延伸解读,二者分别对应于米德拉什的两种阐释模式——"哈拉哈"(Halachah)和"阿加达"(Aggadah),也即"绝对法"(apodictic law)和"正当法"(justified law)。前者是拉比①对犹太律法的正统阐释,后者则是拉比对律法的文学性阐释(Fraade, 284)。因此,"米德拉什"是使律法与叙述、本体与延伸、字面与修辞进行自由互动的阐释方法,贯通了律法与文学的界限。当代拉比运用"米德拉什"对传统典籍进行现时性阐释,则又连接了历史与当下,因此"米德拉什"本身具有历史性、想象性和现时性特征。

《大披巾》(The Shawl, 1989)是奥兹克以大屠杀为题材创作的中篇小说,包括《披巾》("The Shawl")与《罗莎》("Rosa")两个部分。《披巾》讲述了女主人公罗莎(Rosa)、女儿玛格达(Magda)、侄女斯特拉(Stella)3人在奥斯威辛集中营受到的饥饿、暴力的恐怖经历。因斯特拉抢走包裹玛格达的披巾,玛格达暴露,进而被纳粹士兵残忍杀害。《罗莎》的情节转向30多年后的美国,罗莎无法走出奥斯威辛的创伤,将自我封闭起来,且认为女儿玛格达还活着,于是通过给女儿写信维持着一线生机。本文以该小说为例,拟通过对"哈拉哈"与"阿加达"两种阐释模式的参照,探讨奥兹克的历史记忆观——记忆的历史性、记忆的想象性、记忆的现时性。这3种记忆方式赋予大屠杀记忆以存在的"合律法性",实现了失语与言说的统一,从而规避了大屠杀记忆所面临的可述与不可述的叙述伦理陷阱。因为在米德拉什思维中,历史与记忆之间并非本体与摹仿的对立关系,而是本源与阐释的互动联结。

二、"哈拉哈":记忆的历史性

奥兹克认为,美国犹太作家可分为3个代际:第一、二代犹太人讲述移民经历,奉"族裔"为主,标榜普世多元,却思想狭隘,排斥异己;第三代犹太人以"流散"自居,以异教的形式、语言宣告了历史小说遗风的终结(Ozick, 1983:164)。第三代正是奥兹克的同辈作家,他们的写作不再从犹太传统中汲取营养,譬如艾伦·金斯堡(Allen Ginsberg)所谓的反叛充满了基督教色彩。即使是极负盛名的犹太作家罗斯(Philip Roth)、贝娄(Saul Bellow)、马拉默德(Bernard Malamud)也无法摆脱去犹太、去历史写作的控诉(同上,162—164)。因此,奥兹克对美国犹太文学的现状深感焦虑。似乎正如1977年欧文·豪(Irving Howe)所言,美国犹太文学繁荣过,以移民经历为灵感来源的作家,其资源已经耗尽(Howe, 16)。这些作家大多以美国为创作背景,成为美国地方文学的形塑者,如贝娄笔下的芝加哥、亨利·罗斯(Henry Roth)笔下的曼哈顿下东区、丹尼尔·福克斯(Daniel Fuchs)笔下的布鲁克林。他们以怀旧的眼光缅怀逝去的意第绪文化,但犹太民族的历史厚重感却消失殆尽。因此,奥兹克呼吁,美国犹太文学应该"以犹太性为中心"(Ozick, 1983:174)。对奥兹克而言,犹太律法是其犹太性书写的核心对象。

奥兹克主张犹太文学向犹太律法回归,伯斯坦(Janet Burstein)称之为"米德拉什冲动"(Burstein, 175),更确切地说,这种回归是米德拉什"哈拉哈"冲动。由于犹太教典籍《托拉》②的表述呈现宏观性、含混性,米德拉什"哈拉哈"是对其澄清、说明的过程,哈里斯(Jay M. Harris)将它定义为"拉比对《圣经》的释义",其目的是"在《托拉》文本明显的上下文含义之外,找到更广义、更完整的律法阐释"(Harris, 336)。由此可见,"哈拉哈"是在表层解释且不超越合理合法界限的基础上,将《托拉》还原到更大的教义范畴,从而"让我们进入它的起源空间:言说的与未说的并存,有限与无限共在"(Hartman, 3)。这种外延性思维不同于一般意义上的符号、隐喻的指代含义。换言之,"米德拉什"依赖主体的外延性思维,知其白守其黑,在开显中看到隐秘,在揭示中看到隐藏,能够弥合《圣经》含义的显现与遮蔽之间的缝隙。

大屠杀给犹太民族造成的创伤空前,回忆录、传记、小说等文学叙述曾一度显得苍白无力,历史与记忆在理论、实际层面都存在不对等性。以利奥塔(Jean-Francois Lyotard)为代表的诸多学者曾就该问题发表看法,认为奥斯威辛是一个符号,"既有所指却又无法抵达,既富于意义却又存在延异"(Lyotard, 44)。一时间,言语失真,再现失神,大屠杀历史成了

---

① 拉比(rabbi)是犹太教会、社区的精神领袖或律法导师,接受过正规、系统的犹太律法教育,通晓《希伯来圣经》《密西拿》(Mishnah)、《塔木德》(Talmud)等犹太教律法经典。他们既是社区日常宗教活动的领导者,也是犹太律法的阐释者与传播者。

② 《托拉》也即《摩西五经》,与《先知书》《圣文集》共同构成了《希伯来圣经》,其中《托拉》是犹太宗教经典的纲领性文件,《先知书》与《圣文集》是围绕《托拉》的宗旨而展开的。

不可言说、不可想象的超验所指。然而，米德拉什"哈拉哈"思维却反其道而行之，"以不言而言"（Osborne，2018：5），"允许我们以最真实的方式看清（历史的）创伤时刻，且这种方式不含试图重现历史的意图"（Osborne，2011：168）。从该种意义上讲，"哈拉哈"在追溯历史本源的同时，并不以复制、再现历史为目的，反而承认了本体的不可重复性，因此它规避了大屠杀文学创作中文学能否有力再现历史的伦理悖论，从而实现了不可见与可见的统一。

在《披巾》中，奥兹克巧用"沉默"主题，消弭了大屠杀记忆所面临的"失语与言说"的叙述伦理陷阱。全篇两千余字，无任何时间、地点信息，没有出现犹太人、集中营、纳粹分子等任何大屠杀关键词，这也从侧面印证了利奥塔的说法——"奥斯威辛没有名字"（Lyotard，133）。罗莎与斯特拉之间也几乎无言语交流；婴儿玛格达被披巾包裹着，很安静，从未啼哭；在玛格达被抛向通电围栏残忍杀害之后，罗莎也处于失语状态，"将披巾塞入嘴里"，直至"咽下狼声一般的尖吼"（Ozick，1989：10）。这种沉默展现的正是残暴之下"表述失真"的情境。大屠杀本是无法言说的悲剧，但奥兹克通过"沉默"发声，智慧地创建了"说"与"不说"的纽带。然而，"沉默"隐喻并非解读的终点。根据"哈拉哈"思维方法，解读是填充空白、弥补缺失的过程，要从"沉默"能指进一步走向无法用言语再现的大屠杀"沉默"的符号所指，而"这种空白填补需要通过额外叙述文本来完成"（Boyarin，45）。因而，"哈拉哈"阐释实际编织了一个"文本网络"（Fraade，291）。通过网络式的互文性对话，文本从横向组合走向纵向聚合，从单一走向多元，从封闭走向开放，以此共同拼构出历史真相的星图。

《披巾》是大屠杀历史的根茎，以互文性链接了历史的诸多枝蔓。首先，小说引言取自策兰（Paul Celan）的诗歌《死亡赋格》（"Todesfuge"）。"你的金发的玛格丽特，你的灰发的舒拉密兹"是文本拓展的起点。在歌德的《浮士德》（Faust）中，"玛格丽特是德国浪漫爱情的化身"，而玛格达拥有类似的黄色头发，象征着"罗莎浪漫化的非犹太世界"（Wirth-Nesher，137）；舒拉密兹是犹太女性，她犹如灰烬一般的颜色，暗示了前者浪漫想象的终结。德国人与犹太人、幻想与现实的对立，奠定了小说黑暗、阴郁、死亡的基调。其次，小说以碎片化语言开篇："斯特拉，冰冷，冰冷，如地狱般冰冷。"（Ozick，1989：3）该句源于夏伊勒（William L. Shirer）的纪实作品《第三帝国的兴亡》（The Rise and Fall of the Third Reich），其中记述了一位母亲目睹自己孩子被扔向通电围栏而死的真实事件，这也正是奥兹克创作的取材之处。

有鉴于此，无论是创作者还是读者，都应意识到对大屠杀历史的理解不应局限于《披巾》自身，而要自觉兼蓄其他相关性文本，以期实现对历史的完整认识。因此奥兹克并未将历史与记忆对立，或过分夸大文学叙述的历史价值，而是以"哈拉哈"的思维方式，在承认单一文本叙述局限性的基础上，贯通了历史史实与文学记忆群像的脉络，从犹太民族的律法阐释视角说明了大屠杀历史记忆存在的合律法性。

三、"阿加达"：记忆的想象性

"阿加达"是米德拉什的第二种阐释形式，是基于预言、寓言的延伸解读。著名希伯来文学学者弗兰克尔（Yonah Frankel）曾作出定义："阿加达是非哈拉哈话语，是赋予圣经经文全新含义的米德拉什诠释。"（转引自 Yisraeli，4）换言之，"阿加达"是除"哈拉哈"之外所有释经的合集，二者互为补充，但"阿加达"自身的特殊性在于其阐释的创造性，也即"非律法、非规定性的叙述与释义"，其形式包括故事、传奇、寓言、民间传说、猜想推断等。（Handelman，52）需要指出的是，这里的延伸解读有别于哈拉哈的外延性思维。"哈拉哈"始终以犹太典籍为基准，其外延性不超越律法本身，而"阿加达"延伸解读是超越犹太律法的、非正统式的个人化叙述。多数情况下，"阿加达"是拉比面向普通民众进行布道所采用的方法。拉比会对自身所接受的信条进行相应的增添、变更、偏离，这一过程是动态的、开放的、"伴有创造性的想象"（Heinemann，52）。在想象过程中，"为让阐释更有魅力、令人信服，拉比往往会采用诸多文学、修辞技巧"（同上，47）。故而，"阿加达"是想象与修辞相统一的一种阐释、思维模式，想象为里，修辞为表，表里合一。因此霍尔茨（Barry W. Holtz）将"阿加达"定义为"想象文学"（Holtz，178）。在他看来，双关、文字游戏等均为想象性、创造力的表现方式，以期实现内涵"解锁"，从而获得"意料之外"的理解（同上，189）。因此，任何特殊措辞、文法结构都有可能成为拉比创造性解读的出发点。

基于"阿加达"的想象思维，奥兹克试图恢复历史书写中的文学创造力。她认为："语言如同酒囊，思维才是其内的美酒，语言之内承载的应该是新潮或变革的思想。"（Ozick，1976：239）该种对思想活力的诉求，来源于希伯来语诗人比亚利克（Hayim Nahman Bialik）的启发。"阿加达的意义在于，通过哈拉哈诉诸律法；无法产生哈拉哈的阿加达是无效的，"与此同时，"哈拉哈也应含有阿加达的过程"（同上，228）。换言之，"哈拉哈"与"阿加达"是交互运动、彼此筹划的动态过程,在本体阐释中蕴含着延伸,在延伸释义中又划定想象的界限。其中,哈拉哈保证了本原的神圣性,而阿加达保证了延宕的自由性。因而,就历史与文学记忆之间的阐释关系而言,奥兹克主张在尊重历史真相的同时,也应肯定文学想象所具有的鲜活生命力,历史与记忆应是良性的双向平衡。然而,当前的美国犹太文学却处于失衡状态,诸如贝娄、罗斯、格蕾斯·佩蕾(Grace Paley)等犹太作家只是现实的"摹仿者",他们忽略了阿加达的想象生命力,终究会"有花无果"(同上,224)。由此,奥兹克在小说创作中似乎有意凸显想象思维的表现力,从而佐证文学作为想象性的历史记忆在大屠杀历史阐释中所具有的合律法性。譬如,她将奥斯威辛的"死亡行军"(death march)、犹太祷告"披巾"(shawl)设定为对大屠杀进行"阿加达"创造性阐释的两个出发点,分别对应大屠杀历史的寓言、隐喻两种诠释方式。

首先,奥兹克以圣经故事"捆绑以撒"(Akedah)对奥斯威辛死亡行军的历史事实进行讽寓式呈现。阿卡纳(Joseph Alkana)率先指出,《披巾》是历史事件的记忆,同时也是对圣经故事进行的米德拉什式的阐释与演绎,即"对'捆绑以撒'故事情节、象征的重构"(Alkana,970)。重构的突出表现是最高权力性质的改变:在捆绑以撒中,上帝掌握生死大权;而在奥斯威辛,纳粹却是权力主宰。罗莎与女儿玛格达在集中营路上艰难前行,犹如亚伯拉罕带着儿子以撒前往献祭之地摩利亚山。不同的是,亚伯拉罕出于对上帝的忠诚而自愿奉献儿子生命,罗莎却是被迫走向死亡。她亦在保护着女儿,为防止玛格达暴露而用披巾将她包裹起来。在这场大屠杀中,纳粹分子似乎扮演着上帝的角色,独断残暴,犹太人是俎上之鱼,任其宰割而无力反抗。罗莎对玛格达的母爱成为整个事件残存的一丝人性,但也终究无法改变玛格达注定的死亡结局。

其次,奥兹克通过犹太祷告"披巾"对大屠杀历史进行隐喻式阐发。"披巾"是犹太人祷告所用之物,与犹太民族宗教信仰、苦难经历息息相关,故而成为奥兹克对历史进行"阿加达"创造性阐释的另一出发点。在小说中,"披巾"统筹全篇,它仿佛具有某种"魔力"。罗森伯格(Meisha Rosenberg)认为这种魔力根植于"披巾"所代表的米德拉什式的大屠杀历史思维,即它是大屠杀历史修辞性再现所依赖的媒介。因此,从阿加达的想象性阐释视角看,"披巾"的内涵可以是嬗变的、多元的,伴随故事进程而不断发生流变。

第一,披巾是生命之源。玛格达被隐藏在披巾之下,仿若"窝里的小松鼠""很安全,没有人能触碰到她",并且玛格达"吮吸披巾一角当作奶水"(Ozick,1989:4)。披巾使玛格达在饥饿、杀戮的危险之中得以暂时保全。这个狭小空间正好印证了"披巾"一词的本义,其希伯来语表述为"tallit"或"tallith",由两个词语——tal—tent、ith—little 构成,意为小房间,意涵安全空间。第二,披巾代表着犹太民族想象的共同体。当罗莎目睹玛格达被害时,她听到"电线里真正的声音——各种哀悼之声""这些声音叫她举起披巾……像一面旗帜"(同上,9)。复数形式的声音(voices)来自遇难同胞,而披巾成为将这些苦难灵魂聚集起来的符号,联结了个体与民族的命运。第三,披巾象征着历史记忆的延续与传递。面对玛格达的死亡,罗莎"一动不动""拿起玛格达的披巾,塞进嘴里,直至咽下狼声一般的尖吼"(同上,10)。如果说之前的披巾是玛格达的保护伞,二者处于分离状态,那么在罗莎吞下披巾的那一刻,披巾与玛格达融为一体,披巾作为玛格达的替代物伴随着罗莎走向二战后的美国。一方面,对于罗莎来说,披巾"带有玛格达的气息""她想亲吻它"(同上,30—31),是罗莎个人创伤记忆的回忆媒介;另一方面,披巾也将罗莎与斯特拉、佩斯基(Persky)相勾连,从而折射出战后美国犹太人对于大屠杀历史的态度。罗莎控诉斯特拉拥抱现代文明,"装作美国人"(同上,39),将自身从幸存者标签中剥离出来,"无辜,蒙昧,仿若不曾经历过(大屠杀)"(同上,33);佩斯基是未曾经历大屠杀的美国犹太移民。透过斯特拉和佩斯基所持的态度,可以看出战后美国犹太群体内部所面临的历史记忆断裂、记忆休眠等问题。奥兹克通过对罗莎在集中营、战后生活的追踪,打造了一座米诺斯迷宫。大屠杀历史的记忆碎片是她的迷宫宫格,而"披巾"却是带领忒修斯走出迷宫的那条长线,自始至终隐没在迷宫之中,却又清晰可见。

在"阿加达"思维启发之下,奥兹克使历史转变为可写文本,将之置于动态的生成过程中。通过想象,小说中的"死亡行军""披巾"实现了诗性力量最大化,成为由诸层内涵聚合而成的客观对应物。奥兹克在赋予它们历史厚重感的同时,也授之以相对自由的阐释合法性,并且通过这些客观对应物,奥兹克在犹太人内部或读者群体中创造了大屠杀记忆传递的一种可能性。

四、"为了生命":记忆的现时性

"哈拉哈"与"阿加达"作为"米德拉什"传统的两种阐释方式,均是对犹太律法进行的即刻和现时解读，从而使律法保持动态、开放特质，"得以应对急剧变化环境的挑战"（Heinemann，43）。这种解读的当下性，旨在"通过对《圣经》的全新阐释，为伴随着外来文化影响、内部教派纷争的危机与冲突的情况提供指导"，给予流散中的犹太人以宗教、道德启示，回望历史，面向现在与未来，从而"教会他们如何去生活"（同上，42；48）。对犹太人来说，《圣经》并非条文、地缘、谱系之类干瘪的习得型知识，而是价值判断、人生智慧的泉源。任何阐释都要服务于犹太人的现世生活，其目的可用"米德拉什"术语来概括，即"为了生命"（L'Chaim）。

L'Chaim 与 Moloch 是米德拉什传统生命观的二元表征。L'Chaim 是犹太人的祝酒辞，意为"为了生命"；Moloch 是以孩童献祭的神，象征着畏惧与死亡。二者相较，奥兹克更加肯定前者，认为"犹太教没有濒逝的上帝"，更无丝毫的死亡本能，而要"选择生命"（Ozick，1983：256）。奥兹克把以"为了生命"为基准的历史哲学融入了创作中。这在《罗莎》中主要表现为：对大屠杀记忆进行现时性考察，即在历史的记忆与忘却之间进行选择性平衡，使记忆符合当下的实际生存需要，从而达到肯定生命的目的。

罗莎对历史的记忆分为两部分：一为奥斯威辛，二为华沙。一方面，历经奥斯威辛劫难，罗莎患有严重的战争创伤后遗症。罗莎幻想玛格达还活着，使用母语波兰语给玛格达写信；她自我封闭，不与外界接触，拒绝接受同样来自华沙的犹太人佩斯基的搭讪，并控诉道，"我的华沙不是你的华沙""39 年前我是另外一个人"（Ozick，1989：19）。另一方面，罗莎极度依赖对战前华沙时期的美好记忆，不断追忆往昔尊贵、自由的生活环境。通过对波兰的美好幻想，罗莎逐步从歇斯底里的疯癫状态转向内心平和状态。奥斯威辛留给罗莎的只有无尽的暗恐、苦痛，而华沙却有些许温暖、抚慰。这种幻想虽有逃避现实之嫌，但奥兹克视之为一种可被理解的创伤的自我愈合方式。

罗莎的问题在于，对历史进行全盘式记忆，未根据当下、现时进行选择，记忆与遗忘处于失衡状态。对奥斯威辛记忆的全部保存是罗莎精神失常的根源。她在洗衣房中丢失了内裤，"感到羞愧，觉得（隐私）被暴露"（同上，46）。对一件私人物品的丢失始终无法释怀，这与她在奥斯威辛被强暴的创伤经历有关，因而她偏执地认为，是佩斯基故意偷走了内裤，他是肇事者、性欲狂（同上，34）。罗莎走向迈阿密沙滩，试图找回丢失之物。夜色如梦魇一般将她重新"包裹"起来，而管理员佩戴着的红色假发，也让她回忆起集中营的大火、焚烧场景。由于意外被困在沙滩上，她再次被抛入封闭的领域。奥斯威辛记忆的细节被无限放大："只有纳粹才将无辜之人关入围栏""芬克尔斯坦，你这个纳粹分子，承认吧""吞掉你自己的铁丝网，咀嚼，窒息"（同上，50—52）。罗莎的旧日经历在错置时空重现，各种情感因素交织，"现在"包含着"过去"，"记忆"压倒了"遗忘"（童明，135）。

记忆，究竟是毒药还是良药？大屠杀"记忆"与"遗忘"的伦理问题，一直是束缚历史书写的"紧箍咒"。然而，在尼采（Friedrich Nietzsche）看来，记忆与遗忘并非完全对立，而是辩证统一的，人应该兼具"历史能力"与"非历史能力"。不同于动物，人具备历史意识，但人会羡慕动物以非历史的方式活着，它们的快乐正源自频繁的遗忘力，因此"对于个人、民族抑或文化，历史能力与非历史能力同等重要"（Nietzsche，63）。尼采针对 19 世纪所患的"历史病"提出了生命哲学层面的思考，这一点后来在利科（Paul Ricoeur）的《记忆，历史，遗忘》（*Memory, History, Forgetting*）中得到进一步呈现。利科认为，记忆忠实于过去，但遗忘也并非病理形式或机能障碍，而是在对记忆的再加工基础上，达到"治愈伤痛，对所失进行重置，对破碎形式进行自我再生"的目的（Ricoeur，288）。这种肯定生命的记忆方式，能够引导主体对历史保持客观的辨别距离，从而能够从容面对过去、现在与未来。因此，遗忘不应承担逃避、背叛历史的罪责，恰恰相反，遗忘是"再认"的前提，是主体与创伤记忆进行自我和解的一段过程，进而能够形成革新的、健康的现时记忆。

从记忆的个体性角度，奥兹克主张历史的非镜像再现，应对记忆进行选择性、现时性重构。文化记忆理论发明者阿斯曼（Aleida Assmann）将这种记忆方式称为"功能记忆"，该方式具有高度的现时选择性，能够连接过去、面向未来，赋予人生以价值与意义，从而"重塑生命"（Assmann，125）。在小说中，佩斯基作为奥兹克的信使，指引罗莎进行部分记忆的遗忘。罗莎认为，自己的生命分为"之前、之中、之后"；"之前"是华沙的成长时期，"之中"是希特勒时期，但是实际"没有之后"；"之前是一场梦，之后是个笑话，只有之中存留下来，称之为生命着实是一个谎言"（Ozick，1989：58）。针对罗莎毫无遗留的全盘式记忆方式，奥兹克借佩斯基之口阐明了自身的记忆理论："一切都已经过去了""你现在不是在集中营，已经结束了""看看周围，都是活生生的人""如果你想从生活中获取某些东西，有些时候忘记是必需的。"（同上）如果说罗莎认为"记忆"的目的是铭记历史，那么佩斯基的"遗忘"则是为了个体、民族的生命健康。在佩斯基的引导下,罗莎开始正视自己在奥斯威辛备受欺辱的过去:"玛格达,我的挚爱……我不再因你的存在而羞愧"(同上,69),渐渐地,"玛格达不在了"(同上,70)。伴随着玛格达的悄然退场,罗莎的痛苦、愤怒也得到释放,为与佩斯基的约会留足了私人空间。借此,奥兹克似乎暗示了战后创伤愈合的一种理想方式:根据现时的生活需求,对记忆进行合理的遗忘,使记忆与历史和解,从而重获新生。

从记忆的公共性角度,这种和解式的遗忘,是米德拉什传统中共情思维的延续。以罗莎为代表的幸存者,即使经受千般磨难,也未曾失去对子女之爱,并且通过合理性遗忘逐步恢复了对他人之爱,在与他人相遇中完成自我确认。早在摩西于西奈山接受《托拉》之时,犹太教就已形成了独特的共情想象传统,从未将民族所受的苦难累积为怨恨、愤怒。在出埃及时,犹太人拥有"对历史与记忆的先见""正是因为不幸,他们集体沉湎于对怜悯的想象"(Ozick,1976:277)。从爱自己到爱抽象的人,埃及奴役的苦难记忆凝缩成为历史隐喻——"因为你们在埃及地也曾为异乡人"(同上,279)。通过共情的历史隐喻,犹太人实现了个体与民族、自我与他人的纽带联结。因此,米德拉什"为了生命"的特质,使得它在塑造民族大屠杀历史记忆的过程中,将他者视野纳入了自我记忆的考量范畴。伴随着记忆的公共性,民族创伤也随之转化为普世性的兄弟情义,而非怨愤仇恨,这也是犹太民族生命力的自我滋养、延续。

五、结语

通过"米德拉什"传统的释经方法,奥兹克实现了将典籍与阐释、历史与记忆之间关系的思维对接,指出历史与记忆之间并非本体与摹仿的对立关系,而是本源与阐释的互动联结。无论是对律法的基础阐释"哈拉哈",还是对律法的想象性叙述"阿加达",均对律法持有虔诚态度,无亵渎、不僭越。同理,奥兹克对待大屠杀历史的态度亦旗帜鲜明,一方面,她竭力回归历史真相,以"沉默"方式发声,消弭了大屠杀历史"可述"与"不可述"的对立;另一方面,奥兹克对历史的呈现具备鲜明的想象特质,该种创造性思维在大屠杀书写禁忌中,赋予知识分子以相对的责任与自由。无可否认,大屠杀给犹太民族造成的劫难空前,但它并非不可触碰;历史书写的意义与价值大多取决于书写者的立场与意图。犹如《圣经》是犹太民族离散中生存的灯塔,历史阐释也应成为犹太民族现今、未来生活的参照。

因此,奥兹克阐明了大屠杀历史与记忆进行转换的合理性,且在二者转换过程中,记忆实际具备了3种特征,即记忆的历史性、想象性、现时性。《大披巾》运用米德拉什思维呈现了屠犹幸存者所经历的绝望与希望。就文学记忆而言,它在见证历史的同时,也彰显了想象的鲜活能量;就个体与民族主体记忆而言,记忆应是选择的记忆,包含着遗忘,兼具历史能力与非历史能力。如果说,写作能够以历史的形式使历史可见,那么对奥兹克来讲,这种记忆附着的不仅是历史的负重感,更是未来的使命感。

有别于诸多大屠杀的历史研究者对战争、德性、价值、文明等所持有的质问、怀疑态度,奥兹克脱离了黑暗、悲伤的主线,通过《大披巾》点亮了生命之光。奥兹克笔下,历史与记忆之间的"可通达性"构筑了"实"与"虚"相互勾连的"交叉世界,"其中"虚"亦是向"实"的追溯(乔国强,275;278),因此奥兹克创造了由"不可见"向"可述"自由空间转换的可能性。从该意义讲,奥兹克在回应大屠杀历史记忆的元语言缺失这一问题时,并未陷入维特根斯坦、阿甘本、福柯、布朗肖与南希等哲学的语言符号学陷阱,而是努力搭建了连接断裂的桥梁,通过"米德拉什"阐释思维赋予了大屠杀历史记忆以存在的"合律法性",在尊重历史真相的同时,肯定了艺术的价值。

参考文献

[1] Alkana, Joseph. "'Do We Not Know the Meaning of Aesthetic Gratification?': Cynthia Ozick's *The Shawl*, the Akedah, and the Ethics of Holocaust Literary Aesthetics." *Modern Fiction Studies*, 43.4(1997): 963-990.

[2] Assmann, Aleida. *Cultural Memory and Western Civilization: Functions, Media, Archives*. Cambridge: Cambridge University Press, 2011.

[3] Boyarin, Daniel. *Intertextuality and the Reading of Midrash*. Bloomington: Indiana University Press, 1990.

[4] Burstein, Janet. *Telling the Little Secrets: American Jewish Writing since the 1980s*. Madison: The University of Wisconsin Press, 2006.

[5] Fraade, Steven D. "Interpreting Midrash 2: Midrash and Its Literary Contexts." *Prooftexts*, 7.3(1987): 284-300.

[6] Friedrich, Marianne M. "The Rendition of Memory in Cynthia Ozick's 'The Shawl'." *Jewish American and Holocaust Literature*. Eds.

Alan L. Berger and Gloria L. Cronin. Albany: State University of New York Press, 2004. 93-102.

[7] Harris, Jay M. "Midrash Halachah." *The Cambridge History of Judaism*. Ed. Steven T. Katz. Cambridge: Cambridge University Press, 2006. 336-368.

[8] Hartman, Geoffrey H. "The Struggle for the Text." *Midrash and Literature*. Eds. Geoffrey H. Hartman and Sanford Budick. New Haven: Yale University Press, 1986. 3-18.

[9] Handelman, Susan A. "Halakah and Aggadah: Anarchic Suspension and Historical Concretion." *Fragments of Redemption*. Bloomington: Indiana University Press, 1991. 52-61.

[10] Heinemann, Joseph. "The Nature of the Aggadah." *Midrash and Literature*. Eds. Geoffrey H. Hartman and Sanford Budick. New Haven: Yale University Press, 1986. 41-56.

[11] Howe, Irving. *Jewish American Stories*. New York: New American Library, 1977.

[12] Holtz, Barry W. "Midrash." *Back to the Sources: Reading the Classic Jewish Texts*. New York: Summit Books, 1984. 177-212.

[13] Lyotard, Jean-Francois. *The Differend Phrases in Dispute*. Minneapolis: University of Minnesota Press, 2007.

[14] Neusner, Jacob. *What is Midrash?* Philadelphia: Fortress Press, 1987.

[15] Nietzsche, Friedrich. "On the Uses and Disadvantages of History for Life." *Untimely Meditations*. Cambridge: Cambridge University Press, 1997. 59-123.

[16] Osborne, Monica. *The Midrashic Impulse and the Contemporary Literary Response to Trauma*. Lanham: Lexington Books, 2018.

[17] Osborne, Monica. "Making the Wound Visible: on Midrash and Catastrophe." *Religion & Literature*, 43.2(2011): 164-171.

[18] Ozick, Cynthia. *Art and Ardor*. New York: Knopf, 1983.

[19] Ozick, Cynthia. *Metaphor and Memory*. New York: Knopf, 1976.

[20] Ozick, Cynthia. "Roundtable Discussion." *Writing and the Holocaust*. Ed. Berel Lang. New York: Holmes & Meier, 1988. 277-284.

[21] Ozick, Cynthia. *The Shawl*. New York: Vintage Books, 1989.

[22] Ricoeur, Paul. *Memory, History, Forgetting*. Chicago: The University of Chicago Press, 2004.

[23] Rosenberg, Meisha. "Cynthia Ozick's Post-Holocaust Fiction: Narration and Morality in the Midrashic Mode." *Journal of the Short Story in English*, 32(1999).
谷歌 < http://journals.openedition.org.proxy.library.cornell.edu/jsse/184> (accessed 2020-6-6)

[24] Wirth-Nesher, Hana. *Call it English: The Language of Jewish American Literature*. Princeton: Princeton University Press, 2006.

[25] Yisraeli, Oded. *Temple Portals: Studies in Aggadah and Midrash in the Zohar*. Berlin: De Gruyter, Inc., 2016.

[26] 乔国强.《叙说的文学史》.北京:北京大学出版社,2017.

[27] 童明.《解构广角观:当代西方文论精要》.北京:中国社会科学出版社,2019.

《哈姆莱特》中的植物话语

胡 鹏

(四川外国语大学)

摘 要：植物的出现在莎士比亚的作品中非常普遍，剧作家通过植物世界展示出同时代植物学的观念与发现。本文拟以《哈姆莱特》中的植物话语为出发点，结合同时代的博物学知识，指出莎士比亚文本中潜在体现出的植物隐喻逻辑及同时期博物学的发展转变情况，从而探讨植物学语言在表达早期现代主体时所起的构建作用，进而促进我们对这一时期文学的理解。

Abstract: Plants are ubiquitous in Shakespeare's plays and poems, and the dramatist expressed conceptually and figuratively contemporary ideas and discoveries of botany in the botanical world. This paper aims to analyze the botanical language in *Hamlet* with contemporary knowledge of natural history, point out the logic of botanical discourse and the changes of natural history in early modern period, and explore how granting botanical language constitutive force in representations of the early modern subject might promote our readings of the period's literature.

关键词：《哈姆莱特》；植物话语；隐喻；逻辑

Key Words: *Hamlet*; botanical discourse; metaphor; logic

一、引言

植物的出现在莎士比亚的戏剧和诗歌中非常普遍。批评家们认为剧作家很可能受到其生长环境的影响，因为他的家乡沃里克郡有着丰富的民间传说和多样化的植被，但有关植物的语言实际上体现出莎士比亚时代伦敦所谓的"绿色愿景"（green desire），即一种对植物与花园的新兴追捧。16世纪后半期人们对植物世界产生极大兴趣，相关的书籍不断涌现并在1590年代达到巅峰（Dobson, 434）。福柯追溯了17世纪一系列认识上的转移，认为最终导致了文艺复兴时期主导的同调（homological）思维观念被替换掉。倘若说新的分类法体现出合理的分类及对不同物种、类型之间的仔细观察的话，那么之前更早的模式则注意到相似性，认识到生物之间密切的关系。正如福柯指出的，通过这一过程，"文本不再是符号和真理形式的组成部分；语言不再是世界的一个形式，也不是有史以来就强加在事物上面的记号"。因此科学从历史中剥离出来，他的论述体现我们重新思考受到规训的区隔如何继续塑造我们看待、划分物质属性的问题（Foucault, 62）。从这一角度看，在所谓的前现代时期，显然科学与文化是相互交织、缠绕的，一方面科学知识会侵入文本和文化，而另一方面文本也不单记述而是也参与了科学的分类，更直白地讲，两者本就是一体。本文将通过对《哈姆莱特》中植物话语的细读展示不同角色与不同植物间的隐喻关系，结合同时代的博物学知识，指出戏剧中大量的植物意象并不是简单的象征，而是试图以植物学话语来解决人类差异的关键概念议题，同时也体现出剧作家在早期现代植物学转变过程中的构建参与作用。

二、植物学分类与人类及人类社会

奈特（Leah Knight）指出，"16世纪后半叶对应出

---

① 本文为2021年重庆市教育委员会人文社会科学研究一般项目"莎士比亚作品瘟疫书写研究"（项目编号21SKGH136）、国家社科后期资助项目"莎士比亚与早期现代英国物质文化研究"（项目编号：19FWWB017）及国家社科基金重大项目"莎士比亚戏剧本源系统整理与传承比较研究"（项目编号：19ZDA294）的阶段性成果。

现了英国植物学文艺复兴""1590 年代英国的植物学和园艺文学最丰富多彩"（Knight, 6, 8）。莱登（Mats Ryden）也认为莎士比亚"包括植物名称等植物学知识首要的印刷本来源是杰拉德（John Gerarde）和莱特（Lyte）的《草本志》（*The Herball, or, Generall Historie of Plantes*）。同时他也非常熟悉同时代的园艺文学作品"（Ryden, 18）。《哈姆莱特》中大量有关植物和园艺方面的词汇，据统计有 102 个之多（Thomas and Faircloth, 368）。我们看到剧中的世界常以种子、花朵、动物等意象来表达自然、生殖、生长等意义。如莱阿提斯警告妹妹欧菲莉亚："留神，可不许让七情六欲来制服你……冰清玉洁，都逃不过恶口毒舌的肆意中伤。"（241—242）①正如罗森（David Rosen）指出的那样，这无疑表现出"男性气质对自然生长的厌恶"（Rosen, 78）。后来莱阿提斯又将生殖比喻与花朵比喻结合："青春的嫩芽还没有把花蕾开放，就往往被毛虫摧残了；朝霞般晶莹的青春，怕的是一瞬间卷起了天昏地暗的恶风瘟雨。"（242）显然，植物及其生长环境常成为剧作家精致想象的来源，就如我们看到哈姆莱特斥责整个丹麦及世界的迅速堕落："这是个荒废了的花园，一片的冷落，那乱长的荆棘和野草占满了整个园地。"（233）

正如费瑞克（Jean Feerick）指出的那样，对莎士比亚及其同时代的作家而言，植物生活作为极具吸引力的话语展示出人与人之间固有的广泛关系，提供了灵活而细微的词汇以考虑繁殖与差异问题。在莎士比亚的时代，草药学与农业指南被大量译介传入，书中将植物学部分视为人类解剖学的一部分（Feerick, 84, 85）。在杰拉德 1597 年的《草本志》一书中列举了品类繁复的草本植物和花卉，将植物和人以极为纠缠的方式区隔开来，如提到"杂种的水仙""野蛮的藏红花""喝醉的枣树"等，展示出另一种自然的感觉，即体现出分离的社会和政治行为间的渗透交叉，就像人类世界和植物生活一样（Gerarde, 115, 125, 1336）。而坊间流传的农业指南也记载了这种逻辑，展示出植物的部分与人类解剖之间的类比。实际上植物和人类血肉的相似性是由于它们共享了体液生物学知识。树木流出的汁液被视为血液，其嫩芽就像眼睛，树皮就像人类皮肤一样也怕在嫁接时受到伤害（Feerick, 85）。因此我们可以发现，在剧中第四幕第二景罗森克兰询问哈姆莱特如何处置波洛纽斯的尸体时，他回答道："它去跟泥土做伴了，泥土是他的本家（compound it with dust, whereto 'tis kin）。"（352）值得注意的是，当莱阿提斯蔑视神职人员拒绝给妹妹庄重葬礼时，他讲道："但愿她洁白无瑕的肉体开放出紫罗兰鲜花吧。"（399）这两个例子都是以人和生长在泥土中的植物作类比。

实际上奥高维（Brain Ogilvie）在讨论 16—17 世纪的自然史时就指出，在这个前林奈和前分类学时期，自然史是作为一种规训存在的，这种规训是与对自然细节的着迷和拒绝将"自然简化为系统"的抵抗相联系的，文艺复兴时期的博物学家们支持"包含一种明显人类中心论因素"的分类原则（Ogilvie, 219, 215, 217）。正如格瑞科（Allen J. Grieco）指出的那样，自然王国和社会王国都是"由一种垂直的、等级的原则所构建"，因此"社会拥有'自然的'秩序，而自然也具备'社会的'秩序"，而且"植物的类型和分类系统的存在远远早于林奈所创造的现代分类法"（Grieco, 135—136, 138）。长期以来，人们头脑中总是倾向于把人类社会的分类与价值取向投射到自然界，然后再反过来用于判断或强化人类秩序，证明某些特定社会与政治措施比其他的更为"自然"。例如，一些马克思主义者认为，"所有与自然相关的论述……都表现出社会秩序的状态"。在现代初期，人们普遍想象类比与对应关系，顺理成章地从自然界看出人类社会与政治组织的镜像；人们想象即使在单一自然物种内部也存在着社会与政治分工，与人类世界相类似（Thomas, 61）。早期现代植物学家努力辨认古代经典权威所描述的植物的现代对应物，之后开始更加野心勃勃地工作，给整个植物界归类。其中最引人注目之处在于逐渐增加植物分组，不是按照字母或对人类的用处，而是按照其内部结构特点分组。大多数体系都带有"人为性"，因为它们人为地聚焦某一明显外部特征，而不是根据植物之间的总体相似性进行"自然"分类。但是可以看出，他们越来越意识到物种之间天然的密切关系，减少了以植物用处和其与人的关系为标准的做法（同上，65）。但是所有的分类不可避免地都有等级含义，自然界与人类社会的同化几乎从来没有这么密切过。不过尽管它们都具有拟人化倾向，新的分类模式表现出一种重要取向，要摆脱以人为中心的旧观念。因为，博物学家不是评定植物的可食用性、美、用处或者道德，而是寻求植物的内在特性，只把结构当做区分物种的依据（同上，66）。这种有关文艺复兴时期植物的社会逻辑很早就被拉图尔（Bruno Latour）在论述现代性时提及。他认为，现代"在自然和社会

---

① 本文所引该剧的汉译，均采用方平译的《哈姆莱特》《新莎士比亚全集（第四卷）》（石家庄：河北教育出版社，2000 年）。后文只标明页码，以下凡引用不再一一说明。

秩序之间坚定保持着完全的二元论",而前现代对这种二分漠不关心,"永无止境地、着迷地栖息于自然与文化的关联之中"(Latour, 40—41)。因此文艺复兴时期植物的文化逻辑实际上全面影响了文化的分类。

福柯提出我们历史的主体是一个身体,他也指出了身体经常由那些描述身体形式的文学话语所构建(Feerick, 83)。从这一点上看,早期现代的戏剧家与博物学家们的步调显然是趋同乃至一致的。我们看到剧中莱阿提斯劝告妹妹欧菲莉亚时将哈姆莱特的身体和国家做比较:"他做不了自己的主,因为他得受自己身份的约束……他作出一个选择先得考虑国家的安危和利益,他是首脑,他这样那样的选择,必须要听取'躯体'各部分的意见,取得他们的赞同。"(241)可见此剧同样采用了具体自然世界的意象比喻,想象着国家不仅是人的身体也是植物的身体。

三、《哈姆莱特》中角色与植物的对应

我们可以看到剧中植物意象与人的对应分类关系——特别是第四幕第五景中植物的象征意义与主要角色的对应关系——在满头戴花、疯癫的欧菲莉亚分花的场景中体现得尤为突出:

> 欧菲莉亚:(玩弄手里的花束)这是迷迭香(rosemary),表示心里有个我——求你啦,我的亲亲,要记得我啊,——又是三色堇(pansy),表示的是相思。
>
> 莱阿提斯:疯话有疯话的道理——相思,纪念,配合得好啊。
>
> 欧菲莉亚:这是给你的茴香(rue)——还有这楼斗菜(columbine)。这是给你的芸香花(fennel)——(又拿起一枝花)这是留给我自己的。(指着芸香rue)我们可以叫它做"慈悲草"(herb grace/herb of grace),你得把你的芸香戴得别致些。这儿是一支雏菊(daisy),我本想给你几枝紫罗兰(violets),可惜我父亲一死全凋谢了。(371)

这一幕由于其典型性得到众多批评家们的重视,因为里面所涉及的花卉意指涵盖了剧中主要角色。批评家们和编辑们假设每种植物都具备相关潜在信息并指向不同的接受者,一直以来都试图阐释、梳理清楚舞台上欧菲莉亚分派植物的意义和对象。正如詹金斯(Harold Jenkins)指出的那样,欧菲莉亚对花朵的分派是值得我们进一步思考和阐释的问题。问题有两个且相互纠缠:一是其中植物的象征意义,二是在舞台指引缺失的状态下如何界定赠予的对象(Jenkins, 536)。笔者根据上下文语境及其潜在象征意义将此段中欧菲莉亚分派的植物分为3组:

首先,我们来看段落中明确赠予莱阿提斯的迷迭香与三色堇。同时代植物学家杰拉德在《草本志》中就在对迷迭香的特性描述中记录了其纪念的主题:"迷迭香促进血液流动,对所有头部和脑部的疾病都有益处……使脑部干燥,加速感知和记忆。"(Gerarde, 1110)一般而言,迷迭香用于园艺、烹饪、香水制造和医药,由于其象征记忆,因此与婚礼、葬礼都有关。人们认为它可以防止感染瘟疫,也是有效的堕胎药(Thomas and Faircloth, 297)。剧中显然强调的是其思念的象征意义。以笔者看来迷迭香的思念有3层含义,一是表达欧菲莉亚自己对死去父亲的思念。正如欧菲莉亚之前唱到的,"他光着脸儿躺在枢架上,嗨,诺呢诺呢,嗨,诺呢——泪如雨下,洒在他坟头上……"(370)。虽然她疯疯癫癫,但潜意识中对父亲的爱与思念依旧存在。二是从侧面提醒哥哥勿忘父亲。莱阿提斯的回应无疑证明了这点。他发出愤怒的呼声:"一定要追查个明白。"(374)但詹金斯也指出,反讽的是,欧菲莉亚将迷迭香给了哥哥莱阿提斯,实际上是戏弄了哈姆莱特复仇行为中的鬼魂角色(Jenkins, 537)。三是象征着情人之间的思念,因为迷迭香在当时被视为情人之间的"小花束":"迷迭香在我们日常生活(白天、黑夜)中意为思念,含有我的眼中你一直存在的美好愿景。"(同上,537)她将情人与死去的父亲联系在一起,显然是疯癫状态下混淆了兄弟与情人的关系。和迷迭香一起出现的三色堇继续这样的双重暗示。三色堇的名称源自法语 pensée,意为思考,因此产生了文字游戏效果。其在医学上应用广泛,能够治疗心脏疾病,因此又有"心灵的安慰"(heartsease)之名,因此与思想和爱情有关(Thomas and Faircloth, 255)。三色堇仅在《哈姆莱特》中以 pansy 的名称出现。通过获得花朵,莱阿提斯会强化自己对父亲之死的怨念,但是它们两者相联系也和爱情的哀伤相关,同样体现出欧菲莉亚对哈姆莱特深深的爱恋。

其次是芸香、楼斗菜和茴香。欧菲莉亚反复所称的"给你……给你……"意味着赠花行为的成功,特别是在场的关键角色克劳迪斯和王后。虽然一般认为给王后的是芸香,给国王的是茴香和楼斗菜,但编辑们并未在此上达成一致。如河滨版认为克劳迪斯获得茴香和楼斗菜,阿登二版则认为茴香暗示着婚姻的不忠,因此是给王后的。阿登三版则接受了茴香是奉承的象征这一观点,所以是给了"任何侍从

（或国王）"（Evans, 1222; Jenkins, 359; Thompson and Taylor, 388）。虽然有其他含义，但茴香与奉承的关系是强烈且持续的。而耧斗菜因为其花朵的喇叭状，常被认为与性和通奸行为相关，同时它还被视为不知回报、无任何特效或用途的花（Thomas and Faircloth, 84）。它是一种"忘恩负义的花"，因为它就像"忘恩负义之人"，因此适用于王后，正如哈姆莱特痛斥其母迫不及待地改嫁叔父是对父亲婚姻盟誓的背叛一样。同时克劳迪斯也是忘恩负义之人，对于其忠实走狗波洛纽斯的死，他也只是"私下里草草地把他埋葬了"（365）。阿登二版认为"茴香和耧斗菜指向了婚姻的不忠实"，是给王后的。虽然喇叭状一般指向外遇对象，但也可指向出轨人本身，正如此幕中王后过去和现在的不一致体现出王后的不忠，暗示她是接受者（Jenkins, 359）。实际上我们可以认为茴香和耧斗菜可以指向克劳迪斯和王后两人，因为茴香有奉承、恭维之意，指向了两人的尊贵地位，而耧斗菜则都指向了婚姻不忠的事实及两人忘恩负义的特性。

芸香又被称为慈悲草。一般我们认为欧菲莉亚的行为和演员都是直接朝向王后的："这是给你的芸香花——（又拿起一枝花），这是留给我自己的。（指着芸香）我们可以叫它做'慈悲草'，你得把你的芸香戴得别致些（with a difference）。"difference 是来自纹章学的术语，以不同变体的盾形纹章来区别同一家族的不同分支。实际上，这种指涉暗指王后的两次婚姻，也表现出王后和叔父的关系和谱系的改变，暗指她们过去的行为，刺激她们忏悔和改变（Thomas and Faircloth, 300）。而阿登第二版中认为克劳迪斯是接受者，那么国王接受的就是芸香了。这一词汇的意义源自同形异义，不但含有悲伤之意还有忏悔之意，它说明了国王的罪孽需要忏悔，特别反映出第三幕第三景中他单独在舞台上的忏悔。芸香的另一个名称慈悲草则更是强调了这一意义（Jenkins, 359, 539）。而阿登第三版则认为可能是指克劳迪斯或王后（Thompson, 387），不管王后还是克劳迪斯都具备懊悔和忏悔的理由。因此我们可以认为两个角色都被依次分发了芸香，而欧菲莉亚自己留下的芸香则表现出她的悲伤。

最后欧菲莉亚所言的雏菊和紫罗兰都指向了她自己。雏菊是最早盛开的报春花之一，象征着春天，同样也象征着天真、谦逊、纯洁，而且由于花期短，也代表着悲伤和死亡（Thomas and Faircloth, 100）。阿登三版中认为"雏菊指向了爱，更契合欧菲莉亚本身"，而且这也是唯一一种在王后描述欧菲莉亚溺死情景中再次出现的植物（Thompson, 387）。

实际上，正如博物学家发现的那样，早期现代大部分人认为植物界充满了象征意义，如树和灌木被穿在身上或悬挂起来驱邪……这些实践活动的关键在于古老的假设：人与自然界在一个互动的世界里紧密联结。物种之间有比拟性和对应性，而且植物、鸟兽能感应表达，影响甚至预示人类的命运（Thomas, 75）。因此我们看到，欧菲莉亚选择给主要角色分发不同的植物，实际上是基于其心理状态所体现的一种表达模式，从而间接表现出她的心理感受，但对观众和读者而言它们的意义是精确的。莎士比亚显然利用了大众熟知的植物的象征意义揭示出对应人物的心理和行为，但这种分类还是建立在植物的效用功能之上的。

四、植物之分与人种之分

细读文本后我们还能发现剧中所展示出的早期现代对自然界（包括人、动物、自然）的分类之实质，即从内部结构这一本质特点进行的分类，表面上不同植物指涉、对应不同角色，实际上是有关肤色与种族的差异，进而展现出植物种类与人类种族差异的相似性。正如哈姆莱特著名的段落讲到的那样，"人是多么了不起的一件杰作啊！……宇宙的精英，万物之灵"（285），因此衡量万物的尺度正是人本身。

首先，我们可以发现剧中的关键词 kin 和 kind。当篡位的克劳迪斯称呼哈姆莱特"我的侄子，我的儿子"时，哈姆莱特低头自语："说亲上加亲，倒不如说是陌路人（a little more than kin and less than kind）"。（228）（亲上加亲，指克劳迪斯在口头上不仅称他侄子，而且说成了继子；陌路人，指双方的感情冰炭不能相容。）我们通常理解的 kind 有两种意思："属于自然（belonging to nature）；有感情的、善意的（affectionate, benevolent）"（Edwards, 98）。此处的 kind 还集中体现了基于血缘关系的身份认同，而根据《牛津英语大词典》（OED）的解释，kind 一词在莎士比亚时代与"种族（race）"同义，都指向通过血统造就的物质上和形而上学上的结合（OED, 437）。哈姆莱特所表达的是叔父克劳迪斯叫他"儿子"是比实际亲属关系更亲密，让他感觉非常不舒服。

进一步而言，我们可以发现莎士比亚暗自通过这句话营造出种人差异的氛围。在第三幕第二景哈姆莱特通过戏中戏发现了国王的罪行时，他提道："万一命运和我作对（turn turk with me）。"（325）turn Turk 意为宣布放弃某人的宗教，成为变节者和叛徒，with 有 against 的意思，因此这句话意思是"违背我"或"抛弃我"（Edwards, 177）。还有哈姆莱特曾这样质问母亲:"你有眼睛吗？走向了郁郁葱葱的山林(fair mountain),你居然走到荒野觅食(batten on the moor)"(341),其言下之意是母亲的选择是非理性的(同上,189)。但同时 fair 一词激发了对 moor 一词的种族含义,因为 moor(摩尔人)对"blackamoor"(黑摩尔人)的一语双关同样也出现在第一四开本(Q1)中。哈姆莱特称国王"有一张伏尔甘的脸"(伏尔甘是罗马神话中火与锻造之神,由于其职业特性,他的脸常年被烟熏黑)(Thompson and Taylor, 341)。两个例子都是偶发的、短暂的,但是值得注意的是它们都是剧中核心角色的话,暗指叔父在哈姆莱特的眼中就像异域的土耳其人和摩尔人一样,拓展了戏剧表演展示历史的地理范畴。尼尔(Michael Neill)就观察到"莎士比亚在其生涯中开始捕捉到帝国的血脉"。1607年《哈姆莱特》甚至在西非海面的船上演出,这表明了此剧"展示英国性"的特点(Neill, 171—172)。虽然奎林甘(Maureen Quilligan)在对比弥尔顿和莎士比亚时指出,弥尔顿的作品展示出对英国快速增长的奴隶贸易的关注,而同时期的莎士比亚的作品则在历史上早于这个现象(Quilligan, 220)。但艾瑞克森(Peter Erickson)则认为,在大西洋奴隶贸易之前有关种族的观念就已经存在了,特别是有关人种的肤色问题。整个欧洲出现了大量充当仆人的非洲黑人及宫廷娱乐表演中出现的黑人。实际上在16世纪,苏格兰比起英格兰在文化上更为关注有关非洲黑人的展示问题。詹姆士一世从苏格兰来到英格兰,给英国文化带来了更多的种族差异文化(Erickson, 208—209)。因为他带了大量的苏格兰人进入伦敦,他们在语言、习俗等各方面都与英格兰人有着显著区别,甚至比"外国人"更陌生。而且伊丽莎白一世时期也出现了有关种族的论述,如女王在1601年1月颁布的法令中就要求把"黑人和黑摩尔人(Negroes and blackamoors)"都"赶出女王陛下的王国"(Hall, 2007: 194—195)。

因此我们可以说哈姆莱特痛恨叔父的原因之一就在于虽然其父与克劳迪斯是亲兄弟,但两人迥异。作为老王的亲骨肉,他和叔父在剧中不但代表不同植物品种,甚至是相互排斥的"不同人种"。我们看到欧菲莉亚是"五月的玫瑰"(370),哈姆莱特自己也是花,他被欧菲莉亚称作"是朝廷大臣的眼光、学者的口才,是军人的剑术、国家的精华和期望(rose of the fair state),是名流的镜子、举止风度的模范"。尽管最后"翩翩美少年,正当是花好叶好,如水的年华,给疯狂一下子摧毁了(blasted with ecstasy)"(308—309),而罪恶是"开花结果(blossoms)"(255),叔父是"蔓延病毒的霉麦穗(mildew's ear)"(341)。还有

哈姆莱特的父亲警告他要加紧复仇,不要"比随意丛生在忘川边上的野草(fat weed)还要迟钝"(254页)。显然植物的区别影射出人的区别。

而且实际上哈姆莱特有关土耳其人和摩尔人的种族指涉是与"白色"相联系的。有批评家注意到早期现代白种人身份作为种族类型的阐释。弗洛伊德-威尔森(Mary Floyd-Wilson)在分析这一时期的白色性(whiteness)时就指出,早期现代白色的身份还处于建构的过程之中,因此是流动的、不稳定的。此外白色身份的塑型还未完全展开,因为白色还具有某种消极负面含义需要处理。这种具有瑕疵的白色观念创造出一种不安全感和焦虑感(Floyd-Wilson, 183—209)。正如艾瑞克森指出的那样,白色与脆弱是此剧戏剧化呈现的重要主题之一。有关白色意象在戏剧中的例子有两个,一则关于男性,二则关于女性,但两个例子中的白色都是作为"无法修复的理想错失(ideal lost beyond recovery)"呈现的(Erickson, 210)。第一个例子谈到的是哈姆莱特的父亲与叔父。第一幕中鬼魂的形态由最初霍拉旭形容的"昂首阔步的英武姿态"(fair and warlike form)变成了"很苍白"(very pale)的脸色(218, 238)。此处的脸色苍白后来转移为鬼魂揭露其死亡的过程。在艾瑞克森看来,与鬼魂相连的白色意象不但指向了侵害破坏,也指向了脆弱无助。这种白色与弱者的联系成为剧中无法解决的因素。而且国王通过讲述受害过程中身体皮肤的破损状况,展示了对白色身份让人极度恐惧的外观毁坏(同上, 210—211)。另一方面,我们看到哈姆莱特在戏中戏中将谋害父亲的凶手比作黑色人种:"杀气腾腾的庇勒斯,黑心黑肺……这狰狞漆黑的凶相更套上一张令人心惊胆战的脸具。"(292)和哈姆莱特的父亲一样,戏中戏里的受害者普赖姆也被想象成无辜纯洁的白色,其所遭受的外表破坏也是无法恢复的(293)。显然对克劳迪斯作为摩尔人的种族偏见暗示是在白色和黑色的对比中展现的,而庇勒斯对白色身份的恐惧实际上展示出一种种族对立(Erickson, 211)。第二个例子涉及的是两个脆弱的白人女性。哈姆莱特提到欧菲莉亚拥有"雪白的胸怀"(276),但随即就被他自己所消解:"有一天你要出嫁了,我就送给你一个诅咒当嫁妆吧。哪怕你冰清玉洁,白雪一般干净,你还是逃不过恶毒的毁谤。"(307)哈姆莱特在她死后简短地说:"怎么,美丽的欧菲莉亚(the fair Ophelia)？"(399),又否定了之前的话"你美丽吗？"(306)以及"躺在姑娘的大腿中间,倒是挺有意思呢。"(316)哈尔(Kim Hall)就指出 fair 一词不但具有美学意义,对女性而言还具备道德、性及伦理意义,乃至于有关黑

色和白色人种指涉（Hall, 1995: 70—71）。而在被哈姆莱特责骂之后，王后忏悔道："你叫我睁开眼直看到我灵魂深处，看见那里布满斑斑的黑点，这污秽再也洗不清了（not leave their tinct）。"（342）王后话说明了其罪孽无法消除，就像不可能将黑人变白一样。

从上面的例子可以看出，剧中将白色与脆弱、女性相联系，一方面是因为剧中正面角色如哈姆莱特等所对应的植物（玫瑰、雏菊）都是美好而易受摧残、凋零的，另一方面说明了女性的脆弱、易受侵染。正如哈姆莱特所言，"'脆弱'啊，你的名字就叫'女人'"（233），她们都与不稳定的"白色性"相关，而剧中反面角色——特别是克劳迪斯——则是"黑色"的代表，他所对应的植物"霉麦穗""楼斗菜"等都是强大、有毒的。这也是因为同时代的英国人对异邦、异族有着既迷恋又恐惧的纠缠心理，就像当时植物分类与人的纠缠定义一样。进一步而言，现实中1550年代曾经有黑人在英国与"一位白种英国女性"结婚并生下了"无论从哪方面来说都和他父亲一样黑"的婴儿。当时舆论哗然，认为一位白人女性在英国土壤中孕育出"一个煤炭一般黑的埃塞俄比亚人"是对白色人种的贬低与蔑视（Tokson, 1）。这种人种杂交所带来的恐惧感是一直存在的，因此，不管摩尔人还是其他人，在当时的英国人看来都具有危险性。在艾瑞克森看来，尽管缺少准确的种族描述，此剧通过黑白二色的词汇意象为我们展示了"涂抹的白色和支配的黑色所构建的象征世界"，在这一表面下是对种族的忧虑。（Erickson, 211—212）。而这种对黑白色的差异性乃至对人种差异的担忧和恐惧，正是隐藏在植物所对应的人物形象的表层之下。

五、结语

奥高维研究了从1490到1630年间的4代博物学家，发现虽然他们的关注点和工作方式有所不同，但他们之间有连续性，并有一个重要共性，即"描述"，他们工作的过程和结果都表现为"描述"（Ogilvie, 6）。从1530年代到1630年代，博物学作为一门学科已初具雏形，其中心工作就是描述大自然，对大自然中奇异、普通的造物进行分类、编目。认真测量、仔细记录和描写可能是文艺复兴时代的共同文化气质，表现在文学、绘画、医学解剖、天文观测和对动植物的考察上（刘华杰, 11）。因此人文主义是文艺复兴时期一个宽广的智识框架，博物学正是在此框架内得以生根发芽、走向繁荣。巴罗（J. F. Barrau）就指出："博物学过去和现在都打上了人文文化的烙印。"（舍普, 6）

从人们司空见惯的植物意象入手，深入探讨其象征性内涵及其在文学中的运用，无疑有助于对莎士比亚的文学世界的理解，这种探讨也将为早期现代文学研究提供一个新的视角。通过对《哈姆莱特》的植物意象的分析，我们可以看到莎士比亚的文学作品同样参与了"植物文艺复兴"，从表面上以人与植物在疗效、特点方面的类同比拟，到深层次的物种分类问题，莎士比亚无疑为我们提供了准确的"描述"，同时也体现出过渡时期分类、定义的不稳定性。

参考文献

［1］Dobson, M. and Stanley Wells, Will Sharpe, Erin Sullivan (Eds.). *The Oxford Companion to Shakespeare (Second Edition)*. Oxford: Oxford University Press, 2015.

［2］Edwards, P. (Ed.). *Hamlet, Prince of Denmark (The New Cambridge Shakespeare)*. New York: Cambridge University Press, 2003.

［3］Evans, G. Blakemore and Tobin, J. J. M. (Eds.). *The Riverside Shakespeare (Second Edition)*. Boston & New York: Houghton Mifflin Company, 1997.

［4］Erickson, P. "Can We Talk about Race in Hamlet?" *Hamlet: New Critical Essays*. Ed. Arthur F. Kinney. New York: Routledge, 2002. 207-215.

［5］Feerick, J. "Botanical Shakespeares: The Racial Logic of Plant Life in 'Titus Andronicus'." *South Central Review*, 26(2009): 82-102.

［6］Floyd-Wilson, M. "Temperature, Temperance, and Racial Difference in Ben Jonson's *The Masque of Blackness*." *English Literary Renaissance*, 28(1998): 183-209.

［7］Foucault, M. *The Order of Things: An Archaeology of the Human Sciences*. London and New York: Routledge, 2002.

［8］Gerarde, J. *The Herball, or, Generall Historie of Plantes*. London: John Norton, 1597.

［9］Grieco, A. J. "The Social Politics of Pre-Linnaean Botanical Classification." *I Tatti Studies: Essays in the Renaissance*, 4(1991): 131-149.

［10］Hall, K. F. *Things of Darkness: Economies of Race and Gender in Early Modern England*.

Ithaca: Cornell University Press, 1995.

[11] Hall, K. F. *Othello, the Moor of Venice: Texts and Contexts*. Boston and New York: Bedford/St. Martin's, 2007.

[12] Jenkins, H. (Ed.). *Hamlet*. London and New York: Methuen, 1982.

[13] Knight, L. *Of Books and Botany in Early Modern England: Sixteenth Century Plants and Print Culture*. Farnham: Ashgate Publishing Limited, 2009.

[14] Latour, B. *We Have Never Been Modern*. Catherine Porter, trans. Cambridge, MA: Harvard University Press, 1993.

[15] Neill, M. "Post-Colonial Shakespeare?: Writing away from the Centre." *Post-Colonial Shakespeare*. Eds. Ania Loomba and Martin Orkin. London: Routledge, 1998. 164-185.

[16] Ogilvie, B. *The Science of Describing: Natural History in Renaissance Europe*. Chicago: University of Chicago Press, 2006.

[17] Quilligan, M. "Freedom, Service, and the Trade in Slaves: The Problem of Labor in *Paradise Lost*." *Subject and Object in Renaissance Culture*. Eds. Margreta de Grazia, Maureen Quilligan and Peter Stallybrass. Cambridge: Cambridge University Press, 1996. 213-234.

[18] Ryden, M. *Shakespearean Plant Names: Identifications and Interpretations*. Stockholm: Almqvist & Wiksell International, 1978.

[19] *The Oxford English Dictionary (Second Edition)*. Vol. VIII. Oxford: Clarendon Press, 1989.

[20] Thomas, K. *Man and the Natural World: Changing Attitudes in England 1500-1800*. New York: Penguin Books, 1984.

[21] Thompson, A. and Neil Taylor (Eds.). *Hamlet* (The Arden Shakespeare). Beijing: China Renmin University, 2008.

[22] Thomas, V. and Nicki Faircloth. *Shakespeare's Plants and Gardens: A Dictionary*. London: Bloomsbury, 2014.

[23] Tokson, E. H. *The Popular Image of the Black Man in English Drama, 1550-1688*. Boston: G. K. Hall and Co., 1982.

[24] 刘华杰.《博物学文化与编史》.上海:上海交通大学出版社,2014.

[25] 舍普等.《非正规科学:从大众化知识到人种科学》.万佚、刘莉译.北京:生活·读书·新知三联书店,2000.

[26] 莎士比亚.《哈姆莱特》.方平译.《新莎士比亚全集(第四卷)》.石家庄:河北教育出版社,2000.

核威慑下的主体性召唤
——论《伦敦场地》中"作者身份"的两种维度

杜兰兰

(浙江大学)

摘 要：20 世纪 80 年代，罗兰·巴特等人的"作者之死"观在西方学界引起热烈讨论，美国在西欧部署核武器的计划激发大规模抗议。马丁·艾米斯在小说《伦敦场地》中将这一时期的文学问题和人类命运问题交织在一起，以"作者身份"的文本维度和现实维度之间所产生的悖论性冲突影射核威慑下宿命论与主体性相互博弈的人类境况，折射出艾米斯本人在危机语境下的艰难求索，最终以"作者之死"抵消末日威胁，以文学想象召唤人类主体性来进行自救，这对当今人类社会发展仍具有重要的启示作用。

Abstract: In the 1980s, Roland Barthes' view of "the Death of the Author" was widely discussed in Western academia and the U.S. plan to deploy nuclear weapons in Western Europe sparked mass protests. Martin Amis interweaves the literary problem of this period with the problem of human destiny in his novel *London Fields*, with the paradoxical conflict between the textual dimension and the actual dimension of "authorship" reflecting the human condition in which subjectivity combats with fatalism under nuclear deterrence, and represents his own difficult search in the context of crisis, with the death of the author offsetting the doomsday threat and the literary imagination calling for human subjectivity to save themselves in the end, which can still offer significant illumination to the development of human society today.

关键词：马丁·艾米斯；《伦敦场地》；作者身份；核威慑；主体性
Key Words: Martin Amis; *London Fields*; authorship; nuclear deterrence; subjectivity

一、引言

传统意义上的"作者身份"(authorship)是对"作者是谁"这一问题的指涉，"在历史上一直与创造性作品的法律地位和作者的权利联系在一起" (Robbins, 14)。20 世纪 60 年代末，罗兰·巴特 (Roland Barthes) 宣布"作者之死"，取消了作者作为作品意义来源的身份；福柯 (Michel Foucault) 则用作者功能身份取代作者个体身份，使之成为话语的集合。他们将"作者身份"的核心问题从对"作者是谁"的指认上升到了对"作者是什么"的哲学思考，极大地推动了作者去中心化和作者权威祛魅的进程，然而也存在矫枉过正的嫌疑。1980 年代开始，西方批评界对这些思想进行了反思。其中一种代表性的观点认为巴特等人使"谁在说话"成了一个无关紧要的问题，却忽视了作者在实际文学生产中的作用，正如一些反对者所说，"其结果是，在文学生产中始终存在的动态的社会关系——历史定位的个体作者与历史发展的文学生产制度之间的辩证关系——在批评中往往变得模糊" (McGann, 81)。有鉴于此，亚历山大·内哈马斯 (Alexander Nehamas) 对作为建构产物的"作者"和作为历史人物的"作家"进行了区分 (Nehamas, 272)。肖恩·伯克 (Sean Burke) 则明确指出，重新探索"事实上"的作者，而不是"原则上"的作者，是避免"作者之死"的抽象化和简单化倾向的有效途径 (Burke, 1992: 154)。我国学者刁克利也认为，"果真存在'两个作者'吗？答案是肯定的"，作者既存在于在具体文本中，也存在于现实生活中，后者"以文学创作作为诉求" (刁克利, 135—136)。作者身份在不同维度上的差异成为学者们共同关注的焦点。

英国当代著名作家马丁·艾米斯(Martin Amis, 1949—)在他1980年代晚期创作的小说《伦敦场地》(London Fields, 1989)中也对"作者身份"问题进行了深入的探讨。小说中第一人称叙述者、作家萨姆森讲述了他离奇的写作经历,在作品完成之日却以自杀告终。已经有研究者注意到萨姆森之死与"作者之死"的联系。有学者认为《伦敦场地》是对巴特"作者之死"的验证,"反映了我们通常认为的心理和社会现实的文化建构本质"(Holmes, 55);还有学者强调小说中的作者之死预示"文学档案的可能毁灭,以及世界的可能毁灭"(Stokes, 306)。这些观点倾向于将《伦敦场地》看作对巴特和福柯等人作者观的表征,并将小说中呈现出的世界观理解为一种悲观的宿命论。本文同时考察《伦敦场地》中作者身份的两种维度,即巴特等人强调的"原则"/文本维度和伯克等人关注的"事实"/现实维度,认为小说实则揭示了作者身份的危机和抗争之间所形成的悖论性冲突,进而以作者身份指代人的主体身份,对20世纪80年代核威慑下的主体性困境进行影射,最终以"作者之死"抵消末日威胁,以文学想象召唤人类主体性来进行自救。

二、危机:作者身份的文本维度

在传统批评话语中,"作者身份"的商业属性和法律地位所衍生出的排他性往往使其发展成为一种霸权符号。作者意图被奉为圭臬,读者的个性化阅读和批评者的多元阐释受到阻碍。作为一位激烈反对陈规的实验小说家,艾米斯将矛头指向作者身份的权威性和确定性,其小说的显著特征之一就是"不可靠的叙述者或作者代理人取代了等级制的判断声音的权威"(Keulks, 151)。

《伦敦场地》不仅延续了这一做法,还通过展现"作者"和"人物"对作者身份的自我建构与相互争夺,进一步消解了作者身份的单一性和稳定性。如果说巴尔特借"作者之死"为读者发出了讨伐作者的檄文,那么艾米斯则借《伦敦场地》演绎了人物的觉醒与暴动。小说中多次出现的"危机"一词既预示核威慑下世界行将毁灭,也暗指作者身份面临分崩离析。具体来说,《伦敦场地》中包含了一个多层次的、流动性的"作者身份"体系:第一层为萨姆森、妮科拉、基思、克林奇和马克的作者身份自我建构;第二层为妮科拉与萨姆森之间对作者身份的争夺;第三层为马克对萨姆森作者身份的攫取。"作者"与"人物"的身份不断交叉、演变、互换,双方的权力、地位也随之不断发生翻转。

作者身份的自我建构同时发生于作者萨姆森和各个人物之间。小说一开始,三流作家萨姆森为在现实生活中突然遇到精彩的写作素材而兴奋不已。他定期去做"社会调查访问","然后皱眉蹙眼、心满意足地把它们记在笔记本上"(马丁·艾米斯,49)。而他调查访问的对象,即他小说中的人物也在通过自我书写的方式进行话语建构,试图影响或改变小说的叙事方向,彰显各自的作者身份。出身于贫民窟的基思编造了"一共4页的小册子"(同上,14),对外宣称自己是高级香水公司的经理;厌世的妮科拉在日记中记录了自己拥有预知死亡的神秘力量;上流社会绅士克林奇写下的那些"具有很强的自传性质"(同上,52—53)的小说则是对他乏味的婚姻和生活的写照;而始终不在场的大作家马克留下了数目可观的书信手稿。这些"作品"最初以"物"的形式出现在萨姆森周围,为他提供写作灵感,然后以"话语"的形式继续存在于他的小说之中,成为"作品中的作品"。因此,萨姆森进行小说创作的同时对人物的"作品"进行了挪用和改编,对人物的"作者身份"进行了遮蔽和变形;另一方面,基思等人进入小说、成为"人物"的过程也是他们对萨姆森的作者身份进行分解、对自我作者身份进行建构的过程。艾米斯"对作者在文本和意义上的统一权威进行了问题化、相对化和分散化处理……将作者的声音视为必然的合成"(Stokes, 301),"作者身份"由此打破统一,成为一个建构性的复数概念。

艾米斯对"作者身份"的这一诠释与巴赫金的复调理论建立了一种联系。巴赫金强调作者和主人公之间的对话性。在他看来,"主人公不是作者话语的客体,而是自己话语的有充分价值、充分权利的承载者"(巴赫金,2)。这些"各种独立的不相混合的声音和意识"(同上,3)组成了真正的复调。《伦敦场地》中,萨姆森却试图掩盖人物的话语,制造出一种"独白小说"的假象。这一行为受到人物的抵制,使他在争夺作者身份的过程中遭遇失败。

对作者身份的争夺主要发生于萨姆森和妮科拉之间。妮科拉不满足于做萨姆森小说中的人物,这成为她策划整个事件的动机:"使她难过和愤怒的是权力的放弃,那么懦弱、彻底的放弃。权力是她卷入其中的目的。"(马丁·艾米斯,84)她试图夺取萨姆森的作者身份、成为整个小说叙事的实际操控者。她正如巴赫金所赞誉的陀思妥耶夫斯基小说中的人物,"不是无声的奴隶(如宙斯的创造),而是自由的人类,能与自己的创造者站在一起,不与他妥协,甚至反抗他"(巴赫金,3)。萨姆森也不得不承认:"她比我写得好多了。她的故事成功了。我的没有。"

(马丁·艾米斯，573)

萨姆森最终服毒自杀，马克成为小说的"实际执行人"。小说暗示整个事件实际上是马克为篡夺作者身份而设下的陷阱。萨姆森意识到自己不是个"实体"，而是"像个被造出来的物件"，"就好像是某个人为了卖钱"而把他"造出来一样"（同上，577）。小说由此完成了萨姆森"建构自我作者身份—陷入作者身份之争—失去作者身份—成为他人小说中的人物"的渐进式过程。批评家布莱恩·芬尼（Brian Finney）将萨姆森的失败归结为"后结构主义假设的不可避免性，即所有形式的叙事都属于文本的民主状态"（Finney, 12）。在巴赫金式众声喧哗的文本空间内，人物对"民主状态"的争取成为造成作者身份危机的主要根源。作者以创造者身份自居，企图对文本进行垄断和支配，对此巴特和艾米斯都予以了否认。不同之处在于，在巴特那里，作者之死是为读者赋权，而在艾米斯这里，作者之死是为人物发声。

三、抗争：作者身份的现实维度

《伦敦场地》对作者身份的讨论并未停留在形而上学的作者本体论层面，还对实际文学生产过程中作者需要面对的现实问题进行审视，对作者身份是否具有主体性进行追问。这一追问指向"作者何在"与"作者何为"，是作者身份自发表现出的抗争。正如亚当·玛尔斯-琼斯（Adam Mars-Jones）所说，艾米斯的小说风格"既代表恐惧，也代表欲望。它代表了对写作的一种彻底的怀疑，一种作者身份的危机。它通过在每个句子中宣告作者的存在来推迟这种危机"（Mars-Jones, 15）。对"写作"这一"事实"维度的强调使小说中生成与作者身份危机抗衡的反文本，作者在社会性、历史性中的"存在"与作者被人物推翻后的"死亡"形成对照。

"作者之死"在本质上指向作者主体性之死。在巴特看来，"写作就是使我们的主体从中溜走的中立的、复合的、倾斜的空间，就是使一切身份——从身体写作的身份开始——全部都消失的底片"（Barthes, 142）。伯克指出，这种观点的危险之处在于它在剥夺作者对作品权利的同时也豁免了作者的伦理责任，在一定语境下，甚至会导致作者肆意妄为。他以瓦格纳的反犹太主义和海德格尔与纳粹的关系等为例，对作者所要遵守的"写作伦理"进行论述，认为"虽然作者应该超越其所处的社会之上，但是当作品冒犯道德风俗时，作者需要向社会做出解释"（Burke, 2008: 20），因为写作行为将导致一种风险，"被书写的文本不能够选择它的读者，也不能纠正读者对它的误读"（同上，21）。因此作者对作品无意或有意产生的结果应该承担多少责任是一个必须认真回答的问题。换言之，"'谁在说话'永远具有迫切性"（同上，25）。

如詹姆斯·费伦（James Phelan）所说，"关注伦理势必要求恢复作者的主体地位，因为将文学看作价值探讨的场所，就必须研究是谁建构了那个场所，以及该建构如何引导我们的探讨"（詹姆斯·费伦、唐伟胜，3）。伯克指认作者在实际写作过程中是写作行为的发出者，应对写作行为的后果负责，其实质是对作者在现实维度的主体性的观照和认同。《伦敦场地》对此也进行了具体呈现：整部小说不仅是萨姆森以第一人称对自己写作过程的叙述，同时也是他披露自己如何成为一名谋杀者的自白书。小说由此在"写作"这一明显的主线之外铺垫了"谋杀"这样一条隐性的叙事线索，在"作者身份"和"谋杀者"之间建立起一种同质关系，阐明了作者作为行动主体的能动性以及作为伦理主体需要承担的责任。

首先，作者和谋杀者在能动性上具有极大的相似性。"作者"（author）一词在希腊语中对应"authentes"，字面意为"自我实现者"，另一层含义正是"谋杀者"（Donovan, 3）。艾布拉姆斯（M. H. Abrams）指出："作者的能动性（the agency of the author）通常是指作者被看作一个自相关的、有目的、有决心的人。"（Abrams, 281）而"谋杀者"自身所属的强烈的自觉性、目标性和计划性与作者形成契合。被艾米斯奉为文学导师的纳博科夫（Vladimir Nabokov）在其经典作品《洛丽塔》（Lolita）中将谋杀者置于作者和第一人称叙述者的地位，并假借主人公亨伯特之口戏称："杀人犯总是能够写出一手好文章。"（Nabokov, 1）《伦敦场地》采用了同样的表现手法，使小说的写作进程和谋杀者的自我揭露同时进行。无论是作为采用各种手段刺探人物隐私的"吸血鬼"（马丁·艾米斯，53），还是作为主动出谋划策、怂恿犯罪的"事前从犯"（同上，4），萨姆森都表现出强烈的自觉性、目的性和计划性。作者身份的能动性最直观地体现在小说结尾，萨姆森阻止克林奇并代替他杀害妮科拉。萨姆森坦言"本来可以让盖伊·克林奇继续下去，满足于那个'令人意外'的结局"（同上，573），但是他并没有任其自然发展，而是通过扭转情节、改变结局的方式来证明作者权威仍然掌握在自己手中，从而捍卫了他作为作者的主体身份。因此，这场谋杀是萨姆森和妮科拉作者身份之争的最后一役。妮科拉虽然实现了被谋杀的预言，但是萨姆森"将她包含在了他的更大的叙述中"（Finny, 13），完成了对作者身份的"自我实现"。

其次，正如谋杀者将面临审判，作者的写作行为也将引发自我、他人及社会的伦理判断。在小说中，妮科拉对基思、克林奇和萨姆森都进行了道德审判。她挫败了基思的飞镖比赛夺冠计划，以惩罚他无责任感的利己主义；她借恩诺拉·盖和"小男孩"的谎言讽刺了克林奇对历史的无知和陈腐的浪漫主义想象；她对萨姆森的审判则是要像她烧掉马克的小说一样"毁掉"他的小说。与此同时，萨姆森也执行了自我审判。他对无辜者克林奇怀有恻隐之心，此时他"代表了仁慈"（马丁·艾米斯，573）；他对基思的小女儿基姆怀有深切的关爱，让克林奇发誓要给予基姆更好的照顾，此时他代表了"家长作风"（同上，573）；而他受利益驱动介入现实之中，帮助妮科拉"让戏一直演下去"（同上，315），则是代表了"金钱"（同上，573）。他自知这部小说"是从真实的生活中抄袭而来的"，是"邪恶的东西"，因此通过挽救克林奇的方式实现了自我的赎罪，并将其称作"我能做的最好的事情"（同上，573）。萨姆森此时的能动选择是一种伦理的选择，借此彰显了自我的伦理主体身份，承担起伦理主体应负的责任，或如伯克所说，就其写作行为向社会做出了解释。

作者的能动和责任标志着作者身份主体性在现实维度上的回归或"作者的存在"。如果说在"原则"/文本维度上作者是艾米斯嘲讽的对象，在"事实"/现实层面上，作者则被塑造成因轻信他人而受难、最终选择与对手同归于尽的力士参孙（Samson），代表了"人类的易错性和改进的可能性"（Keulks，51）。艾米斯以弥尔顿史诗中牺牲生命与敌人斗争、拼死保护族人的参孙为萨姆森命名，其中意义不言自明。身患绝症的萨姆森最终选择自杀，指定马克为小说"实际执行人"，这也是对巴尔特意义上被动的"作者之死"的超越，是对自我作者身份的重申。萨姆森的谋杀和自杀由此成为作者主体性的自证。

四、核战争与核裁军：作者身份冲突对人类主体困境的表征

小说中的作者身份危机和作者身份抗争并未指向绝对意义上作者的失败或成功。在文本内部，作者的唯一权威将不可避免地趋向瓦解。这在艾米斯看来是文学发展的必然，然而在实际写作行为中，作者仍然占据主体地位，这是当下文学产生的必要条件。作者身份的文本维度和现实维度之间形成一种悖论性的冲突。如艾米斯在小说中所言，"诗人自己就是一个奇怪的冲突"（马丁·艾米斯，576）。与此同时，正如班尼特·安德鲁（Bennett Andrew）所说，

"当代文论中关于作者的许多争论都涉及对人类主体的本质、对主体性和能动性的概念，以及对人的意义的不同看法"（Andrew，8）。《伦敦场地》中的"作者"问题并不囿于文学思辨，它同时也是"人"的问题，其中的不确定性和矛盾性正是小说创作时期特殊历史语境下人类主体性挣扎的表征。

20世纪80年代，西方社会动荡不安。1979年，为了向苏联施加威慑，北约通过"双重决议"，计划在西欧部署572枚美国新式导弹，引发英国国内声势浩大的反核和平运动。运动持续数年，其间有几十万人走上伦敦街头参加抗议活动，反对核扩散、要求核裁军。1987年，艾米斯在短篇小说集《爱因斯坦的怪物》（Einstein's Monsters）中表达了坚定的反核立场与核裁军主张。在序言中，他指出，人们面临着核战争与核裁军这两种极端选择，"核战争只需要7分钟就结束了，可能在某一个下午就结束了。核裁军还有多远？我们正在等待。武器也在等待"（Amis，1）。人类陷入宿命论和主体挣扎的交替之中：一方面，核战争一触即发，死亡无法阻挡；另一方面，人类是否可以扭转局势，保留一线生机？艾米斯在《伦敦场地》中影射人类状况，反映出人类对宿命的焦虑和对生存的诉求。

"宿命论"（fatalism）通常被理解为"一种认为某些事件和经历是不可避免的、不可改变的、是由人类无法控制的外部力量所决定的信念"（Wojcik，3）。在《伦敦场地》中，宿命论首先表现为妮科拉的死亡预言，它奠定了小说的宿命论基调，是"一种黑暗宿命的宏大叙事"的象征，"在艾米斯的未来反乌托邦中，宇宙正朝着一个更大的末日移动"（Holmes，53）。其次，作为预言中的谋杀者，萨姆森的一切行为恰如俄狄浦斯处处躲避神谕却反而加速了厄运的降临。萨姆森深知这一点："显而易见，这一切从一开始就是毫无希望的。我不明白这是怎么发生的。"（马丁·艾米斯，577）最后，正如艾米斯本人所说，在核武器时代，文学作为一种人类档案，受到核战争的威胁，因此所有的写作都被赋予了核语境，核威慑成为"一种背景，一种隐晦地突出其自身的背景"（Amis，12）。小说中的伦敦处于极端气候变化当中，天空中的异象、令人难以忍受的高温、地球的衰变、对基督降临的想象无不折射出核威慑下人们普遍存在的末日恐慌。

然而艾米斯的宿命论书写并非建立在宗教或神学基础之上。学者丹尼尔·沃杰西克（Daniel Wojcik）认为，核武器的发明和扩散从根本上改变了由来已久的宗教末日思想，取而代之的是一种世俗的末日思想，它"通常以悲观、荒谬和虚无主义为特

征,而不是相信在当前世界毁灭后将建立一个救赎的新领域"(Wojcik,97)。艾米斯也对宗教"末日启示"进行了否认:"核武器可以在几小时内带来启示;它们今天就可以做到。当然,没有死人会复活;什么也启示不了。"(Amis,14)小说中的宿命论书写实则是艾米斯对人类自取灭亡的行为的嘲讽。沃米西克指出核威慑引发的宿命论"强调了人类的毁灭能力"(Wojcik,99),正如艾米斯将核武器的唯一特征定义为:"它们是人造的。"(Amis,2)

因此,艾米斯的宿命论书写实际上暗含对人类阻止灾难发生的主体性召唤。这种"召唤"是一种个体情感和自我意识在去除遮蔽后的强烈迸发。艾米斯曾经提到,他对核武器的关注来源于两个因素,分别是"对乔纳森·谢尔(Jonathan Schell)的经典著作《地球的命运》(*The Fate of the Earth*)姗姗来迟的阅读"和"即将成为父亲"(Amis,4)。谢尔在书中预测了大规模核战争的毁灭性影响,认为这一事件将导致人类文明走向终结。但是,谢尔也断言,人类的行动有可能引起核裁军,从而防止核灾难的发生,世界末日并不是不可避免的。艾米斯称谢尔令他"觉醒了"(同上,4),这一觉醒正是来自人类主体性的抗争,而"父亲"的身份也使他意识到人类主体的爱与责任。

小说于是在宿命论和主体性的相互博弈中游移。小说中截然相反的两个婴儿形象隐喻了人类未来的不确定性。"小兽人"马马杜克是暴力和混乱的制造者,代表着文明的倒退、秩序的坍塌和地球不可逆转的衰亡。而女婴基姆则是人类希望的象征:"你开始的时光已经很艰难了。我希望你继续的时光不会这么艰难","孩子让他们的父母得到再生……我请求你让我得到再生"(马丁·艾米斯,577)。正如作者身份危机和作者身份抗争的对立共存,核威慑下的宿命论与主体性、绝望与希望也形成一种矛盾的并置。

未来究竟指向何处?艾米斯显然无法给出预言。小说中只是留下一个"作者之死"的结局。尽管萨姆森指出"你没法让它们停止",他还是认为"必须变成"海明威式的"斗牛士"(同上,508)去抵抗毁灭世界的力量。艾米斯赋予萨姆森以象征性的拯救意义:"一次谋杀,一次自杀,一切都恢复正常了……最终,任何有关这个世纪的破坏性气质、核事件的疯狂的政治信息,都随着天空晴朗而消失了……战后、后现代、后千禧年的世界回归正常。"(Smith,123)艾米斯以文学想象的方式对现实世界无法克服的危机进行抵消,他也让萨姆森的作品得以再生,这既是人物悲剧命运中的一种慰藉和补偿,也表达了艾米斯召唤人类主体性、共同面对生死存亡问题的真实愿景。

五、结语

《伦敦场地》以作者身份在文本维度上的危机和现实维度上的抗争为隐喻,再现了核威慑下宿命论与主体性相互博弈的人类境况。正如埃利·埃德蒙森(Elie A. Edmondson)所评论的那样,艾米斯小说中描绘的是索尔·贝娄式的"后现代人":"这个人是我们的兄弟,是和我们一样的人,是我们自己。在许多方面,他确实是又狭隘又贫乏,盲目,软弱,卑劣,迷醉,充满困惑——愚蠢。我们看到他是多么的受伤,多么的残缺不全。尽管如此,他仍在考虑纵身一跃而成就不凡的可能性……他梦想着逃脱惩罚,战胜历史为他准备的厄运。"(Edmondson,147)小说中的作者身份冲突既来源于艾米斯对文学本质的精确把握,也根植于他对人类复杂性的深刻理解,使我们得以窥见20世纪晚期文学思潮的更迭和社会震荡下人类主体的困顿与挣扎。尽管随着冷战的结束,核战争和世界末日的恐慌已经淡去,但是当今国际局势的诡谲多变、工业文明对生态环境的破坏、全球性灾难的发生等使得人类仍然必须保持警醒,因此艾米斯对人类主体性的召唤仍然具有重要的现实意义和启示作用。

参考文献

[1] Abrams, M. H. and G. G. Harpham. *A Glossary of Literary Terms*. Boston: Wadsworth Cengage Learning, 2005.

[2] Amis, M. "Introduction: Thinkability." *Einstein's Monsters*. New York: Harmony Books, 1987. 1-15.

[3] Barthes, R. "The Death of the Author." *Image-Music-Text*. Trans. S. Heath. London: Fontana Press, 1997. 142-148.

[4] Bennett, A. *The Author*. New York: Routledge, 2005.

[5] Burke, S. *The Death and Return of the Author: Criticism and Subjectivity in Barthes, Foucault, and Derrida*. New York: Columbia University Press, 1992.

[6] Burke, S. *The Ethics of Writing: Authorship and Legacy in Plato and Nietzsche*. Edinburgh: Edinburgh University Press, 2008.

[7] Donovan, S., Fjellestad, D., and R. Lunden.

Authority Matters: Rethinking the Theory and Practice of Authorship. New York：Rodopi, 2008.

[8] Edmondson, E. A. "Martin Amis Writes Postmodern Man." *Critique: Studies in Contemporary Fiction*. 42.2(2001)：145-154.

[9] Finney, B. "Narrative and Narrated Homicides in Martin Amis's *Other People* and *London Fields*." *Critique*, 37.1(1995)：3-15.

[10] Holmes, F. "The Death of the Author as Cultural Critique in *London Fields*." *Powerless Fictions? Ethics, Cultural Critique, and American Fiction in the Age of Postmodernism*. Ed. R. M. Alonso. Amsterdam & Atanta, Ga.：Rodopi, 1996. 53-62.

[11] Keulks, G. *Father and Son: Kingsley Amis, Martin Amis, and the British Novel Since 1950*. Madison：University of Wisconsin Press, 2003.

[12] Mars-Jones, A. *Venus Envy: On the WOMB and the BOMB*. London：Chatto and Windus, 1990.

[13] McGann, J. J. *A Critique of Modern Textual Criticism*. Chicago：University of Chicago Press, 1983.

[14] Nabokov, V. *Lolita*. Boston：G. K. Hall & Co., 1997.

[15] Nehamas, A. "Writer, Text, Work, Author." *Literature and the Question of Philosophy*. Ed. A. J. Cascardi. Baltimore：The Johns Hopkins University Press, 1989. 265-291.

[16] Robbins, R., Womack, K., and J. Wolfreys. *Key Concepts in Literary Theory*. Edinburgh：Edinburgh University Press, 2005.

[17] Smith, P. "Hell Innit：The Millennium in Alasdair Gray's *Lanark*, Martin Amis's *London Fields*, and Shena Mackay's *Dunedin*." *Essays and Studies*, 48(1995)：115-128.

[18] Stokes, P. "Martin Amis and the Postmodern Suicide：Tracing the Postnuclear Narrative at the Fin de Millenium." *Critique: Studies in Contemporary Fiction*, 4(1997)：300-311.

[19] Wojcik, D. *The End of the World As We Know It: Faith, Fatalism, and Apocalypse in America*. New York：New York University Press, 1999.

[20] 巴赫金.《陀斯妥耶夫斯基诗学问题》.刘虎译.北京：中央编译出版社,2010.

[21] 刁克利."作者之死"与作家重建.《中国人民大学学报》,2010(4)：134—140.

[22] 马丁·艾米斯.《伦敦场地》.梅丽译.南京：译林出版社,2003.

[23] 詹姆斯·费伦、唐伟胜."伦理转向"与修辞叙事伦理.《四川外语学院学报》,2008(5)：1—6.

灵魂之旅与语言重复
——克里斯蒂娜·罗塞蒂悟道诗中的神秘主义美学①

易 霞

（复旦大学）

摘 要：克里斯蒂娜·罗塞蒂的悟道诗历来为学界所低估。研究者认为，诗人随着信仰的加深，诗歌日益失去活力，在诗歌用语上呈现出徒劳无益的重复之风，在诗歌精神上因放弃世俗生活而产生消极遁世之感。本文从灵魂之旅的叙述结构和用语重复的风格两个层面体现出的神秘美学的角度探讨克里斯蒂娜悟道诗的价值，发现重复风格既不冗余也不消极，反而是对灵魂之旅运动节奏和基督徒生活二者内核中积极性的应和，揭示出克里斯蒂娜后期的悟道诗并非她声名远扬的早期诗作的注脚，而是其杰出诗歌成就的重要组成部分。

Abstract: Christina Rossetti's devotional poetry has always been undervalued by academics, who conclude that her poetry gradually lost its vitality as she strengthened her faith, resulting in a futile repetition in the choice of words and a negative reclusiveness in the spirit of poetry due to her renunciation of worldly life. This paper explores the value of Rossetti's devotional poetry through the aesthetics of mysticism embodied in the style of repetition and the narrative structure of soul journey, finding that the repetition in style is neither redundant nor passive, but an echo of the positivity both in the motional rhythm of soul journey and in the Christian life. It thus reveals that Rossetti's later devotional poetry is not a footnote to her earlier poems which are widely read, but an important part of her outstanding achievement in poetry.

关键词：克里斯蒂娜·罗塞蒂；神秘主义；灵魂之旅；重复；悟道诗
Key Words: Christina Rossetti; mysticism; soul journey; repetition; devotional poetry

一、引言

据《不列颠百科全书》(*Encyclopedia Britannica*) 对神秘主义 (mysticism) 这一词条的释义，mysticism 的词源可追溯至希腊名词 mystes，特指一个秘密宗教的新入会者，mystes 一词又源于动词 myein，指"闭上"，尤指闭上眼睛或嘴巴，因此 mystes 也指守着一个秘密的人。在基督教的语境中，mystic 指对某种宗教迷狂形式的修习者。mysticism 一词于16、17世纪开始出现于欧洲各种语言中，它是一种宗教狂喜的实践，任何意识形态、伦理、仪式、神话、传说和魔法都可能与这些狂喜相关；它也可指通过不同的实践和体验获得对终极真理的洞见。在19世纪中期，浪漫主义在宗教思想上更为强调个人体验而非神学之后，mysticism 一词的内涵也延伸到包括基督教之外的宗教中的类似神秘现象。不同文化中的神秘主义者目的各不相同，施魔术者、萨满教巫医、卡巴拉主义者等视神秘体验为施展魔法的方式，印度教的神秘主义者和佛教徒寻求通过对真理的掌握从无明中解放出来。但之后在科学与神学的交锋中，历史上很多神秘主义类型被认为仅仅是心理现象，唯有那种致力于与绝对、无限或上帝合一的体验才是真正的神秘主义(Hooper, 51—54; Hollywood, 6—7)。

新柏拉图主义代表人物普罗提诺(Plotinus, 204—270)哲学思想的核心是神秘主义，也即三一原

---

① 本文系国家留学基金项目资助的阶段性成果（批准号：201706100016）。

理(hypostasis)(范明生,329)。三一原理指一个从高到低呈现出如下等级和序列的体系:太一(One)、心智(Nous)、灵魂(Soul)。这一神秘主义的哲学建构由从太一向可感世界流溢的下降过程和最后又重返太一的上升之旅所组成。太一是创化万物、与神同一的终极本原,心智和灵魂相继从太一中流溢而出,再向下流溢产生人生活于其中的有形世界。第二次满溢出的宇宙灵魂构成心智和可感世界之间的中介,赋予世界以生命。宇宙灵魂作为本原自身不降落在身体中,而是借由个体灵魂经过一系列下降抵达宇宙进程的最低点——质料,这是离太一最远的黑暗之所在。上升之旅是指肉身化的灵魂在净化自身之后和肉体分离,经由心智继续上升、回归到太一的旅程,这一个体灵魂经由伦理实践而脱离尘世、回归太一的过程与太一的下降之旅同样重要(Plotinus, 300—345)。

圣奥古斯丁(Saint Augustine, 354—430)作为拉丁基督教神秘主义的创立者,受普罗提诺思想的影响而皈依了基督教,认为柏拉图和新柏拉图主义者与基督教最为接近(保罗·蒂利希,109)。前拉斐尔派重要代表人物克里斯蒂娜·罗塞蒂(Christina Rossetti, 1830—1894)最喜爱的著作之一是圣奥古斯丁的《忏悔录》。学者洛娜·帕克(Lona Packer)曾仔细探究克里斯蒂娜诗歌与圣奥古斯丁著作之间思想和方法上的传承性(Packer, 142—150)。据此可知,深受圣奥古斯丁影响的克里斯蒂娜也应间接地受到普罗提诺神秘主义思想的影响。笔者发现,在克里斯蒂娜的诗歌中潜藏着与普罗提诺神秘主义思想相应的"灵魂之旅"的叙述结构,其诗歌中看似令人烦腻的用语重复实则是其风格的活力之所在。这一发现促使我们重新审视克里斯蒂娜被当代忽视的悟道诗的价值。悟道诗(devotional poetry)是宗教诗的一种。在定义悟道诗之前需清楚什么是悟道惯例(devotional practice)。在狭义上,个体用以与上帝联系的练习都可以被称为悟道惯例,它们包括忏悔、祈求、颂扬和沉思等;在广义上,任何时代任何文化下个体有意识的与神圣相联的实践都叫悟道惯例。如果一首诗本身是悟道惯例的一部分,那么它便是一首典型的悟道诗;如果一首诗是重新回顾悟道惯例,那么它只是悟道诗的一个次要种类。① 克里斯蒂娜至今仍为世人所熟知主要源于她的长诗《小妖精集市》和一些简短忧郁的抒情诗。当今读者已难以从她的悟道诗中受到启发,也难以想象1912年她最后一卷诗歌《诗篇》(Verses)印刷超过21 000本的盛况(D'Amico, 148)。传统学界历来认为随着克里斯蒂娜信仰的加深,其诗歌日益失去活力,后期的悟道诗似乎只是她引人瞩目的前期成就的一个无足轻重的注脚。她的悟道诗歌被指责呈现出一种"无止境的、徒劳无益的重复,并最终无可奈何地放弃"的枯燥与被动性(Esh, 840)。甚至伊泽贝尔·阿姆斯特朗(Isobel Armstrong)也未曾关注到诗人后期悟道诗的价值,断然评介道:"正是在克里斯蒂娜·罗塞蒂的早期诗歌里展现出了她强有力的能量",而直接忽视了她后期的悟道诗歌作品(Armstrong, 366)。

近30年来学界因逐渐认识到克里斯蒂娜作品与牛津运动的关系而对她后期的悟道诗加以重视,出现了不少传记批评和主题研究。② 这些研究一定程度上加深了人们对克里斯蒂娜悟道诗价值的认识,却没有直接而充分地探索出其悟道诗的形式与风格的价值之所在。它们也未能在传记批评、主题批评之外以更丰富的面向解释克里斯蒂娜的后期诗歌为何会深受维多利亚时代的读者喜爱,以及其作品为何仍值得当今读者反复品味。本文试图弥补这一不足,从灵魂之旅的叙述结构和用语重复的风格两个层面体现出的神秘美学的角度探讨克里斯蒂娜悟道诗的价值,揭示克里斯蒂娜后期的诗歌并非其被广泛阅读的早期诗作的注脚,而是其杰出诗歌成就的重要组成部分。

二、灵魂之旅

在对克里斯蒂娜的诗歌进行结构分析之前,首先需厘清"灵魂""灵魂之旅"这两个概念在诗人诗歌世界中的内涵。在神话传说、宗教和哲学等传统里,人们早已对"灵魂"概念有着纷繁复杂、相互龃龉的

---

① 作为盎格鲁-天主教徒的克里斯蒂娜·罗塞蒂一生写了996首诗歌,其中悟道诗有450首,占总比例近一半。这些悟道诗主要收录在诗人1893年出版的《诗篇》(Verses)这一诗集中,还零星地出现在其诗歌全集中的"悟道篇"(devotional pieces)的标题下。

② 这时期对悟道诗的主要研究著作有:D'Amico, Diane. *Christina Rossetti: Faith, Gender and Time*, Baton Rouge: Louisiana State Univ. Press, 1999. Hu, Esther T. "Christina Rossetti, John Keble, and the Divine Gaze." *Victorian Poetry*, 2 (2008): 175-189. Schofield, Linda. "Being and Understanding: Devotional Poetry of Christina Rossetti and the Tractarians." *The Achievement of Christina Rossetti*. Ed. Kent, David A. Ithaca: Cornell Univ. Press, 1987. 301-321. Tennyson, G. B. *Victorian Devotional Poetry*, Cambridge: Harvard Univ. Press, 1981.

定义。克里斯蒂娜对"灵魂"概念的见解已进入一些学者的研究视野。代表性的观点如琳达·帕拉佐（Lynda Palazzo）认为克里斯蒂娜·罗塞蒂的"心灵"（spirit）观念可与梅利莎·拉斐尔（Melissa Raphael）的女性神学相联系："这种精神性将心灵或灵魂（soul）置于身体之中，而非像笛卡尔的二元论一般认为二者彼此对立。"（Palazzo, 141）事实上，此观点仅仅认识到克里斯蒂娜灵魂观念的一个层次。诗人在很多情况下还认为灵魂与身体相互分离，如《我的生命要给我带来何种至福》一诗中（Rossetti, 2001: 502）开头写道："是否逝者必须长久等待？——/有一个确定的期限/身体将留给虫子/而灵魂尚达天堂门口。"①诗中认为身体终究会腐烂而灵魂注定来到天堂门前。克里斯蒂娜这种复合性的复杂灵魂观念与普罗提诺的灵魂观相契合。与亚里士多德认为灵魂形式与肉体质料结合而成作为实体的身体、灵魂只是身体的功能或状态不同，普罗提诺从柏拉图思想出发，认为灵魂是相当于理念界的无形独立实体。但他将灵魂划分为无形实体的灵魂和身体形式的灵魂两个层次："每个人都是双重的，一方面是一种复合的存在物，另一方面是他自己（authentic man）；整个宇宙也是这样，一方面是身体与之相连的那种灵魂的复合物，另一方面是大全灵魂，这种灵魂在身体之外，但有一些光辉照耀在身体里面的灵魂上。"（普罗提诺, 122）灵魂的这种两重性使得它同时具有向上——"心智""太一"回归和向下——可感的物质世界探寻的双重能力，这即是灵魂的旅程。普罗提诺对灵魂双重性的确认是对亚里士多德理性主义的灵魂论作了神秘主义的转向，在以身体形式的灵魂来囊括亚里士多德灵魂论对灵魂与身体互相依赖、不可分割的强调之外，更以无形实体的灵魂论来完成与神合一的终极目的。同为至高无上的存在，普罗提诺的"太一"在作为基督徒的克里斯蒂娜的思想中的对应体则是上帝。安德鲁·杰拉卡斯（Andrew Gerakas）基于对主要几位基督教早期教父的研究确认：灵魂之旅的目标是"逐渐变得与耶稣基督相似"（Gerakas, 81）。这场与上帝合一的灵魂之旅是一场分阶段、有梯度的精神朝圣，可分为下降之路与上升之旅两个层次。②

1. 下降之路与上升之旅

克里斯蒂娜的悟道作品中展现出的灵魂之旅的终极目的是与上帝合一，常以言说者或主人公对天堂的幻视或对上帝之爱的深刻揭示为证。在这场最终与上帝合一的旅程中灵魂为何首先会发起朝下运动的姿势呢？在普罗提诺的解释中，作为完满自足之统一体的"太一"因其完善而必然向下流溢，渗出自己的映像环绕在自己周围，颇合中国古代月盈则亏、水满则溢的思想。灵魂之旅朝下走时，其行动逻辑仍是对上帝的深入理解，所有的灵魂旅程始于上帝又终于上帝，就像普罗提诺的神秘哲学认为的一切从太一流溢而出而最后又复归于太一。学者大卫·利（David J. Leigh）认为灵魂之旅呈"螺旋形，经常远离最终目标而向下运动，并在那儿发现些梦幻泡影，最后恢复，再抵达真正的目标"（authentic goal）。（Leigh, 5）"authentic"一词表明此时人与上帝之间是一种更深层的真正关系，从这我们可以得知灵魂向下运动乃是为了与上帝更为深入的融合。

灵魂之旅向下运动时会遇见什么？如同耶稣的经历一般，灵魂之旅向下运动时必然堕入黑暗的痛苦深渊之中。T. S. 艾略特在《四个四重奏》（*Four Quartets*）中描述过这一体验："我对我的灵魂说，静一下，让黑暗降临到你身上，那将是上帝的黑暗。"（T. S. 艾略特, 203）灵魂与黑暗的相遇是对耐心与谦卑的邀请。"深渊呼唤深渊，人类的深渊会绝望/但对于上帝的深渊：我们播种以待收获，/耐心，等待，专心祈祷：/深渊会传回答案"（Rossetti, 1902: 83）。克里斯蒂娜在诠释灵魂的向下运动时呼唤朝圣者在耐心与祷告中超越他们感受到的绝望，因为朝圣之旅就像农民从播种到收获之间一样需要时间。

灵魂上升这一运动的最初开启来自上帝，是上帝这一伟大的神秘自愿向人显现自身。克里斯蒂娜的《圣彼得》（St. Peter）（Rossetti, 2001: 448—450）一诗第二节的首句"圣彼得曾道：'主啊你会为我沐足吗？'"耶稣弯腰蹲下的姿态意味着上帝率先开启这段与人类之间的亲密关系。在灵魂之旅中，上帝始终如一，而朝圣者的心灵则发生变化。在克里斯蒂娜的《圣彼得》一诗中，我们看到言说者有着一颗

---

① 文中所引译文，若未加说明，皆为笔者据克里斯蒂娜诗歌《罗塞蒂全集》（Rossetti, 2001）所译。学界对克里斯蒂娜·罗塞蒂诗歌的翻译与研究很少，而悟道诗更是鲜有译介。

② 虽然明谷的贝尔纳（Bernard of Clairvaux）、博纳文图拉（Bonaventura）、十字架若望（St. John of Cross）等中世纪神学家的"灵魂之旅"思想也影响了西方现代对"灵魂之旅"的理解，但由于克里斯蒂娜诗歌中的"灵魂之旅"观念主要是受到圣奥古斯丁的影响，且与之最为相契，所以上文中主要梳理分析了圣奥古斯丁的"灵魂之旅"思想，而未将以上中世纪神学家纳入综述。

"比岩石还顽固的封闭的心",第二节多以[k]的辅音结尾:"knock"(2)、"rock"(3)、"mock"(6)、"cock"(7),强调言说者心灵的坚硬。灵魂的向下之旅中朝圣者遭遇灵魂的黑暗时刻时,上帝始终在场。当它向上回归与上帝合一时,这颗石头般的心必须经历一个变化。尽管言说者那颗坚硬的心不会哭泣,她仍能听见上帝的呼唤:"然而,我仍能听见你敲门,仍然能。"(9)上帝的敲门声要将其从黑暗中拉出,句中对"仍然能"的重复显示出上帝的执着与坚持。"我会折磨你的心以让它完整"(11),"因视你如珍宝教会你爱"(12),这两行诗从另一视角解释了灵魂向下运动的原因:灵魂在下界所遭受的一切痛苦是为了让心灵变得完整,为了学会爱的艺术。至此,言说者的心灵发生变化,为"whole"(11)和"soul"(13)等圆润之音所环绕,甚至被邀请着"最后与你在荣耀中共饮"(14)。"荣耀"一词传达出言说者与神合一的辉煌体验。如同耶稣的生命经历一般,灵魂之旅从黑暗往上升时是进入复活的光明之中,灵魂之旅的终极目的是与上帝合一。这一终极目的及其甜美与言说者的渴慕在下一诗节中显露出来:

> 主耶稣,你是我灵魂的甜蜜:
> 我自身充满苦涩:
> ……
>
> 你自身就是我的终点,噢我的王:
> 你伸出双手拯救我的灵魂:
> 旅程多远有多重要呢?
> 当我触碰你我触碰到自己的乐园,
> 噢　甜蜜的主。(同上,406—407)

2. 灵魂之旅结构在克里斯蒂娜悟道诗中的出场

灵魂之旅的叙述结构整体上出现在克里斯蒂娜对《诗篇》(Verses,1893)这一诗集结构的安排中。《诗篇》是诗人后期写的悟道诗的主要合集,该诗集由8部分组成,这8部分的结构就像诗中言说者的精神旅程构成的一个戏剧。戏剧的第一幕《主,我从心底呼唤你》是从谦卑与忏悔的姿态开始,在第四幕《礼物与恩典》中言说者学会了进入精神生活所必需的所有训练(disciplines),这一切为第五幕《自我毁灭的世界》中言说者进入旅程的最黑暗部分做好了准备。言说者开始谴责尘世、再次发出对永恒的渴求是灵魂之旅的一个关键转折点。第六幕灵魂之旅开始向上攀升。第七幕《新耶路撒冷和它的公民们》和第八幕《给陌生人和朝圣者的歌》中灵魂之旅抵达其最终目标与上帝合一。

灵魂之旅的叙述结构还非常显著地出现在克里斯蒂娜大量诗歌中。下文笔者将分析该结构在两首代表性的悟道诗《一个更好的复活》("A Better Resurrection")、《从屋子到家园》("From House to Home")中的具体体现。在《一个更好的复活》(同上,62)一诗的第二行言说者即点出"我的内心有如一块石头",以石头的意象写出心灵的麻木,不再能感受到希望与恐惧,对山丘之美亦不再能感知,然而正是这种"空"的感受显示出一种开放性、预示着对心灵将被"填满"的希望与可能性。如果说在第一节结尾时言说者将自己生命比作"落叶"(falling leaf)已让人想到秋天的寥落,那么第二节首句作者进一步将自己比作一片"凋谢之叶"(faded leaf)则更加深了冬日的死寂。在落叶比喻之后紧接着一句"噢耶稣,使我复活"(8)中,"quicken"除了理解为"复活"也可指"加快",言说者在祈祷耶稣加快自己的凋落,然而,这看似悲观的祈祷却吊诡地显现出言说者姿态的积极性:当深冬到来,言说者愿意放手那因时间流逝而枯萎腐烂的尘世之躯,因为抱有对基督所预示的新生命将给自己带来新生的希冀。"凋谢之叶"的意象预示着灵魂的下降之旅,这是一趟朝向冬天或死亡的旅程。在这首只有3节的诗歌中,每一节的主体部分都是在对灵魂降落低谷的吟叹。在第一节对心灵之麻木予以具体体现之后,第二节更是开始用抽象的词汇直言生命的空虚与短暂,往日收获的喜悦此刻已弃如敝屣,心灵感到沉闷,有如冰封。第三节继续把自己的生命比作"破碎的酒杯",再也无法为自己的灵魂提供解渴的水滴,灵魂朝空虚与死亡的方向滑去:"我的生命有如一个破碎的碗,/一个破碎的碗再也不能容纳/一滴水以滋养我的灵魂。"(17—19)[①],这3行诗中对字母"O"的无数次重复无不强烈地激发空虚之感。然而滑向空虚与死亡的谷底则正是灵魂接受耶稣之丰盈之时。每一节的尾句都无一例外地在呼唤耶稣将自己举起,处境愈是悲戚、寂寥、空虚,对耶稣的渴念愈是强烈,仿佛他就是春天的象征,能用生命之水把自己灌注。言说者的灵魂在冬日的炼狱中煎熬,但深信冬天来了,春天已不遥远。

如果说第一、二节结尾动词"加快/复活""升起"还只是对耶稣引领自己灵魂上升的呼唤,那么第三节则接着第一节放手那终将枯萎的尘世之躯的叙述

[①] 诗歌原文为:"My life is like a broken bowl/A broken bowl that cannot hold/One drop of water for my soul."

进一步将自身投入火中、重新锤炼自己的灵魂、最后浴火重生,唤耶稣为王来把自己畅饮:"将枯萎之物投入火中,/融化 重铸,直到它变为/属于我的王的一个荣耀之杯"(21—23)。其中,出现了"火"的意象。在《圣经》中,火是对灵魂的净化,如:"但谁可以忍受他来的日子?谁将忍受他的出现?因为他就像一个精炼者之火、漂洗工的肥皂。"(Hendrickson,2260)人在灵魂之旅中遭受的痛苦与折磨从而成为灵魂若想得到淬炼所必然要经历的净化之火。显然,灵魂并未为黑暗所摧毁,而是被重铸,浴火重生后的灵魂已上升到与耶稣相像并与之合一,灵魂之旅的进程至此完成。诗歌起始阶段的"石头"之心在经历炼狱之后开始懂得同情和怜悯,从而成为值得耶稣从中啜饮的器皿,在角色上完成了从"接受者"到"给予者"的转换,这正应和了早期希腊教父所言的灵魂之旅的目标是"逐渐变得与耶稣基督相像"(Gerakas, 81)。可见,在《一个更好的复活》这首诗中灵魂之旅被压缩在短短 3 个诗节之中,但下降、转化、上升、圣化等每个关键环节都得到了深刻演绎。

《从屋子到家园》(Rossetti, 2001: 76—82)是一首精神磨难之诗,言说者被剥夺了她的天使爱人后经历了悲哀与折磨,最终她却视这不幸为一种救赎。标题"从屋子到家园"这一隐喻是对灵魂之旅结构的喻指,是朝圣者从尘世的屋子到天堂的家园的象征;"from"和"to"两个介词也向读者展示着灵魂之旅的运动方向。在克里斯蒂娜的诗歌王国中,"屋子"意指人类居住的建筑物,具有临时性;"家园"具有永久性、温暖性、安全性和庇护所之意。"它是我灵魂中的一个快乐之所;/这个尘世天堂漂亮至极"(6—7),这一句点出言说者的灵魂之旅的起点是在灵魂层面,暗示之后的变化也是发生在灵魂层面。在第 8 至 12 诗节对"尘世天堂"这一灵魂之旅起点的描绘中,读者看到的是田园牧歌般的环境①,它完满、自足,有如普罗提罗哲学体系中的"太一"。第 13 诗行"我的城堡有着白色透明的玻璃"在展现出灵魂之旅起点的梦幻状态的同时也第一次暗示"屋子"如玻璃般脆弱。在这充满愉悦的"尘世天堂"中有一个天使般的伴侣与言说者相伴:"时常有人如天使与我漫步";他们在一起非常快乐:"我们在路途中一同歌唱,/满是快乐的记忆与回音。"(53—54)天使般的伴侣即将离开"尘世天堂"是灵魂向下之旅的开始,言说者即将历经苦难:"'明天,'我曾微笑着对他说:/'今晚,'他严肃地回答并沉默。"(65—66)尽管言说者一再祈求天使爱人留下,他却去意已决,并呼唤言说者从放逐之地回家来:"他呼喊:'回家来,噢 爱人,别再流浪;/回到这片遥远的土地'。"(75—76)此处首次出现了"家园"一词,呼应标题,暗示出言说者现今所处的"尘世花园"并非真正的家园。这一诗行不似《一个更好的复活》中认为灵魂下降之旅是如叶子飘落般自然而然,而是将缘由归结为天使爱人的意图。

言说者在天使爱人离开后开始了灵魂的下降之旅,尘世天堂开始崩塌、季节发生变换,原先的快乐体验此刻已充满了死亡气息:"那一晚像雪崩般将我摧毁;/一夜间让我从炎夏掉入寒冬;/次日早上不再有一只鸟儿飞上枝头,/也没有一只羔羊在下面苏醒。"(77—80)然而恰恰是诗人使用季节比喻体现出的循环性暗示读者死亡不是终极否定,冬季的死亡过后是春的重生。随着言说者对失去之物的执着追寻她痛苦的强度还在加深:居所和伴侣等尘世慰藉都被剥夺,甚至没有了光,也不能清楚地表达自我。至此,她灵魂的玻璃城堡近乎粉碎,而这痛苦的破碎却是灵魂得以向成熟转化的根基。当她蹒跚地摔倒在冰封的地面上时终于完全臣服,意识到唯有上帝能结束这苦难,不再执着于追回逝去之物:"我呻吟着:'够了:别再击打。/再会,噢 爱人,再会。'"(102—104)诗人对苦难的理解与其深受牛津运动的影响相关。牛津运动的神学认为:"痛苦和磨难是纠正错误和清洗灵魂的方式。"(Hu, 170)灵魂只有获得纯净才能向光明之处飞升。在言说者绝望近乎死亡之际,上帝开始决定将她举起:"一人哭泣:'我们的姐妹,她已受苦良久'——/一人回应:'显示给她看'——。"(107—108)在灵魂上升之前,言说者向读者描绘了她的梦幻景象:一个女人处在被黑暗与绝望吞噬与向光明攀升的张力之中,但有一根神圣的"链条维持她的形状",使她不向灵魂之旅的磨难屈服。最终,无论是幻象中的女人还是言说者都恢复了与神圣者的关系,只是她们都不再是原初的自己而是历经了变形,上帝之手将苦涩的饮品"先变为苦中有甜,然后是实在的甜,直到/她只能品尝到甜"(151—152);而曾经那个流血痛哭的女人如今年轻而喜悦。诗行"我的灵魂将走在白色中,/它下降但未被摧毁"(203—204)喻指纯净的白色灵魂没有被摧毁,而是决心过上神圣的生活。

---

① 学者 Lona M. Packer 也曾认出《从屋子到家园》一诗中的的花园就像伊甸园,并认为其原型可能来自诗人祖父在白金汉郡的乡村小屋,她在那里度过了大部分童年的夏季。见 Packer, Lona Mosk. "Symbol and Reality in Christina Rossetti's *Goblin Market*." *PMLA*, 4(1958): 377。

三、语言重复与灵魂之旅

克里斯蒂娜的诗歌无论在风格上还是主题上都具有重复性,她经常痴迷地回归和聚焦于几个主题,将有限的一些词汇重复使用创造出大量诗歌。很多学者都辨认出了克里斯蒂娜诗歌中的重复性,如伊泽贝尔·阿姆斯特朗描述克里斯蒂娜的诗歌风格为"固执地锁在了重复中""运用成对的词语、词组,模式化的循环与重复"来"创造其抒情诗的简朴"(Armstrong, 352)。然而比辨认出重复风格更难的是诠释其背后的意味:重复性是否如一些学者所宣称的是诗人缺乏创造力的表现,还是别有他故?笔者认为克里斯蒂娜创造一种重复、约束的诗歌风格来模仿一种有纪律的基督徒生活,如同信徒对圣餐仪式的践行;同时,这一重复、约束的风格应和着灵魂之旅的运动节奏。下文将对此予以论证。这也正应和了苏珊·沃尔夫森(Susan Wolfson)的观点:"诗歌形式……参与着对历史时刻的关键讨论。"(Wolfson, 30)在克里斯蒂娜的实践中,基督徒生活并非一种消极的放弃或抑制,而是一种由自律带来的充满能量与活力的积极生活,这很有力地反驳了学界认为其后期诗歌疲软乏力的传统看法,也更新了人们对其诗歌中重复元素之消极性的误读。

学界已越来越注意到牛津运动对克里斯蒂娜产生的深刻影响。牛津运动是一场发生在1833至1845年之间的宗教运动,发起者意欲借助复兴罗马天主教的某些仪式和教义来振兴英国国教。克里斯蒂娜自13岁起开始常年礼拜的位于阿尔巴尼街的基督教堂(Christ Church)被认为是牛津运动在伦敦的主要教堂。据玛丽·阿尔塞诺(Mary Arseneau)研究发现,克里斯蒂娜对约翰·纽曼(John Henry Newman)、艾萨克·威廉(Isaac Williams)和约翰·克伯(John Keble)等杰出牛津运动者的诗歌很熟悉,如克里斯蒂娜拥有一本克伯最有影响力的诗作《基督年历》(The Christian Year)的复本,在上面写满了大量笔记(Arseneau, 80)。学者坦尼森(G. B. Tennyson)也曾分析出克里斯蒂娜诗歌中存在大量牛津运动元素并重申克里斯蒂娜是一位悟道诗人(devotional poet)。(Tennyson, 198—203)

牛津运动主张在这个世俗化席卷欧洲的时代致力于将高教会派(High Church)的基督教精神重新带回英国人的生活中心,它对仪式的强调势必影响到克里斯蒂娜的思想。高教会派与低教会派(Low Church)之间最根本的冲突并不在教义上,而在于其对仪式与惯例的强调上。社会学家埃米尔·涂尔干(Émile Durkheim)曾将宗教仪式定义为"固定的行为模式",它强调的是重复性、纪律性的活动。(Durkheim, 36)据凯伦·迪勒曼所言,盎格鲁-天主教礼仪主要包括3个环节:"进堂咏(introit)、圣言(the Word)的礼拜仪式、圣餐的礼拜仪式"(Dieleman, 115),前两个环节皆为分享圣餐的第三环节做准备。日常的礼仪惯例中,尤以圣餐仪式(Communion liturgy)最为突出地通过对圣餐的分享使参与者的身体、理智与情感协调,让参与者与上帝之间产生越来越亲密的联系,从而圣餐不仅仅是一个礼拜仪式,更是一场在灵魂层面与基督的邂逅。灵魂与上帝的完全合一也被称为"圣化"(theosis),圣餐能产生这种圣化的效果:"当我们定期地接受圣餐,我们所接受的也就是活生生的耶稣,他会成为我们的一部分,与我们在一起,会开花、结果并回到无限之中。"(Gerakas, 81—87)圣餐的这一精神层面的意义使其稳固地镶嵌在灵魂之旅的语境之中。大众正是在对仪式的日复一日的参与中,以一种有形的方式感受到上帝的存在并逐渐地提高自身直至与之相像。克里斯蒂娜在词、词组、主题、结构的选用上体现出的重复也成为她一种礼仪般的练习。诗人对圣餐等礼仪日复一日的践习与其在诗歌创作中对相同词汇、模式的有意识选择呈现出某种一致性,均是出于对灵魂上升之旅的需求。这种一致性不仅体现在二者在重复中共同呈现出对耐心这一美德的认可与坚持,还在于二者在重复的表层之下掩藏着对主动性的颂扬。在克里斯蒂娜看来,旷日持久的重复蕴含的耐心(patience)所产生的坚韧与穿透力的价值甚至要高于柏拉图在迷狂说中赋予天赋与迷狂的价值。这正是诗人在《时光飞逝》这一悟道作品中沉思《圣经》中"揣着耐心参加这设置在我们面前的赛跑"(Rossetti, 1902: 151)这一劝诫为何用"耐心"(patience)而非"活力或热情"(energy or zeal)时所得到的答案。

与在对圣餐等礼仪的坚持中呈现出灵魂向上攀升的路径一样,克里斯蒂娜在诗歌中对简单词语的重复亦是从形式上对一种积极的基督徒生活的模仿与应和。这种积极性首先体现在言说者将消极、静止转为积极的能力上。《那里无锈无虫却腐烂》("Where Neither Rust Nor Moth Doth Corrupt")(Rossetti, 2001: 390)一诗中,首句"用耐心鼓舞我们吧,主,去苦干或休息"即呼求上帝赋予自己"耐心",因为耐心会给予我们足够的勇气去完成那份辛劳或休息。第二句中的"在休息中苦干"(Toiling at rest)是对前一句"去苦干或休息"(to toil or rest)的一种游戏式重复,"或"(or)这一连词的使用给读者一种"苦干"和"休息"完全对立的意味。第二句中介词"在"（at）则打破了这一对立，使得"休息"不再是独立的存在而是"苦干"之一种，从而原本似乎完全被动的"休息"具有了积极主动的色彩，因为越有能力休息好的人在劳作时越具有爆发力和持久力。在诗人笔下，"耐心"是为劳作和休息提供助力的心理能量，从而它并非被动等待而是积极参与。于是第二句通过对第一句词组的游戏式重复成功地赋予"休息"一词以积极的内涵，展示出基督徒生活的积极性，这也正符合灵魂向上之旅的运动方向。

克里斯蒂娜《诗篇》中对死亡的表达也呈现出积极性，完全不似批评界认为的那样充满放弃与顺从。在该诗集第一首直接表达死亡的诗篇《那不是死亡，噢 基督，为你而死》（"It is Not Death, O Christ, to Die for Thee"）（同上，392）中，每一次重复都驱使读者重新感知和思考语言的细微差别和精妙之处，从而也激发了读者阅读时的主动性。第一行"那不是死亡，噢 基督，为你而死"通过动词"死亡"（die）对名词"死亡"（death）的重复否认了对死亡的自然主义认识，赋予死亡一种形而上的意义。诗人总是在重复中对词语的意义进行修正，在修正中抗辩着她所不认可的价值。在诗行"你自身，比那一群礼拜你的好圣徒/要更为迷人"（6—7）中，通过对"lovely"一词的重复以一个共同特点"lovely"将信仰者与上帝置于一个平等的高度。在诗行"死亡并不是死亡，因此我如是希望：/寂静并非寂静"中，通过对"死亡"和"寂静"的重复，二者都具有了与它们的传统内涵相反的意味。可见，诗人的重复从来不是一种冗余，而是与传统对话：修正意义的一种精妙艺术手法，通过对语言精妙之处的辨别，最后赋予死亡、寂静等消极词汇以积极的内涵。

在灵魂之旅对苦难的有意识克服以及灵魂向上攀升的意志中也可见出心灵的积极性。在诗歌《那里无锈无虫却腐烂》的第八行中"将死的"（deathstruck）和"更致命的"（deathlier）对词根"死亡"（death）的重复延续了诗人一贯对尘世之空虚、不值得留恋的强调。进而在接下来的两诗行"不和麻雀般在此修建屋子：/但和燕子般暂居于此"（9—10）中，诗人用麻雀和燕子的类比来表达对燕子的偏爱。燕子是随季节变化而在繁殖区和越冬区之间进行迁徙的候鸟，麻雀则是一代代周而复始地在相同地区生活的留鸟，诗人深信自己只是在尘世中作短暂停留，终究会像燕子般飞回真正的家园。"如安静地保持警惕飞升离开/带着快速飞升的意志煽动热切的翅膀"（11—12）——诗人随时保持警觉要向上飞升，连翅膀都带着热切的心情，呈现出在更高理想的召唤下对尘世生活的一种积极抗拒而非被动放弃。诗人在第 12 诗行中对"翅膀"（wing）的重复将诗歌重心从第 8 诗行对"死亡"（death）的重复所强调的尘世的苦难与虚幻中提升出来，转而以热切的心情向读者传递天堂的福音，完成灵魂之旅从尘世向天堂的转向。第 12 诗行的"意志"（will）更是加强了这一转向中个人的主动性。值得强调的是，这一向天堂的转向并非是对上帝救赎的空洞等待，更多的是源自言说者自身的决心以及对尘世生活的主动抗拒，从而呈现出一股积极的能量，使得对基督的信仰成为一个大胆动人的选择。

这种积极性还体现在对基督的信仰本身是意志有意识选择的结果，而非空洞且不负责任的放弃自我以臣服一个绝对的他者。在接下来的《随着火花飞升》（"As Sparks Fly Upward"）一诗（同上，390—391）中，首句"主，赋予我意志去相信你吧/充满希望和热烈的渴望"中的"意志"（wills）是对上一首诗歌第 12 诗行"意志"（wills）的重复。后者是强调灵魂之旅中遭遇苦难而生发出灵魂上升的契机时自我意愿的主动性，此处则是进一步强调在灵魂上升之旅的过程中始终保有热烈的渴望与希望的积极性，显现出言说者在追求更理想生活时的能量与活力。第一诗行的"目的"（aim）其实是对同行的"意志"在意义上的重复。以上这些对重复的艺术性使用最终指向了同一个结论：基督信仰和灵魂之旅是一种主动选择的结果。通过在时间中对礼仪和向上意志的重复来抵达更好的生活："昨天，今天，日日如一。"（5）重复中其实蕴含一种指向未来而规范现在的主动意识，在不同的情境中进行有意识的重复行为本身是一种主动塑造行为，是本着预期的目的对那本来更为自由的语言或人的活动进行重塑。克里斯蒂娜诗歌中对重复的艺术运用使其诗歌形式直接与基督徒的自律、灵魂的上升之旅联系起来，因为诗人在重塑一首诗的同时亦是在重塑人的自我。

四、结论

克里斯蒂娜的悟道诗因其宗教色彩浓厚历来受到学界的忽视，批评界更为关注的是诗人充满活力的世俗诗篇。近 30 年来学界因逐渐认识到克里斯蒂娜作品与牛津运动的关系而对她的悟道诗加以重视，然而这些研究并未能正面而充分地认识到诗人悟道诗的核心价值。笔者通过细致分析认为，克里斯蒂娜悟道诗的价值在于其灵魂之旅的叙述结构和用语重复的风格两个层面体现出的神秘主义美学。

本文透过普罗提诺神秘主义思想的滤镜观看，认为具有诗人和基督徒双重身份的克里斯蒂娜的作品中的神秘主义抛却了宗教的教条性，诗人思想中与普罗提诺的"太一"相应的"上帝"本质上是对宇宙万象的终极想象与赞颂，其神秘思想中与上帝的合一的实质是个体生命与宇宙生命的汇流。诗人神秘主义思想的内在精神价值和思想实质在于对内在性和精神成长的重视，它不以追逐外物为要，而是一种超越性的诗意世界观；它赞美生命、热爱生命、提升生命，在态度和实践中展现出一种生命的积极性；它对世界的诗意把握是一种重要的美学价值，引导人们以一种认清和直面最低谷的生活本相的姿态迎来稳定而积极的生活心态与实践，呈现出有限人生和无限宇宙诗意和谐的生命境界。诗人的神秘主义不仅肯定个人的有限生命，还肯定宇宙的无限生命，信仰个人生命在汇入宇宙生命时能抵达深远的真理境界。诗人在作品中不仅通过灵魂之旅的叙述结构探索和提升生命价值，还在对诗歌字词、语音的耐心重复中将人们从对真理的遗忘中唤醒，使其重新返回自身，面向基于理性又超越理性的真理。

参考文献

[1] Armstrong, Isobel. *Victorian Poetry: Poetry, Poetics, Politics*. London & New York：Routledge, 1993.

[2] Arseneau, Mary. "Incarnation and Interpretation：Christina Rossetti, the Oxford Movement, and 'Goblin Market.'" *Victorian Poetry*, 1(1993)：79-93.

[3] D'Amico, Diane. *Christina Rossetti: Faith, Gender and Time*. Baton Rouge：Louisiana State University Press, 1999.

[4] Dieleman, Karen. *Religious Imaginaries: The Liturgical and Poetic Practices of Elizabeth Barrett Browning, Christina Rossetti, and Adelaide Procter*. Greece, Ohio Univ. Press, 2012.

[5] Durkheim, Émile. *The Elementary Forms of Religious Life*. Oxford：Oxford Univ. Press, 2001.

[6] Esh, Sylvan. "Not Speaking the Unspeakable：Religion and Repetition in Christina Rossetti's Monna Innominata Sequence." *Studies in English Literature, 1500-1900*, 4(1994)：835-851.

[7] Gerakas, Andrew J. *The Origin and Development of the Holy Eucharist, East and West*. New York：Alba House, 2006.

[8] Hendrickson Bibles. *The Complete Evangelical Parallel Bible*. Hendrickson Publishers, 2012.

[9] Hollywood, Amy. Beckman, Patricia Z. Eds. *The Cambridge Companion to Christian Mysticism*. New York：Cambridge University Press, 2012.

[10] Hooper, Franklin H. ed. *The Encyclopaedia Britannica: A New Survey of Universal Knowledge*. 14th edn. Vol. 16. London & New York：Encyclopaedia Britannica, Company, Limited, 1929.

[11] Hu, Esther. "Christina Rossetti and the Poetics of Tractarian Suffering." *Through a Glass Darkly: Suffering, the Sacred, and the Sublime in Literature and Theory*. Eds. Nelson, Holly Faith. Zimmermann, Jens & Szabo, Lynn R. Waterloo, Ont：Wilfrid Laurier University Press, 2010.

[12] Leigh, David J. *Circuitous Journeys: Modern Spiritual Autobiography*. New York：Fordham University Press, 2000.

[13] Packer, Lona Mosk. *Christina Rossetti*. Berkeley：University of California Press, 1963.

[14] Palazzo, Lynda. *Christina Rossetti's Feminist Theology*. New York：Palgrave, 2002.

[15] Plotinus, *Plotinus*, Vol. VII, Ennead VI. 6-9. trans., Armstrong, A. H. Cambridge：Harvard University Press, 1988.

[16] Rossetti, Christina Georgina. *Christina Rossetti: The Complete Poems*. Eds. Crump, R. W. and Flowers, Betty S. London：Penguin, 2001.

[17] Rossetti, Christina Georgina. *Time Flies: A Reading Diary*. London：Society For Promoting Christian Knowledge, 1902.

[18] Tennyson, G. B. *Victorian Devotional Poetry: The Tractarian Mode*. Cambridge, Mass.：Harvard University Press, 1981.

[19] Wolfson, Susan J. *Formal Charges: The Shaping of Poetry in British Romanticism*. Stanford：Stanford University Press, 1997.

[20] 范明生.《晚期希腊哲学与基督教神学》.上海：上海人民出版社,1993.

[21] T. S. 艾略特.《四个四重奏：艾略特诗选》.裘小龙译.南京：译林出版社,2017.

[22] 保罗·蒂利希.《基督教思想史：从其犹太和希腊发端到存在主义》.尹大贻译.北京：东方出版社,2008.

[23] 普罗提诺.《九章集》(上册).石敏敏译.北京：中国社会科学出版社,2009.

美国自白诗中的"声音"

魏 磊

（淮阴师范学院）

摘 要：在"声音"的表现和表达上，美国自白诗具有得天独厚的优势：丰富的"呼语法"入诗为诗歌营造了"我"说"你"听的交际氛围，弥补了诗歌在交际上的不足并唤醒了读者的听觉系统；在背离形式主义严格、规范韵律的同时，自白派诗人又有意识地以内韵、跨行、叠句等形式强化诗歌的内在节拍与外在节奏；而"音乐"在文本中的内嵌及动词的陌生化使用更是使诗歌中的"声音"得到强化与完善。

Abstract: In the application of "voice", American confessional poetry has some exceptional advantages: the apostrophe in the poems builds an atmosphere of talking between "you" and "I", which remedies the communication insufficiency of poetry and meanwhile awakens the readers' auditory system. Moreover, while deviating from the strict formalism and normative rhythm, the confessional poets consciously intensify the rhetoric of the internal rhythm, enjambment and refrain, etc. so as to obtain the internal meter and external rhythm of poetry. Of equal importance, the embedding of "music" and the defamiliarization of the verbs strengthen and perfect the voice of the poetry.

关键词：声音；呼语法；内在节拍；音乐；陌生化
Key Words: voice; apostrophe; internal meter; music; defamiliarization

一、引言

美国自白派是1950年代中期到1960年代一个取得卓越成就的诗歌派别，它摒弃了现代派的艰涩和新批评的复杂，用第一人称的声音传达，体现了美国诗歌主流创作方法上的重大变革。"自白诗"（Beach, 154—155）的概念由罗森瑟尔（M. L. Rosenthal）在1959年评价洛威尔（Robert Lowell, 1917—1977）的《生活研究》（Life Studies）时率先提出。1973年，菲利普斯（Robert Philips）在《自白派诗人》（The Confessional Poets）中以洛威尔为中心，将较早写作自白诗的罗特克（Theodore Roethke, 1908—1963）、斯诺德格拉斯（W. D. Snodgrass, 1926—2009）、洛威尔同时期诗人贝里曼（John Berryman, 1914—1972）、1950年代参加由洛威尔主持的波士顿诗歌研习班并从此开始写作自白诗的女诗人塞克斯顿（Anne Sexton, 1928—1974）和普拉斯（Sylvia Plath, 1932—1963）归入自白派的麾下。自此，自白派这一在美国文学史上有着重要影响的诗

歌流派正式进入公众的视野。自诞生之日起，自白诗强烈的情感宣泄式表达、自传式叙事方式招致了自白诗是"私人痛苦和疾病的直接记录，没有技巧或美学呈现"（Molesworth, 174）之类的批评和否定。实际上，虽然形式上是"自白"的，但美国自白诗"像当代其他最好的诗篇一样"（Middlebrook, 1993: 636）拥有高超的诗艺，诗歌中丰富的"声音"表现即是其明证之一。

相对于能直接诉诸听觉或视觉的音乐或绘画来说，作为语言艺术的诗歌不能被直接感受，而只能通过对语言的想象间接地转化为印象和感觉，但文学艺术特别是诗歌中又需要"声音"的存在。在朱光潜看来，声音是诗之要素之一。他认为："诗的要素有三种：就骨子里说，它要表现一种情趣；就表面说，它要有意象，有声音。"（朱光潜，355）当然，这里的"声音"并不是指由发声系统发出的"真正"的声音，而是文学艺术的"声音修辞"，也即是格罗本（Christopher Grobe）强调的美国自白诗所拥有的"听觉、声音及呼吸（aurality, voice, breath）。"（Grobe, 216）在"声音"的表现和表达上，美国自白诗具有得天独厚的优势：

丰富的"呼语法"入诗为诗歌营造了"我"说"你"听的交际氛围，弥补了诗歌在交流上的不足并唤醒了读者的听觉系统。另外，在背离形式主义严格、规范韵律的同时，自白派诗人又有意识地以内韵、跨行、叠句等形式强化诗歌的内在节拍与外在节奏。另外，"音乐"在文本中的内嵌及动词的陌生化使用更是为声音修辞增添了强大的表现力量，给读者带来了最新鲜、最直接的感受并极大地丰富了自白诗的艺术特质及审美宽度。

二、呼喊的声音："呼语法"入诗

"呼语法"（apostrophe）是"在演说或文章中用第二人称称呼不在场的人物或拟人的事物"（陆谷孙，83），也即是约翰逊（W. R. Johnson）在《抒情诗的概念》中提到的"I - You"（Johnson，2）诗歌系统。实际上，早在古希腊、罗马时代，修辞学家就注意到了"呼语法"的力量，而英国浪漫主义时期的许多诗人都采用过呼语法来完成诗歌的对话功能。虽然卡勒（Jonathan Culler）对这一时期呼语法的频繁运用颇有微词，但他却无法否定其作为诗歌技巧的功能及在诗歌中的突出作用。"呼语法""不仅是一种诗歌技巧，还可以强调人类感知的过程以及事物之间的相互关系"（Steven，43）。

"呼语法"在美国自白诗中有着丰富的呈现。"我"较为恒定的存在是自白诗的特征之一，而第二人称"你"的出现意味着"我/你"之间共存相伴、交流对话关系的确立，并因此为文本带来声音并唤醒了读者的听觉系统。

总体来看，"呼语法"在美国自白诗中以两种面目出现，一种是"我"的陈述、疑问及话语有固定的"你"作为接受者；另一种是这个"你"并无指明的特指，而是一个宽泛的或匿名的存在。在有固定接收者的叙事文本中，"你"与"我"似乎面对面的对峙不但为叙述者创造了固定的话语空间，而且这种对话模式的建构有助于激活在场的"听者"（读者）丰富的感觉中枢系统，并提高其参与、评判的兴趣。拿塞克斯顿的《西尔维亚之死》（"Sylvia's Death"）①为例：

> ...
> what did you stand by,
> just how did you lie down into?

> Thief! —
> how did you crawl into,
> crawl down alone
> into the death I wanted so badly and for so long.
> ...
> （Sexton，126）

这首诗是塞克斯顿献给普拉斯的挽歌，表达了对好友自杀身亡强烈而复杂的情感。她曾在访谈中回忆她与普拉斯对死亡问题的探讨："我们狂热地谈论着死亡，我俩都被它吸引，像扑向灯泡的飞蛾，吮吸着它。"（Kevles，263）面对普拉斯毅然决然先她而去的事实，塞克斯顿通过呼语法的介入用3个赤裸裸的质问——"你凭什么……？""你是怎么……？""你是怎么……？"——将这种对好友早亡的悲痛之情及对她"不辞而别"的愤怒之情表达得淋漓尽致。在这方面，洛威尔的《西尔维亚》（"Sylvia"）与其有着异曲同工之妙。作为普拉斯及塞克斯顿的师长，洛威尔在面对普拉斯的死亡时虽然没有表现出塞克斯顿的"歇斯底里"，但开篇第一句"西尔维亚，你还记得生命中被死亡纠缠的那些时刻吗？"及第五节中"你为什么不履行昨日的承诺？"（Lowell，219—220）等将逝者生前的艰辛与痛苦、自己对逝者之死的惋惜与伤感之情用"提问"和"责问"的方式立体地呈现在读者面前，而且文本强烈的叙事性使"隐藏的再次被说出"，激活了读者的听觉甚至视觉功能，使声音、对话本身具有强烈的感染力。

并不是只有挽歌性质的"呼语法"能产生强烈的效果，有"我"的清晰话语，有明确的"你"作为话语接收者的普通自白式叙事文本同样能将读者纳入在场的"听者"的角色范围，并赋予读者"听到"→"思考"→"评判"的系列功能。例如，普拉斯的《第三者》（"The Other"）：不管是"你的头横在我的墙上"，还是"你怎能把你安插在我和我自己之间"（Plath，168—169）（普拉斯把丈夫泰德·休斯看作一个男性的自己）的悲怆呼喊，都将贪婪的第三者插足家庭，导致夫妻反目、家庭隐私外泄的事实用"倾诉"，甚至"控诉"的方式讲给读者听；而在《爹地》（"Daddy"）中，"你"（you）和"你的"（your）共出现了32次之多，并和"do"、"Achoo"、"Jew"、"glue"、"gobbledygoo"、

---

① 本文所涉及的一些诗歌题目和文本借鉴了袁可嘉、赵毅衡、张芬龄、赵琼、岛子、彭予、冯冬等众多学界前辈的译文，一些为笔者自译。为防歧义，在论述过程中，需要突显英语语言的特征时，会采用中英文对照的形式；在只强调英语语言的发音或形式，而与翻译后的中文意思关联不太密切时，则只给出英文原文，不加中文对照。

"screw"(同上,222—224)等令人不快又韵脚相同的词汇一起建构了一场形神兼具的音义互动。在这样的情形下,听者(读者)也下意识地按照文本的要求或"诱导",进入"争端"的现场,不但满足了个人的在场感,而且使自己不自觉地成为"控诉者"的"合伙人",并由此生发出属于自己的痛恨、同情甚至悲怆的复杂阅读体验。而这些审美体验用事实证明了昆提利安(Marcus Fabius Quintilian)的看法:"和人说话的表达方式比陈述某人的事实更激动人心和引人注目。"(Quintilian, 68)

另一种"呼语法"的形式是第二人称代词"你"并无明确的特指,是一个宽泛或匿名的存在。这在一定程度上把"你"设定为一个圈套、一个陷阱,但这个圈套和陷阱并不容易被认出,因为"你"并没有特指的对象,所以这一附加的辨识过程产生了交际障碍,读者很可能成为预设情景的第一接收者,所以呼叫本身就能引起听者(读者)的注意和猜测,为读者提供非中立的语境并激起其强烈的情感反应——昆提利安把它称为"泥潭效应(mire movet [is wonderfully stirring])"(Irene, 329)。大量自白诗以这种模式强化了诗歌中的音义互动。在这其中,洛威尔的《你打败了自己》("You knocked yourself out")可作为创设"非中立语境"的典型代表:诗中"你"的所指本就模糊,第一节及第三节连续的"你记得吗?"(Dou you remember?)(Lowell, 281—282)用设问的形式将读者带入现场,在"言说者"(作者)"娓娓道来"的述说中将个体经验与作者("我")的情感宣泄相互交织与融合,使"交谈者"(作者与读者)之间自然而然地产生了"联觉(synaesthetic)"(共通的感觉)的特殊心理体验。

总的看来,"呼语法"不但是一种诗歌技巧、修辞力量,更是一种诗歌仪式,说话人以此种方式建立了诗歌多声部的声音系统。不管是确指的"你",还是对不在场的虚构人物的言说,"呼语法"把第二人称"你"带入叙事的修辞行为通过呼格形式建构了文本中"我"与"你"的对话关系。与此同时,介入文本中的"声音"本身也具备了叙事功能并和词语一起表情达意,带来了诗歌音义互动的特殊审美体验。

三、文本自身的声音:韵律与节奏

美国自白诗是在反形式主义基础上兴起的诗歌运动,所以,其节奏不再依靠固定而整齐划一的韵律和韵脚来构成。但反形式主义并不是反形式,诗歌的形式,尤其是由形式带来的节奏感是自白诗所追求的美学本质之一。在实际的操作过程中,美国自白诗人其实是在有意无意地实践着庞德对自由诗体的定义和写作要求:"自由诗只应当在你'必须'写的时候才写,那就是说只有当所咏'物'构成的韵律比规定的韵律更美,或者比正规的抑扬顿挫写出的诗的韵律更真切,比它所要表达的'事物'的情感更为融洽、更贴切、更合拍、更富有表现力。那是一种为固定的抑扬格所不能充分表现的韵律。"(庞德,207)而自白诗中的节奏和韵律带来的即是文本自身的声音,这些"声音"通过内韵、跨行、叠句等形式来得以生成。

1. 内韵

内韵(internal rhyme)是指诗句中的字、词押韵,通过韵律在字里行间的重复来加强声音并形成节奏。它比尾韵灵活,可同行、隔行、隔段入韵,也可隔诗入韵。在自白派诗人中,普拉斯对内韵的使用颇为老练,她的诗歌"如同现代滚石音乐,旨在传达整体感觉上的旋律"(赵琼等,48)。以其《晨歌》("Morning Song")为例,从建构标题的两个词汇"morning""song"开始,到"watch-voice-wall-more-all-moth-from-floral-Victorian-swallow"等词汇在诗中的不规则呈现,形似婴儿口型、音似婴儿简单发声的/ɒ/(/ɔː/)韵成为贯穿全诗的一条主线;与此同时,似口舌张合的/əʊ/韵从第一节第一句的"going-gold"开始与/ɒ/(/ɔː/)相应和,并延展至各节中的"soles — echo — shadow — own — slow — rose — open — window",直至最后一节的"notes"才最终止歇;而口型更为夸张,情绪表达看似更为激烈的/aʊ/韵也从第一节的第四行开始粉墨登场,"our-round-cloud-cow-gown-now-vowels"(Plath, 156—157)等词汇在文中看似随意的穿插跳跃声情并茂地还原了婴儿时断时续的啼哭声及年轻母亲的"忙乱"与"手足无措"。《晨歌》创作于普拉斯的女儿弗丽达(Frieda Rebecca Hughes)出生9个月之后的1961年2月19日,虽然并不十分明快,但却是1960年后普拉斯为数不多的具有"光亮"及"笑容"的诗歌之一。在只有短短18行、183个词汇单位的诗节中,丰富的内韵如调皮的精灵不规则地舞动在诗歌文本的各个角落,不但生动地诠释了"我"初为人母的欣喜与激动、婴儿时高时低的哭声及母亲手忙脚乱的场景,而且将内容与声音有效地融合起来。可以说《晨歌》非常经典地验证了艾略特(T. S. Eliot)"诗歌的节奏与其意义是不可分的"(Eliot, 29)这一著名论断。

在隔诗入韵方面,贝里曼的《梦歌》(The Dream Songs, 2007)可作为代表。其中,《77首梦歌》(77 Dream Songs)中的77首诗虽各自成诗,主题各异,但却由游走在各诗内部相同或相似的韵律在诗歌之间建立了亲密的关联。例如,在这 77 首诗歌中,含有 /ɪəz/ 的 "years" "tears" "hears" "ears" 等词汇出现了 35 次之多。(Johnston,199)

总体来看,这种同行、跨行、跨节、跨诗的内韵重复所达成的效果正如贝里曼所说,"这是重点——压多种韵,表面看来是无韵的,但听起来韵味十足"(Plotz,12)。

2. 跨行

"跨行(enjambment)是诗节、诗篇建设中常用的技法,它集中反映了诗句和诗行的关系……当一行诗正好是一个完整的语句时就叫结句行(end-stopped line),但有时一行诗在最后并没有在句法和语义上结束,而是要转入下一行甚至于数行才能完成一个句子,这种在语法和语义上没有结束的诗行成为延续诗行(run-on line)或跨行"(聂珍钊,32—33)。跨行最明显的功能是语意或词意的凸显或强调,并在此基础上形成似断实联的节奏感。而自白诗强烈的情感宣泄式表达与跨行,特别是跨行过程中独特的抛词法、默行甚至跨节相结合,使诗歌的内容与形式相互补益,从而达到有力地强化诗歌"声音"及精神内涵的实际效果。

如《在电话上意外听到的》("Words Heard, by Accident, Over the Phone"):

> …
> They are pressing out of the many-holed earpiece, they are looking for a
>   listener
>   Is he here?
>   …
> (Plath, 203)

此诗节采用了抛词法(reject),将电话所寻找的"listener"(听者)"抛"到了下一行,一行一行,放大了"听者"的位置,扩展了"听者"的涵义空间,凸显了非电话所寻求的"听者"的情绪变化节奏,构成"缺席的在场的说话者"(非法入侵别人婚姻的女人)、"说话者寻找的听者"(出轨的丈夫)及"意外接听电话的听者"(震惊的妻子)三者共存的状态。"听"与"被听","背叛"与"揭露"都在这个被"抛"的字上表现得淋漓尽致。

再如贝里曼的《梦歌之十四》("Song 14"):

> Life, friends, is boring. We must not say so.
> After all, the sky flashes, the great sea yearns,
> we ourselves flash and yearn,

and moreover my mother told me as a boy
(repeatedly) 'Ever to confess you're bored means you have no

Inner Resources.' I conclude now I have no
inner resources, because I am heavy bored.
…
(Berryman, 2007: 16)

在这两个诗节中,第一诗节的四、五、六行跨行,第五行加入默行(括号中的注释 repeatedly),第一节与第二节之间使用了跨节(第一节的最后一行与第二节的第一行是一句话)。默行在视觉上造成一定的停滞,在听觉上造成节奏的断裂,但却带来强调感;而跨节造成明断而实续的明暗结构,突出了诗歌强劲的内在节奏。

3. 叠句

叠句(refrain)分为两种:一种是句式相同的句子或短语重复出现;另一种是文字相同的句子或短语重复出现。不管是哪一种,叠句都具有生成韵律的功能,像音乐的副歌一样。叠句在诗歌中的反复咏叹有利于节奏的回旋及生成。金斯堡(Allen Ginsberg, 1926—1997)的《嚎叫》("Howl")是叠句修辞的典范作品。在其第三节中,"我和你在罗克兰""I'm with you in Rockland"循环往复了 19 次之多,形成了反复曲式的(strophic)节奏。在美国自白诗中,受金斯堡影响最深的洛威尔对叠句的使用虽不是特别热衷,但仍有像《眼与牙》("Eye and Tooth")中"什么也赶不走"(Nothing can dislodge)及"以眼还眼以牙还牙(an eye for an eye,/a tooth for a tooth.)"(Lowell, 334)在诗歌中的反复咏叹,既生成了诗歌的节奏,又强调了叙事人的哀叹之情。普拉斯喜欢用上下两句之间的叠句或诗句中的叠词来生成强烈情绪、强调抒情效果,如《捕兔器》("The Rabbit Catcher")中,"I felt…/I felt…"(Plath, 194)或《申请人》("The Applicant")中"It can talk, talk, talk./… will you marry it, marry it, marry it."(同上,222)等叠句的运用。贝里曼对叠句和重复的热爱是其诗歌中强烈的音乐性形成的原因之一,如《梦歌之二十二》("Song 22")前两个诗节连用 12 个"I'm…"(Berryman, 2007: 24)来加强节奏;《梦歌之四十》("Song 40")第一诗节用首句及末句"I'm scared a lonely"的重复营造了封闭并难以逃脱的孤独感,第二诗节起首句又用"I'm scared a lonely …"(同上,44)将这种孤独和恐惧感扩散开来,在听觉和视觉上达到收紧又突然放开的曲折感。钟情诗歌节奏和谐的塞克斯顿在诗歌中大量运用叠句,如《一些国外来信》("Some Foreign Letters")中,"This is…"在中间3节的间隔重复,"Wednesday"在诗节中的不规则重复,"Tonight I will…"(Sexton, 9—11)在最后一节的连续重复在强调时过境迁、离人长恨的同时,用鲜明的节奏为诗歌营造了"思念与感怀"的背景音。在这样的操作之下,词汇被引导意义的节奏所操控,其原本朴素的词义也因此被赋予新的概念及指涉功能。

四、植入文本中的"声音":音乐与动词的陌生化使用

本节所谈的文本中植入的"声音"分为两类,一类是跨艺术媒介音乐及音乐模式在文本中的植入,另一类是能产生"声音"联想动词的陌生化处理和使用。

1. 音乐在文本中的植入

关于音乐与诗歌的关系,哈尔伯格(Robert Von Hallberg)的描述较为生动。他认为:"抒情诗与音乐是不可分割的。抒情诗的缪斯欧忒耳珀(Euterpe)需要一只长笛;而赞美诗的缪斯忒耳西科瑞(Terpsichore)需要一把七弦竖琴。"(Hallberg, 7)

在美国自白诗人中,贝里曼对诗歌的"音效"尤其关注。他的诗歌充满了爵士乐的跳跃和蓝调的即兴表演色彩。作曲家查萨洛(Eric Chasalow)、科罗尼迪(Joseph Coroniti)等都曾为贝里曼《梦歌》中的一些诗篇谱曲。在具体操作过程中,科罗尼迪发现:"如果在谱曲的过程中想背离贝里曼在某首诗中的想法而置他自己的诗歌节奏于不顾,那简直就是自取其辱。"(Coroniti, 44)哈芬登(John Haffenden)对此也深有感触并声称,贝里曼在诗歌中"一而再,再而三地演奏克罗采奏鸣曲(第九小提琴奏鸣曲)及巴赫、西贝流士、柴可夫斯基的乐曲"(Haffenden, 88)。在其最后一部诗集《幻觉》(The Delusion, 1972)中,贝里曼以《凯旋的贝多芬》("Beethoven Triumphant")为题表达了自己对这位伟大作曲家及"降B大调四重奏"的挚爱之情,而贝多芬的音乐也通过贝里曼诗歌中的"音乐"得以鲜活起来。拿《胜利的贝多芬》第14、15节为例,在"One chord thrusts, as it must//find allies, foes, resolve, in subdued crescendo."(Berryman, 1989: 239)中,"和弦插入"脱胎于上一句的最后一个单词"orchestra",而重读的"thrusts"和"must"的韵律为和缓的"chord"提供了直冲第14节节尾的动力,而且,当它穿过"find allies"(/faɪnd æ, laɪz/)这一组响

亮的谐音之后,语言音量和听觉的加强使"chord"自身"渐次加强(crescendo-ing)",并朝着最终的目标前进。而每一步都被跳动的五音步及由逗号造成的停顿所强化,直到"chord"在达到最强音后的渐次消融。与此同时,"foes"中的"o"也随之褪去自己的身影,并在最后消融的"crescendo"中发出回声。(Johnston, 197)在这里,贝里曼用短短的跨节诗句精准地阐释了属于诗歌自己的"弦乐四重奏"(Heiliger Dankgesang)。

塞克斯顿是自白派诗人中强调抒情诗的"能听度"(audibility)(Sumner, 92)及诗歌与音乐"相通性"的另一位重要人物。2016年,迪伦(Bob Dylan)获诺贝尔文学奖,这一事件虽然令世界有些"意外",但却恰恰证明了塞克斯顿对音乐与诗歌关系的洞见,因为早在1960年代,当迪伦在音乐界崭露头角时,塞克斯顿就开始强调迪伦的"诗人"身份及人们对他(们)的推崇与喜爱:"人们涌向鲍勃·迪伦、詹妮斯·乔普林、披头士等这些英语世界的流行诗人。"(Kevles and Sexton, 1985: 109)

具体来看,塞克斯顿诗歌中最明显的音乐精神就是摇滚乐。1960年代末,塞克斯顿创建了名为"塞克斯顿和她那一类"(Sexton and Her Kind)的摇滚乐队,但乐队及其活动并没有消减或抹杀塞克斯顿"诗歌创作者"的头衔,而是在一定程度上诠释了这两种语言中的语言—音乐与诗歌的共通性。正如她的乐队成员所说,"我们并没有试着把塞克斯顿的诗定义为音乐……我们做的就是为诗歌'生产'声音"(Middlebrook, 1992: 330)。1968年7月乐队在波士顿首演,《波士顿周日环球报》(Boston Sunday Globe)在次年4月20号对此次演出的评论一语中的:"'塞克斯顿和她那一类'的目的在于加强诗歌与音乐的联系。"实际上,塞克斯顿一直在尝试通过乐器形成的声音来使用单词,并在访谈中多次强调摇滚乐对自己诗歌的作用:"摇滚乐的形式为我的诗歌打开新的局面,让诗歌在声音中敞开,以便真正让人听见,这就为诗歌打开了一个新的维度。"(Kevles and Sexton, 1978: 27)在实际操作中,塞克斯顿会直接将音乐的声音植入诗歌以达到加强诗歌乐感的实际效果。在《音乐游回我的身边》("Music Swims Back to Me")中,"la la la"(Sexton, 6—7)贯穿诗节的首末,使音乐与诗歌不分彼此,相互交融;而《快一点吧,是时候了》("Hurry Up Please It's Time")更是堪称文字的交响乐。除了相同句型在诗节中的连续重复、间隔重复创造出音乐的"复调"效果之外,塞克斯顿还将"Toot, toot, tootsy …"及"la de dah"(同上,384—395)等声音直接入诗并反复演奏。拿"la de dah"为例,这组声音在全诗的 6 个诗节中共出现了 8 次之多,而且,其在诗节中的分布并不规范,也没有实际的指涉功能,只作为加强听觉的音节复现而存在,是一次将音乐直接带入诗歌的实验或尝试。

2. 动词的陌生化处理及其音效

"陌生化"是形式主义的核心概念。虽然美国自白派诗人无一例外地选择了对形式主义的从尊奉到背离的诗歌写作之路,但他们却对文学性的中心概念"陌生化"不离不弃。尤其是在诗歌写作实践中对能产生声音或带来声音联想的动词的陌生化处理使句法和诗歌内容之间发生了严重的冲突。正是这些冲突带来了"异样"的听觉体验,使作品拥有了别样的"音色",而意义也通过动词所带来的"声音"的"扭曲"得以形成和发生。

作为自白派的领军人物,洛威尔诗歌的"声音"看似并不突出,他还因此被称为"耳朵很不可靠"(Berryman, 1976: 291)的诗人。但实际上,洛威尔诗歌中能带来声音联想的动词及其陌生化使用还是比较丰富的。如在《葬礼》("Burial")中,"drag"一词生发出令人压抑的声音,看似悖论但细品却令人回味无穷的动宾结合透彻地凸显了作者想"说出"的内容(Six or seven swallows **drag**① the air (Lowell, 751);在《夫妻》("Man and Wife")中,其"break"的用法更是大胆新奇:"你那老一套的抱怨……像大西洋在我的头顶炸裂(Your old-fashioned tirade .../loving, rapid, merciless .../**breaks** like the Atlantic Ocean on my head)。"(同上,189)主谓语的分割形成暂时的"寂静",但"寂静"本身更突显"唠叨"所造成的压迫感。"break"这个本身带有声音的动词的突然"响起"将"压迫"等级突然提升,几乎令人窒息。"声音"震耳欲聋,痛苦风起云涌,这样的诗节建构促成文字表述的立体化,夫妻之间令人悲哀又无奈的隔膜在寂静与喧嚣中得到生动展现。

动词的陌生化使用在塞克斯顿的诗歌中表现得异常突出,她也曾因此受到一些评论家的指责。他们认为,塞克斯顿"使用动词总不符合语法规则,经常扭曲它们的本意,有时甚至十分残暴"(Kammer, 118)。而批评却正好说明了塞克斯顿的动词运用特点及其特色。在诗集《我所有可爱的人》(All My Pretty Ones, 1962)中,动词的扭曲化使用已略见端倪。如在《星夜》("The Starry Night")中,"月亮在橘黄的镣铐里膨胀/像上帝一样,从它的眼里挤出孩子"(Even the moon bulges in its orange irons/to **push**

---

① 此处及以下粗体为笔者所加,以示强调。

children, like a god, from its eye)(Sexton, 54)。"push"拟声般的发音,带给人身临其境的感觉体验。随着诗技、诗艺的日臻成熟,塞克斯顿对动词的陌生化使用也更炉火纯青。在《生与死》(Live or Die, 1966)中,无论是《与天使同行》("Consorting with Angels")中"有个天使嚼着星星并记录着它的轨迹"(One **chewing** a star and recording its orbit)(同上,111),还是《穿越大西洋》("Crossing the Atlantic")中"每个时刻从它身上锯过"(Each hour **ripping** it)(同上,136),"嚼"与"星星"、"锯"与"时刻"的搭配都带给人强烈的陌生感及非凡的听觉体验,但在令人惊诧的同时,还让人不得不折服于诗人超常的想象力及有意打破常规的诗歌表现力。

同塞克斯顿不同,陌生化的声音表达在普拉斯这里大多通过"人"的"降格"或"物化"而达成。这种"手段"不但为诗歌带来了特殊的音色,而且成就了其"暗恐"色彩。在其转折期的诗歌如《巨人像》("The Colossus")中,"父亲"肥厚的嘴唇间发出的是"驴嘶、猪叫还有猥琐的咯咯声(Mule-**bray**, pig-**grunt** and bawdy **cackles** / Proceed from your great lips)。"(Plath, 129)而在其后期诗歌中,"人"的物化状态日渐加剧,表达也更加畅快淋漓:《美杜莎》("Medusa")中"你的祝福/冲着我的罪恶嘶鸣(your wishes/**Hiss** at my sins)(同上,226);《拉撒路夫人》("Lady Lazarus")中的"我""披着一头红发/从灰烬中升起/呼吸空气一般地吞吃男人(Out of the ash/I rise with my red hair/And I **eat** men like air)"(同上,247)。"祝福"的"Hiss"声是美杜莎带来的不祥之感,而"eat"及其生产的"声音"带来的却是赤裸裸的恐惧。这种看似悖论的表达及异样的声音直取语言的核心,语言的非逻辑变形背后体现的是诗人敏锐的洞察力及对语言娴熟的操控能力。

五、结语

张子清先生在评价美国自白派时说:"一个诗歌流派的生命力和影响力最主要取决于它在理念和美学上的创新性或革新的力度。"(张子清,771)虽然呼语法入诗、音乐入诗、强调文本自身的"声音"及动词的陌生化使用等不是自白派诗人们的首创,但他们利用这些手段在诗歌"声音"生成上的创新性操演不但别具一格,而且精彩纷呈。尤其在通过"声音"生成鲜活的意义方面,其革新的力度之大,在众多同时期派别中堪称出类拔萃。而诗歌中的"声音"同自白诗的其他修辞手段一起成就了美国自白诗虽一路饱受诟病但却历久弥新的艺术声名及美学特质。

参考文献

[1] Beach, C. *The Cambridge Introduction to Twentieth Century American Poetry*. New York: Cambridge University Press, 2003.

[2] Berryman, J. *Collected Poems*（1937 – 1971）. Ed. C. Thornbury. New York: Farrar, Straus and Giroux, 1989.

[3] —. *The Dream Songs*. New York: Farrar, Straus and Giroux, 2007.

[4] —. *The Freedom of the Poet*. New York: Farrar, Straus, and Giroux, 1976.

[5] Coroniti, J. *Poetry as Text in Twentieth-Century Vocal Music: From Stravinsky to Reich*. New York: Edwin Mellen Press, 1992.

[6] Grobe, C. "The Breath of the Poem: Confessional Print/Performance circa 1959." *Publications of the Modern Language Association of America*, 2(2012): 215-230.

[7] Haffenden, J. *The Life of John Berryman*. London: Routledge and Kegan Paul, 1982.

[8] Hallberg, R. V. *Lyric Powers*. Chicago: University of Chicago Press, 2008.

[9] Eliot, T. S. "The Music of Poetry." *On Poetry and Poets*. London: Faber and Faber, 1979. 17-33.

[10] Irene, K. "Narrative Apostrophe: Reading, Rhetoric, Resistance in Michel Butor's 'La Modification' and Julio Cortazar's 'Graffiti' (Second-Person Narrative)." *Style*, 3(1994): 329-344.

[11] Johnson, W. R. *The Idea of Lyric: Lyric Modes in Ancient Modern Poetry*. Berkley: University of California Press, 1982.

[12] Johnston, M. "'We Write Verse with Our Ears': Berryman's Music." *"After Thirty Falls": New Essays on John Berryman*. Eds. P. Coleman & P. McGowan. New York: Rodopi B. V., Amsterdam, 2007. 191-208.

[13] Kammer, J. H. "The Witch's Life: Confession and Control in the Early Poetry of Anne Sexton." *Critical Essays on Anne Sexton*. Ed. L. W. Martin. Boston, Mass.: G. K. Hall, 1989. 113-120.

[14] Kevles, B. "Anne Sexton: An Interview." *Poets at Work: The Paris Review Interviews*. Ed. G. Plimpton. New York: Viking Penguin, 1989. 253-280.

[15] —. and A. Sexton. "The Art of Poetry: Anne Sexton." *Anne Sexton: The Artist and Her Critics*. Ed. J. D. McClatchy. Bloomington: Indiana University Press, 1978. 3-29.

[16] —. and A. Sexton. "Interviews with Barbara Kevles." *No Evil Star: Selected Essays, Interviews and Prose*. Ed. S. E. Colburn. Ann Arbor: University of Michigan Press, 1985. 83-111.

[17] Lowell, R. *Collected Poems*. Eds. F. Bidart and D. Gewanter. New York: Farrar, Straus and Giroux, 2003.

[18] Middlebrook, D. W. *Anne Sexton: A Biography*. New York: Vintage, 1992.

[19] Middlebrook, D. W. "What was Confessional Poetry?" *The Columbia History of American Poetry*. Ed. J. Parini. New York: Columbia University Press, 1993. 632-649.

[20] Molesworth, C. "'With Your Own Face On': The Origins and Consequences of Confessional Poetry." *Twentieth Century Literature*, 2(1976): 163-178.

[21] Plath, S. *The Collected Poems*. Ed. T. Hughes. New York: Harper & Row, 1981.

[22] Plotz, J., et. al. "An Interview with John Berryman." *Berryman's Understanding: Reflections on the Poetry of John Berryman*. Ed. H. Thomas. Boston: Northeastern University Press, 1988. 3-17.

[23] Quintilian, M. F. *Institutio Oratoria* (Bilingual edition in four volumes). Trans. H. E. Butler. Cambridge: Harvard University Press, 1953.

[24] Sexton, A. *The Complete Poems*. Eds. M. Kumin and L. G. Sexton. Boston: Houghton Mifflin Company, 1981.

[25] Sumner, T. D. "Anne Sexton, Singer: 'Her Kind' and the Musical Impetus in Lyric Confessional Verse." *Australian Literary Studies*, 1-2(2014): 90-106.

[26] Steven, R. (ed.). *The Greening of Literary*

Scholarship. Jowa City：Jowa University Press，2000.
[27] 陆谷孙主编.《英汉大词典》(第二版).上海：上海译文出版社,2007.
[28] 罗伯特·洛威尔等著.赵琼、岛子译.《美国自白派诗选》.桂林：漓江出版社,1987.
[29] 聂珍钊.《英语诗歌形式导论》.北京：中国社会科学出版社,2007.
[30] 庞德.回顾.《准则与尺度》.潞潞主编.北京：北京出版社,2003.196—210.
[31] 张子清.《20世纪美国诗歌史》(三卷本).天津：南开大学出版社,2018.
[32] 朱光潜.《朱光潜全集》(第三卷).合肥：安徽教育出版社,1987.

从摆脱他者到超越自我
——苏珊·桑塔格《我,及其他》的存在主义女性观解读①

刘杏妍 姚君伟
(南京师范大学)

摘 要:作为桑塔格唯一一部短篇小说集,《我,及其他》从人文性、自传性和空间实验性等多种角度切入主题,刻画了不同时期、不同背景的多元化人物,高度浓缩了桑塔格小说创作的思想和技巧,富于值得挖掘和探索的文化意义。通过存在主义女性主义的视角,本文试图揭示弗拉特法斯小姐、茱莉亚和"我"3个不同的女性角色如何凭借相似的反抗精神打破父权制社会束缚,摆脱他者地位,超越自我内在性以追求自由与存在的意义。此外,解读桑塔格笔下的女性形象,不仅能加深对该小说集深层意义的理解,更能引起公众对女性问题的关注。

Abstract: As the only short story collection of Sontag, *I*, *Etcetera*, with its rich cultural meanings, is worth exploring for its depiction of diversified characters from different ages and backgrounds, its high enrichment of Sontag's ideas of and skills for fictional writing, and its numerous perspectives which are autobiographical, humanistic and spatially experimental. Through the perspective of existentialist feminism, this paper aims to analyze how Miss Flatface, Julia and "I" break the shackles the patriarchal society imposes on them, and get rid of the Otherness to pursue their freedom and existential meaning. Besides, an interpretation of the female images depicted by Sontag will not only deepen the understanding of *I*, *Etcetera*, but also arouse the public's concerns about women issues.

关键词:苏珊·桑塔格;《我,及其他》;存在主义女性主义;他者
Key Words: Susan Sontag; *I*, *Etcetera*; existentialist feminism; the Other

一、引言

在大部分中国学者对苏珊·桑塔格(Susan Sontag, 1933—2004)的印象中,她的批评文章更加广为人知,因此,她的小说写作并没有得到过多的关注,仅有的一部分也都集中于长篇小说,而对其唯一的短篇小说集《我,及其他》的分析显得尤为稀少。但事实是,收录了10个短篇的《我,及其他》如多棱镜般展现了二战后美国知识分子的心路历程、知识女性的精神肖像,以及当时美国都市人的生活方式,同时,通过从人文性、自传性和实验性等多种角度切入主题,桑塔格探索了短篇小说这种表现形式的无限可能。目前,已有学者从空间形式的研究角度对其进行解读,如顾明生教授基于其博士论文基础修改而成的著作《苏珊·桑塔格短篇小说空间形式研究》、聂宝玉从苏珊·兰瑟(Susan Lanser)的女性主义叙事学角度探讨的桑塔格短篇小说集叙述模式的体现等。桑塔格曾在看《我,及其他》中的短篇小说的校样时说:"吃惊地发现对读者而非作者而言,这些小说有一个共同的主题,那就是对自我超越的追寻,努力去成为一个不同的或更好、更高尚或更道德的人。"(Rollyson, 126)此外,桑塔格曾经表示,"女权主义者"是少数几个让她满意的头衔之一。短篇小说集中女性角色的经典呈现和自我超越在一定程度上反映出她的女性主义思想,而对于该文本的存在主义女性主义解读尚不充足。因此,本文拟以西蒙娜·德·波伏娃(Simone de Beauvoir)的存在主义

---
① 本文系教育部人文社会科学研究一般项目"桑塔格短篇小说艺术及文化内涵研究"[2013YJA752026]、"江苏高校优势学科建设工程第三期资助项目"(20180101)阶段性成果。

女性主义理论为指导,来分析《我,及其他》的代表性作品(《在美国》《心问》《朝圣》)中的女性主角、这些女性主角成为"他者"的原因及其为摆脱他者地位以实现自我超越所做出的努力。

1947年,波伏娃出版的《一种模棱两可的伦理学》标志着她存在主义伦理学思想的正式形成,而随后出版的《第二性》(1949)则基于存在主义探讨了女性问题,其存在主义女性主义思想大多反映在此书中。她首先指出,社会不公的现实不是由生理的不同而是由社会的传统习俗所造成的。存在主义女性主义的内涵主要包括女性生存困境、他者和自由选择与责任,来源于萨特存在主义的处境、他者和自由,但波伏娃基于此从女性主体角度出发赋予了三者新的内涵。本文所选择的女性角色,尽管受制于不同的生存困境,但均作为他者,她们用各自的方式实现了自我的超越。3位女性,3种不同的人生归途,却因有着同样的自由精神而相继展示出独特的魅力。

二、色情:《美国魂》中的自我觉醒

《美国魂》作为《我,及其他》的典型之作,不仅在主题上略超其他短篇,文中对女主人公弗拉特法斯小姐(Miss Flatface)的描写,更是真实刻画了当时美国女性的生存状况和精神状态。除此之外,弗拉特法斯小姐的追求反映了20世纪60年代美国反文化运动的潮流,记录了美国传统社会秩序和社会价值观的崩塌和扭曲;同时与美国第二次女权主义运动相互交叉,相互影响。

在父权制社会中,受社会传统、社会习俗和公共观念的影响,男性和女性之间的不公平性一直存在,公众认为男性处于社会的主导地位,是绝对的权威,而女性则是男性的附属品、家庭的守护者、社会的陪衬角色。这一点在弗拉特法斯小姐离开她的丈夫吉姆时体现得淋漓尽致。他说道:

> 弗拉特法斯小姐是她结婚前的名字。回家去她就叫吉姆·约翰逊太太。她是值得骄傲的三个孩子的母亲,是童子军的女训导,是格林·格罗夫学校的家长-教师协会的副会长,我们的孩子就在那里上学,她还是当地的女选民联合会的文档秘书。她拥有九又四分之三科恩王公司的赠券,还拥有一辆1962年产的奥兹莫比尔牌汽车。如果我让她跟你走,她的母亲——就是我的丈母娘——会气得发疯的。(Sontag,56)

由此可见,尽管弗拉特法斯小姐有如此多的头衔和身份,但是她却找不到真正的自己。作为家庭和社会的成员,她只是众多概念化的符号;她和丈夫吉姆之间并无感情可言,以至于在她离开时,吉姆担心的却是他的丈母娘会气得发疯。弗拉特法斯小姐想要摆脱"家庭的牢笼",打破身份的禁锢,她选择跟随奥布辛尼迪先生(Mr. Obscenity)走上色情之路,通过释放身体的欲望寻找精神上真正的自己。弗拉特法斯小姐的选择和作为,不仅反映出20世纪60年代的大背景:反抗习俗和当时政治的嬉皮士精神达到顶峰;片面追求自由尤其是性自由的反文化现象更象征了1970年代女权运动达到高潮之前的代表性反抗。

回顾女性发展史,可以发现女性不断地在做出选择。不论是个体还是群体,女性通过选择来塑造自身。弗拉特法斯小姐挣扎着解放自己,选择走上由奥布辛尼迪先生引导的色情之路。正如她所说的那样,"她离开吉姆不是为了死,而是为了活"(Sontag,63)。对于弗拉特法斯小姐来说,她已经通过肉欲重新激活她的身体,撕碎之前精神和肉体上对她的规则和限制,实现了她所认为的自由。果真如此吗?答案是否定的。波伏娃在阐释女性生存困境时,使用了"女性内在性"来形容女性困境,即依赖性、被动性和服从性的综合表现。(刘慧敏,39)囿于"女性内在性",她似乎又回到了另一个男人的主导之下。"事实证明,奥布辛尼迪先生是一个严厉的监工,他不准她走过镜子,拒绝回答关于她的相貌、她的才能,或者她的命运的任何问题"(Sontag,60)。甚至于当奥布辛尼迪先生向她和朱格督察(Inspector Jug)叫喊时,弗拉特法斯觉得奥布辛尼迪像是丛林之王,而且永远会是。(Sontag,70)但她并未止步于此,而是依然坚定地做出选择。尽管受制于父权制社会的压迫,女性仍然拥有选择成为独立个体的自由和可能。(波伏娃,469)弗拉特法斯小姐从未停止自己对真正自由的探索,不断地修正她的理解。一方面,她意识到她仍然处于男性的主导和控制之下,因此,弗拉特法斯小姐选择了再次摆脱束缚,靠自己在美国生活下去,取得了经济的独立。另一方面,她敢于争取自己的权利。当奥布辛尼迪先生和朱格督察找到她并且想要让她离开亚瑟回归色情产业时,她说:"让我做人吧,你们两个。我已经尽了我的职责,我享过乐了,现在我想做人。"(Sontag,79)

弗拉特法斯小姐在意识到身体尊严和身体所属的意义后,最终选择回归家庭。当弗拉特法斯小姐遇到水手亚瑟时,她生平第一次坠入了情网。(Sontag,76)"女性只有自己做出了自由选择,才能实现真正的自由,承担选择后的责任"(Beauvoir, 641)。与之前的家庭状态不同的是,弗拉特法斯此时已经超越了对自由的表层肤浅理解,集中于身体和精神统一的自由。从最初的女性意识萌发、简单的逃离、通过放纵肉欲获得快感、实现肤浅自由到再次回归,弗拉特法斯此时已经不再是简单的符号身份的堆砌,而是实现了自我的超越,意识到了身体和精神统一自由的重要性。当她再次和奥布辛尼迪先生对话时,已经没有了当初视他为"丛林之王"的从属感,甚至觉得他有些可笑。"奥布辛尼迪先生的灯笼裤突然在明亮的阳光照射下看上去有很多皱纹,显得很可笑。他的单片眼镜也变得奇形怪状的了。在南加利福尼亚州没有人戴帽子,在晴朗的早晨更是如此。弗拉特法斯小姐开始大笑起来"(Sontag, 80)。

弗拉特法斯小姐的一生,反抗过,争取过,也坚持过。她不断地否定自己的处境、自己的生活,从未停止思考。作为独立的女性主体,她摆脱生存困境,做出自由选择,承担应有责任,不仅实现了自我解放,也为当时都市人,尤其是都市女性提供了从麻木中救赎自我的方法。同时,我们也可以看到桑塔格通过对弗拉特法斯小姐一生的描写,再现了当时女性解放和自我追求的场景,表现了她们持续地自我审视、力求上进的状态。

三、自杀:《心问》下的自我解脱

《心问》所具有的自传性与以往关注作者本身真实生活的重点不同,它的构思源于桑塔格的好友苏珊·陶布斯(Susan Taubes)于1969年投哈德孙河自杀身亡一事。与《美国魂》中丢弃过去、实现自我构建的弗拉特法斯小姐不同的是,《心问》中的茱莉亚(Julia)更像是一个巨大的反讽——过去是无法完全被超越的,她展示出女性在追求真正自由时仍会因所处的弱势地位而受到阻挠,增加实现自我超越的难度。茱莉亚试图逃脱压抑的社会和家庭困境,投身于她所着迷的哲学世界,寻找最终的目标——存在的意义。通过自身的抗争和对立,她选择了自杀,实现了她所理解的重生和解放。

不满于与世浮沉的茱莉亚一方面试图逃离她的家庭困境,"她和丈夫分了手,接着吵吵闹闹地离了婚。两个淡黄色头发的孩子被打发到了绿草丛生的寄宿学校,孩子们看起来像是另外一对父母所生。她说:'为了呼吸新鲜空气。'"(Sontag, 33)甚至于当她的父亲来电话时,茱莉亚会让"我"去接电话撒谎说她出门了;讽刺的是,茱莉亚几乎从不出门。波伏娃将女性的处境进行重新定义,即女性所处的家庭,从父母的家庭到了丈夫的家庭,但她的依附性和内在性并没有发生变化。(波伏娃,472)茱莉亚即是如此,原生家庭和丈夫的家庭都将她紧紧地压迫在依附性和内在性之中。而从社会困境角度来讲,茱莉亚拒绝外出和外界接触,她认为每一次都是剧烈的痛苦。(Sontag, 36)一定意义上来说,茱莉亚"清除"了所有的障碍,首先摆脱女性对于家庭的依附性和内在性,而后以一名哲学家的身份投身于她的存在主义世界中,而不是继续作为被审视和评判的他者。多数女性选择接受目前的生存状态,选择继续作为附属品而存在,而茱莉亚对家庭和社会困境的远离与其说是逃避,毋宁说是为她找寻存在的意义提供了一定的基础,她对社会传统和家庭桎梏的反抗体现了她在孤独中重建自身、找寻真正自由的决心。

与此同时,茱莉亚不满于大众循规蹈矩的生活方式和状态,于是她开始提出一些存在主义问题:"我或许开始对那片落叶与别的落叶之间的关系感到疑惑了""为什么它们躺着恰好是那个样子,为什么不是别的形状?""可是它们之间有一种关系,一种联系……"(Sontag, 34)这显示出茱莉亚的变革精神——不屑于随波逐流,同样与20世纪60年代美国反文化运动潮流相对应。除此之外,茱莉亚所发出的类似于"天问"的问题基本无解,因为她的问题都涉及存在或生存,她想知道现实是由注定的还是偶然的事件相连而成,世界本身是否有意义。这正如罗利森所指出的那样,"这也影响到了读者本身,让人们开始思考当代社会的无秩序状态,开始思考存在的意义"(Rollyson, 121)。因此,茱莉亚已经超越了当时的大部分人群,她不仅打破了身上的枷锁,而且通过她的存在主义问题,试图为生存在无意义生活状态下的大众寻找解决的方法。在每个人都处于空虚状态的时代,茱莉亚仍然能构造出自己的存在主义哲学世界,探索生存的大问题,而不是甘于平庸,随波逐流。

茱莉亚做出了她的选择,去探寻存在的意义,却仍然受到各种阻碍,她的处境将她紧紧地压迫在"内在性"之中。儿子莱尔被别的家庭收养,有了新的父母,物价上涨、恐怖主义,满目疮痍的城市让她倍感沮丧,甚至于连父亲的关心都变成了外界的压力。"我"试图将茱莉亚拉出死循环的圈子,让她看看市容(Sontag, 42),但所有的努力均为徒劳,茱莉亚就像是手中握不住的沙子一般,"滑"向了哈德孙河,走向了她最终的选择。为了获得自由,女人必须要追求超越,不能局限在内在性的安全之中。对于个体的人来说,萨特认为:"转换他或她的整个人生在世的方式及其决定的全部价值总是可能的,我们总是意识到这种可能性。"(坎伯,120)而女人要想获得自由,可以也必须通过自由的选择和行动来实现主体的超越性。对于茱莉亚来说,自杀就是她的解脱,是为了呐喊,为了从抹去女性存在的压迫环境中突围,发出自己的声音。恶劣处境中的女人自欺,自欺让女人的处境更加不利,女人就是这样陷入一种恶性循环之中。(刘湘,40)但茱莉亚并未选择追求虚假的价值——回到家庭内部,自愿肩负起承担传统女性的责任,作为他者,她挣扎、抗争,寻找过存在的意义,追求自己的精神世界。而本篇结尾处桑塔格将茱莉亚与西西弗斯的类比更将她的命运选择进行了升华,茱莉亚选择结束这一切的绝望、荒诞、无意义,她选择了自己的命运,她又高于自己的命运。

四、旅行：《朝圣》路的自由追求

作为美国战后知识分子的成长故事,《朝圣》为我们打开了一幅写实的画卷,去了解桑塔格年代的成长经历。(申慧辉,7)战后的美国吸引了大量的欧洲移民知识分子,大大促进了当时的文化和艺术繁荣。《朝圣》以写实的口吻,讲述了一名女中学生和朋友一起拜访德国作家——托马斯·曼(Thomas Mann)的故事。该女中学生一般被认为是桑塔格本人。桑塔格的文学之路并不顺畅,为此她也付出了艰辛的努力,在不利的大环境下努力超越内在自我,追求自为目标——文学之路。利亚姆·肯尼迪曾提醒研究者关注短篇小说《朝圣》的独特价值:"《朝圣》是一个青年知识分子的肖像,清楚地显示出它是桑塔格作品关键性主题的源头：知识分子的疏离与自负、高级现代主义的忧郁、自我超越激情的吸引力、道德想象的渴望、自我创造幻想的源起。我小心翼翼地阅读它,因为它是桑塔格作品的阐释之钥。"(Kennedy,5)

"女人的处境决定了女人整个的命运轨迹,使她从无性别意识的女孩到自卑的女人,再到压抑的妻子和母亲,她在处境中深刻地感受到自己的低下,于是一代代的女人将自己的生命消耗在重复和内在中,女人的'第二性'地位就这样被确定了下来"(Beauvoir,255)。女性要想获得生存自由,就必须跳出处境的束缚,找寻自己的兴趣、生活理想所在,和社会上的男性分享同等的机会。《朝圣》中的"我"很早就认识到了坚持自己兴趣的重要性:"而现在,我有了自己的房间,我可以在被送进房间并关灯以后打着手电筒读几个小时的书,不是藏在被子里读,而是在被子外面读。"(徐天池,291)有了兴趣和天分,"我"的文学启蒙悄然开始了。波伏娃强调的重点在于女性要超越女性内在性,通过自由选择来追求自为目标和真正的主体自由,而内在性描述的是反复从事某一角色而对社会没有任何作用。(Beauvoir,569)"我"为了反抗女性注定的命运和逃脱消极的女性生存环境做出了极大的努力。二战后的美国虽经历了空前的文化大繁荣,但留给女性的机会却寥寥无几。在这种不利环境下,"我"依然能培养自我意识,意识到困境所在,并且不断地打破公众对于女性的刻板印象,追求引引"我"的"文学之光"。

《朝圣》中,女中学生已经显现出要超越"自在"生活状态,追求"自为"目标的迹象,她认为:"是敬慕之情解放了我,还有作为体会强烈的敬慕感的代价的难之情。那时我觉得我自己已是个成年人,但又被迫生活在孩子的躯壳里。"(Sontag,323)波伏娃鼓励女性超越束缚自己的女性内在性,追求建立社会地位和自我意识觉醒的最终目标。"我"对于成长的强烈渴求和对文学的敬慕之情让"我"不断地打破女性内在性。除此之外,在和托马斯·曼谈话的过程中,同样显示出了"我"区别于其他同龄人的特质。当托马斯·曼将话题引向我们时,"我"开始感到紧张。通过细微却生动的描写,可以看出他们已经从传统和旧规中解放出来,不像其他同龄人一般关注幼稚和无意义的事情(例如性、毒品等)。"我"把更大的精力放在了探索文学世界上。多年后,"我"实现了最初的梦想,成为一名作家。尽管作者并没有对路途上的艰难险阻进行详尽的描述,但我们仍然能体会到一路荆棘和坎坷。正如桑塔格自己所说,她穷其一生都在为成为一名"优秀的欧洲人"而努力,即被文学世界所认可和接受。

在战后美国充斥着大量移民艺术家的时期,《朝圣》中的两名中学生从传统的学校课本中解放出来。尽管新旧思想仍然在冲突,但他们所具有的活力却尤其强大。女性真正意义上的存在不在于她的生活是否快乐,而是她是否被解放。女性的解放应该由她们自己而不是男人来决定。(Beauvoir,255)一旦女性失去了她的自由,她便会从主体地位滑向他者地位。不论是多次赴波斯尼亚战争的女斗士,还是作为文学世界的非正式女性领导者,桑塔格都向我们呈现出文学的魅力所在。就像她在《朝圣》中提到的,"40年以后,我还是像在漫长而累人的旅途上的小孩子一样,不停地问着'我们到了吗?'我没有获得过童年的满足感,作为补偿,我的前方总是呈现着一条满足的地平线,敬慕的喜悦载着我不断地向它前进"(徐天池,323)。在对一切都还懵懂的年纪,"我"却隐约找到了生活选择的方向。从最初被"文学之光"引领,到在文学大道上不停地探寻,女中学生的心路历程可以作为了解桑塔格是如何超越不利的女性生存状态，追求"自为"目标，最终实现自由追求的部分参考。

五、结语

本文借助萨特的存在主义思想，重点以波伏娃《第二性》中所阐释的存在主义女性主义思想为指导，详细剖析了女性生存困境、他者地位和自由选择，致力于女性解放的最终目标。《我，及其他》一方面描绘了共同的主题——对自我超越的追求，另一方面细致地刻画了本文所选3位女主人公摆脱"他者"地位、对父权制社会的压迫做出抗争、超越女性内在性、追求自由选择的女性形象。通过作品中桑塔格的描写，可以看出女性实现成为独立主体的过程充满艰辛：所受压迫之重使得女性解放的道路更加艰难，但女性不该放弃反抗，困守于依附性和内在性之中，而是应唤醒自我意识、超越依附性和内在性，从而实现自由。波伏娃的理论分析在《在美国》《心问》和《朝圣》中反映得淋漓尽致：弗拉特法斯小姐因于家庭和婚姻，通过释放身体欲望追求她所认为的自由，最后幡然悔悟，明白了自由的真正含义，实现了自我的超越；茱莉亚将自己投放到哲学世界中，探寻存在的意义，而不是跟随社会的空虚之流，试图为找到解决迷茫的办法，体现了她的自我追求；"我"通过对文学目标的渴望和坚持打破社会的不公平，争取和男性平等的机会，实现了"我"的"自为"目标。这些反抗不仅揭示了桑塔格的女性意识，更进一步强调了《我，及其他》本身所具有的丰厚文学价值，同时展现出了女性反抗的勇气和决心。本文通过对波伏娃存在主义女性主义思想的分析，以期唤起公众女性意识的觉醒，更是为少数越走越偏的女性主义运动提供合理的解读和分析，改善女性处境，促使更多的女性实现经济上、情感上的独立。两性平等的社会环境已是大势所趋，更将为社会发展带来良好的影响。

参考文献

［1］Beauvoir, Simone de. *The Second Sex*. New York：Vintage Books, 1972.
［2］Kennedy, Liam. *Susan Sontag: Mind as Passion*. Manchester：University Press, 1995.
［3］Joseph, Mahon. *Existentialism, Feminism and Simone de Beauvoir*. New York：Palgrave MacMillan, 1997.
［4］Poague, Leland. and Parsons Kathy A. eds. *Susan Sontag: An Annotated Bibliography 1948-1992*. New York：Gardland Publishing Inc., 2000.
［5］—. ed. *Conversations with Susan Sontag*. Jackson：University Press of Mississippi, 1995.
［6］Rollyson, Carl. *Reading Susan Sontag: A Critical Introduction to Her Work*. Chicago：Ivan R. Dee, 2001.
［7］—. & Paddock, Lisa. *Susan Sontag: The Making of an Icon*. New York：W. W. Norton & Company Inc., 2000.
［8］Sontag, Susan. *I, Etcetera*. USA, PICADOR, 1978.
［9］Sayer, Sohnya. *Susan Sontag: The Elegiac Modernist*. New York and London：ROUTLEDGE, 1990.
［10］顾明生.《一幅叙事简图》：苏珊·桑塔格小说〈在美国〉叙事艺术研究.南京师范大学硕士论文,2008.
［11］—.西方桑塔格研究述略（1995—2014).《外语研究》,2014(5)：93—99.
［12］卡尔·罗利森、莉萨·帕多克.《铸就偶像：苏珊·桑塔格传》.姚君伟译.上海：上海译文出版社,2009.
［13］柯英.《存在主义视阈中的苏珊·桑塔格创作研究》.上海：上海交通大学出版社,2018.
［14］理查德·坎伯.《最伟大的思想家：萨特》.李智译.北京：中华书局,2014.
［15］刘湘.《波伏娃的存在主义女性主义思想研究》.苏州大学硕士论文,2016.
［16］刘慧敏.存在主义女性主义与女性的自由与解放.《重庆科技学院学报（社会科学版）》,2010(13)：39—40+48.
［17］苏珊·桑塔格.《我，及其他》.申慧辉、徐天池译.上海：上海译文出版社,2009.
［18］西蒙娜·德·波伏娃.《第二性》.郑克鲁译.上海：上海译文出版社,2011.
［19］姚君伟.苏珊·桑塔格短篇小说论.《江苏大学学报（社会科学版）》,2018(4)：49—54.

"两种文明的战斗"
——《都柏林人》中的种族、宗派和阶级意识

于承琳
（上海理工大学）

摘　要：本土爱尔兰和英裔爱尔兰、天主教和新教两种文化的隔离与冲突构成了现代爱尔兰独特的民族性。乔伊斯在《都柏林人》中通过再现爱尔兰社会二元化的种族、宗派和阶级意识及其对爱尔兰人精神、心灵的桎梏，曲折地揭示了爱尔兰的民族性问题；通过描写成长中的都柏林人对这种二元意识背后的意识形态本质的顿悟，揭露了英帝国文化殖民的真相。

Abstract: The separation and collision of Irish Ireland and Anglo-Ireland, Catholicism and Protestantism constitutes the special national character of modern Ireland. In *Dubliners*, James Joyce obliquely reveals this national character through representation of a binary racial, sectarian and class consciousness in Irish society and its paralyzing effects upon the Irish people's spirit and soul. Through depiction of the growing Dubliners' epiphany about the ideological essence hidden in this binary consciousness, Joyce discloses the truth of the British empire's cultural colonization.

关键词：乔伊斯；《都柏林人》；民族性；文化殖民
Key Words: James Joyce; *Dubliners*; national character; cultural colonization

一、引言

1900 年，爱尔兰民族主义者 D. P. 莫兰（D. P. Moran）出于去殖民化目的发表檄文《两种文明的战斗》（"The Battle of Two Civilizations"）①，标题精辟地概括出现代爱尔兰独特的民族性，即本土爱尔兰（Irish Ireland）和英裔爱尔兰（Anglo-Ireland）两种文化的冲突。作为英国对爱尔兰数个世纪殖民历史的产物，英—爱、新教—天主教文化的差异与隔离实质上象征了征服者与被征服者、优势阶层与弱势群体、文明与野蛮等二元对立关系。里昂斯（F. S. L. Lyons）借用阿诺德（Mathew Arnold）的概念，称此现象为"文化与无政府状态"的关系，并认为这一关系是理解现代爱尔兰的根本（Lyons, 2）。莫兰的文章和里昂斯的研究所针对的历史时期——19、20 世纪之交，爱尔兰文艺复兴运动时期②，正是这两种文化冲突的白热化阶段。

波茨（Willard Potts）在《乔伊斯和两个爱尔兰》（*Joyce and the Two Irelands*）中指出，乔伊斯"作为复兴运动时期的主要作家中唯一的天主教徒，唯独公然地写作两个爱尔兰之间的关系"（Potts, 2），其作品中反映的爱尔兰社会天主教和新教分离的宗派主义远非单纯的宗教差异，而是代表了宗教、种族和阶级等综合的文化差异。文森特·程（Vincent Cheng）认为，爱尔兰社会这一种族和民族性问题与帝国殖民问题密不可分，"乔伊斯的全部作品构成了对类似意识形态话语（对爱尔兰人的种族化和殖民化）及其引发的殖民病症尖刻的分析和有力的批判"（Cheng, 9）。学界不乏对乔伊斯长篇小说中爱尔兰民族性问题再现的探究，却相对忽略了其短篇小说《都柏林

---

① 首发于 *New Ireland Review* 13 (1900), pp. 323-336, 后收于论文集 *The Philosophy of Irish Ireland*. Dublin: University College Dublin Press, 2006, pp. 94-114。
② 里昂斯著作的考察范围为 1890—1939 年，与爱尔兰文艺复兴运动的时间大致吻合。关于爱尔兰文艺复兴运动的定义和起止时间，参见陈丽的《爱尔兰文艺复兴与民族身份塑造》，第 14—17、27—42 页。

人》对这一主题的影射,尤其是看似无关政治的未成年篇——《姐妹俩》("The Sisters")、《偶遇》("An Encounter")和《阿拉比》("Araby")。这3篇故事均以一种成长的叙事模式,记述了作为第一人称叙述者的男孩"追寻—失落"的过程和最终通向启悟与成熟的"灵光乍现"的时刻。在那一刻,男孩仿佛突然认清自己被成人世界意识形态包围、已潜移默化遭其侵蚀的现实,这种成人世界意识形态就包含英—爱、新教—天主教二元区分的意识。故事集后续描绘的一系列人格扭曲、精神瘫痪的成年人暗示了这种二元意识对爱尔兰人心灵桎梏的后果。借助成长中的都柏林人的顿悟,乔伊斯揭示了爱尔兰社会二元的种族、宗派和阶级意识作为帝国文化殖民意识形态工具的本质,并含蓄地传达出一种潜在的反叛声音和颠覆力量。下以《都柏林人》未成年篇中所受关注不多的《偶遇》为焦点,探究爱尔兰社会"两种文明战斗"的文化现象。

二、"文化"与"无政府状态"的较量

《偶遇》以第一人称记述了一个受到"蛮荒西部"文学吸引的小男孩渴望逃离现实去冒险,当他终于和同伴启程前往一个名为"鸽舍"的旧堡垒时,却在半路偶遇一个性变态,结果落荒而逃的故事。在故事的结尾,当同伴马赫尼应声向叙述者奔来时,他在心里醒悟似的忏悔:

> 我的声音里透出强作勇敢的音调,我为自己拙劣的计谋感到羞愧。……他穿过田野向我跑来的时候,我的心跳得厉害!他仿佛是跑来援救我。我感到愧疚,因为我在心里一直有点瞧不起他。①

叙述者为什么一直瞧不起马赫尼?是什么促使他对马赫尼的态度突转?这最后一刻的顿悟与忏悔成为故事的核心谜团。

叙述者和马赫尼同为耶稣会学校的学生,却表现出一种"文化"和"无政府状态"的区别。叙述者是勤奋、守规矩的优等生,性格深沉、心思缜密。在男孩子模拟印第安混战的游戏中,他自称是一个"勉强的印第安人"(reluctant Indians),参加游戏是为了不让自己"看起来太用功或缺乏男性气概"(12)。马赫尼却是一个头脑简单、调皮贪玩的"差学生"形象,随身携带一把弹弓,常寻衅惹事,满口俚语。两人显著的差异对应了阿诺德对盎格鲁和凯尔特民族性所做的区分,②叙述者对马赫尼一向的"瞧不起"即源于这样一种"文化"差异意识。故事中多处影射了这种意识对爱尔兰人的影响。开篇交代乔·迪伦作为"蛮荒西部"风潮的"始作俑者",在印第安混战游戏中表现最为凶猛,却生活在一个虔诚平和的天主教家庭,并最终从事了牧师职业。迪伦所折射的矛盾性表明:克制、规矩、体面的生活是受过教育、有文化修养的人应该做出的人生选择,桀骜、狂野是人性中的低劣成分,需要被"文明"压制和驯化。这一价值观在巴特勒神父批评李奥·迪伦的场景中再次凸显。神父在课堂上发现李奥偷看《蛮荒西部》画报时,异常愤怒地训斥道:

> 这是什么垃圾?《阿帕契酋长》!你不读《罗马史》,却读这种东西?不要再让我在这个学校发现这种烂东西。我很震惊,像你这样受过教育的孩子竟然读这样的东西。如果你是……国立学校的孩子,我还可以理解(13)。

在当时的都柏林社会,耶稣会学校是中上层阶级、文化和教养的象征,在神父看来,"蛮荒西部"文学是低俗的读物,耶稣会学校的学生读这种东西是有失身份的表现。他将耶稣会学校与国立学校划清界线,因为当时的国立学校是专事培养实用技能而非传授学术知识的职业学校,③在他眼里就是没文化的下层阶级的象征。巴特勒神父这种以文化划分阶级的意识典型地代表了爱尔兰社会的主流话语。叙述者在故事中的种种表现表明,在这样的意识形态环境下成长起来的都柏林青少年已潜移默化地受到熏染。神父的训斥不是针对叙述者,却引发他的自省:"白日里清醒时刻的这一顿训斥使荒野大西部的荣光在我心里黯然失色,李奥·迪伦那张困惑的胖脸唤醒了我的某种良知。"(13)这种自觉的"良知"觉醒体现了主流意识形态在未成年人精神中的内化,这同样可以解释在偶遇变态陌生人之初叙述者为何急欲与之寻求认同,而与同伴划清界线。在偶遇之初,叙述者感受到的是陌生人以纯正的口音畅谈文学这些表

---

① James Joyce, *Dubliners*, ed. Margot Norris, New York, London: W. W. Norton & Company, 2006, p. 20. 以下文本引文均出自此书,仅用页码标示。

② 阿诺德认为,"凯尔特人在本性上无纪律、无政府、躁动,但出于喜爱和崇拜,会全心全意地追随某一领袖,……这刚好是盎格鲁-撒克逊性格的反面,后者纪律严明、在一定界限内稳定地服从,但却保有一份不可剥夺的自由和独立……" See Mathew Arnold, *On the Study of Celtic Literature and Other Essays*, p. 86.

③ 见 James Joyce, *Dubliners*, p.13, Note 9。

明其受过良好教育、有文化修养的身份特征。为博得对方的好感,叙述者假装读过他提到的每一本书,并在马赫尼天真地提问时感到尴尬,生怕这位有文化的"绅士"觉得自己同样无知愚蠢。当陌生人将叙述者划为同类,说"原来你跟我一样,是个爱读书的人",并"指着瞪大双眼的马赫尼说,他和我们不同,他是个贪玩好动的人"(17)时,他实际上和巴特勒神父一样,都"以文化形象将男孩子做出划分:行动活跃、思维简单的下层阶级孩子和刻苦用功、有责任心的中上层阶级孩子"(Kershner, 35),这充分显示了成人世界的文化阶级意识。

叙述者和马赫尼尽管表现出"文化"上的差异,但耶稣会学校学生的身份又使他们处于同一个阶层。正如上文所提巴特勒神父对耶稣会学校和国立学校的区分,耶稣会学校在天主教爱尔兰人中属于上等阶层,但是在新教徒面前却低一等。在当时的爱尔兰社会,最有地位的是英国殖民者的贵族后裔——新教优势阶层(Protestant Ascendancy)。① 乔伊斯的弟弟斯坦尼斯劳斯(Stanislaus Joyce)在传记《我兄弟的监护人》(My Brother's Keeper)中曾提到,在哥哥所上的耶稣会学校,老师们反复教育学生"要违背良心做某事或避免做某事,以免遭他人的议论或评价"。学生们都清楚这种晦涩教导的用意:"他们是希望自己的学生提防一种自卑情结,那种在都柏林这个小世界与新教优势阶层接触时可能会产生的情绪。"(Joyce, Stanislaus, 48)小说中叙述者在陌生人面前的伪装,正体现了这一教育灌输的心理,他很有可能是根据对方的口音和言谈而判定其为新教优势阶层。此外,在冒险旅途中,马赫尼因招惹一群破衣烂衫的小孩而受到反击,被骂作"小鬼子"(Swaddlers②)。这些小孩是都柏林下层穷人的孩子。叙述者和马赫尼的外观打扮让他们被误认作新教徒,而代表英国殖民的新教优势阶层正是爱尔兰下层阶级和民族主义者仇视的对象。因此,和《死者》("The Dead")中加布里埃尔被民族主义者艾弗斯小姐认定有亲英倾向而称之为"西不列颠人"(west Briton)一样。这里的"小鬼子"也带有"假洋鬼子"的意思,表达了一种民族主义情绪。作为耶稣会学校学生的叙述者和马赫尼与作为大学教授、知识分子的加布里埃尔均遭受源于民族主义的偏见和敌视,说明在都柏林受过良好教育、有知识文化的本土爱尔兰人面临一种矛盾与尴尬的处境:一方面

他们向往新教优势阶层的文化修养,渴求通过文化资本获得社会地位和尊严体面;另一方面作为本土爱尔兰人和天主教徒他们又必须明确民族身份、寻求同胞认同,在反殖民上与他们统一战线。《偶遇》的叙述者作为"勉强的印第安人"加入模拟混战游戏即体现了这种心理纠结,他不想被看作"一个有着文化(也即阶级)区分观念的伪君子",可内心却难免有这种区分意识,"对于耶稣会教育赋予他的身份以及从自己对'文化'的认同上所进一步获得的地位,叙述者感到既骄傲又耻辱"(Kershner, 36)。这种矛盾、挣扎和伪装归根到底体现了文明和野蛮、"文化"和"无政府状态"两种力量之间的较量。那么,在这两种力量的较量中,男孩内心的天平发生了怎样的倾斜?是什么促使他在最后一刻忏悔自己对马赫尼的态度?其顿悟又是源于对何种真相的洞察?

三、精神瘫痪的前兆

迪克南(James P. Degnan)以弗洛伊德的理论解读《偶遇》,提出叙述者和马赫尼的对立代表了文明和原始两种价值观的冲突,其本质是人性中超我和本我的斗争,如不能成功调和,就存在神经质、精神瘫痪和人格扭曲的危险,故事中的变态怪人就表现出文明对天性过度压制的症候(Degnan, 89—93)。迪克南对文本的分析充满洞见、具有说服力,然而其着眼点在于普遍人性,若以此为出发点,将文本置于社会历史语境中再审视,则可洞察二元的种族、宗派和阶级意识对都柏林人人格精神的压制和扭曲。前文提到,耶稣会学校的老师向学生大力灌输尊严体面的重要性,不惜违背真实的内心。事实上,在《都柏林人》中处处可见为维护尊严体面而违背内心、压抑本性,以致精神扭曲的"畸人",如《姐妹俩》中的弗林神父、《偶遇》中的变态怪人、《一朵小云》("A Little Cloud")中的钱德勒、《粘土》("Clay")中的玛利亚、《一件悲痛往事》("A Painful Case")中的达菲先生等。从这个意义讲,我们甚至可以将《都柏林人》读成一本和安德森(Sherwood Anderson)的《小城畸人》(Winesburg, Ohio)一样的"畸人志"。乔伊斯这本都柏林版的"畸人志"意在传达的是,造成都柏林人精神扭曲乃至瘫痪的重要根源之一是爱尔兰社会在"文化"和"无政府状态"两种力量的较量中对

---

① 关于新教优势阶层的定义,参见 John Goodby, ed., *Irish Studies: The Essential Glossary*, pp. 21-22.
② 天主教对新教徒的戏谑称呼,参见 Don Gifford, *Joyce Annotated: Notes for* Dubliners *and* A Portrait of the Artist as a Young Man, p. 38.

"文化"一极的过分强调。

《偶遇》中传播"蛮荒西部"文化的乔·迪伦从事牧师职业的人生道路提出了一个让叙述者乃至大部分都柏林人困惑的问题：在天主教爱尔兰，"一个人如何能够一方面活得自由、有激情、无视规则、不顾后果（游戏的一面），另一方面又展现出循规蹈矩的生活所需要的品质？"（Herring, 19）也就是说，如何将人的本能欲求与"文化"、宗教所要求的克制和顺从和解、融合？乔·迪伦虽然暂时克服了这对矛盾、成为一名牧师，但实际上他也可能像《姐妹俩》中的弗林神父一样，在日后漫长的人生中遭受持久的压抑和挣扎。弗林神父的结局似乎可以预示有叛逆和野性精神的乔可能面临的后果。弗林神父出身贫民窟，却跻身世界顶级学府——罗马神学院，"这对于一般爱尔兰人来说，简直是天路历程"（郭军，186）的奇迹，无疑需要惊人的意志力和努力来实现，最终他却因中风瘫痪、精神失常而前功尽弃，其中缘由虽迷雾重重，却隐约指向性本能的压抑与爆发。① 荷林（Phillip F. Herring）指出，在天主教爱尔兰，成为神职人员是通往成功的最高路径与选择，也是改变出身、实现社会地位与阶级提升的不二法门，"许多爱尔兰青年通过成为牧师来获取社会的尊重和生活的舒适"（Herring, 103）。弗林神父的卑贱出身令人不禁揣测，他在成为牧师这一追求上决心如此强烈，很可能是出于改善个人和家族社会地位与生活状况的目的，而非对宗教事业真正的虔诚与热爱，这意味着他必须为此不断压抑个性、牺牲本我，日复一日地面对烦琐僵化的神学知识、宗教礼仪，循规蹈矩地履行宗教职责。从这一角度看，《偶遇》中的变态怪人和弗林神父的心路历程或许如出一辙：皆受制于爱尔兰社会阶级、宗派意识根深蒂固的影响，以接受教育、获取知识的途径谋求社会地位和尊严体面，然而对"文化"的过度追求伴随着对本能的过度压抑，久而久之，终致精神的扭曲和人格的分裂。

在《偶遇》的启悟式成长叙事中，叙述者最终的忏悔源于他在与马赫尼的反差中认知到文明—野蛮、文化—无政府状态二元对立的意识形态对自我的侵蚀与禁锢，在变态怪人扭曲的人格中看到了自我类似的缺陷和面临的危机。在整个历险过程中，叙述者和马赫尼表现出性格上的迥然差异。相比叙述者的谨慎和纠结，马赫尼简单直率、果断鲁莽。在被变态怪人问及交过多少女朋友时，马赫尼坦率回答并当即反问对方。与之相对，叙述者则显得复杂世故。他出于维护自己"好学生"形象的目的，谎称未曾交过女朋友。但是对方却对这件事表示认可和鼓励。这让叙述者感到吃惊，因为在他心中，这个年纪和"身份"的人有这种"开明"的想法是不合理的，这表明叙述者的意识里已经有了巴特勒神父为代表的成人世界思维定式，他的伪装也再次暴露出为迎合主流价值标准而压抑真实想法的倾向，与马赫尼的率真形成对比。面对变态怪人手淫的举动，马赫尼大喊"怪老头"（18）并随即跑开。相比之下，叙述者不敢轻易行动，终于在犹豫顾虑中错失逃走的机会。当马赫尼应声跑来的那一刻，叙述者感受到他的果敢、勇气和真诚的力量，不禁对自己的狭隘和复杂感到愧疚，因此而引发顿悟与忏悔。

可以说，路遇的经历使男孩发现自己和变态怪人之间的相似，意识到对文化或文明"一边倒"的社会主流意识形态对天性的压抑和对人格的扭曲。从变态怪人和自我的身上，他认识到过度的文明导致天真的丧失，使人格变得复杂虚伪甚至扭曲变态。而在马赫尼身上，他重新发现了野性、率真、简单、果敢等品质的可贵。同样作为少年，他的内心已在经受超出其年龄的矛盾和斗争，用荷林的话讲，他"一半顺从，一半反叛"，不断"在公然的反叛和完全的顺从之间寻找出路"（Herring, 18）。未成年篇中其他两个故事《姐妹俩》和《阿拉比》中的男孩也具有同样复杂的人格，经受类似的反叛和顺从的矛盾。贝克（Warren Beck）指出，这些人格复杂的未成年与后续故事中纠结的成年人相连，尤其是《一朵小云》中的小钱德勒和《死者》中的加布里埃尔（Beck, 85）。在反叛和顺从之间纠结、挣扎是这些都柏林人的共同点。纠结的成年人无力克服矛盾、做出改变，导致生命压抑甚至酿成悲剧的事实，为未成年人树起警示：对文明的过度追求扼杀了可贵的原始品性，失去活力、决断力和行动力成为精神瘫痪的前兆；都柏林的青少年想要打破怪圈，必须首先认清这一事实，及时省悟和反思。

四、对帝国文化殖民真相的觉醒

在《文化与帝国主义》（*Culture and Imperialism*）

---

① 《姐妹俩》中多处叙事隐含性的暗示和象征，如老科特、伊莱扎和舅妈省略话语的讳莫如深、闪烁其词，男孩梦境中的神父形象、忏悔举动和有关东方魅惑的意象等。沃佐尔与临床医生合作的研究中根据文本描述的症状，推断神父的瘫痪是由梅毒引起的痴呆性麻痹，这一假设也指向神父在性方面的"罪过"。参见 Florence L. Walzl and Burton A. Waisbren, "Paresis and the Priest: James Joyce's Symbolic Use of Syphilis in 'The Sisters,'" pp. 758-762。

中，萨义德（Edward W. Said）提出以文化为手段的"微观帝国主义"现象，即以意识形态话语的建构和长期潜移默化的渗透达到殖民统治的目的（Said，109—110）。结合爱尔兰的殖民背景分析可知，《都柏林人》所反映的爱尔兰人心中根深蒂固的种族、宗派和阶级意识正是帝国文化殖民的结果。

根据柯蒂斯（L. P. Curtis）的研究，维多利亚时代后期，伴随大英帝国权力和影响力之鼎盛的，是一种盎格鲁-撒克逊主义（Anglo-Saxonism）意识形态的高峰。盎格鲁-撒克逊主义者认为，盎格鲁-撒克逊民族具备自我统治和统治他者的能力，这一天赋使其有资格承担起统治劣等民族的责任，大英帝国文明的荣耀根本上源于其种族的优越（Curtis，6—8）。这实质上是帝国炮制的一种使殖民活动合法化的种族主义话语。英国对爱尔兰的殖民统治很大程度上就依赖对盎格鲁-撒克逊民族和凯尔特民族作二元区分的种族主义文化建构。柯蒂斯指出，在维多利亚时期的英国，有关爱尔兰和爱尔兰人的评价具有一个贯穿的主调，那就是"假定或坚信'本土爱尔兰人'相比盎格鲁-撒克逊人是种族的异类，在文化上更低一等"（Curtis，5）。这种种族主义意识形态衍生出相应的阶级和宗派意识。"一些英国人用'两重原罪'来诋毁爱尔兰人，其所指既有种族和文化的劣等，也有社会地位的低下"，同时，由于爱尔兰和天主教在当时的英国是不分家的概念，因此"种族和阶级歧视的融合并没有排除第三种偏见，即对整个罗马天主教会，尤其是爱尔兰天主教徒的宗教偏见"（Curtis，24，26）。由此可知，爱尔兰社会中以"两个爱尔兰""两种文明的战斗"为特色的种族、宗派和阶级二元意识整体源于帝国的文化殖民策略。

阿尔都塞（Louis Altusser）在《意识形态和意识形态国家机器》（"Ideology and Ideological State Apparatuses"）一文中指出，具有教育性质的机构作为意识形态国家机器的作用，它们"教授人们'本领'，但却是以保障他们臣服于占统治地位的意识形态或掌握其'实践'的形式进行的"（Altusser，133）。在《偶遇》中，教育就体现出承担帝国文化殖民任务的功用，无论是学校的课堂教育，还是学生的课外读物，都充斥着帝国话语。巴特勒神父上课使用的《罗马史》教材蕴含浓厚的帝国主义色彩。他让学生背诵的语句"天刚刚破晓……"（12），是凯撒（Julius Caesar）在《高卢战记》（Commentarii de Bello Gallico）中描述多项战事的开场白（Gifford，36）。此书的主题即是"文化的征服与帝国的统治"，而支撑这一主题的正是一种"文化侵略和种族优越论的意识形态"。如果说这一细节体现了帝国意识形态在殖民地课程大纲中的渗透，那么小说开篇不惜笔墨描述的在学生中流传的"蛮荒西部"读物，则反映了编织在殖民地大众文化中的帝国主题和话语。叙述者提到的3种读物——《英国国旗》（The Union Jack）、《胆识》（Pluck）和《半便士惊奇》（The Halfpenny Marvel），均是伦敦的哈姆斯沃斯联合报业公司（Harmsworth's Amalgamated Press）于1893—1894年起在英国和爱尔兰发行的青少年读物，从1890年代到1930年代一直风靡不衰。其中所刊的"蛮荒西部"故事，通常讲述的是英国上层阶级在北美蛮荒地区的英雄探险，旨在凸显英国在前殖民地的英勇表现，以此佐证帝国的荣光（Winston，221—222）。温斯顿（Greg Winston）在细察文本后断言，"蛮荒西部"题材故事"向一代年少的爱尔兰读者传递了种族低劣与帝国征服的信息"（Winston，234），它们"表面上以一种不羁和失序的话语吸引青少年读者"，实际上则通过影响他们的"阅读和娱乐活动，转移他们的精力，教化他们的思想，以服务于大英帝国在爱尔兰作为主导文化的政治目标"（Winston，221）。可以说，这些读物实质上也是英国在爱尔兰进行殖民统治的文化-意识形态工具。据斯坦尼斯劳斯的记录，乔伊斯曾表示自己将他们童年时偶遇的一个变态写成了一个"英国教育方式下的副产品"（Torchiana，44），这一事实佐证了乔伊斯在《偶遇》中试图揭示的爱尔兰人的人格扭曲乃至精神瘫痪是英帝国文化殖民的结果这一论断。

综上可知，乔伊斯在《偶遇》中以丰富的隐喻影射了英帝国对爱尔兰的文化殖民。从这一层面上讲，故事结尾叙述者的顿悟与忏悔可以解释为其对帝国强加的意识形态环境和文化操纵以及自身被殖民的身份与困境的认知和觉醒。受过良好教育、有文化却人格扭曲的怪人，使成长中的叙述者认识到帝国文化殖民对爱尔兰人的戕害，以及自己正身处同样的意识形态牢笼之中的危险——对同伴向来的态度正中帝国种族主义话语的圈套。偶遇的经历使叙述者在同伴身上发现尚未被帝国话语侵蚀的纯真天性，进而唤起一种身份的自觉和民族的自主意识。借此，乔伊斯传达出一种对帝国潜在的反叛声音和颠覆力量。

参考文献

[1] Altusser, Louis. "Ideology and Ideological State Apparatuses (Notes towards an Investigation)." *Lenin and Philosophy and Other Essays*. Trans. Ben Brewster. New York and London: Monthly

Review Press, 1971. 127−186.
[2] Arnold, Mathew. *On the Study of Celtic Literature and Other Essays*. London: J.M. Dent & sons, 1910.
[3] Beck, Warren. *James Joyce's Dubliners: Substance, Vision, and Art*. Durham: Duke University Press, 1969.
[4] Cheng, Vincent J. *Joyce, Race, and Empire*. Cambridge: Cambridge University Press, 1995.
[5] Curtis, L. P. Jr. *Anglo-Saxons and Celts: A Study of Anti-Irish Prejudice in Victorian England*. Bridgeport: The University of Bridgeport, 1968.
[6] Degnan, James P. "The Encounter in Joyce's 'An Encounter.'" *Twentieth Century Literature*, 35.1(1989): 89−93.
[7] Gifford, Don. *Joyce Annotated: Notes for Dubliners and A Portrait of the Artist as a Young Man*. London: University of California Press, 1982.
[8] Goodby, John. Ed. *Irish Studies: The Essential Glossary*. London: Arnold, 2003.
[9] Herring, Phillip F. *Joyce's Uncertainty Principle*. Princeton: Princeton University Press, 1987.
[10] Joyce, James. *Dubliners*. Ed. Margot Norris. New York, London: W. W. Norton & Company, Inc., 2006.
[11] Joyce, Stanislaus. *My Brother's Keeper: James Joyce's Early Years*. New York: Viking Press, 1958.
[12] Kershner, R. B. *Joyce, Bakhtin and Popular Culture: Chronicles of Disorder*. Chapel Hill: University of North Carolina Press, 1989.
[13] Lyons, F. S. L. *Culture and Anarchy in Ireland, 1890 – 1939*. New York: Oxford University Press, 1979.
[14] Moran, D. P. *The Philosophy of Irish Ireland*. Dublin: University College Dublin Press, 2006.
[15] Potts, Willard. *Joyce and the Two Irelands*. Austin: University of Texas Press, 2000.
[16] Said, Edward W. *Culture and Imperialism*. New York: Vintage Books, 1994.
[17] Torchiana, Donald T. *Backgrounds for Joyce's Dubliners*. London and New York: Routledge, 2016.
[18] Walzl, Florence L. and Burton A. Waisbren. "Paresis and the Priest: James Joyce's Symbolic Use of Syphilis in 'The Sisters.'" *Annals of Internal Medicine*, 80.6(1974): 758−762.
[19] Winston, Greg. "Britain's Wild West: Joyce's Encounter with the 'Apache Chief'." *James Joyce Quarterly*, 46.2(2009): 219−238.
[20] 陈丽.《爱尔兰文艺复兴与民族身份塑造》.天津:南开大学出版社,2016.
[21] 郭军.《乔伊斯:叙述他的民族》.北京:外语教育与研究出版社,2010.

翻 译

从张炜小说英译
看作家资本对文学译介的介入

吴 赟 姜智威
（同济大学）

摘 要：张炜是中国当代产量最丰富、创作成就最高的本土作家之一，在中国文学史上有着不可忽视的地位，然而他在英语世界传播的小说却寥寥无几。本文基于张炜小说在英语世界的传播事实，借用社会学理论体系中"资本"的概念，分析作家本人对出版社赞助/运作模式和译者翻译过程的资本介入，探究张炜小说在英语世界译介效果的成因。研究发现，在"还原民族性和本土性""翻译故事还要翻译语言"等要求下，作家张炜从版权输出合同签订，到原文本甄选，再到对译者选择、译程把控直至最后的译文审校鉴定，都有绝对的操纵。这使得其作品译介迟缓，甚至相当一部分译介项目半途而废，无缘读者，因此张炜小说在英语世界的影响始终有限。以上结论可以作为审视中国文学融入世界文学场域的镜鉴，为中国文学"走出去"这一议题提供启发。

Abstract: As one of the most productive, recognized contemporary writers in China, Zhang Wei is highly important in Chinese literary history. However, he is much less influential in English-speaking countries with limited translations. Through the lens of Bourdieu's capital theory, this paper explores Zhang Wei's capital manipulation in the interaction between him as the original writer and his foreign publishers and translators. It reveals that Zhang Wei is deeply involved with his capitals in every step of the translation and publication of his works, including publication contracting, source text selection, translator selection, translation standard setting, and proofreading. The finding can account to a great extent for the limited influence of Zhang Wei's works in English-speaking countries, and herein give a special perspective to examine China's Literature Going-Out program.

关键词：张炜小说；资本介入；中国文学译介与接受

Key Words: Zhang Wei; capital involvement and manipulation; Chinese literature translation and overseas reception

一、引言

张炜是中国当代最多产的作家之一，创作领域涉及小说、散文、诗歌、文论、儿童文学，迄今发行作品70余部[1]，在40多年的创作生涯中获重要文学奖项与荣誉几十个[2]。他立足中国传统与民间的艺术表达，生动刻画了新中国现代化进程中的社会现实与各

---

[1] 张炜代表作有：长篇小说《古船》《九月寓言》《丑行或浪漫》《能不忆蜀葵》《外省书》《你在高原》《艾约堡秘史》《独药师》等，中篇小说《秋天的思索》《秋天的愤怒》《蘑菇七种》等，短篇小说《声音》《一潭清水》《玉米》《冬景》等，散文《融入野地》《芳心似火》，诗歌《皈依之路》《松林》等，文论《精神的背景》《当代文学的精神走向》等，儿童文学《半岛哈里哈气》《少年与海》《兔子作家》《寻找鱼王》等。

[2] 张炜所获国内外重要荣誉有：茅盾文学奖、人民文学奖、庄重文学奖、朱自清散文奖、台湾好书奖、美国总统亚太顾问委员会（AAPI）杰出成就奖等，同时有作品入选北京大学《百年中国文学经典》、人民文学出版社"百年百种优秀中国文学图书"和"新中国70年70部长篇小说典藏"、香港《亚洲周刊》"20世纪中文小说百强"、法国国家科学研究中心（CNRS）的法国高等考试教材等。

异的人生面貌，逾千万的文字中充满了"饱满的诗情和充沛的叙事力量"，不仅"为理想主义者绘制了气象万千的精神图谱……有力地彰显了文学对人生崇高境界的信念和向往"①，也为汲取地域文化作为养料的本土小说家树立了"感性写作的典范"②。

虽然张炜著书丰富，但在英语世界中被译介的作品却寥寥无几。就小说而言，由海外书商主导出版的单行本中长篇仅有3部，另有中国国内出版社主动译出的3篇短篇和中外出版社合作推出的特辑一期。译介书目偏少致使张炜在西方世界获得的认知不足，文学形象模糊；葛浩文（Howard Goldblatt）称其"在西方一直是个谜一样的人物"（Zhang，2008：vii—ix）。比起莫言、余华、麦家、刘慈欣等已在国外积累起显著文学名声的中国当代作家，张炜的影响力十分有限。

张炜在境内外文学影响力的鲜明反差既归因于翻译所面临的中英语言文化差异，也与作家自身对译介全过程的操纵与介入息息相关，而对其译介模式的剖析则成为了解中国当代文学"走出去"的现实镜鉴。本文以张炜小说在英语世界的译介情况为基础分析张炜在翻译合同签订、译者选择、译程把控等环节中的作者操纵与资本介入，以及他本人与其他译介主体间的互相作用，探讨产生张炜小说译介效果的原因，揭示作家自身对译文形成、传播、接受所产生的或促动或牵制的影响。

二、张炜小说在英语世界的译介情况概览

目前张炜的中长篇小说在英语世界共有3部出版，且均为西方出版社主动翻译引进，分别是《九月的寓言》（*September's Fable*，Terrence Russell & Shawn Xian Ye 译，Homa & Sekey Books 出版社，2007）《古船》（*The Ancient Ship*，Howard Goldblatt 译，Harper Collins 出版社，2008）及《蘑菇七种》（*Seven Kinds of Mushrooms*，Terrence Russell 译，Homa & Sekey Books 出版社，2009）。

以上3部作品是20世纪八九十年代中国文学的标志性小说，生动反映出中国当代作家对改革开放后中国文学发展的多元探索。其中《九月寓言》被誉为作者的"巅峰之作"③，以寓言式的手法记叙了胶东沿海小村几代人与自然的争斗与和解。该书以自然生态为中心的民间生活叙述成为之后张炜作品的一大特色。《古船》是令作者本人"深深地沉浸（张炜，2019）"的首部长篇，讲述了山东小镇上3家人从建国前至改革开放40年间的恩怨荣辱，再现了时代变迁和政治运动下不同阶层的苦难命运和思想言行。《蘑菇七种》则对特殊年代民众口中所谓的"榜样形象"重新进行解构，具有浓厚的魔幻现实主义色彩，是作者认为自己最好的作品之一（中国作家网，2016）。

可惜的是，进入新世纪第二个十年，虽然我国政府在大力推动中国文化产品"走出去"④，但张炜小说的译介却在此时陷入沉寂。中长篇小说中，仅有新世纪茅盾文学奖获奖作品《你在高原》（*You Are on the Highland*，Joel Martinsen 译）的节选篇章刊载于2011年人民文学杂志社推出的英文期刊 *Pathlight*（《路灯》）上。原著"巨大的规模""恢宏壮阔的浪漫品格""整体性视野展现人与世界的关系"⑤无法在期刊短小的篇幅中得到充分展现。短篇小说中，获得译介的是张炜早期的作品。其中《王血》（*King's Blood*，Eric Abrahamsen 译，2015）《下雨下雪》（*Rain and Snow*，改编自同名散文，Eric Abrahamsen 译，2015）和《海边的雪》（*Snow by the Sea*，Philip Hand 译，2017）3篇均见刊于《路灯》；《梦中苦辩》（*A Bitter Debate in a Dream*，Dongwei Chu 译，2017）和4篇学者对张炜的文学批评一同刊登于北京大学与伊利诺斯大学联合赞助的杂志《中国文学与文化》特辑上。

总体看来，在英语世界得以译介传播的张炜小说均为其代表作。作品立足现实、反思历史、审视人性。然而，张炜作品的译出数量远不及其他本土优秀作家，如莫言、余华、贾平凹、苏童、王安忆等⑥。

---

① 2011年第八届"茅盾文学奖"张炜作品授奖词。
② 2007年"美国总统亚太顾问委员会杰出成就奖"张炜作品授奖词。
③ 见多版本《九月寓言》封面，包括：张炜.《九月寓言》.重庆：重庆出版社，2013；张炜.《九月寓言》，北京：华夏出版社，2016。
④ 2011年10月，中国共产党十七届六中全会通过的《中共中央关于深化文化体制改革推动社会主义文化大发展大繁荣若干重大问题的决定》要求："实施文化走出去工程，完善支持文化产品和服务走出去政策措施……完善译制、推介、咨询等方面扶持机制，开拓国际文化市场。"
⑤ 2011年第八届"茅盾文学奖"张炜作品授奖词。
⑥ 其他作家作品英文译介数量如下：莫言英译作品有8部长篇、3部中篇、1部中短篇合集及12篇短篇；余华有5部长篇、2部中篇合集、1部短篇合集；贾平凹16部长篇（包含选段）、2部短篇；王安忆9部长篇、1部中篇、5篇短篇；苏童8部长篇、1部中篇、24部短篇。数据来源见<https://paper-republic.org>（accessed 2019-12-31）。

三、张炜小说英译中的作家资本介入

张炜作品在国内外文坛的境遇落差既与原文本中(对西方读者而言)陌生的东方民族性文学特征、中英跨文化交际障碍等因素有关,同时也源于作家自身的操纵与干预。在大多数小说的译介过程中,小说出版商(赞助人)及译者、海外阅读/批评小说的学者专家、主流诗学等共同构成了译介过程中常见"操纵"因素。然而在张炜小说的译介过程中,小说原作者自身同时构成另一重要操纵元素。张炜本人对翻译全程的资本介入使得文学译介理念与运作逻辑呈现出一定的特殊性,这为我们洞察中国文学对外译介过程、反思中国文学如何更好地进入西方的文学疆域提供了新的切入点。

"资本"这一概念并非专指经济资本,在布迪厄的社会实践理论中,"资本"指累积得到的、以实体化或内化的形式体现的劳动。它能够使行为主体占有具体的社会资源,除经济资本外"还包括由行为主体性情倾向、能力资质、文化创作等元素构成的文化资本,由社会关系名望构成的社会资本,及能够通过象征符号将资本占有合法化的象征资本"(Bourdieu,1986:246)。资本在社会实践各行为主体中的分布决定着主体间的权利关系和实践边界,也即场域(Bourdieu, 1986:247)。言语交换也有着权利关系的体现(Bourdieu, 1991:37)。在翻译这一重要的跨语言社会实践活中,因存在由作家、出版商、译者、读者等主体共同构成的特定权利关系,也即某种跨语言场域,所以同样遵循资本的运作与竞争逻辑。

在文学译介过程中,作家、出版商、译者等行为主体在跨语言场域中所持有的资本成分及其多寡存在差别,特定资本可以成为决定主体在场域中地位的重要符码,而整体、动态的资本运作又能够影响场域内各主体间关系的冲突与平衡。具体而言,文学译介项目中的经济资本、文化资本、社会资本和象征资本随作家、出版商、译者各方主体的互动而相互作用、整合,影响信息在跨文化交流中的失落、变形、增添和延伸(谢天振,1999:1)。原著本身体现着作家的思维、审美与品位,相应地承载作家的文化资本,然而翻译实践从原著中获取多少资本还受出版商和译者影响。在大多数译介项目中,出版社拥有强势的经济资本,它们作为翻译项目的赞助人,往往是文学翻译的发起者和策划者,原作者和译者之间的联络人,有着相当的话语权。译者则通过语言能力、对目标语诗学体系的掌握、跨文化交际经验、翻译策略等文化资本形式控制并塑造译本形态。译本的最后出版、发行与接受,其实是作家、赞助人和译者所占资本共同作用的结果。

在张炜作品英译的个案中,除了原著携带的作家文化资本,张炜还通过由自身作品版权、社会声望等元素构成的文化与社会资本介入,与出版社及译者拥有的多重资本进行博弈,对整个翻译与出版流程进行管理与限制,影响甚至操纵了作品的翻译面貌以及出版进度。

据统计,目前张炜在英语国家的合作书商除了已推出上市作品的 Homa & Sekey Books、HarperCollins 两家外,还有美国多语种出版集团 PODG(Publish On Demand Global)和加拿大图书出版及经销商 Royal Collins。在世界范围内垂青张炜作品的出版社多达近20家①。事实上张炜已向这些出版社售出几十部作品的国际版权,仅计划面向英语国家出版的作品就达到26部,体裁不拘泥于小说,出版介质也不限于纸本。

然而,至今张炜作品翻译进度迟缓,问世不多,主要原因在于作家本人在国际版权输出时提出的严苛要求。张炜作为原文本的提供者,以具体的文学作品文本为译者提供了再创作的基础(包括原文本负载的中国文化历史信息、文艺创作诗学规范等),与此同时,张炜通过限定版权输出影响了译介过程。其中一个要求是译者的选用。张炜认为,文学外译合同签订时,焦点不在于版税而是译者,如他在2013年与PODG签订的国际版权合作协议上就有这样一项条款:"译者的选择要经过作者认可。"(舒晋瑜,2013:第6版)张炜明确拒绝出版社草率地聘用两类译者,一种是重速度不重质量的,另一种是"盛气凌人的西方中心主义者"(Global Times, 2012)。另一个要求是对译文审校的把握与控制。在张炜看来,即使是和知名出版社、优秀翻译家合作,翻译仍会遇到大量问题,所以译本质量鉴定对于外译工作而言意义重大。在他同出版社签订的合同中也有相关具体约定:"每部作品在翻译以前要经过试译审读……长篇小说每翻译一章都要给作者检查审核。"(舒晋瑜,2013:第6版)张炜本人曾表示,如果译文不能令他满意会被要求重新翻译或者直接取消出版(Global Times, 2012)。

张炜对于中国文学"走出去"的态度也间接造成了其译介篇目有限的现实。在他看来,"走出去"的关键不在于数量或速度,而在于内容品质。过分谈

---

① 数据来源见:唐长华.《张炜小说研究》.北京:中国社会科学出版社,2016.210—220。

论和号召中国文学"走出去",把"世界的接受与承认"当作文学创作和品鉴的标准是文化不自信和浮躁的表现。他认为,不能仅仅以西方是否认可为标准来大面积传播作品,更不能以对外交流为创作目标而影响作品品质(罗皓菱,2013)。

以上原因基本解释了张炜小说译介速度缓慢、译介篇目较少的现实。葛浩文翻译英文版《古船》用了五六年时间;坂井洋史翻译日文版《九月寓言》时亲临小说创作地胶东龙口一带体会成书背景与气氛,全书译完用了四至五年时间。此外,因达不到作家要求致使外译合作中断的情况也并不罕见:美国一家出版社曾组织翻译过《九月寓言》,但作家认为译作过分注重外国读者观感,破坏了原著语言的完整性,因此该项目被迫中止;法文版《古船》在经过10来年的不断重译之后,作家认为译作故事与原著相差太大,故而被放弃;另有两版小语种《古船》,张炜通过懂外语的朋友鉴定认为翻译质量不高,最终拒绝出版。从1994年韩国草光出版社推出首部张炜外译作品《古船》至今,翻译中止的情况一直存在,据张炜本人透露他自己否定的译作多达十五六部(舒晋瑜,2013:第6版)。

四、作家资本介入下的译本形态

作为译介的重要操纵人,张炜对译文质量的严格监管使得多部译作未能如期面世。从作家拒绝"重速度不重质量"的译者以及拒绝"盛气凌人的西方中心主义者"来看,能否再现文学作品自身的民族性与地域性是张炜判断翻译质量是否合格的关键。

在张炜看来,中国作家的读者和理解者主要在自己的民族,好的作家"首先是一个有自尊的人"(舒晋瑜,2013:第6版),应该遵循写作伦理,为本民族和本土进行创作。一国在思想文艺方面的输出是一个水到渠成的过程,优秀的艺术创造力、强大的文化魅力感动和震撼了其他民族才算真正地"走出去",才能真正对世界文化艺术作出贡献,"如果'走出去'的尽是一些附庸潮流、声色犬马的浮浅之物,反而会带来可怕的民族误解"(张炜、陈众议、郜元宝、坂井洋史、彭青龙;2019)。因此,具体到衡量译作是否成功,在张炜看来,主要在于"译者的文笔,……语言的特质、地方性要没有遗漏地传达"(《山东商报》,2013)。

小说翻译不仅要翻译故事,还要翻译语言,这是维护文学表达完整性的需要,也是对目标读者的尊重。比如他的很多作品包含想象丰富、情节有趣的民间传奇,但如果翻译仅仅停留在叙述传奇的层面而忽略还原原著语言、意境的美感与统一,那么这样的翻译没有意义。

以张炜在国外最为出名的英译小说《古船》为例,该英译本高度忠实于原著。译者葛浩文的译风以"连译带改"著称,但从《古船》的译介看来,作者张炜的介入使得葛浩文摒弃了他惯常的风格。《古船》英译本的出版前言提及作家张炜参与并影响了翻译决策:在历时五六年的翻译中,葛浩文曾针对千余个具有地域特色或外国读者难以理解的地方词汇、俚语,向张炜询问释义(Zhang, 2008:vii—ix),译文完成后又和翻译家林丽君配合张炜对译文进行细读,检查语言特色的还原程度。就文本本身而言,词语、句式、语篇这3个层面上,原著中国地域民族文化特征得到了较为完整的再现。

具有地域民族特色的词汇往往是体现文本民族性和地域性的重要载体。《古船》英译本在处理具有民族历史文化内涵的人物、地点、书籍等专有名词时充分保留并还原了原文的异质性和陌生化特质。如在翻译小说发生地山东洼狸镇的历史描写中,特有词汇几乎都忠实地复制,例如:

> 齐魏争夺中原,洼狸人助孙膑一臂之力,齐威王才一飞冲天,一鸣惊人。①
>
> The Qi and Wei States contended for superiority over the central plains. When the residents of Wali came to the aid of Sun Bin, King Wei of Qi rose above everyone, to the amazement of all.②
>
> 《括地志》上记:"(齐)长城西北起济州平阴县,缘河历太山北岗上,经济州、淄州,即西南兖州博城县北,东至密州琅琊台入海。"③
>
> Here is how the *Kuadi Gazetteer* describes it: "The Great Wall of Qi originates in Pingyin County in the northwest prefecture of Jizhou and follows across the northern ridge of Mount Tai. It winds through Jizhou and Zizhou, north of Bocheng County in southwestern Yanzhou, and continues on to the ocean at Langya Terrace in Mizhou."④

---

① 张炜.《古船》,北京:人民文学出版社,2004。
② Zhang, W. *The Ancient Ship*, Trans. H. Goldblatt. New York:HarperCollins, 2008。
③ 张炜.《古船》,北京:人民文学出版社,2004。
④ Zhang, W. *The Ancient Ship*, Trans. H. Goldblatt. New York:HarperCollins, 2008。

上述两例乃至整部作品中出现的所有历史人物（如孙膑、齐威王）、政权（如齐、魏）、州郡名称（如洼狸、济州、平阴县、琅琊台）都采用音译方法处理，忠实保留了原语系统的语言特色。第二例中，葛浩文在处理典籍名称时，在保留异质性和陌生化要素的基础上加入了必要的解释和说明，显化原文本中的文化内涵。《括地志》的翻译结合直接音译与意译两种策略，保留了"括地"的异质性发音（Kuadi），同时 Gazetteer 一词帮助读者了解该典籍的主题与功能，以便更好地理解齐长城及周边地区在古代的重要性。这些中国地方文化特色的保留也印证了作者与译者在还原民族性和本土性上共同所做的努力。

《古船》英译本在句式上对原文的改动也十分克制。汉语行文重意合与主题，常见流水句，英文句子重衔接与逻辑，主谓结构严密。文法上的巨大差异往往使得汉英句式转换成为必然，而葛浩文充分维持了原文本的句序与信息，同时兼顾英文句法规则与表达习惯，适当增补信息以填补原文语义与逻辑的空白，如：

> 万历年间飞蝗如云，遮天蔽日，人食草、食树、食人。①
>
> A plague of locusts struck during the reign of the Ming Wanli Emperor, darkening the sky and blotting out the sun like black clouds, creating a famine. People ate grass, they ate the bark of trees, and they ate each other.②

该句内容上叙述洼狸镇的历史。可以看出，译文内容呈现顺序基本忠实于原文，两者信息结构大体保持一致。明显的改动是将原文一句话拆分成两句，完成叙述视角从事件转向人的自然切分。同时，葛浩文在译文中增添了相关文化信息以照顾读者的阅读体验。其一是增添了有关饥荒的信息（a plague of locusts, creating a famine），将原文闹蝗灾与人们行为的联系显化，因为飞蝗引起饥荒，人才会有"食草、食树、食人"的极端表现，这使得译文和语义跳跃的原文比起来逻辑更加连贯，更贴合英文行文习惯。另一处是对"万历年间"这样的文化负载表述进行扩充，向西方读者说明洼狸镇发生这段历史的时间是明朝，"万历"是其时皇帝的年号。这种增补式直译充分解释了原文大量被浓缩简化的信息。

《古船》的译本形态与葛浩文其他译作相比，宏观语篇层面高度忠实于原文本，几乎没有被改写的

成分。其实，葛浩文"连译带改"的译作有很多，例如莫言《丰乳肥臀》800多页中文在英文版中仅保留500多页，《生死疲劳》减少了叙述者的视角与声音，大量删减了引号内叙述内容和引述分词，《天堂蒜薹之歌》的结尾大段的官方新闻报纸对蒜薹事件的套话式报道被删除，主人公结局也有改动；萧红《呼兰河传》英译第一版最后两章直接删去未译，直到发行第二版时才补译；刘震云《手机》中的时间结构在英译本中被完全重置，个别章节顺序也有改动；毕飞宇《青衣》《玉米》被重新细分段落，并特意将段落中的人物对话标记出来；姜戎《狼图腾》将近80页关于动物图腾历史对话的"附录"部分被直接删除，等等。尤其对比葛浩文在翻译《古船》同时期产出的其他译作，如莫言的《生死疲劳》（2008）、姜戎的《狼图腾》（2008）、苏童的《碧奴》（2007），就会发现葛浩文翻译这些作品时惯用的删除原文故事内容、调整记叙顺序等技法在《古船》中均不存在。《古船》英译本相比原文本，唯一比较明显的改动是将原文本中篇幅较长的段落拆分为相对独立的小段。以《古船》第一章为例，原文本 34 段在译文中被细分为 54 段，人物对话单独成段，而原文内容和叙述顺序不变，保持了对原文本的最大限度的忠实。

同为葛浩文的译作，译本形态却大相径庭，这种现象离不开原作作者的资本参与程度。比如莫言曾向葛浩文表明："你按照你的方式去翻译、去删减，甚至你要改写都可以（王志勤、谢天振，2013：22）。"张炜虽然也认同作家要尽力与好的译者合作，但他规定的"翻译故事同时还原语言"的标准则要求译者向读者最大限度地重现原著的叙事与意蕴。

五、张炜小说在英语世界的译介效果

译介效果反映了本土作家作品融入目标社群阅读实践的程度，是评估中国文学"走出去"的关键参考。对于张炜小说特殊译介模式的效果考察可以让我们审视原作作者作为操纵人的影响力，并进一步反思作者参与对于中国文学对外译介的意义。

学术精英在解读作家作品、传递原文本审美趣味与文化价值乃至作品在世界文坛的经典化过程中都扮演重要角色。张炜及其英文译作在学术界口碑良好。葛浩文曾称张炜"是中国当代创作最丰、最受

---

① 张炜.《古船》，北京：人民文学出版社，2004。
② Zhang, W. *The Ancient Ship*, Trans. H. Goldblatt. New York: HarperCollins, 2008.

推崇的作家之一"(Zhang, 2008: vii—ix)。美国文学评论家、"纸托邦"创始人之一 Eric Abrahamsen 也将张炜誉为"中国最伟大的作家之一(Abrahamsen, 2014)"。美国作家、欧·亨利文学奖得主 Caitlin Horrocks 称"张炜是中国当代文坛为数不多的'纯文学'先驱……他笔触独特,将现代主义的叙事与民间传说巧妙结合,就连大众的苦难都不单具有政治意义而且富有诗意"(Horrocks, 2017: 封底)。加拿大曼尼托巴大学亚洲研究中心 Terence Russell 教授认为:"自80年代起,相当一部分作家开始将寓言式手法运用于凸显政治主题,比如莫言、韩少功,但张炜独树一帜,将寓言叙事、神话传奇甚至儒道思想和环境主义结合在一起。"(Russell, 2004: 48)日本坂井洋史教授称张炜"在当代世界文学中属于最优秀的那种"①。美国国家艺术基金会赞助的文学杂志《文字无国界》称赞张炜:"自1984年起张炜始终处在中国当代文学版图的中心,文艺批评界围绕他及其作品的讨论不断。很难想象中国当代文学少了张炜会怎么样。"("Words Without Borders" Official Website, 2019)

虽然以专业人士为代表的学术界对张炜的评价以肯定居多,但是总体而言英语国家媒体对张炜及其作品的报道数量匮乏,基本上只刊登于《艺术新闻》《巴尔的摩日报》②等小众或地方媒体,报道内容也只限于对于书目介绍性的描述,缺少深入的文本批评,且评价者多为熟稔中国文学的汉学家。这说明张炜的译介作品并未被海外受众广泛阅读与接受,仅局囿于学术群体之内。

从销量来看,所有译作中《古船》销售相对最佳。张炜本人在访谈中透露,"英文版《古船》第一版两万册很快在美国售罄,之后又再版两次"。但即便是《古船》,总体销量也较低。截至2019年,张炜的3部英文单行本在"北美亚马逊"的销量排名分别是《古船》#1379799、《九月寓言》#2913423、《蘑菇七种》#3245468。"10万位之后的排名表明其销量是非常非常低的"(康慨,2011)。对比《三体》《解密》等在美国的热卖以及多位中国当代重要作家均有译作销量突破100万排位的现实③,张炜作品并未进入西方畅销书目和影响力书目榜单,在英语世界普通读者市场上的影响力明显不足。

根据世界最大图书馆馆藏检索数据库 WorldCat,全世界收藏张炜3部英文单行本的图书馆数量分别是:收藏《古船》216家,《九月寓言》19家,《蘑菇七种》10家。《古船》的馆藏数量虽较为可观,但仍难以与其他中国当代重要作家作品馆藏动辄成百上千的成绩④比肩。

大众评分是作品在读者群中受欢迎程度的量化体现,这种反馈通过几乎没有约束的喜恶表达较真实地反映了读者对作品在认知和情感层面的满足程度。在世界最大的大众书评网站 Goodreads 上张炜的小说只有《古船》的评分3.28,超过及格线(满分5分),《九月寓言》仅获2.00分,《蘑菇七种》无人评分,可见张炜作品在大众读者群中几乎乏人问津。

综合上述各种译介效果评价指标,除了在汉学家群体中收到推崇之外,张炜作品在英语世界的媒体讨论度、商业成绩、读者规模与认可度均不及其他同等重要的中国当代作家,这与张炜在中国国内文坛的艺术成就和学术地位形成明显的落差。

六、结语

张炜小说在英语世界的译介情况让我们看到了作家自身的资本介入对于文学外译的影响。在张炜对译介过程的操纵下,其小说的译介呈现出不同于其他中国当代作家作品译介的特色:在与出版商的相互作用中,作家通过在版权输出合同中提出条件,全程操纵外译作品的数量、译者的选用、译文的审校等各运作环节;在与译者的相互作用中,作家深度参与翻译实践,影响译者翻译策略的选取,以保证原作者意图和异质性元素最大限度地还原。作家资本的深度介入保证了译本的忠实度,充分还原了原文本的民族性与地域性,但作家的这一立场同时也在一定程度上影响了其作品在异域的接受和认可情况。

2013年后,张炜逐渐改变了原本对于文学外译与传播的态度。直至2019年,张炜在签订版权输出合同时已经开放诸多限制,他本人也坦言更希望原作和译作保有平行关系,而不是让译作完全成为原

---

① 见张炜.《九月寓言》封面,北京:华夏出版社,2016。
② 数据来源见<https://www.newspapers.com>(accessed 2019-12-31)。
③ 截至2019年底,部分中国当代作家英译作品在亚马逊北美的销量排名如下:刘慈欣《三体》#36831、莫言《生死疲劳》#99840、余华《活着》#111842、姜戎《狼图腾》#263531、麦家《解密》#541473。数据来源见<https://www.amazon.com/s/ref=nb_sb_noss? url=search-alias%3Dstripbooks-intl-ship&field-keywords=>(accessed 2019-12-31)。
④ 截至2019年底,WorldCat 上部分中国当代作家英译作品世界范围内的馆藏量如下:余华《往事与刑罚》1296家、莫言《红高粱》1047家、苏童《妻妾成群(大红灯笼高高挂)》536家、贾平凹《浮躁》404家、毕飞宇《青衣》334家。数据信息来自<https://www.WorldCat.org>(accessed 2019-12-31)。

作的复制品①。

张炜作品的译介为反思当代中国文学"走出去"提供了很好的案例。文学外译的过程涉及作家、出版商、译者等主体间连续而复杂的角力。在"走出去"战略提出近 20 年的今天，中国文学在从世界文学场域边缘走向中心时，是应该更多维持原本面貌，还是根据域外文化与市场的要求进行调整和变形，使其在新语境中再次焕发本土文学的生命力，张炜作品的译介给予我们一定的启发。

参考文献

[1] Abrahamsen, E. "Mr. Zhang Wei, One of the Greatest Chinese Authors", *Royal Collins Official Website*, Dec. 31, 2014<http://www.royalcollins.com/zhangwei/>(accessed 2019-12-31).

[2] Bourdieu, P. "The Forms of Capital." *Handbook of Theory and Research for the Sociology of Education*. Ed. P. Bourdieu. New York: Greenwood Press, 1986. 241-260.

[3] Bourdieu, P. *Language and Symbolic Power*. Cambridge: Polity, 1991.

[4] Horrocks, C. "A Meaningful Dream Scene: On Zhang Wei's 'A Bitter Debate in a Dream.'" *Chinese Literature and Culture*, 9(2017): back cover.

[5] Russell, T. C. "Zhang Wei and the Soul of Rural China." *Tamkang Review*, Vol. 2(2004): 43-56.

[6] Words Without Borders Official Website. <https://www.wordswithoutborders.org/contributor/zhang-wei>(accessed 2019-12-31).

[7] "Zhang Wei Warns Against 'Unworthy' Translations." *Global Times*, (14) 2012.

[8] Zhang, W. *The Ancient Ship*, Trans. H. Goldblatt. New York: Harper Collins, 2008.

[9] 康慨.一少二低三无名——中国当代文学在美国.《中华读书报》,2011 年 1 月 12 日.

[10] 罗皓菱.山东作协主席张炜——文学急于走出去是自卑心态.《北京青年报》,2013 年 9 月 5 日.

[11] 舒晋瑜.张炜谈文学翻译与山东文学.《中华读书报》,2013 年 8 月 28 日第 6 版.

[12] 王志勤、谢天振.中国文学文化走出去：问题与反思.《学术月刊》,2013(2)：21—27.

[13] 谢天振.《译介学》.上海：上海外语教育出版社,1999.

[14] 张炜.一笔一划，就是一心一意——人民文学社出版《古船》手稿本.中国作家网,2019 年 1 月 14 日<http://www.zwskw.com/info/ct/82-13351>(accessed 2019-12-31).

[15] 张炜、陈众议、郜元宝、坂井洋史、彭青龙.郜元宝陈众议坂井等脑力激荡：张炜译作如何辐射海外.2019 年 9 月 16 日<http://wenhui.whb.cn/zhuzhanapp/jtxw/20190916/289625.html?timestamp=1571199820440>(accessed 2019-12-31)

[16] 张炜小说《蘑菇七种》在塞尔维亚出版.中国作家网,2016 年 1 月 20 日<http://www.chinawriter.com.cn/bk/2016-01-20/85191.html>(accessed 2019-12-31).

[17] 作家张炜——文学走出去不要急，这是语言的再创造.《山东商报》,2013 年 8 月 29 日.

---

① 张炜在"张炜作品国际学术研讨会暨第二届中国文学国际传播上交大论坛"上的发言,2019 年 9 月 13 日<https://mp.weixin.qq.com/s/IsllYqFotxKJ5cQ-pxElsg>(accessed 2019-12-31).

中诗西传第三方译者研究
——以小畑薰良英译《李白诗集》为例①

李正栓¹ 程 刚²
（1. 河北师范大学 2. 东北师范大学）

摘 要：在中诗西传的数百年历史中，除了母语为源语的中国译者和母语为目的语的西方译者外，母语既非源语也非目的语的第三方译者起到了不容忽视的作用，比如日本译者小畑薰良。本文以小畑薰良英译《李白诗集》为例，结合译作的背景与影响，通过对译者翻译理念、翻译选材和翻译策略的分析，探讨第三方译者的传播路径对中诗西传的作用与启示。该路径推动了中诗西传的进程，促进了翻译理论的发展，丰富了翻译策略的选择，也凸显了翻译问题的存在，总体而言，对中诗西传的研究起到了参考与借鉴之用。

Abstract: In the history of Chinese poetry spreading to the West for hundreds of years, besides the Chinese translators whose mother tongue is the source language and the Western translators whose mother tongue is the target language, the third-party translators whose mother tongues are neither the source language nor the target language play an important role, such as the Japanese translator Shigeyoshi Obata. This paper, taking Obata's English translation *The Works of Li Po: The Chinese Poet* as an example, combined with its translation background and influence, analyzes the translator's translation concept, source-text selection and translation strategy, and discusses the role and implications of the third-party translators' spreading path in the Western transmission of Chinese poetry. Such path promotes the transmission of Chinese poetry in the West, stimulates the development of translation theories, enriches the selection of translation strategies, and highlights the existence of translation problems. On the whole, the third-party translators' spreading path provides a reference for the study of Chinese poetry's transmission in the West.

关键词：中诗西传；第三方译者；小畑薰良；《李白诗集》

Key Words: the Western transmission of Chinese poetry; the third-party translator; Shigeyoshi Obata; *The Works of Li Po: The Chinese Poet*

一、引言

唐诗师承汉乐府，沿袭乐府诗所创造的诗歌形式与情感表达，成为《诗经》《楚辞》和乐府诗之后的诗歌巅峰，给世界留下了丰厚的文化遗产和精神食粮，影响深远。

唐诗很早便引起西方世界的关注。1814年，英国传教士、汉学家马士曼（Joshua Marshman）出版了关于汉语文言语法的专著《中国言法》（*Elements of Chinese Grammar*），其中"列举和翻译了李白的《送友人》，从而成就了首篇英译自汉语原文的唐诗"（王凯凤，2018：8）。此后涌现出大批西方译者从事唐诗英译，包括德庇时（John Francis Davis）、理雅各

---

① 本文系国家社科基金"汉语诗歌在英语世界的译介研究"（16BWW012）、四川外国语大学当代国际话语体系研究院招标课题重大项目"中国特色话语体系及国际传播——以1949年以来的中国文学典籍英译为对象"（项目编号：2017SISUHY002）、吉林省教育厅"十三五"社会科学研究规划项目（JJKH20201195SK）"新时代视域下高校MTI典籍英译课程教材建设研究"、吉林省高教科研重点课题（JGJX2019C8）"新时代视域下高校英语专业国学类课程教材建设研究"的阶段性成果。

(James Legge)、庄延龄(Edward Harper Parker)、翟理斯(Herbert Allen Giles)、克莱默-宾(L. A. Cranmer-Byng)、弗莱彻(W. J. B. Fletcher)、韦利(Arthur Waley)、葛瑞汉(Angus Charles Graham)、庞德(Ezra Pound)、洛威尔(Amy Lowell)和艾思柯(Florence Ayscough)、宾纳(Witter Bynner)、张音南(Chang Yin-Nan)和沃姆斯利(Lewis C. Walmsley)、罗宾逊(G. W. Robinson)、威尔斯(Henry W. Wells)、雷斐氏(Howard S. Levy)、傅乐山(J. D. Frodsham)、华兹生(Burton Watson)、库柏(Arthur Cooper)、洪业(William Hung)、雷克思罗斯(Kenneth Rexroth)、斯奈德(Gary Snyder)、亨瑞克斯(Robert G. Henricks)、宇文所安(Stephen Owen)、巴德(Charles Budd)等。其中大多数译者都曾涉足李白诗歌英译，并对西方诗歌创作产生了深远影响。

李白诗歌英译始于19世纪上半叶。根据王丽娜(2001)和詹晓娟(2017)对李白诗歌英译情况的统计并参考近年来唐诗英译的出版情况，英译过李白诗歌的译者应接近百人。在中诗西传的过程中，早期西方译者贡献颇多，近年来中国译者则大有后来居上之势。相比而言，西方译者立足于目的语，更能把握译文读者的接受情况，被称为顺译，多为西方人所热捧，而中国译者立足于源语，对原文的理解更为深入，被称作逆译，常为西方人所诟病。然而，关于译者身份始终存在一个问题，即：中国的典籍到底谁译更好？西方人认为他们进行顺译才可以，反对中国人逆译[①]。但我们认为，无论西方译者还是中国译者，都为中国文化传播做出过贡献，在中诗西传的过程中均起到了重要的作用。此外，还有另一类译者，其母语既非源语也非目的语，被称作"第三方译者"(石小梅，2016：119)，他们对中诗西传也起到了积极的推动作用，如匈牙利人乔玛把藏语《萨迦格言》节译成英语，成为第一个西译藏族格言诗的人，他还寄回匈牙利许多书本资料，创建了国际藏学。但此类译者尚未得到研究者足够的关注。本文以李白诗歌英译的第三方译者小畑薰良的《李白诗集》为例，结合译作的背景与影响，分析译者的翻译理念、翻译选材和翻译策略，从而探讨第三方译者的传播路径对中诗西传的作用与启示。

二、小畑薰良与《李白诗集》

李白是"盛唐最杰出的诗人之一，他的诗歌飘逸豪放、想象瑰丽，在中国乃至世界诗歌的发展史上都有着重要的地位和深远的影响"(周蓉，2012：105)。李白诗歌"传入东方日本的时间最早，大约始于唐代。传入西方的时间较晚，大约始于19世纪"(王丽娜，2001：616)。我们将李白诗歌的英译归为以下3类：一是诗歌选集类，即在对中国诗歌尤其是唐诗的英译中选有李白的诗作，如庞德(1915)的《神州集》；二是文学研究类，即对中国文学或对诗人李白的研究中选译李白诗歌，如韦利(1950)的《李白的诗歌和生平》；三是李白诗歌专集，即以个人专集的形式对李白诗歌进行翻译，如小畑薰良(1922)的《李白诗集》，这也是西方世界首部李白诗歌英译作品集。

然而，关于小畑薰良的记载与研究并不多。根据已有文献可知，小畑薰良于1888年出生于日本大阪，受其父小畑万治郎的影响，自幼学习《论语》等汉语典籍并产生浓厚兴趣，1907年赴美留学，曾任职于纽约日本总领事馆，1922年10月由纽约达顿出版社出版其英译的《李白诗集》(The Works of Li Po: The Chinese Poet)，1925年回到日本，之后来中国参加"北京特别关税会议"，与冯友兰、杨振声、徐志摩等中国作家、学者有所交往，1971年去世。小畑薰良除了英译《李白诗集》之外，还有英译的《英译万叶集》《数数歌》和日译的《酒后》等作品。在他的译作中，《李白诗集》影响深远且意义非凡，这既是由于《李白诗集》作为西方世界第一部李白个人作品英译集的独特地位，也是由于译者跨越两种外语进行翻译的特殊身份。

《李白诗集》的出版在西方世界引起了广泛反响，在英国、美国、日本等地再版多次，"尤其在美国印的次数最多，对读者产生了持久的影响，一直延续到今天"(邬国平、邬晨云，2009：193)。中国的《晨报副刊》曾于1926年6月3日刊登了闻一多的《英译的李太白》一文，对《李白诗集》进行了评析。小畑薰良也于同年8月7日在《晨报副刊》上发表《答闻一多先生》一文，从而引发了一场关于译诗的讨论。

在《李白诗集》出版之前，已有多位西方译者在自己的著作或译作中零星地译过李白诗歌，但对于当时的翻译状况小畑薰良并不满意。在《李白诗集》的序言中，小畑薰良对李白诗歌的英译情况作了评述。他指出艾约瑟(Joseph Edkins)、翟理斯、克莱默-宾等译者使用格律体译诗已不符合当时的读

[①] 例如《中国译者们，不要在英文里押韵》("Chinese translators, don't use rhyme in English!")一文(http://www.webwight.org/chinese-translation-poetry-english-rhyme-doggerel/)由毕业于耶鲁大学东亚系的职业翻译者司竹丽(Julie Sullivan，1959—　)撰写，宣称中国人翻译中国古诗时不要押韵，这在某种程度上等于剥夺了中国人翻译中国诗歌的权利。

者品味,而且艾约瑟、庞德、韦利、艾思柯的译文中又存在各类讹误。其中庞德的《神州集》(Cathay)激发了小畑薰良英译李白诗歌的欲望,他在《李白诗集》的序言中写道:"我承认,正是庞德先生的这本小书激怒了我,同时也唤醒了我,使我意识到新的可能性,于是我认真地开始了自己的翻译。"①(Obata, 1922: vi)

《李白诗集》作为译作,采用深度翻译(thick translation)策略,体例较为完备,包括序言、导论、李白诗歌英译124首(其中首译47首,复译77首)、与李白相关的诗歌英译8首、记载李白的史料节译及参考文献,是"第一部融李白诗歌、传记及研究文献于一体的合集"(石小梅,2016:118),并且"为中国古代典籍中个人专集的译介提供了范式"(同上,117)。《李白诗集》的翻译理念、翻译选材和翻译策略引发了对中诗英译的思考与讨论,对今天的中诗西传仍有着积极的启示作用。

三、《李白诗集》的翻译理念、选材与策略

小畑薰良英译的《李白诗集》取得了很大成功,并引起了他与闻一多发表在《晨报副刊》上关于译诗的讨论,反映了两种截然不同的翻译观,其中涉及中诗英译的可译性、选材、译法等诸多问题,为中诗英译的研究与实践提供了参考与借鉴。

1926年6月3日,闻一多在《晨报副刊》上发表了一篇《英译的李太白》②,对小畑薰良英译的《李白诗集》做出评价并同时提出质疑。其观点主要体现在以下3个方面:首先,关于可译性问题,部分李白诗歌不可译,尤其是五言律诗和绝句,"你定要翻译它,只有把它毁了完事!譬如一朵五色的灵芝……于今都变成了又干又瘦的黑菌……'美'是碰不得的"(闻一多,2009:146),这一观点被概括为"灵芝"论(石小梅、成蓉,2017;石春让,2019);其次,关于选材问题,选择李白诗歌,应鉴别真伪,区分好坏,而不应选择伪作或者粗率不好的诗;再次,关于译法问题,翻译李白诗歌应遵循字句的结构和音节的调度,做到不增不减,不应过于随意地处理词句,更要避免误译、错译。小畑薰良于同年8月7日在《晨报副刊》上发表《答闻一多先生》一文,就闻一多所提的3个方面的问题回应如下:首先,关于可译性问题,李白诗歌英译应以"海变"论为基础,使原文变成某一种富丽而奇异的东西;其次,关于选材问题,所选诗歌应能反映李白的生平经历与所处的时代,一般认为是李白的诗歌就可以入选;此外,关于译法问题,采取自由体译诗,采用增词法、减词法、选择新颖的词来译李白诗歌中的特殊词语,对于误译、错译则表示惭愧。

闻一多和小畑薰良分别对李白诗歌英译阐明了自己的立场,进行了观点鲜明的论述。限于篇幅,本文将集中讨论小畑薰良的翻译理念、翻译选材和翻译策略。

1. 翻译理念

在翻译理念方面,作为对闻一多"灵芝"论的回应,小畑薰良承认翻译过程中会发生"南橘北枳"般不好的变化,但又积极地提出"海变"论。"海变"一词出自莎士比亚戏剧《暴风雨》(The Tempest),用于表示令人印象深刻的、巨大的变化。小畑薰良创造性地将"海变"一词应用于翻译领域,旗帜鲜明地表达了对于李白诗歌英译的翻译观。

"海变"论并不否认中国诗歌在翻译过程中一定会产生变化,然而"变异后的译本与原文本有差异,但不一定是对原文本的'折扣'"(曹顺庆,2018:128)。小畑薰良明确提出:"我也明知道中国诗是一种娇柔的鲜花,一经移植,便不免变性。但变不一定是变坏,莎士比亚说的'海变',这变的结果是变成某一种'富丽而奇异的东西'。翻译在文学上有时是一种有效果的异种播植。"(小畑薰良,1926,见韩石山,2005:137)这种翻译理念"更加有助于文化交流,促进文学的多样性发展"(葛文峰,2015:56)。其实,小畑薰良的"海变"论包含了今天翻译理论界常讲的"变易""变译""译者介入""译者主体性""调整"等理论思想。

2. 翻译选材

在翻译选材方面,与闻一多的考据式研究不同,小畑薰良对中国文学与诗歌的了解相对有限。作为第三方译者,小畑薰良的"翻译选裁是以英美文化为取向的"(高庆华,2012:133),而且他注意到"使选择尽量具有多样性和代表性,所以才包括已经多次

---

① 译文来自本文作者,原文为:"I confess that it was Mr. Pound's little book that exasperated me and at the same time awakened me to the realization of new possibilities so that I began seriously to do translations myself." (Obata, 1922: vi)

② 该文作为体现闻一多译诗观的重要文章,后改标题为《英译李太白诗》并被广泛收录于闻一多的各类著作(如闻一多,1993,2008,2009等)。

译过的一些著名诗篇"①(Obata, 1922: ix)。与此同时，个人兴致也是他选材的依据之一。因此，除了《望庐山瀑布》《静夜思》《蜀道难》《将进酒》等经典作品外，小畑薰良也选录了《别内赴征》《王昭君》《赠内》《沐浴子》等一些相对不知名的作品，"让西方读者更能全面地了解李白，认知太白诗的多面性"（葛文峰，2015: 55）。这也体现了小畑薰良将李白介绍给西方世界的翻译目的。这对于中国诗人和诗作更为广泛的选译，对中诗西传的全面性不无裨益。

至于闻一多指出的小畑薰良译诗中的伪托作品则应引起译者的注意。对于所属不明的作品，在翻译时应当慎选，以免张冠李戴之误。小畑薰良的英译"主要利用日本现代出版的一本李白诗选，同时参考了芝加哥纽柏瑞（Newberry）图书馆收藏的一部宋版李白集，以及藏于纽约市公共图书馆的王琦《李太白全集》1759 年原刻本"（邬国平，邬晨云，2009: 193）。在翻译过程中他还曾得到过冯友兰等人的帮助，但讹误仍在所难免，这也体现了第三方译者所面临的难题。

3. 翻译策略

在翻译策略与方法方面，小畑薰良主要采取深度翻译策略、自由体译诗和创造性译法。首先，他广泛使用了深度翻译策略。"深度翻译"也称作"厚重翻译"或"厚翻译"，由美国学者阿皮亚（Kwame Anthony Appiah）（1993）提出，指"通过各种注释和评注将文本置于丰富的语言和文化环境中的翻译"（方梦之，2011: 92），可分为译文内深度翻译和译文外深度翻译（朱健平，刘松，2019）、显性深度翻译和隐性深度翻译（方梦之，2019）等。这一策略"使重现的中国诗歌文化显得丰实厚重，以赢得尊重"（黄焰结，2014: 607）。副文本的使用在《李白诗集》中占了较大的比重，主要包括共计 7 页的序言、长达 22 页的导论、文中大量的注释以及和李白有关的史料的节译。在序言中，小畑薰良表明了自己的翻译立场并评述了当时中诗英译的一些现象与问题，这是其翻译观的直接体现。导论部分对李白生平和诗作进行了介绍与评述，注释和史料部分则便于读者了解译诗中的词语及社会文化知识。副文本的使用极大丰富了《李白诗集》的内容，有助于英语世界读者对译诗的理解。

其次，对于自由体译诗的选择反映了小畑薰良基于对当时已有译诗状况和主流诗体考察的思考。

事实上，小畑薰良不用格律体译诗，非是不能，而是不为，这一点可以从陈西滢对小畑薰良英译的《偷瓜贼》的评价中得到印证："他［小畑薰良］的韵文之妙，在能使观者在情节、意思之外，觉到一种寓在文字及押韵里的滑稽，实在是极大的成功。"（陈西滢，2010: 170）之所以选择自由体译诗，是因为一方面，格律体译诗并不符合当时的品味，另一方面，小畑薰良受到庞德等译者自由体译诗的影响。自由体译诗虽然无法展现原诗的音韵之美，但却在语言形式上解除了对译者的束缚，使译者更专注于诗歌意境的塑造。吕叔湘在论及小畑薰良的自由体译诗时，便称其"原诗情趣，转易保存"（吕叔湘，2002: 10）。而且，即便不是韵体译诗，小畑薰良的译诗也体现了音乐性的特点，他的译诗被多位英美作曲家选来谱曲便是佐证。这也反映出小畑薰良的译诗"简明流畅，轻快爽朗，比较契合李白诗歌的特点"（刘晓辉，2014: 48）。

此外，在具体译法方面，小畑薰良更多着眼于目的语读者，采用创造性译法，这既形成了其译诗的突出特色，也成为其译诗为人诟病的根源。比如"燕山雪花大如席"（The snow-flakes of the Yen mountains are big like pillows）中，小畑薰良把"席"译作"枕头"（pillow），既保留了原诗隐喻修辞手法的使用，也考虑到目的语读者的接受情况。小畑薰良曾解释道："要是在译文中竟说雪花大似草席，或是地毯，字面的意思是对了，但这样一来意味就落了丑陋，那是原文所没有的。"（小畑薰良，1926，见韩石山，2005: 133）译文以"枕"作比，"一来这比喻够得上诗人原来新奇的用意，二来又不是完全没有根据。这枕字的联义就是'垫'，垫与席又同是与座位一个字义相关联的"（同上）。可见，字面义的不对等并非小畑薰良无心之失，而是基于汉英语言文化差异的考量而作出的有意选择。

作为第三方译者，小畑薰良的"海变"译论、较为全面的翻译选材、深度翻译策略和创造性译法的使用对于中诗西传具有积极的启示与借鉴作用。

四、中诗西传中第三方译者的启示

第三方译者在中诗西传过程中既如他山之石，又似通幽曲径，对翻译实践的启示与借鉴大体可归为以下 4 个方面：第三方译者的传播路径对中诗西传起到了积极推动之功；第三方译者的翻译理念对译诗研究起到了添砖加瓦之用；第三方译者的翻译

---

① 译文来自本文作者，原文为："I have tried to make the selection as varied and representative as possible and included, consequently, a number of popular pieces which have been translated by more than one hand." (Obata, 1922: ix)

策略对翻译实践起到了借鉴启发之能；第三方译者的错解、误译对后来译者起到了警示提醒之鉴。

首先，第三方译者的传播路径推动了中诗西传的发展进程。如今，"改革开放的深入开展和国际全球化加速的双重背景使得中国的翻译研究迎来了新的机遇与挑战"（袁圆，廖晶，2019：109），但是"中国文化的国际影响力还远不足够"（魏向清，杨平，2019：92），中国文化"走出去"仍然任重道远。日本在历史上受到中国文化的影响较深，在对中国文化的吸收与传播方面具有推动作用。作为日本译者，小畑薰良英译李白诗歌的出发点是"介绍一个在中国最有名的古诗人给欧西的文坛"（小畑薰良，1926，见韩石山，2005：132）。作为第三方译者，他既非把自己的母语文化介绍到世界，也非把他国的文化介绍到本国，而是"从第一种外国文字译到第二种外国文字"（闻一多，1984：194），更突显了第三方译者对异语文化传播的贡献，"单就使某种民族对另一种民族的文化发生兴趣这点子实在的功用，也是不应该忽视的"（小畑薰良，1926，见韩石山 2005：137）。这一点就连对小畑薰良提出质疑的闻一多都给予了很高的评价，称其为"一件很精密，很有价值的工作"（闻一多，1984：194）。事实上，日本作为中诗西传的重要桥梁，不但有小畑薰良这样的译者进行翻译实践，也通过对赴日学习的西方学者的影响将中诗传入西方。比如庞德的重要译著《神州集》便是基于赴日的美国学者费诺罗萨（Ernest Francisco Fenollosa）的手稿完成的，并且对美国的新诗运动产生了深远的影响。在这个意义上，"日本成了中国影响进入美国新诗运动的向导和桥梁"（赵毅衡，2013：86）。可见，第三方译者的翻译行为拓展了中诗西传的路径，扩大了中诗在西方的影响，就像本文开始时提到的匈牙利人乔玛把藏族格言诗译成英语并因此开创了西方藏学一样。

其次，第三方译者的翻译理念丰富了中诗西传的理论研究，同时也为通过第三方语言而进行的翻译（例如藏语作品经由汉语译成英语）提供了合理性佐证。在基于《李白诗集》的论争中，闻一多和小畑薰良阐述了各自不同的翻译理念。闻一多对李白诗歌独特之美的肯定和对版本考察的严谨是有助于理解和掌握李白诗歌的，但他对译诗的一些观点，尤其是"灵芝论"，则为人诟病，被认为"过分强调中国古代诗歌的本土特征""过分强调中国古代诗歌翻译的精准性""没有更多地发掘译诗的优点"（石小梅，成蓉，2017：119—120），乃至于"错失理论创新"（胡志国，2014：156）。小畑薰良的"海变"论则显得更为积极，在承认语言文化差异的前提下，提出面向目的语读者的"异种移植"概念。尽管这样做无法保留原文之美，但可以使这变化朝着好的方向发展，这就从根本上对李白诗歌英译秉持了积极推动的态度，客观上促进了李白诗歌的西传。

再者，第三方译者的翻译策略启迪了中诗西传的翻译实践。第三方译者在两种外语中游弋，难免增大翻译的难度，造成误解、误译等现象，但同时却也不会受源语和目的语固有的文化模式的影响。小畑薰良采用深度翻译策略，有助于"凸显文化的异质性和多样性"（吴冰、朱健平，2019：91）。使用的副文本包括两种情况，其一是插图、序言、导论、相关史料、参考文献等翻译文本之外的材料，其二是翻译文本中所用的注释。前者使西方读者对译者的翻译理念和译诗的相关背景有所了解，对诗人李白的认识更为立体，而后者则提供了译诗的背景知识，尤其对于那些易于造成译文读者认知障碍的具有中国语言特质和文化特色的内容而言通过注释的方式便于理解。这体现了小畑薰良立足于目的语读者的翻译取向，也更有利于译诗的传播。此外，创造性译法的使用体现了第三方译者的特点，即在对源语理解有限且原文可译度也有限的情况下充分发挥译者主体性，以更符合目的语表达习惯和文化规范的译法完成翻译，这对中诗西传具有借鉴和启迪的作用。

此外，第三方译者也存在一些明显的问题，尤其是对原文的错解误译，而翻译中原诗版本的选择问题也值得注意。误译现象屡见不鲜，"我们过去的很多典籍译本由于译者缺乏对中国语言文化的充分理解，存在不同程度的误解和误译"（罗选民，2019：99）。在诗歌翻译中，语言和文化的差异更加突显，而"语言作为文化的载体，必然带有文化的烙印"（程刚，李正栓，2019：109），二者互相交织，成为译者面临的难题。第三方译者对目的语的有限掌握或许只会影响读者的理解与接受，但对源语的认知不足则成为错解、误译的潜在原因。小畑薰良有在美国长期留学与工作的经历，他对英语的掌握程度和熟练度相对较高，但他对汉语所知则较为有限，并不能熟练使用汉语，他与闻一多进行论争的文章便是用英语撰写后再由徐志摩成汉语的。对于源语和目的语的掌握相对有限、英译过程中又主要依据日语译本，这些不可避免地导致了《李白诗集》中的误译。但对于误译也应辩证来看，误译"不应被简单地认定为失败翻译"（孙艺风，2019：12），因创造性译法而出现的与原文语义不对等的现象不应全部归为误译，其中一些可视为"创造性误译"（黄焰结，2014：608），如上文"燕山雪花大如席"一例。另有一些"创造性误译"可能与原文的版本有关。例如，小畑薰良将扬州译作 Willow Valley，虽然是出于诗歌美感的考虑，否则"音调和色彩就不免完全给毁了"（小畑薰良，1926，见韩石山，2005：135），但也可能是小畑薰良读到的版本中"'扬州'可能就被改成了'杨州'"（石小梅，2016：120），从而促成了"杨"与"柳"之间的联想。另外，还有一些译诗所依据的原文版本与我们常见的版本不同，比如《静夜思》中，小畑薰良的译文"I raised my head and looked out on the mountain moon"所依据的原句"举头望山月"是王琦在 1759 年编定的版本，有别于流传更广的"举头望明月"，需注意不应当看作译者的增译或误译。

综上，小畑薰良作为第三方译者的传播路径对中诗西传具有多方面的启示作用，并且"对今天中国文化走出去不无借鉴"（黄焰结，2014：608）。

五、结语

小畑薰良英译《李白诗集》既是李白诗歌在西方世界的首部个人作品英译集，也是中诗西传过程中一部有影响的译作。小畑薰良的第三方译者身份对中诗西传的传播路径、翻译理念和翻译策略均有启示作用，而其译作中存在的问题也对后续翻译实践与研究有警示之鉴。在中诗西传过程中第三方译者的传播路径不容忽视。

参考文献

[1] Appiah, K. A."Thick Translation."*Callaloo*, 4(1993)：808-819.

[2] Obata, S. *The Works of Li Po: The Chinese Poet*. New York City：E. P. Dutton & Co., 1922.

[3] 曹顺庆.翻译的变异与世界文学的形成.《外语与外语教学》,2018(1)：126—129.

[4] 陈西滢.《西滢闲话》.南京：江苏文艺出版社,2010.

[5] 程刚、李正栓.古诗英译人称信息再现路径研究.《中国外语》,2019(2)：104—111.

[6] 方梦之.建设中国译学话语：认知与方法.《上海翻译》,2019(4)：3—7.

[7] —.《中国译学大辞典》.上海：上海外语教育出版社,2011.

[8] 高庆华.乔治·斯坦纳阐释翻译理论视野下的译者主体性研究——以小畑薰良英译《李白诗集》为例.《名作欣赏》,2012(12)：132—134.

[9] 葛文峰.小畑薰良英译《李白诗集》的翻译风格及其翻译论争.《西华大学学报（哲学社会科学版）》,2015(2)：52—57.

[10] 胡志国.闻一多就《李白诗集》英译与小畑薰良的论争.《译苑新谭》,2014(6)：153—158.

[11] 黄焰结.英译李太白——闻一多与小畑薰良译诗对话的文化考量.《外语教学与研究》,2014(4)：605—615.

[12] 刘晓晖.从"妙笔生花"到"译笔生花"——《送友人》英译中审美诠释的创生转换.《北京第二外国语学院学报》,2014(10)：43—50.

[13] 罗选民.大翻译与文化记忆：国家形象的建构与传播.《中国外语》,2019(5)：95—102.

[14] 吕叔湘.《中诗英译比录》.北京：中华书局,2002.

[15] 石春让.重释小畑薰良的"海变"译论——中国文化外译的新视角.《社会科学家》,2019(1)：156—160.

[16] 石小梅.小畑薰良英译《李白诗集》的历史价值与当代意义.《西安外国语大学学报》,2016(2)：117—121.

[17] 石小梅、成蓉.面向中国的"灵芝"译论与面向世界的"海变"译论.《重庆理工大学学报（社会科学）》,2017(8)：117—122.

[18] 孙艺风.翻译研究与世界文学.《中国翻译》,2019(1)：5—18.

[19] 王凯凤.《英语世界的唐诗翻译——文本行旅与诗学再识》.北京：中国社会科学出版社,2018.

[20] 王丽娜.李白诗歌在国外.《中国李白研究（纪念李白诞生 1300 周年国际学术研究会）》,2001：615—658.

[21] 魏向清、杨平.中国特色话语对外传播与术语翻译标准化.《中国翻译》,2019(1)：91—97.

[22] 闻一多.英译的李太白,1926.《翻译研究论文集（1894—1948）》.中国翻译工作者协会《翻译通讯》编辑部编.北京：外语教学与研究出版社,1984.

[23] 闻一多.《闻一多全集》.武汉：湖北人民出版社,1993.

[24] —.《古诗神韵》.北京：中国青年出版社,2008.

[25] —.《唐诗杂论》.北京：中华书局,2009.

[26] 邬国平、邬晨云.李白诗歌的第一部英文译本——小畑薰良《李白诗集》、译者与冯友兰等人关系及其他.《江海学刊》,2009(4)：192—198.

[27] 吴冰、朱健平.阿瑟·韦利英译《道德经》中的历史文化语境重构.《外语教学理论与实践》,2019(2)：91—97.

[28] 小畑薰良.答闻一多先生,1926.《徐志摩全集》.

韩石山编.天津：天津人民出版社,2005.131—138.
[29] 袁圆、廖晶.时代对翻译使命的呼唤——《改革开放以来中国翻译研究概论(1978—2018)》评介.《外语教学》,2019(5)：109—112.
[30] 詹晓娟.《李白诗歌英译历史》.成都：巴蜀书社,2017.
[31] 赵毅衡.《诗神远游：中国如何改变了美国现代诗》.成都：四川文艺出版社,2013.
[32] 周蓉.李白诗歌英译历史.《西南农业大学学报(社会科学版)》,2012(1)：105—106.
[33] 朱健平、刘松.艾乔恩企鹅版《墨子》英译中深度翻译策略研究.《外语教学》,2019(2)：99—103.

论王红公汉诗英译的生态诗学建构

耿纪永[1] 赵美欧[2]

(1. 北京交通大学 2. 上海理工大学)

摘 要：美国诗人王红公是美国汉诗英译的生态主义传统中的重要人物，是"将诗歌和环保主义相结合"的汉诗译者。王红公对中国古诗的看法、翻译文本的选择以及翻译中的"创造性叛逆"甚至故意曲解是受其生态意识影响的阐释和建构，其译文体现出"无我的意象主义""爱的共同体""归于野"等生态诗学特色在当今的生态危机时代具有特殊意蕴和价值。

Abstract: The American poet Kenneth Rexroth is an important figure in the tradition of ecologism in the English translation of classical Chinese poetry. He is also a Chinese poetry translator who "combines poetry with environmentalism". Rexroth's views on classical Chinese poetry, the choice of translated texts and the "creative treason" or even intentional misinterpretations in translation are the interpretation and construction influenced by his ecological consciousness. His translation embodies characteristics of ecopoetics such as "selfless Imagism", "love community" and "returning to the wild", which have special meaning and value in the era of ecological crisis.

关键词：王红公；生态诗学；汉诗英译；生态主义传统

Key Words: Kenneth Rexroth; ecopoetics; English translation of classical Chinese poetry; ecologism tradition

一、引言

中国传统文化中蕴含着丰富的生态思想，无论是儒家的天人合一、中和位育，道家的道生自然、万物齐一，还是禅宗的缘起、无我、众生平等，都有着强烈的生态思考和生存观照——人作为自然整体的一部分与自然是相融在一起的，两者之间并非二元对立关系。源于这种自然观和生存哲学的中国古诗自然也蕴含生态智慧。辛顿（David Hinton）认为，中国古典诗歌以道禅为思想构架，本质为一种山水传统，无论从何种意义上去解读都具有生态诗学的脉络（Hinton, 2017: 14）。尽管这并非中国古诗的全部面貌，但在跨文化传播中，由于翻译具有构建文本及文化形象、产生特定的话语意义的"建构性"（陈琳, 2019: 123），一些译者受社会背景、诗学倾向等诸多文本和非文本因素影响，会有意识地利用汉诗中的自然观和生态智慧，通过选择、翻译、改写、推介等来阐释或建构出一种生态诗学面貌。20世纪初，庞德（Ezra Pound）、费诺罗萨（Ernest Fenollosa）对中国汉字和古典诗学中自然观的关注开启了以东方有机自然为导向的生态翻译（陈月红, 2015），20世纪五六十年代，王红公（Kenneth Rexroth）、斯奈德（Gary Snyder）等诗人将汉诗英译和环保主义相结合（Tonino & Hinton），直至当代汉学家辛顿的"生态译诗"呈现中国道禅哲学与美国的荒野哲学及深层生态学等亚文化形态的双重折射（陈琳, 2017）。这些译者对汉诗的翻译建构都带有生态诗学色彩，形成了美国汉诗英译的生态主义传统。

美国著名诗人、翻译家王红公（1905—1982）正是这个生态主义传统中承上启下的重要人物。他推崇东方文化，也是美国译介汉诗成就最大的"诗人译者"之一，译有《汉诗百首》(One Hundred Chinese Poems, 1956)、《爱与流年：汉诗百首续》(Love and

---

[1] 本文系教育部人文社科基金规划项目"中国禅与当代美国生态诗人的东方转向研究"（13YJA752003）、外教社全国高校外语教学科研重点项目（2018SH0032B）的阶段性成果。

the Turning Year: One Hundred More Poems from Chinese，1970）、《兰舟：中国女诗人诗选》（The Orchid Boat: Women Poets of China，1972）和《李清照诗词全集》（Li Ch'ing-chao, Complete Poems, 1979）等共计400余首中国诗歌。作为"将诗歌和环保主义相结合"（Tonino & Hinton）的汉诗译者，王红公通过翻译对汉诗进行了一种具有生态诗学特色的建构。正如辛顿（Hinton, 2017: 76）所言，王红公的译作如同他自己成熟的诗歌，揭示了"如何在翻译过程中发展、建构自己独特的声音"。这种独特的声音包含一种"与'仁慈的自然环境'的同一性认识"和"无我的意象主义生态诗学"，点明其通过汉诗英译所进行的生态诗学建构。

国内外学界对王红公翻译的研究主要集中在他的"创造性叛逆"的翻译风格（Owen, 1973; Palandri, 1981）、翻译与创作间的关系（Chung, 1972）和对杜甫、李清照诗词的译介（郑燕虹，2009；季淑凤、李延林，2014）上，对其汉诗英译中具体的生态诗学倾向尚无研究。而事实上，王红公的生态意识敏锐而超前，在大多数人还没有认识到生态危机及其背后的深刻根源时，他已经对之进行了深入的探索，广泛地吸收东西方生态文明成果，发展出了一套成熟的生态哲学思想（耿纪永，2015: 101）。作为美国汉诗英译生态主义传统中的第二代译者，王红公对中国古诗的看法、翻译文本的选择以及翻译中的"创造性叛逆"和故意曲解是受其生态意识影响的阐释和建构的。鉴于此，本文剖析王红公翻译选择的自然偏好和翻译文本的生态改写，以探究其汉诗英译的生态诗学建构。

二、王红公翻译选材的自然偏好

可以说，中国诗歌对王红公的直接吸引力来自中国诗歌对山水的吟咏，而这恰恰是韦利（Arthur Waley）、洛威尔（Amy Lowell）和宾纳（Witter Bynner）等汉诗译者所忽略的（Weinberger, xxiv）。这种诗体提供了一种异于欧美的思想传统和生活模式，译者可以借此"体认新的个人与大自然的关系"（钟玲，2010: 45）。20世纪汉诗英译的风潮极大地影响了美国诗歌，当时的一些美国诗人受东方古典诗歌中自然诗学的影响颇深，"开始关注自然，审视真实的自然——不受西方传统形而上学的扭曲……王红公无疑也是受其影响的一个例证"（Chung, 65）。王红公在《汉诗百首续》的介绍中也承认自己"放弃了一些有历史和文学典故的诗"而选择了爱情诗和那些"在自然当中思考"（Rexroth, 1970: xvi）的诗歌。

拿王红公闻名于世的英译杜甫诗来说，他对杜甫进行了"弃儒从道"的改造：杜甫著名的政治讽喻、帝王进言诗饱含为国为民的苦吟悲叹，彰显着儒家官员的责任意识，而王红公对此却不感兴趣，认为这是"对王权自命不凡而又不切实际的狂热崇拜"（Rexroth, 1956: 148）。相比而言，杜甫在诗歌中呈现的"游览经历和自然风光，引起了他极大的兴趣和共鸣"（郑燕虹，62）。王红公对翻译文本的选择所突出的杜甫形象便更接近归隐山林的道家隐士。他的翻译选择偏向一种自然隐逸、神秘自由的风格，涉及人与自然的交融通感之道，大多是讲人在自然中孤独地思考，人只有在自然的怀抱中思想才能无限接近自由。

这与王红公亲近自然的荒野体验有关。他曾为躲避人世纷扰和妻子向内华达锯齿山脉的更深、更高处的山野探索，这段经历促使他转变为"神圣的自然诗人"（Hart, 6—9）。王红公热爱荒野中的简单生活，甚至坦言"从未有过比在风雪黑夜中荒野露宿更为内心平静的夜晚"（Rexroth, 1991: 120）。这同中国古代诗人徜徉在山水田园间的背影何其相似——身既融于宇宙，心则任运自然。事实上，王红公在翻译中所建构的对自然荒野的亲近不仅受自身荒野体验的影响，也和他所认知的汉诗生态诗学有关。王红公认为："荷马的两大史诗是西方文学的结晶，但荷马史诗的世界里，自然界的日月风雷等化身为诸神，其面目险恶难测……而中国诗人却从不对大自然下道德的判断。他们没有敌对的神。人类及其美德原是大自然的一部分，就如同顺流而下的水、屹立的岩石和飘然的雾。"（Rexroth, 1959: 18）诗人放弃身心与自然的隔离，从而融于自然，成为自然的一部分，这种"天人合一"的诗境正是王红公所欣赏的，也是他意在翻译中体现的。

三、王红公翻译文本的生态改写

除了翻译选材对自然的偏爱，王红公在翻译过程中还对原作进行了带有生态诗学特色的改写。我们可以从"无我的意象主义生态诗学""爱的共同体"和"归于野"等3个方面来分析王红公翻译中的"创造性叛逆"或故意曲解。

1. "无我的意象主义生态诗学"

同庞德一样，王红公也是运用"创意英译"的典型，采用了一种以意象为构句单位、营造意象并延展开来的翻译方法。作为诗人译者的他除了生动地传递原诗中的意象，有时甚至不囿于原诗，而是以原诗或者前人译本的词句为基础，充分发挥想象力，用鲜明具体的意象改造抽象的原文。王红公很少强加人为的架构于自然之上，译诗中"往往运用诗境的原则，来修改参考版本中的意象，令意象更富于官感之美，更加具体……并避免用思维式的表现手法"（钟玲，1985：145）。辛顿称其对意象的强调体现了一种"无我的意象主义生态诗学"（Hinton，2017：76）。"无我"一说并非真的没有"我"，而是在质疑人的主体性，将人置于活生生的宇宙有机体中，将自我融于山野，让景观取代思维的自私的介入机制，自我便也成了景观和宇宙。辛顿（同上，26—27）认为，"不同于西方传统诗歌那种疏远的抽象思维，呈现具体意象的语言会带来一种具象思考，让读者置身于一种与世界更直接的联系中。通过这种深层的置身，意识便与山水和宇宙相互缠连"。也就是说，王红公这种"意象凸显"的译法更为强调与宇宙万物直接的联系而非理性思维的层层阻隔，是对自然不受人操纵、不经抽象化的呈现；所表现的是物与物之间关系的真实显现，即"景物自现"。这一诗学特色有着任运自然而非统治自然的生态内涵。

王红公将杜甫"天上秋期近"一句，译为"The Autumn constellations/Begin to rise"（Rexroth，1956：8）。"秋期"本指七夕，若是为了忠于原作而对这一文化负载词进行解释或者直译，势必会阻挠西方读者的理解和享受。王红公将其改造成"秋日空中的星群"，相较于艾斯柯（Florence Ayscough）略显抽象平淡的"Autumn season"，王译更为具体形象，使意识直抵自然宇宙之境。与此类似的还有"溪边春事幽"一例，"春事"指春日的农耕之事。王红公虽有洪业的"Spring affairs"作为翻译参照，他却将其改写成春花绽放的活泼意象——"Spring flowers bloom in the valley"（同上，24）。这些地方对意象的凸显分明是王红公故意为之，虽不忠于原作，却呈现出生动的自然之美。

在显化、营造意象的过程中，王红公还使用了"拆字"的翻译方法，即对单个汉字加以拆解，厘析各组字偏旁的意象特质，进而赋予其以诗性言说的创译形式。尽管这种方法会被认为不够忠实于原文，但却反而彰显了汉字本身的自然观和生态之维。费诺罗萨曾在《作为诗歌媒介的汉字》一文中，强调了汉字的形象直观特征和其中所蕴含的东方有机自然观。他认为，汉语是一种图像语言，其基础是"记录自然运动过程的一种生动的速写图画"（Fenollosa，12）。辛顿在对中国山水诗歌的翻译与研究中也关注到了汉字背后的自然诗学。他对费氏等人表示认同："在象形文字的符号中，我们见证了万物直接而又具体的真实呈现，这种文字代表了一种生于万物的思维系统，思维的隐喻之根在此一目了然。"（Hinton，2017：27）如此一来，意识、自然、文字三位一体，从这种字符铸就的空间中，我们可以窥见人与自然的亲密关联。

原　文	王红公英译文	偏旁部首
一杯愁绪，几年离索	My bowels are **knotted**① With bitterness. I cannot Loosen the **cord** of the years Which has bound us together. （Rexroth，1956：116）	纟 糸
春星**带**草堂	The thatched roof is **crowned** with constellations. （同上，3）	卅 艹 丷
烂醉是生涯	Life whirls past like drunken **wildfire**. （同上，5）	火

第一例中"愁绪"和"离索"本是简单的情感表达，王红公却将其具化为绳结和绳索的意象，有"愁肠百结""姻缘一线牵"的形象感，想必是他看到"纟""糸"等联想的画面。接下来"春星带草堂"，李善注云："带，佩，犹近也。"此句描绘的是星空灿烂笼罩草堂的景色。但王红公的翻译却让草堂佩戴了星冠，或许是看到"卅 艹 丷"而获得的灵感。此种译例不胜枚举。他翻译杜甫的《守岁》，把"烂醉是生涯"译为"Life whirls past like drunken wildfire"（Rexroth，1956：5）——"生命回旋，如同荒野中醉了的火"。此句创造性叛逆度大，原诗本身并未有意象的凝结，和"野火（wildfire）"也没有关系，想必是王红公看到了"烂"的偏旁才想象并构塑出这样一个"火"的意象，使得原本抽象的人生感悟一下子鲜活了起来。

王红公十分欣赏汉字独特的自然性，通过对汉字进行拆解和联想的"拆字译法"来探入汉字背后的自然图画和生态之根本。通过庞德和威廉斯等人，王红公已经对意象和图像文字的诗学有所熟悉，而之后进一步与中国古诗接触，对其进行翻译、研究"这些经历使他对东方自然诗学的运作有了更广的理解"（Hinton，2017：76）。以上译法尽管从语言层面并不忠实于原作，却是王红公对汉字和汉诗中意

---

① 笔者要着重分析例子中的某些地方，故而加粗。

象的有意凸显,是其意识直抵自然、彻底融于自然的生态诗学表达。这种表达承载着生态哲学中对自身主体位置的放弃,即一种消解人类中心主义的"去主体性"。在王红公"无我的意象主义生态诗学"中,山水景物能以其原始的本样不牵涉概念世界而直接占有我们,主体虚位,自我从宰制的位置退却,使得朴素的天机得以活泼地兴现。

2."爱的共同体"

王红公在《社群主义:从起源到二十世纪》(*Communalism: From Its Origins to the Twentieth Century*, 1975)中表现出对环境恶化的担忧及他对生态系统这个共同体的认识——"需要重视人作为生物社群这个有机共同体中的一员,与他的同伴和环境处于创生性的、非剥削的关系中"(Rexroth, 1975: xiii)。当被罗伯逊问及如何看待人与自然的关系时,王红公回答说:"重要的是爱的共同体,爱的共同体就是全世界。"对此罗伯逊的评论是:"他把西方爱的概念作为自我与他者关系最高、最重要的要素,但他扩展了情人(lover)的范畴,使之包括任何事物。实际上这就意味着,他可以直接和树木山水建立联系,如同和一个女人建立联系一样。"(Robertson, 25)"爱的共同体"实际是具有生态意蕴的"生命共同体"。共同体是生态整体主义的应有之义,即强调万物相互依存的联系性和生态系统的整体利益;爱,是消解人与自然、男人与女人、自我与他者二元对立,生存于世的谦卑之心。王红公恰恰在中国古诗人身上找到了栖于共同体中的应有的谦卑与博爱,中国诗歌中天人合一、万物相亲的境界便是他所向往的生态乌托邦——"爱的共同体"。

人与自然和谐亲近的描写虽是中国古诗的常态,但这种关系性却从不明示。天人合一须留待人去体悟才能使得意境委婉悠长。王红公却在不少译文中显化或者补足了这种"陪伴""为友"的关系,以践行其共同体生态诗学观。如李清照"惟有楼前流水,应念我、终日凝眸"一句,流水有情,是诗人唯一的陪伴。王红公的翻译直接显化了这层关系"the jade green river that is the **only companion** of my endless days"(Rexroth, 1970: 96),点明了流水的陪伴。在苏轼《虞美人》的翻译中,王红公在一些句子上做了明显的改写,其意蕴从及时行乐变为了诗人与花月为伍、与自然相亲的平等和谐。

苏轼举杯敬明月、花枝,希望的是月长圆、花不落。王红公邀花枝共饮,保证不再去采摘花朵,破坏它的美好;举杯邀月,希望月能接受自己,这里不但将自然人格化,把月亮置于和我平等的地位,且阴性

虞美人	Moon, Flower, Man
持杯摇劝天边月。愿月圆无缺。持杯复更劝花枝。且愿花枝长在、莫离披。持杯月下花前醉。休问荣枯事。此欢能有几人知。对酒逢花不饮、待何时。	I raise my cup and invite The moon to come down from the Sky. **I hope she will accept** **Me.** I raise my cup and ask The branches, heavy with flowers, To drink with me. I wish them Long life and **promise never** **To pick them. In company** **With** the moon and the flowers, I get drunk, and none of us Ever worries about good Or bad. How many people Can comprehend our joy? Have wine and moon and flowers. **Who else do I want for drinking** **companions**? (Rexroth, 1956: 95)

代词"she"的运用让月亮仿佛变成了王红公倾慕的女子。中国古诗中的艺术境界是景物自现的含蓄委婉,而王红公更期待建构一种交流互动的诗学,着重人与人、人与万物的直接联结。后文添补出来的"in company with"就是一种对"联结"的明显构建。还有最后一句更是独具匠心:苏轼潇洒超逸——花好月圆的人间清欢,此刻不醉更待何时?而王红公情意真挚——有花月为友,我不需要再寻求别人的陪伴了。此时我们再看题目,王红公舍去词牌名不译,而将诗歌中出现的3个主体——月,花,人——并置。人不是主宰和唯一,而是与非人自然相依相存;一个us更是凸显三者的同一阵营,这分明是王红公构建的"爱的共同体"。就如同王红公在中国古诗中看到的世界,"宇宙万物都相互联系、不断运转,人和人事只不过是其中很小的一部分"(Rexroth, 1961: 86)。王红公还翻译了张籍的《山禽》和高启的《牧牛词》。这些诗人和诗歌西方译者鲜有关注,甚至在汉诗史上都是默默无闻,却因强调了人与动物为友、天人相亲的"共同体"之感而被王红公所青睐。

在翻译李清照《一剪梅》中的名句"一种相思,两处闲愁"时,王红公作了一种奇妙的改写——"**Creatures** of the same species/Long for each other"(Rexroth & Chung, 27)。相思本是人类所有,王红公却偏要用"生物"替代"人类",这恐怕是其生态"齐物观"的一种精心设置。在《宿建德江》中,由于旷野苍茫,诗人视域广阔,看到了"江清月近人"。王红公将此译为"the river flows quietly by. The moon comes down **amongst men**"(Rexroth, 1970: 49)——河水静静流淌,月亮降了下来,**进入了人们之间**。原文的"近"只是当时方位上视觉的呈现结果,而译文的"进

入人们之间"则意味着成为人们其中的一员。"amongst"凸显了平等地位和亲密关系,更具交流之感。这些万物关联、众生平等的生态改写都和王红公"爱的共同体"生态思想密切相关,正是王红公在翻译中建构这一生态乌托邦的尝试。

王红公"爱的共同体"的思想来源可追溯到万物关联的有机哲学。王红公搬到旧金山后,受当时英美最重要的哲学家怀特海(A. N. Whitehead)的有机哲学影响颇深,并称"多年来,一直完全被怀特海德的哲学统治"(Rexroth, 1991: 391)。将河流、湖泊、山脉、草原、动物和人类视为一个有机的整体,这是王红公"整个哲学的出发点"(Ciani, 15)。万物关联的有机哲学参与构塑了王红公的共同体观念,是其生态诗学的思想基础。王红公把自己看作"一个宏观世界的缩影,与花栗鼠、熊、松树、恒星、星云、岩石和化石有关,是无限相关联的存在的一部分"(Rexroth, 1991: 376—77),在诗歌创作和翻译中践行有机哲学并建构"爱的共同体"。

3. "归于野"

王红公的汉诗英译还受到其"荒野"意识的影响,折射出其自身的荒野体验。荒野,通常被看作一种与文明相对的、不确定的存在。作为自然环境中最为重要的原生态环境、自然精神的载体,荒野早已从表层景观指向上升到集合了人类生态无意识并寄寓生态理想的哲学概念,具有重要的生态内涵。二战后的美国,经济和科技飞速发展,但人的精神却愈加异化,社会的种种矛盾暴露出来,反主流文化运动、环保运动等在五六十年代勃发。人们更愿意逃离现代文明城市,走向朴素原初的荒野自然,以寻求心灵的平静。王红公也曾为躲避人世纷扰和妻子向内华达锯齿山脉的更深处、更高处的山野探索。这段经历"为其生活哲学奠基,促成他生态诗歌的书写"(Hart, 6),一种"内在发展的荒野美学"让他转变为"神圣的自然诗人"(同上,9)。荒野观也介入了王红公的汉诗英译,使得其译作发出异于原诗的"野性"的呼唤。这一点在《鹿柴》"空山不见人,但闻人语响"一句的翻译中有明显体现。我们来看以下3个版本的翻译:

W. J. B. Fletcher	The Form of the Deer So long seem the hills; there is no one in sight there. (Weinberger & Paz, 1987: 8)
Witter Bynner & Kiang Kang-hu	Deer-Park Hermitage There seems to be no one on the empty mountain ... (同上, 10)

(续表)

Kenneth Rexroth	Deep in the Mountain Wilderness Deep in the mountain wilderness (同上, 22)

这首诗是王维后期山水诗的代表作《辋川集》中的一首。诗中描绘鹿柴附近的空山深林在夕阳返照下的幽静景色。鹿柴其实是一个地名,3个译文中前两个都译出了"鹿",唯有王红公把题目变成了"Deep in the Mountain Wilderness(山野深处)"(Rexroth, 1970: 58)。事实上,《柯林斯英语词典》指出:"wilderness"源于古英语的"wildēornes",即"wild dēor","wild deer",意为"野鹿"(约翰·辛克莱尔,1603)。这就可以从词源上解释王红公为什么把"鹿柴"和 wilderness 联系起来。同时,"Deep in the mountain wilderness(山野深处)"也是王红公对第一句的"空山不见人"的翻译,是明显的改写。在温伯格(Eliot Weinberger)和帕兹(Octavio Paz)所搜集的19种王维《鹿柴》译文中,唯有王红公的版本点出了"荒野"(wilderness)。

王红公还将杜甫的《倦夜》改写成"A Restless Night in Camp"(Rexroth, 1956: 26)——"帐篷里的倦夜"。诗中的"竹凉侵卧内"场景原是屋内,是隐逸在山林之中的诗人居住的茅屋草舍。但是王红公却把场景搬到了屋外,译成了在野外露营的感觉——"In the penetrating damp/I sleep under the bamboos"(Rexroth, 1956: 26)。这个"凉"变成了"damp(湿)",分明是自己曾在美国西海岸的荒野之中露营之时呼吸过潮湿的空气。紧接着一句"野月满庭隅",诗人本意是强调郊野的月亮照着自己的庭院,而王红公却避而不谈庭院,将其缩译成"Moonlight in the wilderness"——"荒野的月光"。没有竹林中的庭院人家,唯有月光下的苍茫荒野,天人合一的静逸柔和变成了荒野下的孤独渺小。还有上文所举的"烂醉是生涯"译例中的"wildfire"(野火),"fire"(火)是从原文"烂"字拆出的意象,而"wild"(野)却是凭空添加,这样的改写表明王红公荒野观的介入。

辛顿(2018)认为,生态诗歌并非简单描述景观,而是通过意识和景观相连,让人得以返归自然,或者说,"归于野",这一点是中国古诗和美国先锋诗歌的共同点。无论是美国生态书写中的荒野,还是中国古诗里的山水,两者作为生态诗学的一体两面都在精神层面上"归于野"。"归于野"不仅仅是说身体上回归荒野、回归自然,还意味着人的意识远离异化的工业文明,从而融于野性和自然。作为一位长期游历于美国西海岸大山、在"荒野山林中野营和攀登的权威"(Hamalian, 84), 王红公坦言:"从未有过比在风雪黑夜中荒野露宿更为内心平静的夜晚" (Rexroth, 1991: 120), 身心皆"归于野"。荒野所带给他的安静与沉思,成为塑造其生态哲学观不可或缺的一环,正如王红公的诗学表达不把自然世界和自我分开,从而将荒野变为他自身的一部分(Ciani, 16)。

四、结语

王红公的译诗由于多有改写、创作的成分,曾遭人诟病,但如果从生态主义的角度来看,就可以理解他有意为之的背后诗学及哲学观了。与同样是生态诗人的斯奈德在翻译中对唐诗进行的生态建构一样(耿纪永,2018: 72),王红公在翻译选择、翻译方法等方面表现出强烈的生态倾向,这对激发和增强译文读者的生态意识发挥了独特价值,并且影响了默温(W. S. Merwin)、斯奈德、辛顿等众多作家和翻译家。1970年代的默温曾经熟读王红公的译诗(钟玲,1985: 123)。在1977年举办的"中国诗与美国想象"研讨会发言中,他特别提及了王红公翻译的中国古典诗,并声称"至今如果没有中国古典诗的影响,美国诗歌是不可想象的,它已经成为美国诗歌传统的一部分"(Orr, 18)。也就是在1970年代,默温移居夏威夷的毛伊岛,亲自将一片荒原改造成了拥有800多棵珍稀棕榈树的种植园。王红公及其译诗对斯奈德的影响更是人所共知。钟玲就认为斯奈德对中国古典诗的倾心是"亦步亦趋地追随王红公的"(钟玲,2006: 36)。这位"深层生态学的桂冠诗人"也同样在1968年返回美国后,选择定居于北加州和内华达州接壤的山中。王红公对诗人赫斯菲尔德(Jane Hirshfield)的影响,对诗人、翻译家辛顿的影响莫不如此。正如钟玲所指出的那样,"西方知识分子透过本土化的中国诗歌英译文,体验到泯灭自我、融入大自然的美好,许多美国作家受这个小传统的影响而选择到乡下去过田园生活。"(钟玲,2010: 45)虽然我们不能简单地认为王红公的译诗和美国作家的选择有直接的因果关系,但其间的关联显然也是不可否认的。

事实上,在美国汉诗英译的生态主义传统中,庞德、王红公、斯奈德、辛顿等许多译者的译文受社会背景、诗学倾向等因素影响,都或多或少有意识地利用中国古诗的自然观和生态智慧,通过选择、翻译、改写、推介等来阐释或建构一种生态主义面貌,从而助推当时的诗学变革和文化思潮。这对美国作家和知识分子的思想和生活,尤其是在激发和增强他们的生态意识方面产生了实实在在的影响。因此,我们完全可以借王红公汉诗英译的生态诗学建构一例探入其背后汉诗英译的生态主义传统,通过研究一批诸如王红公、斯奈德、辛顿等具有强烈生态意识的译者对汉诗英译的生态诗学建构从翻译选择、翻译方法和翻译影响等方面揭示翻译家及其译作为拯救濒危的世界而做出的努力和贡献,这对我们了解中美文学文化关系、研究跨文化生态诗学都将有所助益。

参考文献

[1] Chung, L. *Kenneth Rexroth and Chinese Poetry: Translation, Imitation, and Adaptation*. Madison: University of Wisconsin, 1972.

[2] Ciani, D. M. "Kenneth Rexroth: Poet of Nature and Culture." *For Rexroth*. Ed. G. Geoffrey. New York: Ark, 1980. 14-22.

[3] Fenollosa, E. *Chinese Written Character as a Medium for Poetry*. London: Stanley Nott, 1936.

[4] Hamalian, L. *A Life of Kenneth Rexroth*. New York: W. W. Norton & Company, 1991.

[5] Hart, G. "The Discursive Mode: Kenneth Rexroth, the California State Guide, and Nature Poetry in the 1930s." *Western American Literature*, 37(2002): 4-25.

[6] Hinton, D. *The Wilds of Poetry: Adventures in Mind and Landscape*. Boulder: Shambhala, 2017.

[7] —. "The Wilds of Poetry." *The American Poetry Review*, 5(2018): 35-36.

[8] Orr, G. Ed. "Chinese Poetry and the American Imagination." *Ironwood*, 17(1981): 11-59.

[9] Owen, S. "The Orchid Boat: Women Poets of China. by Kenneth Rexroth and Ling Chung." *The Journal of Asian Studies*, 1(1973): 105-106.

[10] Palandri, A. J. "Li Ch'ing-chao: Complete Poems by Kenneth Rexroth and Ling Chung." *Chinese Literature: Essays, Articles, Reviews (CLEAR)*, 2(1981): 267-271.

[11] Rexroth, K. *Assays*. New York: New Directions, 1961.

[12] —. *Autobiographical Novel*. New York: New Directions, 1991.

[13] —. *Bird in the Bush: Obvious Essays*. New

York: New Directions, 1959.
[14] —. *Communalism: From Its Origins to the Twentieth Century*. London: Peter Owen, 1975.
[15] —. Trans. *Love and the Turning Year: One Hundred More Poems from the Chinese*. New York: New Directions, 1970.
[16] —. Trans. *One Hundred Poems from the Chinese*. New York: New Directions, 1956.
[17] Rexroth, K. & L. Chung. Trans. *Li Ch'ing-chao Complete Poems*. New York: New Directions, 1979.
[18] Robertson, D. "Nature in the Writings of Kenneth Rexroth." *The Blaisdell Institute*, 10 (1975): 11-26.
[19] Tonino, L. & D. Hinton. "The Egret Lifting from the River: David Hinton on the Wisdom of Ancient Chinese Poets." < https://www.thesunmagazine.org/issues/469/the-egret-lifting-from-the-river. > (Accessed 2020 - 2 - 7)
[20] Weinberger, E. Ed. *The New Directions: Anthology of Classical Chinese Poetry*. New York: New Directions Publishing Corporation, 2003.
[21] Weinberger, E. & O. Paz. *19 Ways of Looking at Wang Wei*. New York: Moyer Bell Limited, 1987.
[22] 陈琳.从生态译诗论翻译的建构性.《中国比较文学》,2019(2):122—136.
[23] —.论欣顿的荒野宇宙观与生态译诗的翻译诗学意义.《英美文学研究论丛》,2017(1):345—355.
[24] 陈月红.生态翻译学研究的新视角——论汉诗英译中的生态翻译转向.《外语教学》,2015(2):101—104.
[25] 耿纪永.论王红公的生态哲学与佛禅思想.《同济大学学报(社会科学版)》,2015(1):96—102.
[26] 耿纪永.为濒危的世界翻译——生态批评视阈下斯奈德唐诗英译的意义与价值.《当代外语研究》,2018(3):68—72.
[27] 季淑凤、李延林.李清照的异域知音——美国诗人雷克思罗斯的易安词译介研究.《北京社会科学》,2014(12):34—40.
[28] 约翰·辛克莱尔编.《柯林斯英语词典》.上海:上海外语教育出版社,2000.
[29] 郑燕虹.肯尼斯·雷克思罗斯与杜甫.《中国文学研究》,2009(1):62—65.
[30] 钟玲.《史耐德与中国文化》.北京:首都师范大学出版社,2006.
[31] 钟玲.体验和创作——评王红公英译的杜甫诗.《中美文学因缘》.郑树森编.台北:东大图书股份有限公司,1985.121—163.
[32] 钟玲.中国诗歌英译文如何在美国成为本土化传统.《中国比较文学》,2010(2):41—52.

新批评文论与宇文所安唐诗译介

张欲晓[1,2]　陈琳[1]

(1. 同济大学　2. 上海电力大学)

摘　要：宇文所安是当代美国唐诗研究专家。其研究具有深厚的中西文论背景,尤其体现在对新批评理论的理解与运用上。新批评文论深刻影响了其对唐诗的独特理解、阐释与译介,注重再现诗歌的内部结构与文本间相互关系的分析。本文试图阐述新批评理论的张力效果、矛盾语、"构架-肌质"特征、意象复现等概念对其唐诗翻译的影响。我们认为,其翻译以文本为中心,运用语义翻译方法,为译诗营造了翻译文学的新奇性,获得了陌生化翻译审美效果,这对中国古典诗歌当代化翻译具有一定的启迪性和借鉴意义。

Abstract: Stephen Owen is the contemporary American Tang poetry specialist with a mastery of both Chinese and Western literary theories. His research is especially reflected on his understanding and application of New Criticism theory to his interpreting and translating of Tang poetry, paying particular attention to the analysis of the reappearance relationship between poetry internal structure and text. This paper attempts to elaborate that the New Criticism theory concepts such as tension effect, paradox language, "structure and texture" characteristic, and image reappearance have the marked impact on his Tang poetry translation. It is concluded that his source text-oriented translation aims at creating the novelty of translated literature and achieving the aesthetic effect of alienizing translation, which can be used as the enlightenment and reference in the contemporary translation of Chinese classical poetry.

关键词：新批评;唐诗;语义翻译;陌生化翻译;宇文所安
Key Words: New Criticism; Tang poetry; semantic translation; alienizing translation; Steven Owen

一、导言

宇文所安(Stephen Owen, 1946—　)是当代美国著名的汉学家、翻译家。迄今为止,宇文所安已出版十余部汉学专著,包括《孟郊与韩愈的诗》(1975)、《初唐诗》(1977)、《盛唐诗》(1980)、《追忆:中国古典文学中的往事再现》(1986)、《中国"中世纪"的终结:中唐文学文化论集》(1996)、《晚唐:九世纪中叶的中国诗歌(827—860)》(2006)等,在这些学术专著中他对唐诗进行了重译。2016年他完成了《杜甫诗》全译本并出版。

宇文所安对唐诗的翻译体现了新批评的"文本细读"特点。文本细读是一种"个体批评(individual criticism),即只论单独的诗作,而不涉及整体的作品,所以原则上他们是不谈文类的批评(generic criticism)"(赵毅衡,1988:31—40)。宇文所安的翻译以文本为切入口,通过潜沉反复的品读来剖析文本深刻的内蕴;重视对文本中关键字的把握;通过对词语内涵的多重解读来发掘文本中的意蕴,分析意象、文本内部结构和文本间的相互关系。他认为文本具有一种潜能,这种潜能隐藏在作品形式的艺术表现中,因此要以新批评文本细读的方式来探寻作品内部深刻的曲折情意。

语义翻译是实现文本细读的重要方式。根据纽马克(Peter Newmark)的定义,语义翻译指"在目的语

---

① 2019年度国家社科基金重大项目《中国特色对外话语体系在英语世界的译介与传播研究》(项目号 19ZDA339)、广东外语外贸大学翻译学研究中心招标项目《社会翻译学视域下美国汉学家宇文所安译介唐诗的策略与效果研究》(项目号 CTS201707B)的成果。

语义和句法结构许可的范围内,把原作者在原文中表达的意思准确地再现出来"(Newmark,1981:39)。语义翻译的重点在于保留原作品的形式和作者的本意,而不是采用目的语读者惯用的表达方式将其译为目的语读者文化中的一部分,"尽量减少因文化差异而导致的翻译损失"(文军、田玉,2019:71),强调译文忠实于原文语境意义及语言风格与特点。这种翻译方法有利于翻译文学获得陌生化翻译审美效果。陌生化翻译意味着翻译"着意制造目的语文本的文学新奇感,延长翻译主体和审美接受者关注的时间和感受的难度,引导其以一种异样的、惊喜的方式感知文本的新奇性"(陈琳,2010:17)。新批评文论对文本的张力效果、矛盾语、构架-肌质、意象复现有着重点关注,成为文本细读的重要对象之一,也是宇文所安对唐诗的阐释与翻译重点。

二、译诗的张力效果

1938 年,泰特(Allen Tate)提出"张力"这个术语,他认为"张力"是新批评的一个全新的高度。他说:"我所说的诗的成就,是指诗的张力,即我们在诗中所能发现的全部外延义和内涵义的有机整体。在诗歌中所能获得最深远的内涵义必须无损字面表述的外延义,或者说我们可以从字面的外延义开始逐步发展比喻的内涵义。在这过程中,我们可以在任何一处停下,说明已理解的意义,而任何一处的含义都属于一个有机的整体。"(Tate,1955:193)"张力"除了外延义与内涵义各自的作用外,更重要的是两者间的相互作用。一首诗的外延义指向明晰的字面意义,内涵义则指向丰富的象征、暗示、隐喻、联想等非字面意义。两者之间还有联合、冲突等关系,共同组成张力的整体平衡结构,并以此构成诗的丰富意义。

宇文所安在诗歌分析和翻译中注重字词间的结构对应,反对全部归化的翻译手法,因为"译者的西化翻译在很大程度上消解异国文化形象的陌生性"(魏家海,2019:109),在具体的批评操作中,往往从分析字词、结构、句与句之间的结构关系、整首诗的内部结构等方面逐一进行。宇文所安在翻译杜甫的《旅夜书怀》时体现了译诗的张力效果。

旅夜书怀	Writing of My Feelings Traveling by Night
细草微风岸,	Thin plants, a shore with faint breeze,
危樯独夜舟。	looming mast, lone night boat.
星垂平野阔,	Stars suspended over the expanse of the wild plain,
月涌大江流。	the moon surges as the great river flows on.
名岂文章著,	My name will never be known from my writings,
官应老病休。	aging and sick, I should quit my post.
飘飘何所似,	Wind-tossed, what is my likeness? —
天地一沙鸥。	between Heaven and Earth, a single sandgull.

(译于 2016 年)

宇文所安以文本为基点,首先对诗中诸字词的意象含义做深层次的挖掘,作为结构分析的基础。例如"细草",采用功能对等,译为 thin plants,并没有翻译成 grasses。plants 作狭义的解释是:"茎较灌木为短、较草为长,有叶无花。"因为在英文里草是不包括短小的草木的,用 plants 更能突出"细、长"特点,有"柔软,弯曲,微小,低矮"的意蕴,同时又因其广布河岸并牢牢置身于大地,引申出"众多,稳固"等含义。危樯译为 looming mast,不仅有"直硬,不弯,高大"的含义,而且在此语境中又可引申出"岌岌可危,形单影只"的含义。译诗第一行 thin plants 与第二行 looming mast 形成鲜明的张力关系。第三行"繁星垂于天际",译者用 Stars suspended over the expanse 表达"永恒,牢固,众多"之意。第四行月影涌于江中,译文 the moon surges as the great river flows on 体现了随波涛高低起伏,且有"孤单,不稳"固之意。译诗最后一行:"between Heaven and Earth, a single sandgull"。"天、地同样体现了一种对立关系,而沙鸥则是在两者之间运动的生物;天地间巨大的空间把这一小生灵衬托得微乎其微,但是它对巨大空间的独立控制,又赋予了它独特的价值与重要性"(Owen,1985:27)。宇文所安采用字面直译,"天"译为 Heaven,"地"译为 Earth,突出天、地、沙鸥三者之间的张力关系,再现沙鸥的意象。"沙鸥"译为 sandgull,而没有用英文中常见的单词 seagull。宇文所安特意使用 sandgull 这个英文复合名词,即"沙+鸥",使译文在文学效果上具有"杂合性"特点。宇文所安的译文"混杂化体现在异国情调的杂合化翻译"(胡作友、刘梦杰,2019:135),把原语文化中的词汇"沙鸥"移植到目的语文化中,"形成了两种语言、文学和文化之间的'杂合'"(孙会军、郑庆珠,2003:297),产生陌生化翻译文学效果。

宇文所安通过文本细读归纳出诗中相互对立的两类：一类是岸草（Thin plants）、群星（Stars suspended）；另一类是危樯（looming mast）、月影（the moon surges）。这些都是单独呈现，翻译时尽量避免在这些意象间加额外的关联词。前者含有"微小而众多，柔软而牢固"之意；后者意味着"高大而孤单，刚直又危险"，并由此引申出孤直且处于危险中的诗人和微小处于安全之中的众多事之间的对立。在这一组组对立中，诗歌各句之间的对立结构得以明显地呈现。此外，在句与句的结构基础上，宇文所安又去寻求整首诗的内在结构。在前几句对立互动的张力作用下，以一个中间性的生物体 sandgull 作为一种隐喻来完成对立的解决与提升，诗的整体结构便显现为对立及其消解。在最后一行，Heaven，Earth，sandgull 这 3 个意象拼合，沙鸥犹如诗人的化身，天与地是背景，进一步反衬沙鸥的渺小和孤独，这样处理比较接近原意象的拼合呈现方式。

三、矛盾语的翻译再现

"矛盾语"由布鲁克斯（Cleanth Brooks）提出。1938 年出版的《理解诗》一书中对矛盾语的定义为："真相的陈述，往往在表面上看来自相矛盾，这是因为在陈述形式与真实之间存在某种对立的原理；矛盾语相当接近于反讽。"（Brooks，1947：8）1942 年，他在《诗里面的矛盾语》（"The Language of Paradox"）一文中，将矛盾语独立出来。在这篇文章中，他认为矛盾语是清楚明白，而不是深奥难懂的；是合理可解，而不是神秘不可解的。另一方面，他认为矛盾语并非如科学一样把语言文字当记号一般的清楚明白，矛盾语是诗的语言。在某种意义上，矛盾语是适用于诗且是诗不可或缺的语言。他赋予文学在科学之外一个独立而特殊的地位却又拒绝不可解的神秘方法，一种接近于科学的作风同时又否认科学理性在他的理论中的运作，这种态度本身就构成一种矛盾。布鲁克斯企图以"矛盾语"清理出一块既不属于科学理性也不是神秘世界的领域。

在《传统的叛逆》一文中，宇文所安语出惊人："有数量众多的一批诗，恬静只是徒有其表，其内部全是冲突，这类诗的生命力在于诗歌内部的叛逆力量，尤以颂扬诗为典型。颂扬中会掺有竞争之心、妒忌之心和诗人为自己的优点超出被颂扬者之上的不可遏制的冲动。"（Owen，1985：212）宇文所安从文本出发，从诗歌结构上的裂隙推知、呈现诗人思维中的矛盾处，看出诗人内心世界的真实想法。新批评派对辩证结构的问题提出各种对立、矛盾的因素，层层剖析，形成了诗歌中的精彩之处。

宇文所安举出杜甫的《春日忆李白》来证明杜甫极力克制自己的情感，不免令人感觉他是在尽力压抑那些为社会所不容的内心冲动。

春日忆李白	On a Spring Day, Recalling Li Bai
白也诗无敌，	Li Bai it is, poems without rival,
飘然思不群。	wind-borne, thoughts not like others.
清新庾开府，	Fresh and clear, a Commander Yu,
俊逸鲍参军。	noble and free, an Adjutant Bao.
渭北春天树，	I, north of the Wei, trees in spring weather,
江东日暮云。	you, east of the Yangzi, twilight clouds.
何时一樽酒，	When will there be a goblet of ale,
重与细论文。	discussing writing's fine points again with you?

（译于 2016 年）

诗句开头"白也诗无敌（without rival），飘然思不群（not like others）"，模仿《论语》中孔子谈论其弟子的句式，显示杜甫以长者自居，用《论语》中的语气称赞李白的同时内心是认为李白有所不足的。杜甫用《论语》句式使得他对李白诗才的称赞处于一个广泛的文化背景中。下两联诗可看作李杜之间的对比：杜甫是清新的庾信（fresh and clear），而李白则是诗风俊逸的鲍照（noble and free）。译文呈现出杜甫是：I, trees in spring weather；李白是：you, twilight clouds。译者使用的同位语，还原成句子即 I am like trees in spring weather while you are like twilight clouds。同位语简洁明了地阐释出李白全面发展的卓越才能被杜甫一步步地贬低。译者采用增译和描述对等，添加了主语"I, you"，突出了杜甫与李白两位诗人地位相当、平行并列，并无高低之分。"这首诗之所以能引人入胜，是因为它既有一个宽厚高尚的外表，又有一个不易被觉察出来的高傲内涵"（Owen，1985：212）。

宇文所安运用矛盾语在诗中的影响，认为"言外之意"占有很大的成分。宇文所安评论诗歌常常会抛开传统学者"知人论世"的方法，从文本着手，企图发现诗歌的言外之意。他的"矛盾语"运用模式通常让表面意义与题旨所指方向相反，使读者阅读时先往一个相反方向走去而后又警觉有言外之意。宇文所安巧妙地使大家走向他所意指的方向。译诗第一句"白也诗无敌"Li Bai it is, poems without rival 中,宇文所安用 it,而不是 he 这一人称代词来指代李白,表明杜甫对李白的不屑一顾,有意贬低。译诗第二句"飘然思不群"wind-borne, thoughts not like others 中,译文"not like others"只是写出李白的想法、思路与别人不一样,并没有表达强调他的思想情趣卓越不凡、出类拔萃、无人可比。译诗最后一句"重与细论文"discussing writing's fine points again with you? 中,宇文所安译文用 discussing 体现出杜甫与李白诗作成就相当,平起平坐,一起"讨论",并没有展现出杜甫对李白的钦仰与敬佩,更没有赞扬备至之意,而是"将多元化的文本呈献出来,为西方求异的社会文化心理结构提供东方的思想架构"(胡作友、陈萍,2016:98)。宇文所安运用新批评方法专注于文本本身的探索的确获得许多新颖的见解,发现了诗歌的另一面。

四、"构架-肌质"译诗特征

"构架-肌质"是由 20 世纪著名文艺批评家、诗人,文学理论"新批评"派领军人物兰色姆(John Crowe Ransom)提出。他指出:"一首诗可分为构架(structure)与肌质(texture)两部分,构架是诗中能用散文加以转述的部分,也就是使诗中的意义得以连贯衔接的逻辑线索;肌质则是不能用散文转述的部分,是非逻辑的,包含作品中的丰富情感和深刻内涵。"(王腊宝等,2006:76—78)赵毅衡将"构架比做内容,肌质则比为形式"(赵毅衡,1988:33)。在兰色姆看来,"构架与肌质无关,也就意味着内容与形式无关。内容和形式相比,其重要性极低,所以批评家要集中精力去关注诗的肌质、诗的形式,从而也就看到了诗的本体性存在,不过在分立当中两者相互干扰,诗的魅力因而产生"(王腊宝等,2006:79—82)。从这点看来,兰色姆虽然持内容与形式的二元论,但显然承认了"形式重于内容"的论调。

宇文所安十分注重诗歌的形式分析,"透过层层拆解,定能发现诗歌有意义的部分"(Owen,1985:47)。从他的分析中可以看出,他将"形式"视为诗歌表意的方式之一,在诗歌分析时,除了细读文本,从字面上研究其意象外,也观察整首诗的形式,找出诗歌的隐含意。李商隐的《正月崇让宅》的译文体现了构架和肌质的分离。

正月崇让宅	First Month at Chongrang House
密锁重关掩绿苔,	Locked up tight, barred gate on gate, cased in green moss,
廊深阁迥此徘徊。	hallways deep within, tower remote, here I pace back and forth.
先知风起月含晕,	I know beforehand the wind will rise, a halo around the moon;
尚自露寒花未开。	and still the dew is too cold, the flowers have not yet bloomed.
蝙拂帘旌终展转,	A bat brushes the curtain sash, I end up tossing and turning,
鼠翻窗网小惊猜。	a mouse overturns the window screen, somewhat startled, wondering.
背灯独共馀香语,	I snuff the lamp and all alone talk with the lingering scent,
不觉犹歌起夜来。	still singing unaware "Rise and Come by Night".

(译于 2006 年)

徘徊(back and forth)是一个回环往复的动作,花未开(flowers have not yet bloomed)即为花蕾,而其形状是环形的;寒露(the dew)有着冰冷的"圆形";月晕(halo around the moon)环绕着月亮也呈现环状,深廊回阁(hallways deep within)也是环状,而这一切都为密锁重关所包围。"由字词入手,归纳出这 4 句共同意象的特点都是'环形',因而推论出这是一首关于障碍、闭锁的诗,诗句中封印了某种隐藏的事物"(Owen,1985:53)。面对同一首诗的评论,国内学者往往结合诗歌创作的背景从内容方面来解析:"前二句说明宅第因久无人居住而成为废宅;妻子已逝,无人话语,诗人只好在此处独自徘徊。后两句用环境的凄凉,衬托出诗人心境的悲凉。"(王思宇,1993:1229)国内学者是从诗人妻子亡故后诗人独自回到洛阳岳父家(崇让宅)时睹物伤怀这一背景出发,直接从文句中分析并在景物描绘上加以印证,从而突出"悼亡"的主题。但宇文所安从形式上分析,得出整首诗呈现"环状"的形式,实在为传统唐诗评论提供另一个切入点。

"文学要从预先存在的世界取得价值,就必须真实反映原来的世界"(张文初、张倩,2019:82)。从宇文所安对李商隐诗《正月崇让宅》的译诗中可以看出他十分重视形式分析。经过层层的形式分析后,他从中得出诗歌的主旨:这首诗是关于障碍与闭环的。译诗第一句"密锁重关掩绿苔"Locked up tight, barred gate on gate, cased in green moss 中,3 个并列过去分词 Locked, barred, cased 突出"锁、关、掩"之意,映衬出诗歌主题。译诗第五句"蝙拂帘旌终展转"A bat brushes the curtain sash, I end up tossing and turning 的译文中"tossing and turning"两个分词意指"运动方向上下和左右",既有经度,又有纬度,形成一个密闭的环状。"把作者生活经历、创作意图和时代背景以及读者对作品的感受式解读从文学批评中剥离出来,从而让作品文本及其形式兀立凸显,成为独立自足的文本"(覃志峰,2008:50)。比较宇文所安与其他派别的形式分析,可以看出他们皆注重从形式中引发出作品的意义,的确有某些契合之处。但宇文所安并非只是强调形式,他认为形式并不是诗的总和,但没有形式也就没有诗。"他彻底改变了我们阅读理解前现代中国文学的方式"(王德威,2018:2)。

五、译诗的意象复现

诗是以最精练的语言来表达最饱满内涵的作品,而读者通过探求诗中"意象"及其蕴含的意旨,可发现一首诗的精髓所在。有关"意象"的研究在西方已成为文学理论批评的一大课题。在西方文论中,对于诗歌方面最重视的有两点:一是意象的使用;二是诗歌所表现的章法架构。宇文所安运用西方文学批评理论的意象复现研究方法分析唐诗,发现诗歌更丰富的内涵。

对出现于不同时代、吟咏同一事物、地点的一系列诗作,宇文所安特别从各文本间的不同与类同来把握其流变,在具体论述中,强调许多意象的反复出现及此现象所包含的深层次的意义。宇文所安对杜甫的《客亭》《登高》的翻译运用了意象复现理论。

客　亭	Traveler's Pavilion
秋窗犹曙色,	In the autumn window, already daybreak's colors,
落木更天风。	in leaf-stripped trees, once more heaven's wind.
日出寒山外,	The sun comes out beyond cold mountains,
江流宿雾中。	the river flows on in the overnight fog.
圣朝无弃物,	Our Sage Reign rejects no one,
老病已成翁。	but sick and aging, I've become an old man.
多少残生事,	So many concerns for the rest of my life,
飘零任转蓬。	tossed along, like a whirling dandelion puff.

（译于 2016 年）

登　高	Climbing the Heights
风急天高猿啸哀,	The wind blows hard, the heavens high, gibbons howl in lament,
渚清沙白鸟飞回。	isles clear, sands white, where birds turn in flight.
无边落木萧萧下,	Endless trees shed their leaves that descend in the whistling wind,
不尽长江滚滚来。	unending, the Long River comes on churning.
万里悲秋常作客,	Grieving for fall across ten thousand leagues, always a traveler,
百年多病独登台。	often sick in this century of life I climb the terrace alone.
艰难苦恨繁霜鬓,	In hardship I bitterly resent these tangled, frost-white locks,
潦倒新停浊酒杯。	down and out, I recently quit cups of thick ale.

（译于 2016 年）

诗中光秃秃的树枝在风中摇摆,树叶飘落在地上,有寒山和烟雾密锁的江流——萧瑟静滞和流动易逝相对,显和隐相对。《客亭》中第二句诗行"落木更天风" in leaf-stripped trees, once more heaven's wind;《登高》中第三句诗行"无边落木萧萧下" Endless trees shed their leaves that descend in the whistling wind——两首诗中"落木"的翻译,宇文所安采用语法改译:《客亭》中"落木"译为介词短语 in leaf-stripped trees;《登高》中"落木"译为主谓结构 trees shed their leaves。无论是 leaf-stripped,还是 shed their leaves,都着重突出树木"叶落、枝秃"。通过"落木"这一意象,宇文所安表达呈现出一首诗歌的固定意象将支配整首诗,虽然写作时代背景不同,但作品文本间却出现类同的现象。宇文所安从不同的文本中归纳出类同的意象,并指出意象复现所带来的支配性,提供了唐诗研究的另一视角。

从结构上看,首联和颔联是对外部景观的描写,而颈联和尾联则着重刻画诗人的生活及内心感情。从认知上看,通过这些互为照应的描写,大自然的永恒与人生的短暂之间的对比就变得清晰可感了。正是这个真实而传统的意念在诗中通过每一句每一字的渲染演化成了一个独特的审美客体。意象抓住了,诗的欣赏也就落实了。

诗的首联是对偶句,这使整首诗的开篇先声夺人。除了句式的齐整以及全景式的意象铺陈,我们也会注意到一个关键的字眼:哀。没有这种情感设置,这一部分便会成为纯粹的外部景物描写。"哀"字为全诗设定了基调,统摄前后分明的两个部分。颔联中互为对应的意象顺着大多数文化都熟悉的两个"联想链"而获得了更深刻的象征意义:落叶——人生短暂(落木更天风 in leaf-stripped trees, once more heaven's wind;无边落木萧萧下 Endless trees shed their leaves that descend in the whistling wind),流水——时间(江流宿雾中 the river flows on in the overnight fog;不尽长江滚滚来 unending, the Long River comes on churning)。文本在视觉、听觉和动感上作用于人的感知,从而突出了人存在的渺小与时空无限的大自然的不解人意之间的矛盾。

新批评十分重视文本中意象复现的研究。在国内外的唐诗研究中也曾有过把一系列吟咏同一场景、事物的诗并举,从而进行辨析,不过大多数关注题材本身所包含意义的流变或是具体意象、句子的出处,以及后人对此的继承与改变。他们所关注的是某一组诗的发展线索,是从诗歌史的角度着手;而宇文所安则不同,他所关注的仍然是文本,在诸多文本之间以意象的复现与固化为研究核心。因此,宇文所安对唐诗分析的独特之处正是基于此种观照角度,他向我们揭示在历史角度方法外,还可以从文本间的"不同"与"类同"出发考察意象、主题的特征。

六、结语

新批评派对诗歌理论的发展极有建树,将诗歌看作一个有机整体,一个需要推敲的对象。宇文所安文本细读的方式是新批评派从事文学批评实践的批评方法,尽量摆脱旧批评思维模式下的印象主义与实证主义批评框限,将文学批评的重心移转至文本自身的解读和分析,建构了一个特殊的唐诗研究方法。这种研究方法决定了宇文所安译介唐诗采用语义翻译策略。鉴于文化多样性的特点,他在翻译中有意识地反映异族文化所特有的文学思想。他认为西方的诗论将会曲解中国诗歌,因为中西文化存在一条不能跨越的鸿沟:"这条鸿沟是绝对的,忽略它就是对某人或某种文化之自满。"(Owen,1985:4)宇文所安坚持理解诗歌的开放性,运用语义翻译再现原诗的内容与形式,使中国唐诗与西方现代诗学产生交互应和。

参考文献

[1] Brooks, Cleanth. *The Language of Paradox*. New York:Harvest Books, 1947.
[2] Newmark, Peter. *Approaches to Translation*. New York:Pergamon, 1981.
[3] Owen, Stephen. *Traditional Chinese Poetry and Poetics*. Wisconsin:Wisconsin University Press, 1985.
[4] Tate, Allen. *The Man of Letters in the Modern World*. London:Meridian Books Press, 1955.
[5] 陈琳.论陌生化翻译.《中国翻译》.2010(1):17.
[6] 胡作友、陈萍.语境、参与人和充分性——《文心雕龙》宇文所安和杨国斌英译本评析.《学术界》.2016(7):98.
[7] 胡作友、刘梦杰.《文心雕龙》英译的陌生化策略分析.《中国翻译》.2019(4):135.
[8] 覃志峰.新批评和济慈《秋颂》破解.《北京第二外国语学院学报》.2008(6):50.
[9] 孙会军、郑庆珠.翻译与文化杂合.《外语教学与研究》.2003(7):297.
[10] 王德威.第三届唐奖汉学奖得奖人演讲引言.《汉学研究通讯》.2018(4):2.
[11] 约翰·克罗·兰色姆.王腊宝、张哲译.《新批评》.南京:江苏教育出版社,2006.
[12] 王思宇.《唐诗鉴赏辞典》.上海:上海辞书出版社,1993.
[13] 魏家海.宇文所安唐诗专名翻译的"名"与"实".《外语学刊》.2019(3):109.
[14] 文军、田玉.汉语古诗典故英译策略研究.《民族翻译》.2019(1):71.
[15] 张文初、张倩.诗是经验——论里尔克的诗学观.《湖南大学学报》.2019(6):82.
[16] 赵毅衡.《新批评——一种独特的形式文论》.北京:中国社会科学出版,1988.

美国传教士吴板桥"《西游记》"英译本底本考辨

王文强
（安徽科技学院）

摘 要：学界通常认为《西游记》最早译文可以追溯到1895年，即美国传教士吴板桥以该小说第十回、第十一回为底本而翻译的《金角龙王》，细读这则译文，发现它与小说相关情节有着较大的差异，这使确定译文的底本至关重要。本文认为南通僮子戏唱本《绘图斩龙卖卦全传》为目前最为接近译者当时所使用的底本，希望能正本清源，为《西游记》在英语世界的传播做些微薄的贡献。

Abstract: The earliest English translation of Xi Youji (*The Journey to the West*) is claimed to be the one published in 1895, namely Samuel Isett Woodbridge's *The Golden-Horned Dragon King*. After reading this translation, the author finds that its plot varies widely from the relevant part of this novel. So it is necessary to investigate the source text on which the translation is based. The author holds the view that *The Complete Story of Executing the Dragon with Illustrated Pictures*, the Shamanism book of Tongzi Opera from Nantong is likely to be the one used by the translator. It is hoped that this research may contribute to the dissemination of *The Journey to the West* in the English World.

关键词：《金角龙王》；吴板桥；底本；十三部半巫书
Key Words: *The Golden-Horned Dragon King*; Samuel I. Woodbridge; source text; Thirteen and a Half Shamanism Books

一、引言

1895年，美国传教士吴板桥（Samuel Isett Woodbridge 1856—1926）的《西游记》译文《金角龙王》（*The Golden-Horned Dragon King*）由《北华捷报》（*North-China Herald*）刊行。该译文副标题为"一则唐朝的故事"（*A Story of the T'ang Dynasty*），正文则分为8个章节，分别为：（1）渔夫与樵夫（The Fisherman and the Woodcutter）；（2）人头赌注（The Wager）；（3）洪灾（The Flood）；（4）皇帝的承诺（The Emperor's Promise）；（5）鬼门关（At the Demon Barrier）；（6）阎罗殿（Ad Inferos）；（7）判官营救（The Rescue）；（8）重回阳间（The Return to Earth）。吴板桥将其分为两部分（1—4章；5—8章），于1895年8月23日、8月27日分别将其刊登在《北华捷报》上。同年，北华捷报馆（North-China Herald Office）又将译文印成一本16页的小册子（章节结构不变）发行，封面标题改为《金角龙王；或称唐王游地府》（*The Golden-Horned Dragon King; Or the Emperor's Visit to the Spiritual World*），并在封面下方附中文标题"敬鬼神远之"。这则译文的译者吴板桥系晚清时期美南长老会[American Presbyterians (South)]派遣来华的传教士。自1882年来到中国后，他先后在江苏镇江、上海传教。1902年，他在上海创立基督教刊物《通问报》（*The Chinese Christian Intelligencer*）。除《金角龙王》以外，其译作还包括清代章回体中篇小说《雷峰塔奇传》（*The Mystery of White Snake: The Legend of Thunder Peak Tower*，1896）、张之洞《劝学篇》的节译本（*China's Only Hope: An Appeal*，1900）。

1980年，王丽娜女士发表了颇有影响的《〈西游记〉外文译本概述》一文，她指出："《金角龙王，皇帝游地府》……内容即《西游记》通行本第十回、第十一回'老龙王拙计犯天条''游地府太宗还魂'的文字选录。"（王丽娜，1980：67）此后，王丽娜的说法在很大程度上被学界所接受（郭明军，2007；郑锦怀、吴永昇，2012）。然而通过文本细读，我们发现这则译文与《西游记》原著的相关情节有着极大的差异，而想要研究这个译文，确定译者所用的底本无疑是研究者需要完成的首要步骤。正如葛校琴教授所指出的,"底本是翻译的出发点,也是翻译质量评判的原始参照。对翻译底本的考证,对翻译批评和译学研究都具有重要意义"(葛校琴,2013:66)。如果研究者弄错译文的底本,就很容易得出错误的研究结论,对译者的评价也会有失偏颇。2018年3月,笔者曾借助 Google Books 所提供的该译文扫描版(由哈佛大学图书馆提供)对《金角龙王》展开研究。当时受制于有限的资料,只是模糊地得出《金角龙王》底本为江淮"香火戏"唱本的结论。本文利用学界最新的研究成果,希望能够考证出译文的底本,从而为这个译文的后续研究奠定些许基础。

二、《金角龙王》的内容辨析

一般来说,获取译本底本的方法主要有两种:一是副文本,即"围绕在文本周边的译序跋、译后记、译注等"(蔡志全,2015:89)信息;二是译文的正文。

就第一种情形来看,在《金角龙王》的译者前言中,吴板桥更感兴趣的是借助这则故事对中国人的迷信观大加鞭挞:

> 西方人颇受基督教的影响,因此他们只会将我们翻译的这个故事看作哄哄孩童或者消磨时间的小把戏。一个英语国家的男孩根本不会相信《巨人杀手杰克》(*Jack the Giant Killer*)所描述的内容,也不会相信这则龙王的冒险故事。(Woodbridge,1895:2)

因此,我们丝毫得不到译文底本的线索。在译文封面,译者只是注明"由吴板桥译自中文"(Translated From the Chinese by Samuel I. Woodbridge)。此外,在译者所作的译注中,也没有透露译文底本的信息。同时,"由吴板桥译自中文"也在很大程度上证明《金角龙王》确实为翻译作品,而非自己创作。

在译者前言、译文封面难以确定译文底本的情况下,"从译本正文中寻找证据,便是考证的必由之路"(王金波,2007:279)。对此,描写翻译学派的代表人物吉迪恩·图里(Gideon Toury)在《描写翻译学及其他》(*Descriptive Translation Studies and Beyond*)中曾提出颇有见地的观点:

> 源本可能存在许多版本。在这种状况下,如果想探寻到研究者所选择的源本,那么至少在某种程度上需要依托译文所呈现出的内容,这使确定源本的版本成为对比分析本身的一部分。(Toury,2007:74)

为方便讨论,我们首先给出这则故事的主要内容:

1.《金角龙王》内容介绍

长安大旱3年,致使哀鸿遍野。生活在金河岸边的渔夫长弓(Longbow,即"张"姓)食不果腹。一日他偶见一樵夫身背一捆柴从家门口路过,便觉对方生活殷实,衣食无忧,于是乞求樵夫教授他伐树之技。樵夫拒绝了他的请求,但建议他去市里求问算命先生。在给了算命先生占卜所需的钱财之后,他得到第二天即将下雨的信息,于是渔夫兴冲冲地回家与妻子做捕鱼准备。但他们的打桩点却正好设在龙宫的正上方。被惊动的龙王派遣两个夜叉前去查看情况,继而得知算命先生一事。龙王盛怒之下来到长安,并与算命先生以头作为赌注打赌。谁知他回宫之后便接到玉帝明日降雨的圣旨,而且降雨时辰、点数、地点与算命先生所言丝毫不差。为打赢赌注,他听从龙王三太子的建议,故意错行风雨,不仅将玉帝三尺三寸的降雨命令改为六尺,而且将下雨地点由长安改为山东。为达到这个目的,龙王偷偷用龙尾从佛祖砚台蘸了几滴墨水,这使无数山东百姓无辜受害。后玉帝降罪龙王,差遣唐朝宰相于端午节斩杀龙王。龙王得知消息后惊恐不已。在算卦先生的点拨下,他于深夜前往唐王寝宫以巨额珍宝贿赂唐王。在财宝的诱惑下,唐王允诺为其求情。第二天早朝之际,唐王故意邀请宰相进宫对弈,企图拖过午时三刻的行刑时间。眼看时间临近,负责传唤的六甲神拿出瞌睡虫撒向宰相,宰相在梦中真魂出窍,在河边取菖蒲根作为刑具将龙王斩首。龙王死后阴魂不散,便去阎罗殿控告唐王背信弃义,于是阎罗王遣人让唐王地府对质。唐王到地府之前,宰相给他在地府担任判官的亲戚写了一封求情信。后来判官在生死簿上做了手脚,颠倒了唐王和龙王的生死时间,于是唐王胜诉。由于龙王悲惨的命运,阎罗让唐王许下大愿:一是西天取经;二是召集僧人做场法会,以此超度龙王亡灵,唐王答应了这两个要求。在判官的护送下,唐王踏上了返途。路上经过丰都城时,众多鬼魂向唐王索要钱财,唐王只得向阴间的一位老婆婆借高利贷安抚众鬼魂,之后成功还魂回到阳间。

2.《西游记》与敦煌变文《唐太宗入冥记》的相关情节分析

同《三国演义》《水浒传》一样,《西游记》也属于世代累积的创作范畴。关于"魏征斩龙"的典故最早出现于《永乐大典》残文《西游记平话·魏征梦斩泾河龙》中,而后朱鼎臣的《唐三藏西游释厄传》、杨致和的四十一回本《西游记》、吴承恩一百回本《西游记》都是根据《永乐大典》中这则故事为主本而创作,而其中的情节大致相同,无甚出入。究其原因,根据郑振铎先生的考证,"朱、杨似从吴本删节而来,而《永乐大典》本则当为吴本之所本"(郑振铎,1982:912)。吴承恩的《西游记》与《金角龙王》最明显的不同之处在于"唐王"形象的塑造上。在原著中,唐王出于同情而答应搭救龙王,而非垂涎于龙王的巨额财宝。在龙王被魏征处斩之后,唐王为未能搭救龙王性命而感到愧疚,"悲者谓梦中曾许救龙,不期竟致遭诛"(吴承恩,2016:87)。这与《金角龙王》中贪婪、昏聩的唐王形成了鲜明的对比。还有一些细节描写上,二者也存在着诸多不同。如在译本中,金角龙王与算命先生以人头做赌注,而在原著中二者的赌注内容只是行雨时刻与点数。

而"唐王游地府"的故事最早见于唐代张鷟的笔记小说《朝野金载》。此简短的故事经民间流传,在唐末已有相当曲折的情节,今存的敦煌变文《唐太宗入冥记》就说明了这一点。而这则变文与《金角龙王》的不同点在于唐王游地府的原因,前者是因为唐王"杀人数广"(王重民,1984:209),告状者为李世民的兄弟李建成与李元吉;而后者则是金角龙王地府告状所致。再就是《唐太宗入冥记》中的地府判官(崔子玉)在得到唐王许诺给予其高官的条件下,才答应唐王重返阳间并添注寿命10年;而在《金角龙王》中,该译本并无判官所提条件的情节,另外判官采用的是偷梁换柱的手段,将本该属于金河龙王的20年阳寿换给了唐王。综上,我们可以否定《金角龙王》底本为小说《西游记》或者敦煌变文《唐太宗入冥记》的说法。

那么,吴板桥在《金角龙王》译本封面注明的"由吴板桥译自中文"是否信口开河?2018年6月,香港中文大学吴晓芳博士在台湾期刊《当代中国研究》上发表《"不崇永生上帝之荣、反拜速朽世人禽兽昆虫之像":论吴板桥对神书西游故事的英译(1895)》一文,指出吴板桥的《金角龙王》的底本为南通僮子戏唱本"十三本半巫书"的第三本《袁天罡卖卦斩老龙记》。那么,这里引出两个问题,即何谓南通僮子戏,什么又是"十三本半巫书"?

3. 南通僮子戏唱本"十三本半巫书"探究

在中国古代,驱逐疫鬼、迎神赛会的仪式被称为"傩"。《周礼·夏官·方相氏》记载:"方相氏掌蒙熊皮,黄金四目,玄衣朱裳,执戈扬盾,帅百隶而时难,以索室驱疫。"(杨天宇,2004:451)其中,"难"指的即是"傩"。自周以来的驱傩活动,往往通过歌舞形式来表现,同时,这种官方的仪式逐渐在民间生根发芽。孔子记载的春秋时期"乡人傩,朝服而立于阼阶"(杨伯峻,2005:106)便是很好的说明。而傩戏"是由驱鬼逐疫的傩舞发展而成的一种古老的戏曲形式,具有浓厚的原始宗教祭祀色彩,它在产生与发展的过程中不断吸收了早期民间傩仪、傩歌、傩舞等傩艺术形式,以驱鬼捉鬼、护法、祭祀、祈祷、娱神为主要内容"(史仲文、胡林晓,1998:85)。由于傩戏所分布的地区在风俗习惯、教育背景、宗教信仰、文化传统和民族结构等方面不尽相同,各地的傩戏不仅呈现出不同的形态,甚至在名称上也是叫法不一。以江淮流域为例,南京的六合区以及安徽天长县、来安县(均属于滁州市)称傩戏为"香火戏",南通各县和盐城市大丰县则以"僮子戏"(或者童子戏)指称傩戏。而"僮子戏"的从业人员则被称为"僮子"或者"童子"。"通州等地童子认定是古远巫人的后裔,演出的脚本又称'巫书'"(曹琳,2012:45)。吴文所提的"十三本半巫书"指的是南通童子祭祀活动中说唱神仙鬼怪的书目,被视作"南通(江淮)僮子的'教义'和'圣经'"(杨问春、施汉如,1995:4),其具体书目包括《闹荒》(半部)、《袁樵摆渡》《袁天罡卖卦斩老龙》《陈子春》(唐僧出世)《唐僧取经》《斩岳收瘟》《刘全进瓜》《魏九郎替父请神》《魏九郎借马》《魏九郎借鞍》《九郎借鞭》《请星迷路》《跑阳元》等。这14个故事既独立成章又互相连贯,其主要内容可以粗略概括如下:唐代贞观年间,唐太宗李世民梦游月宫,因调戏月宫娘娘而惹下祸根,玉皇大帝怒而降旱灾于长安。历经3年大旱的长安哀鸿遍野,饿莩满地。袁天罡长安街头卖卦,灵验如神。龙王与之打赌,为保证取胜而故意错行风雨,触犯了天条。为免遭杀身之祸,龙王听取袁天罡的建议,用奇珍异宝贿赂贪婪的唐太宗,请求他说服监斩官魏征手下留情。太宗皇帝收下贿赂,挽留魏征宫中下棋,以此避开行刑时刻。六甲神撒下瞌睡虫,魏征得以灵魂出窍,成功斩杀龙王。龙王不服,前往地府控告唐太宗言而无信,要求抵命。在魏征表弟崔珏判官的帮助下,唐太宗得以还阳。在地府李世民许下3条宏愿:一是选高僧西天取经;二是选贤者如幽邦进献西瓜;三是举行阳元盛会,以此普渡苍生。在唐僧师徒成功求取真经、刘全入冥府进献西瓜之后,魏征的儿子魏九郎借得龙马、金鞍、宝鞭,上天入地、逐疫消灾,终于了却了唐太宗的夙愿。

三、《金角龙王》底本辨析

通过上述情节可知,吴晓芳认为《金角龙王》底本为"南通僮子戏唱本'十三本半巫书'的第三本《袁天罡卖卦斩老龙记》"的结论大致无误。她的研究在很大程度上让我们受益颇多。同时，吴晓芳也认为，吴板桥基本上是按照南通僮子胡锡苹藏存的手抄本（曹琳搜集编校，简称"胡本"）翻译（吴晓芳，2018：150）。然而，我们在仔细对照《金角龙王》这则译文与"胡本"后，发现二者存在着一些差异。这主要表现在以下两个方面：

首先，经过与《金角龙王》这则译文对比，吴文认为"吴板桥基本上是按照'胡本'翻译"（同上）。为证明自己的论点，该文作者列举了二者在"降雨卜测"（包括降雨时辰、气象变化、雨水数目、落雨地点和雨后天晴等细节）、"龙王三太子献计"（建议龙王将玉帝三尺三寸雨的命令改为六寸、降雨地点由长安改为山东）、"唐王入冥前做的怪梦"（一树梅花起风落，棒打鸳鸯两张分）的吻合之处。我们对照该文提到的这几个要点和《金角龙王》的相应译文后，对该文所列举的这些论据并无异议。然而，需要指出的是，"胡本"与《金角龙王》在某些细节上存在着一定的差异，这主要表现在"胡本"和吴板桥的《金角龙王》二者在文字内容上不能完全对应这个问题上。试举3个例子：第一，饥饿的渔民乞求樵夫教授他伐树之技，结果遭到拒绝。樵夫点出自己伐树地点的险恶。"胡本"为"黄毛老鼠来作伴，红毛猿猴在山岗"（曹琳，2016：33），然而吴板桥的译文则为"My only companions are the yellow-haired tigers and the white-faced monkeys"（Woodbridge，1895：3），其可回译为"黄毛老虎来作伴，白面猿猴在山岗"。第二，由曹琳整理的《袁天罡卖卦斩老龙记》中的"老龙"为"泾河龙王"，其龙宫设在"泾河"；然而《金角龙王》的"老龙"生活在"Golden River"（金河），称谓为"Dragon King of Golden River"（Woodbridge，1895：4），回译为"金河龙王"。第三，唐王入冥前做了怪梦，于是请袁天罡和李淳风前来解梦。二人告知此梦乃是唐王即将入冥的征兆，唐王大怒，"喝叫金瓜和武士，拿他二人下牢房"（曹琳，2016：42）。而译文的对应文字则为"When the Emperor heard this he grew very angry and commanded the jailer, <u>Golden Claws</u>, to seize the sooth-sayers and carry them off to the imperial prison"（Woodbridge，1895：11）。由此可见，"胡本"中"金瓜武士"与译文中的"金爪武士"

不能对应。诚然，由于"瓜"和"爪"在字形上比较接近，我们可以理解为曹琳在整理胡锡苹的供稿时，有意将"爪"改为了更为合理的"瓜"①。

其次，就是"胡本"和《金角龙王》在情节上也有不一致的地方。对这一部分，吴晓芳提出了两种见解：一是"遗漏"，比如在《金角龙王》这则译文中有着如下情节：唐王入冥前恐慌不已，于是丞相便给自己地府当差的表弟写了一封书信，这封书信挂在唐王脖子上带入地府，以此求他关照。同时，丞相又将7个烧饼塞入唐王衣袖，目的是对付冥界恶犬庄的7条恶犬。上述情节在"胡本"中并不存在，但是"胡本"在后文中却提到了"书信"和"七个烧饼"，并与《金角龙王》的后文情节一致。于是，吴文认为"'胡本'缺失的那段应是传抄过程中遗漏所致"（吴晓芳，2018：152）。第二则是"翻译时参照《西游记》"，该文以"降雨点数"（三尺三寸）、"唐王下棋拖住魏征""门神"（尉迟恭和秦琼）、"魏征劝慰众人不要轻举妄动"（众人欲伤哀诏晓谕天下、扶太子登基）为例，得出了"吴板桥在翻译巫书时有参考《西游记》相关叙事的痕迹"（同上：154）这一结论。

对于吴博士得出"南通僮子胡锡苹藏存的手抄本是目前最接近吴板桥当时使用的底本，并且参照了小说《西游记》相关情节"的结论，我们并不赞同。由于巫书自身的特点，它们"没有规范统一的蓝本，历来依靠同门师承，口传心授……由于各个僮子师承不同，加之自身的悟性天赋、文化水平、发挥能力高低参差，故一书多异现象不仅普遍存在，而且相当严重"（杨问春、施汉如，1995：12）。施汉如、杨问春曾搜集"十三本半巫书"，并为此调查了南通近百名老僮子。他们发现"只有很少几部书大同小异，绝大多数小同大异"（同上）。所谓"小同"，是指尽管其主要情节是相同的，其内容存在着诸多不同之处。之所以出现这样的现象，这与当地流传的"十个僮子九不同，各人兜的个人的脓"说法是相吻合的。其中，"兜脓"系南通方言，为胡编乱造、信口开河之意。我们发现，除却曹琳搜集的"十三本半巫书"版本，施汉如、杨问春早在1995年就搜集、出版了"十三部半巫书"，其中《袁天罡卖卦斩老龙》由南通僮子黄学祖（以下简称"黄本"）供稿。经过对照，我们得出这样的结论："黄本"在故事情节上与《金角龙王》几乎一致，但是在一些细节上也不能完全吻合。篇幅所限，

---

① 《明史·李时勉传》（卷一百六十三，列传第五十一）记载："洪熙元年复上疏言事。仁宗怒甚，召至便殿，对不屈。命武士扑以金瓜，胁折者三，曳出几死。"（张廷玉，1974：4422）这是正史关于"金瓜武士"的记载。《辞海》（第六版缩印本）这样解释"金瓜"："古代卫士的一种铜制兵仗，棒端作金瓜形，故名。张昱《辇下曲》：'卫士金瓜双引导，百司拥醉早朝回。'"（2014：930）因此，所谓"金瓜武士"多指皇帝金殿上的仪仗兵兼侍卫，因手持武器长杆头部为金瓜状，故得名。

仅举两例。第一,在"黄本"中,樵夫以"黄毛老鼠来作伴,红毛猿猴捉迷藏"(施汉如、杨问春,1995:52)透露自己伐树地方的险恶;第二,"黄本"中的"老龙"为"泾河龙王",其龙宫"仍然"设在"泾河"。因此,"黄本"非《金角龙王》底本,尽管在故事情节上也是非常接近。需要指出的是,"黄本"在一些情节上也与《金角龙王》并不一致,如在《金角龙王》中,唐王在入冥前收到丞相送的"七个烧饼",这个情节在"黄本"中同样不存在,而在后文中却"突然出现",并与译文保持一致。然而,与"胡本"相比,"黄本"在描述唐王入冥前提到了丞相写给地府判官的书信一事。原文如下:"我有一个好表兄,名叫崔玉在幽邦……我今写封书和信,搭救我主回朝纲。"(同上:66)

在排除我们搜寻到的"黄本"与"胡本"之后,我们不妨换一个思路,即译者翻译所用的底本有没有可能为手抄本。吴晓芳也曾在论文中提到,吴板桥应该是得到了"《袁天罡卖卦斩老龙记》的手抄本或自己眷抄了抄本,并据此翻译成英文"(吴晓芳,2018:152)。带着这个疑问,我们从中国国家图书馆查询到《新刻斩龙卖卦全传》一册,正是要搜寻的"斩龙卖卦"故事的手抄本,该版本为清代"酉山堂"刻本,封面题字为由 3 部分组成,页顶为"唐王游地府",左侧为"金角老龙传",右侧题字则为"袁天罡卖卦";《新刻斩龙卖卦全传》共有 8 卷,经过对照,非常符合《金角龙王》8 个章节的结构。("胡本""黄本"均是一气呵成,并无 8 个章节的划分。)另外,我们在搜寻的几个《袁天罡卖卦斩龙》版本中,在正文部分从未出现过"金角龙王"这 4 个字,而且在《金角龙王》这则译文的正文中,同样不见"the golden-horned dragon king"这几个字眼。而吴板桥的译本名字则为《金角龙王;或称唐王游地府》,可以说它与《新刻斩龙卖卦全传》的封面在很大程度上实现了契合。而就正文内容来说,其故事情节也是完全一致。不过有一点尤其值得我们注意,由于香火僮子的文化水平有限,他们的手抄本充斥着错字、白字,如《新刻斩龙卖卦全传》的开头为"子金炉内把香焚,表起鱼乔一双人"。很明显"子""乔"是"紫"与"樵"的错误书写。但是,尽管错字连篇,这个版本已与吴板桥的《金角龙王》基本实现了吻合。

举例来说,樵夫口中的"黄毛老虎来作伴,白面元(猿)猴在山上"已经与译文实现对应;该版本龙王的龙宫设在"今河",与《金角龙王》的"金河"也是同

图 1 《新刻斩龙卖卦全传》封面

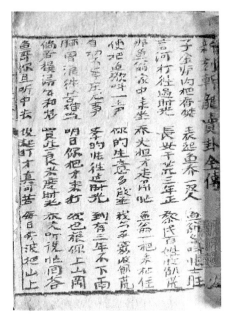

图 2 《新刻斩龙卖卦全传》正文第 1 页

音对应。另外,"胡本"所缺失的"书信"和"七个烧饼"的情节也在这个版本中出现①。那么,吴板桥是否以这个版本(或者其他手抄本)为底本而翻译的《金角龙王》? 我们认为可能性是存在的。阅读吴板桥的《金角龙王》和《雷峰塔奇传》译文,我们可以发

---

① "未贞(即魏征)手提羊毫别(笔),站立玉案写几行……又江(将)烧(并)饼做七个,主公龙(笼)在袖内去,恶犬庄上难得过,才可买路过村庄。"

现译者译笔流畅,译文的准确性也是颇高,其语言能力毋庸置疑。况且,吴板桥曾与《通问报》中文编辑陈春生合译过社会改良小说《强盗窟》(Robbers' Cave)。或许,在陈春生的帮助下,译者有可能以手抄本为底本翻译了这则译文。那么,是否存在另一种可能性,即吴板桥在当时有机会了看到一个改良版的"斩龙卖卦"? 即经过文人的整理、修改将这则错字连篇的故事在文字上修正后出版的新版本? 与堪称"千疮百孔"的手抄本相比,改良版应该更容易进入译者的视野,我们认为译者选取改良版做为底本的可能性更大。

顺着这个思路,我们在孔夫子旧书网上搜寻到《绘图斩龙卖卦全传》一册。字体为清末民初风行一时的石印书。该版本保留着国图版《新刻斩龙卖卦全传》的结构(共8卷),不仅文字清晰可辨,而且与《新刻斩龙卖卦全传》相较,文字也已经修正。不过颇为遗憾的是,由于时间久远,该版本的封面、出版社、发行年代均已散轶。经过对照这个版本与《金角龙王》后发现,二者可以说完全一致①。除却"金河""黄毛老虎、白面猿猴""金爪武士"这几个关键词与译文保持一致外,吴文所提到的"书信""七个烧饼"这些"遗漏"的部分均在这个版本中完整地出现。(请参见图4)

还有一点需要提及,在吴晓芳博士的论文中,她以"降雨点数"(三尺三寸)、"唐王下棋拖住魏征""门神"(尉迟恭和秦琼)、"魏征劝慰众人不要轻举妄动"(众人欲传哀诏晓谕天下、扶太子登基)为例,得出了"吴板桥在翻译巫书时有参考《西游记》相关叙事的痕迹"(吴晓芳,2018:154)的结论。那么,吴板桥是否在翻译时参照了小说《西游记》? 限于篇幅,我们将以吴博士所举的最后一个论据为例论证自己的看法。在《西游记》中,当太宗皇帝因被泾河龙王索命而病入膏肓时,他从容地安排身后事宜,"沐浴更衣,待时而已"(吴承恩,2016:88),在将魏征写给地府判官崔珏的书信"笼入袖里"之后,"遂瞑目而亡"。此时,众人的反应为"那三宫六院、皇后嫔妃、侍长储君及两班文武,俱举哀戴孝,又在白虎殿上停着梓宫不题"(同上)。可见,众人(包括魏征)只是举哀戴孝,并无其他举动。俗话说,"国不可一日无君",在唐太宗死去的第三日②,众人终于按捺不住,这才有"一壁厢议传哀诏,要晓谕天下,欲扶太子登基"(同上:95)。正是在这一时刻,魏征出面制止:"列位且住。不可! 不可! 假若惊动州县,恐生不测。且再按候一日,我主必还魂也。"(同上)在"胡本"中,只有"三宫六院同来哭,三日之后又还阳"这两句话,而吴板桥此处的译文则为"The inmates of the palace entered and with affrighted faces commenced to bewail the deceased Sovereign. Demonde commanded silence and related to them briefly the occasion of the Emperor's decease, adding, 'in three days your father, young princes, will return to earth.'"(Woodbridge, 1895:12)。于是,该文得出"吴板桥应该是将《西游记》中魏征安抚众人的情节移接到了译文中"的结论。而《绘图斩龙卖卦全传》的相关情节如下:"三宫六院同来哭,太子年少哭父王。魏征叫道不要哭,三日之后又还阳。"通过对照中英文,我们可以清楚地发现二者在文字上完全吻合。此外,我们在中国国家图书馆版《新刻斩龙卖卦全传》也找到了相应的文字③。

梁启超先生在其《清代学术概论》中曾总结评论清代乾嘉学派的考据学风,其中第一条便是:"凡立一义,必凭证据;无证据而以臆度者,在所必摈。"(梁启超,2000:47)尽管我们搜寻到的《绘图斩龙卖卦全传》在故事情节、表述文字上与吴板桥的译文可以说完全一致,但是由于所寻版本的发行年代、封面尚不能确定,因此不能断定《绘图斩龙卖卦全传》就是译者当时所用的底本。但是,综合我们所搜寻的"斩龙卖卦"版本,我们可以得到以下结论:吴板桥的《金角龙王》所用的底本封面应该题有"金角龙王(老龙)传"和"唐王游地府"的字样,他很可能以经过文人在

---

① 需要指出的是,综合搜集的几个《斩龙卖卦》本子,我们认为吴板桥并非完全按照底本原原本本地"照单"翻译。阅读《金角龙王》译本,可以发现译者有着删减原著某些情节的痕迹。比方说,在《绘图斩龙卖卦全传》中曾有这样的情节:由于惧怕守门保护唐王的秦叔宝、尉迟恭和钟馗,自认为冤屈的金河龙王便到阴间告状。在鬼门关,他喋喋不休地唱起"十埋怨"(分别为巡海夜叉、龙王三太子、唐太宗、钟馗等)。之后的原文文字为"有牛头和马面回便道,骂一声无头鬼哭奔那方"。而在吴板桥的译笔下,"十埋怨"并不存在,但是通过译文我们还是能察觉出译者删减的痕迹。相关译文为"Arriving there(鬼门关), and swinging the tear-and-blood-stained head in his hand, ready to burst with mingled anger, pain, and disappointment, the headless Dragon began to scream his grievances to Yenlo, the Ruler of the Spirit world. 'Stop that clatter, your headless devil,' shouted Oxhead and Horseface, the keepers of the Barrier"(Woodbridge, 1895:10)。
② 原文相应情节为:唐太宗在地府历经三昼夜,"一计唐王死去,已三昼夜,复回阴间为君。"(吴承恩,2016:96)
③ 国家图书馆所藏《新刻斩龙卖卦全传》相应文字如下:"三工(宫)六院同来哭,太子年小哭父王。未贞(我们按:即魏征)叫到休要哭,三日之后又还阳。为成(按:应是微臣)写书和信,叫他搭救主还阳。唐王说到(道)快点写,快写书信与(于)孤王。"

手抄本《新刻斩龙卖卦全传》(或者其他手抄本) 基础上修正后的新版为底本翻译的《金角龙王》。就目前所掌握的资料来看，《绘图斩龙卖卦全传》为最接近《金角龙王》的底本。

四、结语

国内学者通常将通行本《西游记》(即明代世德堂本) 第十、十一回作为《金角龙王》的翻译底本。我们认为原因主要在于：通过《西游记》这部脍炙人口的经典文学作品，国内读者对"魏征斩龙""唐王游地府"这两则故事的主要情节已是较为熟悉，因而容易产生先入为主的错误。尽管早在 2008 年 6 月 7 日，"南通僮子戏"就被中华人民共和国国务院批准列入第二批国家级非物质文化遗产名录(项目编号：Ⅳ-105)，但是这一艺术形式对多数学者来说还是相对陌生，再加上作为"僮子戏"唱本的"十三本半巫书"有着较为复杂的版本，因此如果不甚了解"巫书"的特点，也容易在翻译底本的问题上出现错误。经过考察"胡本""黄本"、中国国家图书馆版《新刻斩龙卖卦全传》，以及孔夫子旧书网上的《绘图斩龙卖卦全传》这些"斩龙卖卦"的不同版本，本文认为，《绘图斩龙卖卦全传》是目前最为接近《金角龙王》的底本，译者在翻译这则译文时并没有参照小说《西游记》的相关情节。由于"巫书"和小说《西游记》的相关章节在主要情节以及人物形象塑造上差别较大，因此将吴板桥的《金角龙王》视为小说《西游记》的英译文并不恰当。

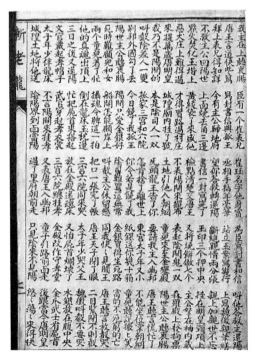

图 3 《绘图斩龙卖卦全传》第 1 页

图 4 "七个烧饼""书信"及魏征劝慰

参考文献

[1] Toury, G. *Descriptive Translation Studies and Beyond*. Shanghai: Shanghai Foreign Language Education Press, 2007.

[2] Woodbridge, S. I. *The Golden-Horned Dragon King; Or the Emperor's Visit to the Spiritual World*. Shanghai: North-China Herald Office, 1895.

[3] 蔡志全."副翻译"：翻译研究的副文本之维.《燕山大学学报(哲学社会科学版)》，2015(4)：84—90.

[4] 曹琳.《江淮神书·南通僮子戏》.上海：上海大学出版社，2016.

[5] 曹琳.《南通戏剧：通古今汇南北聚名流》.苏州：苏州大学出版社，2012.

[6] 葛校琴.《围城》英译底本考证.《外语研究》，2013(6)：63—66,112.

[7] 郭明军.《西游记》之"西游"记.四川大学硕士论文，2007.

[8] 梁启超.《清代学术概论》.上海：上海古籍出版

[9] 史仲文、胡林晓.《中华文化大辞海》.北京：中国国际广播出版社,1998.
[10] 王金波.乔利《红楼梦》英译本的底本考证.《明清小说研究》,2007(1)：277—287.
[11] 王丽娜.《西游记》外文译本概述.《文献》,1980(4)：64—78.
[12] 王重民、王庆菽、向达、周一良、启功、曾毅公.《敦煌变文集》.北京：人民文学出版社,1984.
[13] 吴承恩.《西游记(世德堂本)》.北京：作家出版社,2016.
[14] 吴晓芳."不崇永生上帝之荣、反拜速朽世人禽兽昆虫之像"：论吴板桥对神书西游故事的英译(1895).《当代中国研究》,2018(2)：145—164.
[15] 夏征农.《辞海》(第6版·缩印本).上海：上海辞书出版社,2014.
[16] 杨伯峻.《论语译注》.北京：中华书局,2006.
[17] 杨天宇.《周礼译注》.上海：上海古籍出版社,2004.
[18] 杨问春、施汉如.《南通僮子"十三部半巫书"初探》/《十三部半巫书》.南通：南通市民间文学集成办公室,南通市民间文艺家协会,1995.
[19] 张廷玉.《明史》.北京：中华书局,1974.
[20] 郑锦怀、吴永昇.《西游记》百年英译的描述性研究.《广西社会科学》,2012(10)：148—153.
[21] 郑振铎.《中国文学史》.北京：人民文学出版社,1982.

言语形态与言语功能之破立
——双语转换矛盾解探[①]

纪春萍
(复旦大学)

摘 要：为解探双语转换矛盾，笔者对翻译学中的形式概念、双语转换目的、双语转换基本对立面及矛盾等相关问题进行探讨，主要观点如下：1）形式即语言组织，分为语言形式和言语形式两类；2）言语形式和言语意义统一于言语功能，双语转换目的是言语功能传递，其基本目的是言语主导功能传递，其终极目的是言语功能系统传递；3）双语转换基本对立面是言语形态与言语功能，两者之间相互依赖而又相互排斥的关系，即言语形态与言语功能之破立是双语转换基本矛盾。

Abstract: In order to explore the contradictions of bilingual transformation, the author discusses some related issues, such as the concept of form in translation studies, the purpose of bilingual transformation, its basic opposites and contradiction. The main viewpoints are as follows: 1) Form is language organization, which can be divided into language form and speech form. 2) Speech form and speech meaning are unified in speech function. The purpose of bilingual transformation is the transmission of speech function, whereas its basic purpose is the transmission of dominant speech function and its ultimate purpose is the transmission of speech function system. 3) The basic opposites of bilingual transformation are speech morphology and speech function, while the relationship of mutual dependence and mutual exclusion between them, namely the destruction of speech morphology and the reconstruction of speech function, is the basic contradiction of bilingual transformation.

关键词：双语转换矛盾；言语形态；言语功能
Key Words: contradiction of bilingual transformation; speech morphology; speech function

一、引言

长期以来，国内外译学界对于翻译矛盾的讨论主要集中在可译与不可译之翻译可能性矛盾，科学与艺术之翻译性质矛盾，忠与美、形似与神似之翻译标准矛盾，直译与意译、归化与异化之翻译方法或翻译策略矛盾，对于翻译转换矛盾则讨论不多。实际上，翻译转换矛盾在整个翻译矛盾体系中起着举足轻重、甚至决定性的作用。"翻译转换"(translation shift)[②]这一概念由卡特福德(Catford, J. C.)在其《翻译的语言学理论》(A Linguistic Theory of Translation, 1965)一书中首次提出，指的是"译自源发文本的目标文本中出现的细微的语言变化"(李德超, 2005: 94)。这种对于翻译转换的认识无疑具有一定的局限性，因为翻译过程是涉及言语交际方方面面的多形式、多层次的复杂转换，翻译转换不仅仅是双语转换，还关乎思维、文化、心理等众多层面，然而，不可否认，双语转换处于翻译转换的突出位置。相应地，翻译转换矛盾虽然具有立体性与层次性，但是各种翻译转换矛盾最终皆压实并疏解于双语转换过程中，双语转换矛盾凸显，它应是我们研究翻译转

---

① 本文系2018年度上海市社科规划青年课题"基于错误分析的双语转换思维模式构建"(项目编号：2018EYY005)及2017年度国家社科基金青年项目"基于语料库的中国政治隐喻俄译转换研究"(项目号：17CYY057)的阶段性成果。

② translation shift 又译为"翻译转移"。

换矛盾的起点。

纵观世界译坛，双语转换矛盾往往被认为是形式与意义的矛盾，或曰"形式与内容的矛盾"①，简称"形意矛盾"。对于这对矛盾有"得意忘形"和"得意不可忘形"两种观点。法国释意学派（许钧，1998：9—10）、何刚强（1997：12）、黄忠廉（2012：106）等持第一种观点，苏联翻译理论家费道罗夫（Фёдоров А. В.)（1953：7）、李玉见等（2010：3）持第二种观点。在我国文学翻译界，"形意矛盾"被"形神矛盾"所替代，因为在文学翻译中"得意"仍嫌不足，"忘形"变得纠结。对于"形神矛盾"有"神似重于形似""形似而后神似"及"形神辩证观"这3种观点，茅盾（方梦之，2017：694）、陈西滢（罗新璋，1984：403—438）、傅雷（怒安，2005：86）等持第一种，卞之琳（江枫，2001：204）、江枫（1990：15—18）等持第二种，方平（1996：86—90）、崔永禄（2002：1—4）等持第三种。

双语转换矛盾众说纷纭，主要分歧无外乎两点：一是对于形式的不同认识，二是对于双语转换目的的不同认识。厘清这两个问题是解探双语转换矛盾的基本前提。矛盾在辩证法上指客观事物和人类思维内部各个对立面之间相互依赖而又相互排斥的关系。复杂事物或过程往往包含多种矛盾，其中基本矛盾起着本源的总制动作用。揭示双语转换基本对立面、探明双语转换基本矛盾是解探双语转换矛盾的主要内容。由于文学翻译最具综合性和基础性，下文仅以俄汉文学翻译为例进行论述。

二、形式即语言组织

形式在哲学、语言学、文学等不同学科中表达的概念不尽相同，翻译学也应有自己的形式概念。目前，翻译界对于形式尚无明确而统一的界定，这直接导致了对于形式不同的、甚至截然相反的态度。基于已有研究，我们认为：形式即语言组织，分为语言形式和言语形式两类。双语转换中，原文语言形式可以忘记，原文言语形式却不可忽视。

厘清形式的概念即厘清其内涵与外延。与其他各类翻译相比，文学翻译对形式高度敏感。翻译界对于形式内涵的讨论主要是围绕文学翻译进行的，其中江枫和吕俊的观点比较明确。江枫基于自己丰富的诗歌翻译实践指出："借以包含或表达内容的一切媒介都属于形式范畴。"（江枫，1990：18）吕俊提出一种形式美学的翻译观——"能动的形式和形式的能动"，具言之，"语言只是文学作品中惰性的、被动的和非本质与无个性的'材料'"，而形式是"艺术家对材料的加工手法"。（吕俊，1998：59—61）翻译界对于形式外延的讨论中，刘宓庆和许渊冲的观点值得关注。刘宓庆认为形式的所指十分广泛，从最表层到最深层可分为4个层级："语言文字的图像或一般的表观结构特征"、语序、表现法及字面意义。（刘宓庆，2005：34）许渊冲基于自己的文学翻译实践与思考提出对"形"的两种理解：一是语言层次的"形"，如词语形式、句法形式；二是言语层次的"形"，如表现方式、表达方式。（许钧，2003：62）

对比江枫和吕俊所讲的形式内涵，可以发现：前者关注形式的媒介特征，将形式与内容相对，两者关系是表达与被表达；后者强调形式的能动特征，将形式与材料相对，两者区别是能动与被动。虽然江枫和吕俊从不同角度界定形式，但是我们仍然可以看出他们观点的共同之处，即形式的动态性。翻译的对象是言语，更准确地说是言语作品，即个人运用语言的结果，动态性是翻译学中形式概念的重要特征，翻译中的形式并非通常翻译研究中所说的语言符号系统，而是语言使用者对语言符号系统的运用，简言之即语言组织。对比刘宓庆和许渊冲所讲的形式外延，可以发现，刘宓庆将翻译界所讨论的形式问题做了比较全面的总结，但其以"表层""深层"为形式层次的划分标准科学性不足，对形式外延的总结未必全面，将"字面意义"归为形式范畴似乎也不合理；许渊冲以"语言""言语"为划分标准，提出了对形式的两种理解，包括了吕俊所讲的"材料"与"形式"两方面，是对形式外延更为全面的概括。为实现术语化，我们不妨将许渊冲对形式的两种理解分别称为"语言形式"和"言语形式"，前者指语言层次的、无个性的、被动的形式，是语言使用者对语言符号系统的语音、词汇、语法的消极运用，后者指言语层次的、个性化的、能动的形式，是语言使用者对语言符号系统的语音、词汇、语法等各方面潜能的积极调动。翻译学中形式概念是被动与能动的辩证统一，二重性是其又一重要特征。翻译界针对形式的论争常常是在语言形式和言语形式两个不同层面上进行的，"得意忘形"中的"形"应该主要指语言形式，而"得意不可忘形"中的"形"应该主要指言语形式。试看下例：

---

① "内容"指"事物内部所含的实质或存在的情况"；"意义"指"语言文字或其他信号所表示的内容"。（《现代汉语词典（第六版）》940；1546）可见，在这一义项上，"内容"比"意义"内涵广，但在翻译学中两者主要皆指语言文字所表示的内容，可看作同义词。

(1) Я к вам пишу — чего же боле?
   译文1：我在给您写信——难道这还不够？
   译文2：我在给您写信——不就足以说明我对您的爱了吗？
   译文3：我在给您写信——拳拳之心可见。
   （张永全，2000：204—205）

例1原文出自普希金（Пушкин А. С.）的长篇诗体小说《叶甫盖尼·奥涅金》（Евгений Онегин），是达吉雅娜写给奥涅金的求爱信的首句。该句用词简洁、句式有力，可见作者能动地组织语言之匠心。译文1基本上再现了原文言语形式；译文2改含蓄为直白，用词啰唆；译文3改反问为陈述，语气平淡，用词文绉绉。相比之下，译文1因忠实于原文言语形式而更为传神，译文2、3似乎更加倾向于把原文意义说得通透，然而，此处传情重于表意，抛却原文言语形式，违反世俗规范主动求爱少女内心的羞怯、恐惧、矛盾与炽爱相互交织的复杂感情便荡然无存。当然，译文1还可更简洁，如"我给您写信——还不够吗？"或"我给您写信——还要怎样？"言语形式融合着作者（或说话者）意图，具有自身的价值和地位，不可忽视。语言形式则关乎语言规范与习惯，往往在意义被理解时即被忘记，若其难以被另一种语言接受，则应改变，如例1原文中的动词变位、名词变格及чего же боле?（"还有什么更多吗？"）这一分句的具体用词。

三、双语转换目的是言语功能传递

既然双语转换不可忽视原文言语形式，则以"得意"为其目的不妥。就理想而言，双语转换应传递原文言语形式和言语意义的统一，即言语功能，所谓"传神"。言语功能往往是由主导功能和辅助功能构成的复杂系统，言语主导功能传递是双语转换基本目的，而言语功能系统传递是双语转换终极目的。

崔永禄指出："要传神，就要体现原文作者运用语言所表现出的各种功能"，语言形式和内容统一于语言功能，"翻译要在译入语中实现传达原语形式和内容统一的新统一"（崔永禄，2002：1—4）。崔永禄揭示了双语转换的目的，建立了"形""意""神"的关系。我们基本同意他的观点，但认为应该做语言和言语的区分。与翻译学中形式概念一样，翻译学中意义概念也有动态性和二重性两大特征，翻译学所讲的意义是语言在使用中的意义，是属于社会的公设意义和属于个人的交际意义的辩证统一。我们不妨将这两种意义分别称为"语言意义"和"言语意义"，与语言形式和言语形式的区分相对应。双语转换要传递的是原文言语形式和言语意义的统一，即言语功能。言语功能关注人与人的关系，将语言视为交际方式和交流思想的手段。著名俄裔美籍语言学家雅各布森（Роман Якобсон）在其名篇《语言学与诗学》（Лингвистика и поэтика）中提出言语交际行为的六大构成要素及相应的语言六大功能。前者包括"发送者"（Адресант）、"接收者"（Адресат）、"信息"①（Сообщение）、"语境"②（Контекст）、"信码"（Код）及"接触"（Контакт）。后者包括"情绪功能"（Экспрессивная функция）、"意动功能"（Апеллятивная функция）、"诗性功能"（Поэтическая функция）、"指称功能"（Референтивная функция）、"元语言功能"（Метаязыковая функция）及"交际言功能"（Фатическая функция）。雅各布森强调：尽管他区分出了语言的六大功能，但实际上很难找到只实现某一种功能的语言信息，每个语言信息往往都是具有多功能性的复杂系统，并且在某一具体交际活动中，语言信息的焦点会集中在六大构成要素之一；该要素所对应的语言功能处于主导地位，其他要素所对应的语言功能则处于辅助地位；主导功能决定了整个系统的性质，是语言主要体现的功能。（Якобсон，1975：198）雅各布森语言功能观对我们的重要启示在于"功能系统""主导功能""辅助功能"等概念的提出。言语功能是语言功能的实现，双语转换所面对的言语功能往往是言语功能系统，有言语主导功能和言语辅助功能之分。言语主导功能传递和言语功能系统传递是言语功能传递的两个层次。双语转换应尽量追求后者，这是其终极目的，若难以求全，则退而求其次，实现前者，这是其基本目的。

(2) Я иду с мечем судия.
   译文1：我手持正义宝剑行进。
   译文2：人小非小人。
   译文3：感情非情感。（蔡毅等，2005：143）

例2原文是杰尔查文（Державин Г. Р.）创作的一个著名的回文句，顺读或倒读皆可，意思相同。显然，该句信息的焦点在于"信码"，元语言功能为其主导功能。此外，该句有所指，指称功能为其辅助功能。译成汉语，元语言功能与指称功能难以兼顾，只

---

① "信息"指语言符号本身，或曰"能指"，而非信息的内容。
② "语境"即指示物，而非话语的环境。

好取前者而舍后者，如译文 2、3。译文 1 取舍不当，未能实现双语转换基本目的。当然，上述分析只是就通常情况而言，不排除在某些语境中指称功能为该句主导功能，这时译文 1 就是合适的了。

四、双语转换基本矛盾在于言语形态与言语功能之破立

言语功能体现于言语形式和言语意义，语言形式和语言意义仅仅是言语功能的载体，可称之为"言语形态"。双语转换目的不是意义再生，而是言语功能传递。双语转换基本对立面不是形式与意义，而是言语形态与言语功能。言语形态与言语功能之间相互依赖而又相互排斥的关系，即言语形态与言语功能之破立，是双语转换的基本矛盾。

矛盾的两个根本属性是对立和统一：对立即"斗争性"，指矛盾双方相互排斥、相互冲突、相互否定、相互离异的趋势；统一即"同一性"，指矛盾双方相互依存、相互贯通的关系，相互依存即共居，矛盾双方在一定条件下共处一个统一体中，失去一方，另一方也不存在，相互贯通指矛盾双方在一定条件下可以相互转化。（姚惠龙等，1989：71—72）言语形态与言语功能既对立又统一。其对立在双语转换理解和表达两个阶段有不同表现，理解阶段表现为舍与取的对立，译者需要舍原文言语形态、取原文言语功能，表达阶段表现为多与一的对立，多种译文言语形态对应一种原文言语功能，译者需要做出选择；言语形态与言语功能始终共处一个统一体中，其相互依存的统一显而易见，而其相互贯通的统一在一定条件下可以表现出来。例如，有时双语转换中无法兼顾原文言语形式和言语意义，只好根据主导功能的不同进行相应取舍，被舍弃的一方就从言语功能变成了言语形态。又如，有时原文并无超越语言意义的言语意义，语言意义即言语意义，这时言语形态又变成了言语功能。言语形态关乎表现，言语功能关乎意图，前者是后者的基础，而后者往往是对前者的克服制胜。从双语转换的动态过程来看，言语形态与言语功能的对立统一关系则表现为不破不立、破后而立、破立相生的破立关系，破言语形态与立言语功能是双语转换中译者面临的基本矛盾。试看下例：

(3) **Капля и камень**

Лёд крепкий под окном, но солнце пригревает, с крыш свесились сосульки — началась капель. ① «Я! Я! Я!» — звенит каждая капля, умирая; жизнь её — доля секунды. ② «Я!» — боль о бессилии.

Но вот во льду уже ямка, промоина, он тает, его уже нет, а с крыши все ещё звенит светлая капель.

Капля, падая на камень, чётко выговаривает: ③ «Я!» Камень большой и крепкий, ему может быть, ещё тысячу лет здесь лежать, а капля живёт одно мгновенье, и это мгновенье — боль бессилия. И всё же: «капля долбит камень», многие ④ «я» сливаются в «мы», такое могучее, что не только продолбит камень, а иной раз и унесёт его в бурном потоке.

水滴与顽石

窗下结着厚厚的坚冰，天空照射着和煦的阳光，屋檐下条条冰柱开始滴水，一滴，一滴，每滴在消逝前都发出①"我！我！我！"死去的声响。它的生命是那样短暂，②"我！"的衰声是那样痛苦悲伤。

但是眼看坚冰上滴出一个个小坑，冲出一道道沟岗。冰，在融化，在消释，而屋檐下那晶莹夺目的冰柱依然在不绝地滴淌，滴淌……

水滴落在顽石上，发出更清脆的③"我！我！我！"的声响。这硕大坚硬的顽石，也许在这儿还会卧上上千年，可水滴的生命却只有瞬间之长，这一瞬间是它无能为力的痛苦一生。然而，"水滴石穿"的真理，千古不变！无数个④"我"将汇成"我们"这滔滔的海洋，不仅滴水穿石，还会将顽石卷入那川流不息的大江！

（王秉钦，1990：379—381）

例3原文是普列什文（Пришвин М. М.）的一篇咏物抒情散文诗。я是贯穿全文的文眼，从语音上看，я具有拟声效果，使人联想到水滴落下的声音，生动形象；从意义上看，я是"我"的意思，赋予客观事物以灵性，彰显出作品的内在精神。я具有超越语言形式的言语形式及超越语言意义的言语意义，并且两者统一于其所体现的言语功能——诗性功能、指称功能及情绪功能。将я译成汉语，无法兼顾音响与意义，不同译者有不同选择，"哒""呀""完了""我来了"及上面译文中的"我"，等等。然而，这些译文似乎都没有很好地实现立言语功能的目的，究其原因，

破言语形态不到位。联系上下文来看,я 的情绪功能寓于诗性功能和指称功能,①至③处的 я 更倚重其音响,诗性功能为主导功能,④处的 я 更倚重其意义,指称功能为主导功能。双语转换中,前3处的 я 不妨译为拟声词"滴答",突破原文语言形式,传递其言语形式,第④处的 я 可译为"水滴",整个这一小句译为"无数水滴汇成滔滔海洋",突破原文语言意义,传递其言语意义。

五、结语

翻译学中的形式概念不是静态的语言符号系统,而是动态的语言组织,分为语言形式和言语形式两类。言语形式融合着作者(或说话者)意图,在双语转换中不可忽视。言语形式与言语意义统一于言语功能,言语功能传递是双语转换目的,言语主导功能传递是双语转换基本目的,言语功能系统传递是双语转换终极目的。语言形式和语言意义仅仅是言语功能的载体,可称之为"言语形态"。言语形态与言语功能是双语转换基本对立面,它们之间相互依赖而又相互排斥的关系,即言语形态与言语功能之破立,是双语转换基本矛盾。矛盾是一切运动的根源,双语转换中言语形态与言语功能永恒纠缠伴生,译者的双语转换艺术正是在破言语形态与立言语功能的张力中得以彰显。

参考文献

[1] Фёдоров А. В. *Введение в теорию еревода*. Москва: Издательство литературы на иностранных языках, 1953.

[2] Якобсон Р. "Лингвистика и поэтика." *Структурализм: «За» и «Против»*. Басина Е. Я. и Полякова М. Я. Москва: Издательство «Прогресс», 1975. 193-231.

[3] 蔡毅等.《俄译汉教程》(上册).北京:外语教学与研究出版社,2005.

[4] 陈西滢.论翻译.《翻译论集》.罗新璋编.北京:商务印书馆,1984.403—408.

[5] 崔永禄.得意不可忘形——试论翻译中形与神的辩证关系.《天津外国语学院学报》,2002(2):1—5.

[6] 方梦之、庄智象.《中国翻译家研究》(民国卷).上海:上海外语教育出版社,2017.

[7] 方平.水无定性,随物赋形——谈翻译家的语言观.《中国比较文学》,1996(4):85—92.

[8] 何刚强."英汉翻译中的得"意"忘"形".《中国翻译》,1997(5):12—16.

[9] 黄忠廉.翻译思维研究进展与前瞻.《外语学刊》,2012(6):103—107.

[10] 江枫.形似而后神似——在1989年5月全国英语诗歌翻译研讨会上的发言.《中国翻译》,1990(2):15—18.

[11] 江枫.以似致信,形神兼备——卞之琳译诗的理论与实践.《诗探索》,2001(Z1):203—208.

[12] 李德超.从维内、达贝尔内到图里:翻译转移研究综述.《四川外语学院学报》,2005(01):94—99.

[13] 李玉见、赵汗青.论翻译的"得意不可忘形".《大家》,2010(11):3.

[14] 刘宓庆.《当代翻译理论》.北京:中国对外翻译出版公司,2005.

[15] 吕俊.能动的形式与形式的能动——一种形式美学的翻译观.《外语研究》,1998(1):59—62+67.

[16] 怒安.《傅雷谈翻译》.沈阳:辽宁教育出版社,2005.

[17] 王秉钦.《新编俄汉翻译教程》.北京:海洋出版社,1990.

[18] 许钧.翻译释意理论辨——与塞莱斯科维奇教授谈翻译.《中国翻译》,1998(1):9—13.

[19] 许钧.'形'与'神'辨.《外国语(上海外国语大学学报)》,2003(2):57—66.

[20] 姚惠龙等.《马克思主义原理概论》.北京:华夏出版社,1989.

[21] 张永全.《实用俄汉汉俄翻译》.济南:山东大学出版社,2000.

图书在版编目(CIP)数据

复旦外国语言文学论丛.2021春季号/复旦大学外文学院主编. —上海:复旦大学出版社,2021.6
ISBN 978-7-309-15724-6

Ⅰ.①复… Ⅱ.①复… Ⅲ.①语言学-国外-文集 ②外国文学-文学研究-文集 Ⅳ.①H0-53 ②I106-53

中国版本图书馆 CIP 数据核字(2021)第 103806 号

复旦外国语言文学论丛(2021 春季号)
复旦大学外文学院　主编
责任编辑/郑梅侠

复旦大学出版社有限公司出版发行
上海市国权路 579 号　邮编:200433
网址: fupnet@ fudanpress.com　http://www.fudanpress.com
门市零售: 86-21-65102580　团体订购: 86-21-65104505
出版部电话: 86-21-65642845
江苏凤凰数码印务有限公司

开本 787×1092　1/16　印张 11.5　字数 372 千
2021 年 6 月第 1 版第 1 次印刷

ISBN 978-7-309-15724-6/H·3092
定价: 58.00 元

如有印装质量问题,请向复旦大学出版社有限公司出版部调换。
版权所有　侵权必究